CA

FRANCESCO

IL PRIMO ITALIANO

HarperCollins

ISBN 979-12-5985-490-2

Le citazioni presenti nel testo sono tratte dalle seguenti edizioni:
Messaggio di Papa Francesco per la Giornata mondiale di preghiera per la cura del Creato, 1 settembre 2024; Copyright © 2024 Dicastero per la Comunicazione - Libreria Editrice Vaticana
Italo Calvino, *La giornata d'uno scrutatore*,
Copyright © 2002 by Eredi Calvino e Arnoldo Mondadori Editore S.p.A., Milano;
Copyright © 2015 by Eredi Calvino e Mondadori Libri S.p.A., Milano
Umberto Eco, *Il nome della rosa*, La Nave di Teseo, Milano 2020
Chiara Frugoni, *Vita di un uomo: Francesco d'Assisi*, Einaudi Editore, Torino 1995
Hermann Hesse, *Francesco D'assisi*, traduzione di Barbara Griffini,
© 2020 Mondadori Libri S.p.A., Milano
Jacques Le Goff, *San Francesco d'Assisi*, traduzione di L. Baruffi e A. De Vincentiis, postfazione di J. Dalarun, Editori Laterza, Roma-Bari 2002, edizione digitale luglio 2014
Sergio Luzzatto, *Padre Pio: miracoli e politica nell'Italia del Novecento*,
Einaudi Editore, Torino 2007
Dacia Maraini, *Chiara di Assisi. Elogio della disobbedienza*, BUR Rizzoli, Milano 2013
Chiara Mercuri, *Francesco d'Assisi: La storia negata*, Editori Laterza, Roma-Bari 2016
Tutte le citazioni bibliche sono tratte da *La Sacra Bibbia*, testo della traduzione in lingua italiana nella versione ufficiale a cura della *Conferenza Episcopale Italiana*,
© 2008 Fondazione di Religione Santi Francesco d'Assisi e Caterina da Siena
Estratto dalla canzone *Audite poverelle*
Testo di L. Zappa – Musica di A. Branduardi
© 2000 Warner Chappell Music Italiana S.r.l. / Lungomare Edizioni Musicali S.r.l.
Su licenza di Warner Chappell Music Italiana S.r.l.

L'Editore ringrazia tutti coloro che hanno collaborato, e rimane a disposizione degli eventuali aventi diritto con i quali non è stato oggettivamente possibile comunicare.

Viale Monte Nero 84 - 20135 Milano
www.harpercollins.it
Prima edizione HarperCollins
settembre 2025
Prima ristampa - ottobre 2025
Seconda ristampa - novembre 2025

FSC
www.fsc.org
MISTO
Carta | A sostegno della gestione forestale responsabile
FSC® C021883

Dello stesso autore
nelle edizioni HarperCollins

Quando eravamo i padroni del mondo.
Roma: l'impero infinito

Il Dio dei nostri padri.
Il grande romanzo della Bibbia

A mio figlio Francesco
ai nostri ventotto anni di amore
e a tutte le italiane e gli italiani
che portano il nome del nostro santo

“Mi sembrava troppo amaro vedere i lebbrosi; e il Signore stesso mi condusse tra loro, e con loro usai misericordia. Quando me ne allontanai, quello che mi sembrava amaro subito mi si mutò in dolcezza di anima e di corpo. E poi stetti un poco, e uscii dal mondo”

Francesco

“Siamo formati dai nostri pensieri; noi diventiamo quello che pensiamo”

Buddha

“Non crediate che io sia venuto a portare pace sulla terra; sono venuto a portare non pace, ma spada. Sono venuto a separare l’uomo da suo padre e la figlia da sua madre”

Gesù

“Ed eravamo illetterati e sottomessi a tutti”

Francesco

1
BUDDHA, GESÙ, FRANCESCO

Di uomini così, ne nasce uno ogni mille anni.

Duemila anni fa abbiamo avuto Gesù. Nel millennio precedente avevamo avuto Buddha. Nel millennio successivo abbiamo avuto san Francesco.

Vedremo cosa ci attende ora, in questo millennio appena cominciato. Che, se non daremo retta a san Francesco, se non seguiremo il suo amore per la natura e il suo rispetto per la dignità umana, potrebbe essere l'ultimo.

La storia di Gesù è nota. La raccontano i Vangeli, peraltro non così letti come crediamo che siano.

La storia di Buddha è stata narrata in molti testi e scolpita nella pietra di Borobudur, sull'isola di Giava. Borobudur è un tempio alto come una montagna: forse il luogo che più mi ha colpito al mondo, insieme con gli splendidi affreschi di Cimabue e del suo allievo Giotto nella basilica di San Francesco ad Assisi. La grande differenza è che ad Assisi c'è il vero volto di Francesco, il ritratto che vedete sulla copertina di questo libro. E c'è il suo corpo: nascosto, ritrovato, venerato. A Borobudur non c'è il corpo di Buddha, che fu arso sulla pira funebre. E vengono raccontate non una, ma molte storie: perché Buddha non è uno solo, così come il nostro tempo, il nostro mondo non è l'unico. Secondo il buddhismo, molti mondi si sono succeduti e si succederanno; e ognuno ha avuto il proprio Buddha.

Il Buddha "storico", quello del nostro tempo, era un principe. Si chiamava Siddharta Gautama, era figlio di un sovrano che regnava sull'attuale Nepal, alle pendici dell'Himalaya. E la sua storia ha sorprendenti punti di contatto – oltre a ovvie differenze – con quella di Francesco.

Segni misteriosi accompagnarono la nascita di Siddharta. La madre, Maya, donna di grande bellezza, sognò di essere visitata da un elefante, e diede alla luce un bambino già capace di camminare e parlare. Il piccolo fece sette passi, poggiando ogni volta il piedino su un fiore di loto prodigiosamente sbocciato, e disse: "Io sono nato per raggiungere l'illuminazione, per il bene di tutti gli esseri; questa è la mia ultima esistenza nel mondo".

Un vecchio saggio, Asita, alla vista del bambino si commosse sino alle lacrime, e vaticinò che sarebbe stato una personalità eccezionale, destinata a scoprire la via che conduce al di là della morte.

Turbato, il padre decise di proteggere il figlio da un destino che si annunciava così grandioso e terribile. Ordinò che restasse chiuso nella reggia, senza conoscere le cause dell'infelicità: la vecchiaia, la malattia, la morte. Siddharta si sposò, ebbe un figlio, e visse inconsapevole e ignaro.

Una fiaba, certo. Ma in fondo noi genitori moderni non ci comportiamo in modo molto diverso dal padre di Buddha. I nostri nonni avevano l'ossessione del cibo, le mie nonne, per esempio, cucinavano tutto il giorno, bollivano, lessavano, grigliavano, friggevano, preparavano conserve, marmellate, vino, verdure sott'olio: avevano avuto fame durante la guerra, e non volevano che i nipoti dovessero provare la fame. I nostri padri avevano l'ossessione dello studio: dovevamo studiare per "farci una posizione", prepararci al lavoro, trovare il nostro posto nel mondo. Noi abbiamo l'ossessione che i nostri figli siano felici, o comunque non debbano soffrire; e non sempre li prepariamo ad affrontare la vita, quella vera.

A ventinove anni – uno in meno di Gesù, quando cominciò la sua breve vita pubblica –, Siddharta uscì dalla reggia. Incontrò prima un vecchio, poi un malato, infine un funerale. Scoprì così la vecchiaia, la malattia, la morte. E intuì che il mondo in cui era cresciuto, fatto di agi e sogni d'eroismo, non era che un'illusione. Cominciò a rifiutare i privilegi, la ricchezza. E decise di rinunciare alla gloria, al potere, financo alla sua famiglia, pur di trovare se stesso, la propria vera essenza, la liberazione autentica dal dolore.

Fuggì dalla reggia di notte; e a Borobudur un bassorilievo mostra che, dove si posavano gli zoccoli del suo cavallo, spuntavano prodigiosamente fiori di loto, per coprire il rumore della fuga. Si spogliò di ogni cosa: la sua condizione, i suoi averi, financo i suoi vestiti, sino a restare nudo. Nella foresta si dedicò all'ascesi e alla meditazione; ma non ne fu soddisfatto. Cercò la libertà nella punizione di sé: digiunò, mortificò il suo corpo, sino a comprendere che neppure quella era la via; così accettò una tazza di riso bollito nel latte che una ragazza gli offriva, con un gesto che deluse i suoi discepoli. Ma Siddharta aveva compreso che la verità non era il frutto delle privazioni o delle allucinazioni, bensì della sintonia con le altre creature e con la propria anima.

A trentacinque anni, in una notte di maggio rischiarata

dalla luna piena, seduto a gambe incrociate sotto un albero di fico, Siddharta conobbe l'illuminazione. Meditò per un'intera notte, sino a raggiungere il Nirvana e la liberazione dal ciclo delle rinascite. Era diventato un Buddha: un illuminato, un risvegliato. E quando scoppiò un temporale che durò sette giorni, un misterioso serpente, animato da spirito divino, lo protesse dall'acqua con le sue spire.

Ai discepoli Buddha spiegò che la salvezza non dipende dalla nobiltà di nascita, dall'appartenenza a una casta, dal destino, ma soltanto da se stessi. La via dev'essere quella di mezzo, tra la sensualità della sua giovinezza e l'ascetismo degli anni in cui cercava la verità nella sofferenza.

Buddha cominciò così a viaggiare, a predicare, ad accogliere seguaci. Rifiutò l'invito a pranzo dai nobili, e andò a casa di una cortigiana. Un monaco rivale tramò contro di lui, lo ferì, ma non riuscì a ucciderlo. Visse sino a ottant'anni, circondato dai suoi discepoli. Le sue reliquie furono molto contese, e disseminate nel mondo.

Siddharta è il Buddha "storico", il nostro Buddha; ma prima di lui ne sono vissuti molti altri, e anche le loro storie sono in parte raccontate a Borobudur.

C'è un bassorilievo che mi ha colpito in modo particolare. Raffigura un re nel suo palazzo. Dalla finestra entra un passero, inseguito da un falco. Il passero si rifugia presso il re, che lo prende sotto la sua protezione. Ma il falco protesta: per salvare il passero, il re condannerà a morte lui, destinato a morire di fame. Colpito, il re offre al falco il proprio stesso corpo: si taglierà la quantità di carne pari al peso del passero, e la darà in cibo al falco. Ma prodigiosamente la carne del re, posta sulla bilancia, non eguaglia mai il peso dell'uccellino. Alla fine il sovrano, per salvare sia il passero sia il falco, dovrà sacrificare se stesso. Per evitare che altri muoiano, sarà lui a morire. Proprio quel supremo gesto di amore, di bontà, di carità farà di lui un Buddha: l'illuminato, il risvegliato, il salvato dal ciclo delle rinascite e quindi dalla schiavitù del dolore.

A noi cristiani viene in mente il sacrificio di Gesù sulla croce, e anche la carne martoriata di san Francesco: l'amore che vince su ogni cosa, pure sul dolore e sulla morte. Poi, certo, la visione buddhista è molto diversa da quella cristiana. Per esempio, nell'aldilà non c'è il Paradiso. Il giusto non vivrà per sempre; si ricongiungerà allo spirito del mondo. Non è detto che siano due prospettive in contrasto; forse sono due diverse forme di immortalità. Però secondo Buddha la liberazione dal dolore si può raggiungere già in questa esistenza: accettando la malattia e la morte non come ingiustizie, ma come conseguenza naturale della vita. Siddharta lo disse ai discepoli: "Ricordate, monaci, queste mie parole. Tutte le cose composte sono destinate a disintegrarsi. Dedicatevi con diligenza alla vostra salvezza". Poi si distese sul fianco destro, rivolto a settentrione, e spirò.

Neppure lui, però, con la sua saggezza, era arrivato a chiamare la morte "sorella"; come farà Francesco.

"Siddharta" è il titolo di un libro di enorme successo di Hermann Hesse. Quand'ero ragazzo, Hesse era molto letto e apprezzato. Ora forse un po' meno. È visto come troppo facile, troppo semplice. Divulgativo. Nell'Ottocento, il secolo del romanzo, gli scrittori considerati grandi erano anche scrittori molto letti: Dickens, Tolstoj, Dostoevskij, Flaubert, Balzac, Zola, Dumas, Hugo, Melville... Soltanto al nostro tempo il grande scrittore deve essere difficile, tecnico, oscuro, avaro con i lettori. Per pochi.

"Siddharta" non racconta la storia di Buddha scolpita a Borobudur. La trama del romanzo esce dalla fantasia dell'autore, anche se chiaramente a quella storia è ispirata.

Meno noto è che Hermann Hesse abbia dedicato un libro anche a san Francesco. È un libriccino breve, ma prezioso. Perché ci fa capire l'eccezionalità di Francesco. Proprio come quella di Buddha e di Gesù.

Francesco, scrive Hesse, fa parte di quelle straordinarie creature che "hanno portato Dio vicino a tutti gli uomini e hanno restituito nuovamente valore al mistero della creazione, interpretandolo con santa ispirazione". Creature che "si ponevano nude di fronte alla terra e al cielo, come se fossero stati i primi uomini, mentre noialtri riteniamo di poter vivere solo nell'involucro di sicure rappresentazioni e di abitudini acquisite".

Non è meraviglioso? Francesco, come Gesù, come Buddha, si spoglia di se stesso, e si pone nudo davanti al mondo; come se fosse il primo uomo, il nuovo Adamo, un altro inizio per l'umanità.

Nudo non in senso metaforico, ma letterale. Francesco si spoglia nella piazza del suo paese, tra lo scandalo e l'incredulità generale. Non soltanto restituisce i suoi vestiti al padre; rinuncia a essere suo figlio. Il suo vero padre è Dio; per questo lui è l'alter Christus, un altro Gesù. Per questo chiama fratelli e sorelle tutte le creature: il sole, le stelle, la luna, il vento, il cielo, le nuvole, i frutti, i fiori. Tutti gli elementi: l'aria, l'acqua, la terra, il fuoco. E tutte le avversità: la malattia, il dolore, financo la morte.

San Francesco visse in un tempo grandioso e terribile. Il tempo dell'imperatore Barbarossa, che nel 1176 era stato sconfitto dai milanesi e dai loro alleati del Nord Italia, e di suo nipote Federico II, che si innamorò del Sud e fu chiamato Stupor Mundi, stupore del mondo. Il tempo di Saladino, che riconquistò Gerusalemme, e di Gengis Khan, che devastò l'intero Oriente e morì meno di un anno dopo Francesco. Il tempo in cui Fibonacci fa risorgere la matematica in Occidente, individuando una sequenza di numeri presente in molte forme naturali; mentre in Sicilia Cielo d'Alcamo getterà, pochi anni dopo Francesco, le fondamenta della nostra letteratura, scrivendo anche lui versi nella lingua del popolo. Il tempo di Papi potenti e spietati, che erano i veri sovrani d'Italia e tenevano testa all'imperatore. Il tempo in cui vengono gettate le fondamenta del mondo moderno.

San Francesco visse nell'epoca delle città e delle università. L'epoca in cui comincia a circolare molto denaro, in cui vennero inventate le banche, la finanza, la borghesia; e Francesco, prima di scegliere la povertà, apparteneva a una famiglia ricca, alla nuova classe sociale che si era elevata dalla massa dei contadini senza disporre dei privilegi della nobiltà: appunto, la borghesia. Era l'epoca in cui si eressero cattedrali dalle guglie lanciate verso il cielo e dalle grandi vetrate inondate di luce. L'epoca delle crociate e degli eretici.

San Francesco partecipò a una crociata, ma non per uccidere infedeli; per convertirli, o per cercare il martirio. E san Francesco rischiò di essere bruciato come eretico.

C'era nella sua santità una vena di follia. E non soltanto perché parlava con le piante e con gli animali (e aveva una particolare venerazione per gli uccelli e per gli agnellini). Ma perché rifiutava i vestiti, il cibo, una cavalcatura, un letto.

Abbracciava i lebbrosi. Si lasciava picchiare, ferire, umiliare dai prepotenti. Non aveva alcuna ambizione se non quella di servire. E confondeva i ricchi mettendo loro in mano monete d'oro.

La nascita del capitalismo non poteva che creare una reazione. Finiva il tempo dell'economia di corte, chiusa, agricola, segnata dallo scambio e dal baratto, e iniziava un tempo nuovo in cui in poche mani si accumulavano enormi ricchezze, senza alcuna forma di redistribuzione che non fosse la carità. Tutto questo generò scontento e inquietudine, che presero a volte la direzione della rivolta, altre volte quella della rinascita spirituale.

Proprio in quel tempo di Papi sempre più potenti e di mercanti sempre più ambiziosi, crescevano indomabili la volontà di giustizia, l'aspirazione alla povertà, l'ansia di riscoprire il Vangelo, il sogno di vivere come Gesù. Sorgevano profeti, veggenti, penitenti. Alcuni pagarono quel sogno con la vita. San Francesco seppe metterlo al servizio della Chiesa e della sua possibile rinascita.

Era animato da un'energia indomabile, da una forza di ribellione, da una "violenta sete di infinito e di eterno", come la chiama Hesse; perché la sua vita fu "una nostalgia fattasi visibile e un desiderio di eternità di tutta la terra, le cui creature transitorie", noi compresi, "sperano sempre di legare la loro sorte a quella delle stelle eterne".

San Francesco era determinato sin dalla giovinezza a voler fare qualcosa di eroico, di nobile, di grandioso, che fosse davvero all'altezza della sua epoca; finì per fare qualcosa di eterno, che l'avrebbe proiettato al di fuori del tempo, lontano dai limiti di tutto ciò che si disintegra, si corrompe, si consuma, sino ad arrivare, intatto e anzi più forte che mai, ai giorni nostri. Quando finalmente, dopo otto secoli, è sorto un Papa di nome Francesco. E dopo di lui è venuto un Papa che ha scelto il nome dell'amico del cuore di Francesco: Leone.

La celebre definizione di san Francesco – "il più italiano dei santi" – viene attribuita di solito a Mussolini, oppure a Papa Pio XII. In realtà è di Vincenzo Gioberti, che scrisse "Del primato morale e civile degli italiani", un'opera che all'inizio del Risorgimento restituì orgoglio ai nostri compatrioti, ai nostri antenati, negli anni in cui l'Italia unita non era che un sogno. E Gioberti definisce Francesco "il più amabile, il più poetico e il più italiano de' nostri santi".

In un primo tempo avevo pensato di usare questa espressione come sottotitolo del libro. Poi ho preferito quella che avete letto: il primo italiano.

Non è una citazione. Non appartiene a nessuno. Me ne assumo la responsabilità. Consapevole che sarà molto criticata. San Francesco non si è mai definito italiano. Non ha mai parlato di Italia. Il suo scenario era Assisi, e il mondo. Ma, se è per questo, neppure Dante, che invece di Italia parla moltissimo, la pensava come uno Stato, o una nazione. Del resto, il concetto attuale di Stato, di nazione, di patria è un'invenzione dell'Ottocento. Quando Sancho Panza torna a casa con don Chisciotte dopo mille pagine di peripezie, si inginocchia a benedire la patria, il luogo dove ci sono i suoi morti e i suoi ricordi: che era appunto il paesello della Mancha, non la Spagna, al tempo un'espressione geografica (c'era l'impero, e c'era una monarchia assoluta), proprio come l'Italia.

Eppure credo che Francesco possa davvero essere considerato il primo italiano. Non è una tesi scientifica. È un'adesione spirituale. Un moto dell'anima.

San Francesco è il primo italiano perché è una figura fondamentale, anzi fondativa, della nostra identità. E non perché oggi è il patrono d'Italia. Quella è solo una conseguenza.

Francesco è il primo italiano perché è il primo a scrivere una poesia meravigliosa, il Cantico delle Creature, nella nostra lingua: il volgare, la lingua del popolo, l'antenato dell'italiano moderno.

Francesco è il primo italiano perché nacque, morì e fu sepolto nel cuore della penisola, abitò i luoghi più segreti e ameni dell'Italia centrale, e per l'Italia viaggiò, nelle città e nei boschi, a Firenze e nei romitori, a Bologna e nei santuari di montagna.

Perché ha inventato il presepe vivente, matrice dei grandi presepi custoditi nelle chiese e dei tanti piccoli presepi che sono in ogni casa, in ogni famiglia italiana.

Perché, comunicando il Vangelo attraverso la parola, la musica, il mimo, il gesto, ha consentito lo sviluppo del teatro e delle rappresentazioni.

Perché ha ispirato i più grandi italiani della storia: sono stati terziari francescani, quindi appartenenti al suo ordine sia pure da laici o da sacerdoti, Giotto, Dante, Petrarca, Boccaccio, Tasso, Cristoforo Colombo, Amerigo Vespucci, forse anche Galileo Galilei, di sicuro Alessandro Volta, Luigi Galvani, Guglielmo Marconi, Alessandro Manzoni, don Bosco, fino ad Alcide De Gasperi.

Perché per primo, incarnando il Vangelo, ha sostenuto non solo a parole ma con l'esempio che tutti gli uomini nascono liberi e uguali, e che tutti siamo uguali davanti a Dio.

Perché ha riconosciuto la dignità a ogni essere umano. Ha trattato le donne da pari a pari. Ha amato e difeso i bambini, in un tempo in cui erano considerati adulti più piccoli. Si è preso cura dei malati, dei deformi, dei lebbrosi, delle persone ai margini della società. E così ha posto le fondamenta della lettura italiana del cristianesimo: una fede non incompatibile con la ragione, incentrata non solo su Dio ma anche sull'uomo, capace di dialogo e di rispetto verso gli altri popoli e le altre religioni, che è poi l'essenza dello spirito di Assisi.

Francesco è il primo italiano perché è il precursore dell'umanesimo, che è il grande contributo dato dall'Italia alla civiltà universale.

Francesco è il primo italiano anche perché, riscoprendo il creato, lodando la natura, parlando agli animali, proclamando che ogni cosa è nostra sorella, ha cambiato la nostra visione del mondo. E ha ispirato generazioni di artisti. Ha restituito vita all'arte. Ha indotto i pittori a sostituire il fondo oro con il paesaggio. Prima i santi erano dipinti come se fossero già in Paradiso, circonfusi di luce, in una dimensione astratta, eterea, distanziante. San Francesco viene raffigurato in mezzo alla natura, sempre circondato da piante, animali, profili di montagne, cieli pieni di nuvole; così lo spettatore diventa parte dell'opera. Noi che guardiamo siamo lì, accanto a Francesco, con lui, e quasi lo ascoltiamo parlare.

Per questo possiamo considerare eredi di Francesco anche i più grandi artisti del Trecento, Giotto nella pittura e Dante nella parola. Giotto ad Assisi ha costruito quello che per secoli sarebbe stato l'immaginario del santo. Dante lo adorava. Frequentava la chiesa dei francescani fiorentini, Santa Croce. E gli dedicò versi meravigliosi: "Del suo grembo l'anima preclara/ mover si volle, tornando al suo regno/ e al suo corpo non volle altra bara". San Francesco volle essere sepolto nella nuda terra. Come Papa Francesco. E il grembo da cui, secondo Dante, la sua anima luminosa si mosse per salire in cielo è quello della donna amata: la povertà.

La povertà non fu certo inventata da san Francesco. Al suo tempo la maggioranza degli esseri umani era povera; e nessuno può capirlo meglio di noi, nati al tempo del trionfo della borghesia e della classe media, e vissuti al tempo del suo impoverimento. Ma Francesco dimostrò che la povertà può essere non soltanto imposta e subìta, ma scelta, accettata. E se sarebbe disumano che tutti volessimo essere poveri, tutti possiamo capire che non siamo al mondo solo per guadagnare denaro, assegnare bonus milionari ai manager che licenziano, trafficare in bitcoin, fare soldi con altri soldi, e portarli nei paradisi fiscali.

Francesco il primo italiano: più ci penso, più mi piace, più mi emoziona. Libero il lettore di interpretare "il primo italiano" in senso cronologico, o in senso morale e spirituale.

Eppure hanno cercato di allontanare dal mondo anche lui, il santo. Di distanziarlo. Di stemperare e quindi depotenziare la sua figura. Di collocarla in cielo, modello unico e inimitabile, esempio straordinario e per questo irraggiungibile.

Forse Francesco ricevette davvero le stimmate, i segni della Passione di Gesù. Una cosa inaudita, mai accaduta o anche solo mai raccontata prima. Forse fu un modo, o un pretesto, per relegarlo nella sfera della divinità, sottraendolo all'abbraccio del popolo. Il Papa poteva continuare a regnare, la Chiesa ad accumulare ricchezza e potere. E anche i francescani, o almeno una parte, potevano vivere nel mondo, allentare la durezza – ma anche la forza – dell'insegnamento del fondatore, concorrere ai posti offerti.

Tutto questo è umano. Ma di un'umanità diversa da quella che Francesco aveva incarnato.

E se bisognava allontanare Francesco, occorreva scrivere la storia ufficiale della sua vita, eliminando tutte le altre. Il compito fu affidato al nuovo capo dell'ordine, Bonaventura da Bagnoregio. Uomo colto, sapiente, dotto. Come quelli di cui Francesco talora diffidava: perché considerava la cultura – almeno quella ufficiale, scolastica, accademica – una fonte di orgoglio, una forma di potere. Bonaventura scrisse così la biografia ufficiale: la Legenda Maior. E tutte le altre vite di Francesco vennero condannate alla distruzione. Fatte sparire. Compresa la prima, scritta con amore da un discepolo del santo, Tommaso da Celano.

Poi il tempo ce l'ha restituita. La Vita di san Francesco di Tommaso da Celano fu ritrovata e ripubblicata per la prima volta nel 1768. Ma il grande secolo della riscoperta di Francesco è stato l'Ottocento. Nel 1882 Leone XIII, il Papa della Rerum Novarum, scrisse un'enciclica in lode di Francesco, a sette secoli dalla sua nascita. Qualche anno dopo, in una biblioteca di Parigi, un pastore protestante, Paul Sabatier, ritrovò la copia delle testimonianze di frate Leone e degli altri compagni del santo, che ce ne restituiscono un'immagine viva e vitale.

Il lavoro di Sabatier diede nuova linfa alla storiografia francescana. Un cattolico britannico, G.K. Chesterton, elaborò un'idea che mi ha colpito molto. La Chiesa, fino a Francesco, aveva insegnato agli uomini a essere umili perché si rendessero conto di quanto fossero cattivi. Francesco fu il primo, dopo Gesù, a insegnare agli uomini a essere umili perché potessero accorgersi di quanto fossero buoni. La povertà, l'amore, il rispetto degli altri, la sintonia con il creato, il considerare ogni creatura come sorella non sono atti contrari alla nostra natura; al contrario, le appartengono. Sono cose umane.

Nel Novecento i tre studiosi che, a mio avviso, meglio hanno scritto di Francesco sono un francese, Jacques Le Goff, e due italiane: Chiara Frugoni e Chiara Mercuri. Una meravigliosa coincidenza ha fatto sì che entrambe portassero il nome della donna spiritualmente amata da Francesco, della sua prima seguace, di una creatura luminosa e ribelle: Chiara. E gli studiosi moderni hanno restituito dignità anche ai Fioretti di san Francesco, opere in cui non hanno visto ovviamente una verità storica, ma le tracce di una devozione popolare autentica, genuina, commovente.

Poi, certo, il vero san Francesco era molto diverso da come di solito viene raffigurato. Non era la creatura ilare e giocosa che predicava agli uccellini. O, meglio, non era soltanto quello. Sapeva essere duro. Deciso. Severo. Era animato da un temperamento ribelle. Si accendeva facilmente. Talvolta si arrabbiava, senza perdere la sua dolcezza, la sua umiltà. Una cosa Francesco non fu mai: accomodante. Rassicurante. Consolatorio. Al contrario: poteva essere urticante. Provocatorio. Nei confronti della Chiesa, certo. Ma anche del potere politico. E dell'ordine sociale. Perché costruire una comunità in cui tutti sono uguali, nobili e plebei, uomini e donne, rappresenta una minaccia e una sfida.

La sua vita è un modello; ma è anche uno scandalo.

Il francescanesimo è un albero dai molti rami. Francescani sono stati personaggi straordinari, da sant'Antonio a padre Pio. Furono ispirati da Francesco Jacopone da Todi, che pregava il Signore di mandargli "la malsanìa", per purificare i propri peccati, e san Carlo Borromeo, il cardinale di Milano padre della Controriforma. Erano terziari francescani i preti sociali dell'Ottocento: don Giuseppe Cafasso, don Giuseppe Cottolengo, don Luigi Orione, e don Giovanni Bosco, il fondatore dei salesiani.

San Francesco d'Assisi è il primo italiano, il nostro padre spirituale, anche perché ha saputo esprimere entusiasmo per la vita, passione per le cose, attenzione al creato, amore per l'umanità. Che sono i caratteri più alti e nobili dell'animo di noi italiani. Infatti la basilica e il convento di Assisi, sin dal tempo di Papa Giovanni Paolo II che là pregò insieme con i rappresentanti delle altre religioni, sono più che mai un luogo di preghiera e di speranza per l'umanità.

Perché Francesco non appartiene solo alla storia della Chiesa, e alla storia d'Italia. Appartiene all'umanità. Ci ricorda che non siamo fatti solo per accumulare ricchezze. Che per quanto la nostra materia sia bassa, la nostra vita vile, le nostre pulsioni miserabili, in noi c'è un anelito divino, un'aspirazione verso l'alto, un destino di immortalità.

San Francesco non fa miracoli. O comunque non è questo il suo tratto distintivo. Certo, gliene sono stati attribuiti molti. A Narni guarisce un paralitico e ridà la vista a una cieca. A Gubbio risana una donna dalle mani rattrappite, che in segno di gratitudine gli prepara un formaggio (secondo un'altra versione, una focaccia con il formaggio); Francesco lo assaggia, e la prega di mangiare il resto con la sua famiglia. A Toscanella lo portano a casa di un cavaliere con un figlio zoppo, che non si era mai alzato dalla culla; Francesco teme di non essere in grado di guarirlo, ma in seguito alle insistenze del padre, dopo aver pregato, pone una mano sul fanciullo, lo benedice e gli ordina di levarsi in piedi; il bambino si alza e cammina per casa. A volte, più che miracoli, sono quasi gesti di cortesia: per esempio fa sgorgare acqua dalla roccia per dissetare un contadino che vuole accompagnarlo in una faticosa salita verso l'eremo della Verna.

Ogni volta, Francesco si mostra ritroso, incerto: in particolare quando gli chiedono un esorcismo. A San Gemini un uomo lo prega di cacciare il demonio dal corpo della moglie, ma il santo rifiuta, nel timore di "ricevere onori del mondo con dar prova della sua santità". Alla fine si convince, e prega tre frati di mettersi con lui in ogni angolo della stanza, affinché il diavolo non vi si possa nascondere. Francesco ordina al demone di liberare la donna, in nome di Cristo, e quello è costretto a obbedirgli. Il santo diventa rosso per l'imbarazzo, e subito fugge, per non essere "in alcun modo tentato di vanagloria". Quando, tempo dopo, si trova a passare da San Gemini, la donna gli corre incontro per ringraziarlo; ma lui non vuole parlarle. Così lei lo segue, imperterrita come l'inviato di Striscia la Notizia che tallonava invano Enrico Cuccia, il fondatore di Mediobanca, che ai giornalisti non aveva mai detto una parola in vita sua. A differenza di Cuccia, Francesco – convinto da frate Elia – finì per voltarsi e lasciarsi ringraziare dalla donna che aveva salvato dal demonio.

Ma il vero miracolo di Francesco è un altro. È la dimostrazione che cambiare è possibile. Che il cristianesimo non è cupezza e tetraggine, ma speranza e gioia. Francesco non fu soltanto un uomo di pace. È venuto per provocare, per sfidarci. Non per renderci la vita comoda, ma per metterci in discussione. Per dimostrare che possiamo sempre migliorare, rivoluzionare le nostre vite, ritrovare noi stessi.

La sua eredità non riguarda soltanto il passato. Poiché Francesco, come tutte le grandi anime, è uomo senza tempo, capace di rivelazioni profetiche, dallo sguardo rivolto al futuro. Oggi che la terra è in pericolo, che la specie umana rivela tutta la sua fragilità, l'insegnamento di Francesco è più attuale che mai. Rinunciare alla corsa sfrenata alla ricchezza e al potere. Considerare la donna alla pari dell'uomo, cosa che in molti Paesi ancora non accade. Assumerci la responsabilità che Dio ci ha affidato: custodire la creazione. Prenderci cura degli altri, a cominciare dai deboli. Rispettare e amare gli animali. Piegarsi sul solco delle piccole vite, delle piccole cose.

Cosa c'è di più attuale? Cosa c'è di più urgente?

2

RITRATTO DI UN SANTO DA GIOVANE

San Francesco in realtà si chiamava Giovanni. Così l'aveva tenuto a battesimo la madre, donna Pica. Giovanni non come l'Evangelista, ma come il Battista; e a Giovanni Battista, il santo che predica nel deserto, Francesco sarà sempre molto legato.

Quando il bambino nacque, il padre, Pietro di Bernardone, era lontano, in Francia, a commerciare stoffe. Forse sarà proprio lui a soprannominare il figlio Francesco – il piccolo francese –, in onore della terra che amava e l'aveva reso ricco. O forse è un soprannome che gli diedero da ragazzo, perché amava cantare e declamare versi in francese. Di sicuro Francesco era un nome all'epoca molto raro. Quasi inventato per lui.

Il suo primo biografo, Tommaso da Celano, che l'aveva conosciuto di persona, lo descrive come piccolo, dagli occhi neri e semplici. "Testa regolare e rotonda, viso un po' lungo e sporgente, capelli neri, sopracciglia dritte, naso regolare sottile e dritto, orecchie dritte ma piccole"; nei primi ritratti, a dire il vero, sembrano un po' a sventola. "Voce vibrante dolce limpida e sonora, compatti i denti uguali e bianchi, labbra piccole e sottili, collo fine, mani scarne, dita lunghe, unghie sporgenti, gambe snelle, piedi piccoli, pelle delicata".

Ogni dettaglio ci tramanda l'immagine di un uomo minuto, sottile, forse non bello ma certo non brutto; perché non può essere brutta una persona così affettuosa, delicata, aggraziata. Certo era molto diverso dall'immagine che spesso l'arte ha dato a Gesù e ai santi: alti, belli, biondi, con gli occhi azzurri. Lui stesso amava paragonarsi a una "gallina piccola e nera". Praticamente, Calimero. Due ultimi dettagli. Francesco era "di poco sonno": dormiva poco, passava la notte a pregare, meditare, pensare, parlare con Dio. E aveva la barba, "nera e rada". Dettaglio da tenere a mente.

Secondo la tradizione, sua mamma, donna Pica, era francese. Alcuni studiosi moderni tendono a escluderlo. Di lei sappiamo pochissimo, se non che era forse di nobili origini. Possiamo però indovinare la madre attraverso il figlio. Hermann Hesse immagina che Francesco debba aver avuto una madre dolcissima.

Dalla mamma e dai libri aveva imparato il francese, che sarà sempre per lui la lingua del canto, del gioco, del buon umore; perché Francesco era quasi sempre di buon umore, tranne quando cedeva all'ira e all'indignazione di fronte al male, oppure quando non era soddisfatto di sé.

Doveva essere davvero dolce la madre di Francesco; perché il padre con lui fu sempre molto duro. Non era aristocratico, ma aveva fatto i soldi, ed era pronto a tutto pur di difenderli.

I mercanti erano i grandi imprenditori dell'epoca, e qualcosa di più. Erano tra i pochissimi a viaggiare, in un mondo in cui la stragrande maggioranza delle persone nasceva e moriva nello stesso posto. E siccome la stragrande maggioranza delle persone non sapeva leggere e scrivere, e non possedeva libri, i mercanti come i cantastorie erano le principali fonti di informazioni. Con loro viaggiavano le notizie, e le idee.

Oltre al francese, il piccolo Francesco imparò il latino. Sapeva scrivere, ma le sue poesie, i suoi inni, i suoi canti nascevano in modo diverso dalla scrittura; anche per questo è arrivato sino a noi solo il Cantico di frate Sole, che chiamiamo Cantico delle Creature. Francesco poetava senza scrivere. Cantava, inventava, improvvisava, meravigliandosi davanti all'aprirsi del cielo dopo un temporale, imitando il verso degli uccelli, rallegrandosi per il cambiare del tempo al passaggio delle stagioni.

Dobbiamo pensare a un mondo in cui si viveva molto più di oggi all'aria aperta, seguendo il ciclo della luce del sole, quindi svegliandosi presto e dormendo presto; anche se talora Francesco approfittava del silenzio e del buio per appartarsi con Dio, e pregava non ripetendo formule vuote, ma parlando davvero con lui, come al padre che di fatto in vita non aveva avuto.

Una madre dolce e un padre durissimo

Sia la madre sia il padre capirono quasi subito di avere a che fare con un figlio strano, particolare, speciale. Ma mentre la madre tentò, se non di assecondarlo, di proteggerlo, il padre tentò di cambiarlo. Dal suo punto di vista, di raddrizzarlo.

Neppure la mamma di Francesco forse era felice, presagendo il destino che la aspettava: affrontare una disfida familiare, rinunciare a diventare nonna, trepidare per un figlio atteso da una sorte ancora sconosciuta e piena di incognite. Eppure lo lasciò libero, intuendo che tanta forza di spirito prima o poi avrebbe trovato la via per incanalarsi e dare frutto. Così, quando Francesco era ancora in fasce, chiedeva ai vicini: "Cosa pensate che diventerà questo mio figlio?". E poi dava lei stessa la risposta: "Sappiate che per i suoi meriti diventerà figlio di Dio!".

Da ragazzo, quando il padre non c'era, Francesco preparava lo stesso la tavola per molte persone, disponendo molti pani. Un giorno la madre gliene chiese il motivo: non aspettavano nessuno per cena. Francesco rispose che si preparava a distribuire elemosine, "perché aveva promesso di fare limosina a ogni povero che in nome di Dio domandasse"; e la madre, poiché lo amava, lasciò fare, un po' meravigliata, un po' ammirata.

Il padre all'inizio è lontano. Ci appare distante, distratto. Fino a quando Francesco sperpera il suo patrimonio nei banchetti e negli inviti, non sembra preoccuparsi più di tanto. Neppure quando giocherà i suoi giochi di guerra, vagheggiando grandi imprese destinate a finire nel nulla, tenterà di dissuaderlo. Ma quando Francesco dimostrerà il proprio disinteresse per il commercio, per il denaro, per la "roba", il padre si farà torvo, angosciato, spietato. Un conto è spendere denaro per accattivarsi il favore dei nobili; quello potrebbe ancora essere un investimento; un altro conto è donarlo ai poveri. Questa, per il ricco mercante, è dissipazione.

Poi c'è il fratello. Che è forse la figura più cupa di tutta la storia. Perché compare sulla scena molto di rado, e appare sprezzante, infastidito, quasi umiliato dalla grandezza di Francesco. Si chiamava Angelo. Un mattino d'inverno, dopo la conversione del santo, lo incontrò mentre pregava, coperto di poveri indumenti. Non gli rivolse neppure la parola, ma per schernirlo disse, beffardo, a un passante: "Di' a Francesco che ti venda almeno un soldo del suo sudore!". Come a dire che il fratello non possedeva nulla, se non la propria fatica. Insomma, Angelo non aveva capito. Perché quella che gli appariva una condizione spregevole era proprio la condizione che suo fratello desiderava: non possedere nulla. Così Francesco fu preso da grande gioia, e rispose: "Venderò questo sudore, e molto caro, al mio Signore".

Insomma, Francesco aveva la battuta pronta e il senso dell'umorismo. Anche se quella volta non parlò nel volgare italiano, ma in quello francese. Del resto, a volte anche noi diciamo in una lingua straniera, o in dialetto, le parole che per timidezza o ritrosia fatichiamo a dire nella nostra lingua.

La Francia per Francesco era la terra del sogno, della bellezza, della poesia. Una patria perduta, o meglio mai conosciuta, e quindi perfetta per ambientarvi le storie dei cavalieri erranti, le imprese di Orlando e degli altri paladini di Carlo Magno, la lingua cortese, le poesie d'amore dei trovatori e dei trovieri. Il francese era la lingua in cui aveva imparato i valori del coraggio e della generosità, in cui aveva letto le avventure di soldati e cavalieri.

E come un cavaliere, o aspirante tale, Francesco cresceva. Non era nobile, ma era amico dei figli dei nobili, che talora erano meno ricchi di lui. Prendeva lezioni di scherma, di equitazione, di canto. Si divertiva con i giochi, le danze, i banchetti. Aveva successo: i coetanei lo amavano, un po' perché era generoso di inviti e denaro, un po' perché era sempre allegro. E aveva un temperamento artistico, anticonformista, originale fin quasi all'eccentricità: per esempio amava far cucire in uno stesso vestito stoffe preziose e altre di nessun valore. Insomma, Francesco è anche l'inventore del patchwork.

Aveva fatto il proposito di non rivolgersi mai a nessuno con espressioni volgari o anche solo scortesi. Eppure, un'inquietudine sottile era in agguato dentro di lui. Non immaginava assolutamente quale sarebbe stata la sua vita a venire; ma il futuro cui era atteso talora si manifestava, all'improvviso, come un presagio. Almeno due storie, tramandate dalla tradizione, raccontano il suo rapporto con i poveri.

Un giorno, mentre era nel magazzino di suo padre, entrò un mendicante, a chiedere una piccola somma di denaro. Infastidito, Francesco lo cacciò in malo modo. Ma subito si pentì. Pensò: se quest'uomo avesse mendicato in nome di qualche potente signore, certo gli avrei dato retta; ma egli mendicava in nome del Signore del mondo, quindi meritava molto di più. Così corse fuori, inseguì il mendicante, gli chiese perdono, e gli donò il doppio di quello che aveva chiesto.

Un altro giorno, anziché dare al povero una moneta, affondò le mani nella cassa per offrirgliene molte; ma quello fuggì via, spaventato. Pensò di avere davanti un pazzo; e temette di ricevere dalle sue mani, insieme con l'oro, anche la sua pazzia.

Se sognava la Francia, se coltivava il disegno di grandi imprese, il giovane Francesco lavorava però in bottega con il padre, e viveva ad Assisi; che per i suoi concittadini, meno ambiziosi e meno inquieti, era il mondo.

Nato nel cuore d'Italia

Assisi era già un posto bellissimo; proprio come adesso. Circondata da mura, adagiata su un colle, alle spalle il possente monte Subasio, davanti la ricca campagna umbra.

Francesco era nato lì, tra il 1181 e il 1182. Proprio come quella di Dante, la sua data di nascita è incerta. Dante ci dice che era del segno dei Gemelli, quindi supponiamo che sia nato tra il maggio e il giugno del 1265. Francesco invece del suo segno zodiacale non ha mai parlato.

Si racconta che quando nacque andò a fargli visita un vecchio pellegrino: lo prese tra le braccia, lo guardò teneramente commosso, e previde che avrebbe avuto un destino meraviglioso. Proprio quello che era accaduto al piccolo Siddharta.

Francesco era un bambino quando nel 1190 Federico Barbarossa morì. L'imperatore annegò in un fiume dell'Anatolia durante la terza crociata, indetta per riconquistare Gerusalemme, che si era arresa a Saladino tre anni prima. Il nuovo imperatore, Enrico VI, figlio di Federico, era deciso a riconquistare l'Italia. Si fece incoronare a Roma dal Papa. La morsa si strinse anche su Assisi, affidata a un vassallo dell'imperatore, Corrado di Urslingen, le cui truppe controllavano la città dall'alto della rocca che la sovrastava.

Ma il 28 settembre 1197, un mese prima di compiere trentadue anni, l'imperatore Enrico morì di malaria, a Messina, prima di salpare per la crociata in Terrasanta. L'impero sprofondò nel caos, il Papa rialzò la testa, e gli italiani con lui. Corrado abbandonò la rocca di Assisi e tornò in Germania. Gli assisani si impadronirono della fortezza e la rasero al suolo: come a dire che nessun feudatario avrebbe più regnato su di loro. Poi si protessero costruendo in fretta una cinta di mura. Secondo Jacques Le Goff, pure Francesco partecipò ai lavori per erigere i bastioni; e proprio allora si sarebbe appassionato all'arte di costruire e di restaurare. Un'arte che avrebbe applicato alle chiese.

Conquistata la libertà, il popolo reclamava condizioni di vita più dignitose, e si ribellò all'aristocrazia. Alcune famiglie nobili lasciarono la città, e chiesero aiuto agli storici rivali: i perugini.

Gli abitanti di Assisi misero in campo un esercito. E Francesco si schierò con i suoi concittadini, non con i traditori. I perugini però erano più numerosi e più forti. Gli assisani furono sconfitti nella battaglia della piana di Collestrada, vicino a Perugia. Francesco combatté. Non si può escludere che abbia ucciso (anche se un evento così traumatico avrebbe probabilmente avuto un'eco nella vita del santo). Fu battuto, con gli altri, e finì in carcere: prigioniero della città nemica, dove rimase per oltre un anno.

La prigionia è una delle esperienze estreme che rivelano il carattere dei personaggi. Nella Bibbia il giovane Giuseppe, rinchiuso ingiustamente in carcere, non perde la propria forza morale e la fiducia in Dio. Allo stesso modo, anche Francesco non smarrisce il suo buon umore e il suo animo allegro. Non si lascia vincere dalla depressione, anzi, consola i compagni di prigionia. Tra questi c'è un nobile particolarmente sdegnoso e scostante; Francesco mostra una predilezione per lui. Un altro prigioniero, esasperato da quel comportamento che gli pare folle, sbotta: "Tu sei pazzo". Ma Francesco tiene il punto: "Cosa credete che diventerò nella vita? Sarò adorato in tutto il mondo!". Anche dentro una prigione presagisce la libertà e il riscatto. Continua a parlare di battaglie, di gloria, di grandi imprese.

Riscattato forse grazie al denaro del padre, rientrò ad Assisi, tornata alla situazione precedente la rivolta del popolo. Comandavano di nuovo i nobili. I ribelli sconfitti erano stati condannati a una punizione degna di Fantozzi, il ragioniere inventato da Paolo Villaggio che, dopo aver distrutto la copia della Corazzata Potëmkin di proprietà del direttore cinefilo, è costretto con i colleghi a "una punizione da girone dantesco": trascorrere ogni sabato a ricostruire la sequenza principale del film. Allo stesso modo, mercanti e popolani di Assisi furono costretti a ricostruire i palazzi degli aristocratici che avevano raso al suolo, e a sottoporsi ad altre corvées: lavoro coatto, non retribuito.

Francesco non sta bene. È uscito provato dalla prigionia. Ha bisogno di una lunga convalescenza. Qualcosa dentro di lui comincia a cambiare. Per il momento riprende la vita di prima: gli amici, i banchetti, il vino, il cibo, le danze, la musica. Ma una prima crepa si era aperta nel suo animo sensibile e smodato.

Francesco fu tante cose, nella sua breve esistenza; ma moderato non fu mai. La sua sete di vita e il suo trasporto verso gli altri cercavano disperatamente una forma, un modo di esprimersi. Ma era proprio il suo dinamismo eccezionale a renderlo sempre insoddisfatto.

In realtà, della sua giovinezza abbiamo poche notizie certe. Gli agiografi di solito tendono a presentare come particolarmente viziosa e inutile la vita del santo prima della conversione. Gli scrittori preferiscono infonderle un'aura fiabesca, come fosse una favola. Gli storici leggono ogni vita, anche quelle eccezionali, nel contesto del tempo, ricostruito minuziosamente; e certo Francesco fu un uomo del Duecento; ma ha avuto la capacità di parlare agli uomini di ogni epoca, ha saputo interpretare le angosce e gli slanci delle generazioni venute dopo di lui. Noi, che non abbiamo altra ambizione che quella di raccontare, possiamo distinguere, da tanti segni, che Francesco si dimostrò fin dall'inizio una personalità eccezionale, inquieta, capace di cose meravigliose. Doveva soltanto capire quali.

"Vuoi servire il signore o il suo servo?"

Francesco aveva un corpo fragile, tanto più rispetto allo straordinario vigore del suo animo. Diverse volte durante la sua vita si ammalò in modo grave, improvviso, di mali che i contemporanei, compresi i compagni e i biografi, non sapevano definire, tanto meno curare.

La prima crisi lo colpì attorno al 1204, quando aveva poco più di vent'anni. Francesco si sentì all'improvviso molto debole e per la prima volta, scrive Hesse, "avvertì la mano della morte sopra di sé". Cominciò allora a pensare che una vita di piaceri non facesse per lui, e che la sua vocazione non fosse quella militare, cortese, cavalleresca. Eppure non riusciva a immaginare un'esistenza diversa. Così, una volta guarito, riprese le abitudini gaudenti e vuote di prima. Serviva un'occasione di svolta e di avventura. Un fatto d'armi.

Gualtieri di Brienne stava preparando un esercito, su mandato del Papa. A noi questo nome tronfio e solenne fa venire in mente l'Armata Brancaleone e Vittorio Gassman con l'armatura, il ronzino e la parrucca nera. Ma Gualtieri di Brienne, aristocratico francese, era un condottiero, un eroe. Aveva perso un occhio in battaglia. Combatteva per il Papa e per se stesso, per prendere il controllo dell'Italia meridionale, dove dopo la morte dell'imperatore Enrico imperversavano i signorotti locali. Non si trattava solo di conquistare castelli e città, ma di stabilire chi avrebbe dovuto occuparsi del bambino destinato a ereditare l'impero: il figlio di Enrico, Federico II. Dall'attitudine del piccolo dipendevano molte cose, a cominciare dal futuro rapporto tra l'impero e la Chiesa.

Gualtieri aveva bisogno di uomini per combattere una guerra santa, o comunque buona e giusta; e Francesco sognava di essere tra questi.

Sono giorni febbrili, per il giovane di Assisi. La svolta che cerca sembra finalmente arrivata. Si procura un'armatura, una spada, un cavallo. E si libera dei suoi abiti lussuosi, regalandoli a un cavaliere caduto in disgrazia. Quella notte stessa, alla vigilia della partenza, Francesco fa uno strano sogno.

Qualcuno lo chiama per nome, e lo porta in un palazzo meraviglioso, dove vive una splendida sposa. Francesco, abituato alle cataste di stoffe della sua bottega, si meraviglia nel vedere dappertutto armi, lance, scudi lucenti. Chiede a chi appartengano. La voce gli risponde che sono suoi. Tutto è suo, e dei suoi cavalieri: le armi, il palazzo, la sposa.

Francesco si sveglia entusiasta. A chi gliene chiede il motivo, risponde: "Ora sono certo di diventare un grande principe". Non pensa che il sogno possa venire da Dio, e possa sottendere un altro significato. Per il momento, Francesco crede solo in quello che vede; e ha visto armi, gloria militare, un palazzo, e una sposa.

Così si congeda dai genitori e dagli amici. Lascia Assisi, probabilmente con altri compagni, salutato da concittadini orgogliosi. E prende la strada che conduce al Sud, per unirsi alle truppe di Gualtieri di Brienne, attese senza dubbio dalla vittoria e dalla gloria. Ma non andrà molto lontano.

Già il primo giorno di viaggio, Francesco viene colto dal dubbio. Cade di nuovo ammalato, in preda alle febbri. Si ferma a Spoleto. Passa una notte in quel dormiveglia che moltiplica i pensieri e le voci di dentro. Ed è una voce misteriosa, quella che gli chiede: "Chi credi che ti possa fare più del bene? Un signore? O il suo servo?". Il signore, risponde ovviamente Francesco. "E allora perché lasci il signore per seguire il servo, e il principe per il suo sottoposto?".

Francesco intuisce che si tratta della voce di Dio. O forse sono i suoi primi compagni a essere preoccupati di collegare la sua conversione a un messaggio divino. Può sembrare straordinario, ma anche riduttivo, spiegare la svolta nella vita di Francesco non come una maturazione interiore, ma come un intervento soprannaturale. Questo però tramandano le testimonianze dei contemporanei. Secondo il loro racconto, Francesco risponde: "Signore, cosa vuoi che io faccia?". E Dio risponde: "Francesco, ritorna nella tua città, e là ti sarà detto cosa devi fare, perché quella visione deve essere interpretata in un altro modo".

Il sogno del palazzo, delle armi e della sposa cela un diverso significato. "L'interpretazione dei sogni" è il titolo dell'opera di Freud che apre il Novecento. Ma questa parola – "interpretazione" – è già nella Bibbia, proprio nella storia di Giuseppe, che i sogni li sapeva spiegare.

Francesco però non ha questo dono. Non ancora. Certo deve provare qualcosa che lo turba profondamente.

Quella notte non riesce più a dormire. All'alba, la decisione è presa: tornerà indietro, a casa, ad Assisi, a vedere quello che Dio o il destino hanno in serbo per lui.

Da allora, nulla sarà più come prima. Scrive Hermann Hesse che Francesco "stava vivendo un momento di atroci dissidi dell'anima, un momento in cui Dio gli toccò il cuore e in quell'ora misteriosa ogni ambizione e sete di avventura gli cadde di dosso come un vuoto involucro".

Il dubbio, presto la convinzione, che il suo destino non sia quello, un fatto di piaceri e di armi, non lo abbandonerà più. Non sarebbe diventato né un grande gaudente, né un grande cavaliere. Non aveva però rinunciato a essere un grande.

Ad Assisi Francesco ritorna da solo, vestito in abiti borghesi. L'armatura l'aveva donata a un nobile decaduto. Non viene accolto bene. La sua avventura militare è già finita. I concittadini cominciano a pensare che sia un fanfarone. Qualcuno lo deride, lo schernisce. E il padre, sempre molto attento a quello che dice la gente, lo accoglie con freddezza e rimproveri.

Pietro di Bernardone, oltre a essere un mercante, probabilmente si arricchisce anche prestando denaro, con una disinvoltura al limite dell'usura. E questo aumenta il disagio del figlio.

Ma siccome non conosce altra vita, quando torna a casa Francesco riprende l'abitudine dei banchetti e delle feste, da cui trae sempre meno gioia. Gli amici, a cui è mancato, gli chiedono di organizzare una serata per loro, per bere, mangiare, cantare, danzare, come ai bei tempi. Francesco non dice di no. Fa preparare una tavola particolarmente ricca, e i suoi compagni lo proclamano "signore e re della festa", mettendogli in mano un bastone, quasi fosse uno scettro. Un rito goliardico, come quelli in voga ancora adesso: un pranzo di laurea, un addio al celibato.

Dopo aver bevuto fino all'ubriachezza, i giovani di Assisi

vogliono dare un segno della loro presenza. Oggi sarebbero andati a suonare i citofoni dei concittadini dormienti. All'epoca percorrono le vie della città addormentata gridando e cantando a squarciagola. A un tratto si accorgono che Francesco non è più con loro.

Gli amici tornano indietro a cercarlo. E lo trovano, solo, silenzioso, in una viuzza, forse seduto per terra.

I compagni ridono di lui. Qualcuno, che gli vuole bene davvero, lo canzona: "Che sogni, Francesco?", "Su cosa mediti, Francesco?". E un altro: "Amici, non vi sembra che stia meditando di prendere moglie?".

A quel punto Francesco alza la testa e risponde: "Proprio così, dici il vero. Sto pensando di prendere moglie. Ma è molto più nobile, ricca e bella di quanto voi possiate pensare o immaginare". E sorride.

Gli amici lo lasciano lì e se ne vanno ridendo: Francesco è il solito megalomane. In realtà, la bellissima donna che Francesco aveva deciso di sposare non era un'aristocratica; era la povertà. Scrive Hermann Hesse: "Lui si disfò del ridicolo bastone da re che aveva ancora in mano, e insieme al bastone in quel momento abbandonò la vita trascorsa e la gioventù dissipata".

"E poi stetti un poco, e uscii dal mondo"

Non dobbiamo pensare che i tormenti di Francesco, la sua insoddisfazione, la sua ricerca fossero soltanto le vicissitudini di un animo superiore. Pure una personalità straordinaria come quella di Francesco – una personalità che, come ci siamo detti, nasce una volta ogni mille anni – è figlia del suo tempo. E il tempo di Francesco è attraversato dal dibattito sulla povertà.

Il nome della rosa, il capolavoro di Umberto Eco, è ambientato nel 1327, centouno anni dopo la morte di Francesco; eppure il santo è uno dei protagonisti non dichiarati del romanzo. Il protagonista dichiarato, Guglielmo da Baskerville, è un francescano. Il personaggio è inventato, il nome pure: chiaro omaggio al "Mastino dei Baskerville", giallo di Conan Doyle, il padre di Sherlock Holmes; infatti il nome dell'altro protagonista, Adso, ricalca quello di Watson. Ma nel romanzo di Eco sono citati anche personaggi storici, tra cui tre grandi francescani. Ruggero Bacone, il primo a intuire che un giorno "arriveremo a imprimere ai carri incredibili velocità senza l'aiuto di alcun animale, arriveremo a costruire macchine alate, capaci di sollevarsi nell'aria come gli uccelli...". Guglielmo da Occam, altro francescano inglese, altro padre del metodo scientifico: se due teorie spiegano egualmente bene un fenomeno, è da preferire la più semplice; un principio definito il "rasoio di Occam". Il terzo francescano che appare nel Nome della rosa è un frate del tutto diverso: Ubertino da Casale, punto di riferimento degli "spirituali", i più rigorosi tra i figli di Francesco, i più legati al suo ideale di umiltà e di povertà. Ubertino aveva studiato a Santa Croce a Firenze, la stessa chiesa frequentata da Dante. Nel romanzo grida a Guglielmo: "Getta via tutti i tuoi libri!". E lui risponde: "Tratterrò soltanto il tuo!". Il riferimento è all'"Arbor vitae crucifixae", l'albero della vita crocifissa, uno dei bestseller del Medioevo, che Ubertino scrisse nel santuario della Verna, dove il Papa l'aveva relegato, profetizzando l'avvento di un "Papa angelico", povero e santo.

Nell'abbazia del Nome della rosa, funestata da misteriosi

delitti, è convocata un'importante riunione, in cui i delegati del Papa e quelli dell'imperatore devono discutere della povertà. Il film infelicemente tratto dal romanzo di Eco getta il dibattito in ridicolo. Il regista fa dire al capo dell'ordine francescano, Michele da Cesena, che però parla con l'accento del Sud: "Ecco la vexata quaestio: Gesù Cristo possedeva o no la tunica che indossava?".

Ovviamente, come spiega Guglielmo nel romanzo, la questione non era se Gesù fosse o no povero; certo che lo era. La questione era se la Chiesa dovesse essere povera. Di denaro e di potere. Se per esempio l'investitura dei vescovi e il governo dei territori dovessero toccare al Papa o all'imperatore.

La questione della povertà era già molto viva al tempo di Francesco. Innocenzo III, lo stesso Papa che approva oralmente la prima Regola scritta dal santo, ordina la crociata contro gli Albigesi, una comunità considerata eretica che prende il nome dalla città di Albi, nel Sud della Francia. Gli Albigesi erano divisi dalla Chiesa di Roma da diverse distinzioni dottrinali; ma non era meno importante il fatto che sostenessero il rifiuto dei beni materiali e la necessità di un ritorno al Vangelo, al cristianesimo delle origini, alla povertà. I crociati si macchiarono di massacri terribili, come quello di Béziers. Gli storici moderni negano che il legato papale abbia risposto, ai soldati timorosi di ammazzare i giusti insieme con i ribelli: "Uccideteli tutti, Dio riconoscerà i suoi". Ma è certo che il sangue degli eretici scorse, e i roghi illuminarono le notti.

Qualche anno prima un abate calabrese, Gioacchino, si era ritirato con numerosi seguaci in una località della Sila, cui diede il nome di Fiore. Gioacchino da Fiore previde l'avvento di una Nuova Età, la terza nella storia dell'uomo. L'Antico Testamento era l'età del Padre, il Nuovo Testamento quella del Figlio. Dopo sarebbe venuta l'età dello Spirito Santo, in cui la Gerusalemme celeste si sarebbe realizzata sulla terra. La Chiesa avrebbe ritrovato la purezza delle origini. Il messaggio di amore, povertà e libertà del Vangelo si sarebbe compiuto. Soltanto allora il mondo sarebbe finalmente potuto finire.

Gioacchino non fu considerato eretico; ma i Papi del suo tempo non erano entusiasti della sua profezia. Dante lo colloca in Paradiso. Però il processo di beatificazione si incagliò, e non andò mai in porto. L'iter è ripreso solo nel 2001, e nel 2024 Papa Francesco ha riconosciuto che Gioacchino da Fiore "seppe indicare l'ideale di un nuovo spirito".

Più crescevano il potere temporale della Chiesa, i privilegi dell'aristocrazia, la ricchezza dei borghesi, più cresceva la sete di povertà, di purezza, di libertà degli uomini legati alle parole del Vangelo. Francesco era uno di loro. Ma sentiva che la sua rivoluzione non doveva abbattere la Chiesa, bensì servirla, e salvarla. Decise di affidarsi a Dio, nudo come un neonato, come un animale del bosco, come un uccello del cielo. E inseguì per tutta la vita l'armonia perduta tra l'uomo e le altre creature.

Dopo la notte in cui per la prima volta aveva pensato di scegliere la povertà, Francesco rinuncia a frequentare gli amici di prima. Preferisce passare il suo tempo con le persone sole, misere, relegate ai margini. Spesso si ritira a meditare in una grotta, dove forse il diavolo, forse la sua mente infervorata lo tormenta con una visione: una donna gobba e deforme, monito sulla caducità della condizione umana. Altre volte Francesco nella grotta cade in preda a una vivissima agitazione, prega ardentemente, e ne esce spossato.

Si avvicina al vescovo, Guido. Gli chiede spesso consiglio. E quell'uomo di chiesa, che rappresenta in quel momento la massima autorità cittadina, si incuriosisce, avvia con lui un dialogo che si rivelerà prezioso. Ma è un altro l'incontro più importante.

Un giorno, passando a cavallo, Francesco vide sulla strada un lebbroso. I lebbrosi erano gli emarginati per eccellenza, al punto che dovevano girare con un campanello al collo: il tintinnio avvertiva gli altri della loro presenza, e consentiva a tutti di allontanarsi. Erano portatori di una malattia terribile e contagiosa, per la quale non esistevano cure. Vicino ad Assisi c'erano almeno due lebbrosari, dedicati a san Salvatore e a Maria Maddalena: Francesco, come tutti, se ne teneva lontano, se si trovava a passare nelle vicinanze affrettava il passo, spronava il cavallo, si tappava il naso. Per lenire il senso di colpa, gli antichi si erano inventati che la malattia fosse il castigo per qualche peccato; e nonostante Gesù avesse affermato e dimostrato che non era così, ancora al tempo di Francesco a molti piaceva crederlo. Per questo l'amore del santo per i lebbrosi sarà motivo di grande scandalo.

Quel giorno, davanti al lebbroso, Francesco d'istinto cambiò strada. Come faceva sempre, come avrebbe fatto chiunque. Poi tornò indietro, scese da cavallo, gli parlò, gli donò i suoi vestiti, gli strinse la mano, e lo baciò.

Con quel fugace contatto fisico, aveva violato l'ultimo tabù. A quel punto non poteva più tornare indietro. La vita e il mondo di prima gli erano negati, per sempre. Anche perché, se suo padre e i suoi amici lo guardavano ormai come un pazzo, l'affetto e la riconoscenza dei poveri e dei lebbrosi erano per lui una grande consolazione, la fonte di una gioia immensa: "Colmo di meraviglia e di gioia, incominciò a cantare devotamente le lodi del Signore".

Pochi giorni dopo, Francesco va direttamente nel lebbrosario, portando altro denaro, accettando il rapporto con loro. Fa un'esperienza che persino noi, nella nostra pochezza, possiamo vivere, anche attraverso un gesto normale, naturale per un cristiano, come l'elemosina. La carità non è nella moneta. La moneta non cambierà nulla nel destino del povero che la riceve, né in quello di chi la dà. La carità è nello sfiorare la mano del povero. Nello stringerla. Nel guardarlo negli occhi. Nel salutarlo. Nel riconoscergli dignità di persona.

Francesco va oltre. Vuole diventare quel povero. E condividere il suo destino. Per lui la povertà non è esibizione né compiacimento. È uno strumento per raggiungere la condizione che gli interessa: la minorità.

Minorità non significa inferiorità. Francesco non vuole essere meglio o peggio degli altri. Vuole sottomettersi a ogni creatura, rinunciando a qualsiasi forma di potere e di autorità, o anche solo di vanità e di orgoglio, per riconoscersi come parte integrante del creato e dell'umanità.

Molto tempo dopo, alla fine della sua vita, il santo scriverà nel testamento: "Il Signore concesse a me, frate Francesco, la grazia di cominciare a far penitenza; quando ero ancora nei peccati, mi sembrava troppo amaro vedere i lebbrosi; e il Signore stesso mi condusse tra loro, e con loro usai misericordia. Quando me ne allontanai, quello che mi sembrava amaro subito mi si mutò in dolcezza di anima e di corpo. E poi stetti un poco, e uscii dal mondo".

Ripetiamole, rileggiamole, tratteniamole, queste stupende parole, perché sono la chiave della vita del più italiano dei santi: "E poi stetti un poco, e uscii dal mondo".

Francesco è anche un grande scrittore.

"Uscire dal mondo" per noi equivale a morire. Al più, a ritirarsi dalla vita consueta. Magari entrare in un monastero. In una residenza per anziani. Nei casi estremi, sparire. In Giappone li chiamano Johatsu, gli "evaporati": persone che non hanno scelto il suicidio, ma la scomparsa; che fanno perdere le proprie tracce, spezzano qualsiasi legame con parenti e amici, distruggono la loro identità e se ne costruiscono un'altra. In Italia c'è una trasmissione di grande successo, "Chi l'ha visto?", che da decenni si occupa, oltre che di delitti, proprio di persone scomparse.

Per Francesco uscire dal mondo non significa ritirarsi in un luogo sperduto, chiudersi in un ambiente inaccessibile, e neppure troncare i rapporti con i suoi concittadini. Significa uscire dalla vita di prima, regolata dai rapporti di forza, dal denaro, dalle gerarchie sociali. Guardare il vecchio mondo da fuori. E creare un mondo nuovo, negli stessi luoghi fisici, ma in una dimensione parallela.

Francesco non vuole fare l'eremita. Vuole vivere nelle città. Esplorare il mondo, anzi costruirne un altro. Cambiare se stesso, al punto da diventare una persona del tutto diversa. Un uomo nuovo.

"Pietro di Bernardone non è più mio padre"

Il primo scambio di persona lo fa a Roma, dove va in pellegrinaggio.

La Roma dell'inizio del Duecento è una città in piena rinascita. Le antiche basiliche paleocristiane si arricchiscono di nuovi, svettanti campanili. I suoi cinquantamila abitanti sono una frazione di quelli della Roma imperiale, ma sono di più rispetto ai secoli bui. E la corte papale è degna di un re.

Francesco offre quello che ha portato con sé come obolo nella basilica di San Pietro, che è ancora quella costantiniana. Deve averlo fatto in modo maldestro, perché tutto quel denaro cade rumorosamente a terra, tra la meraviglia dei presenti. È come se Francesco cercasse il centro dell'attenzione, coltivasse il gusto per il beau geste, per i gesti nobili, grandiosi, eccentrici. (Jacques Le Goff, però, non crede alla veridicità di questo episodio, raccontatoci da Tommaso da Celano: gli sembra poco verosimile che Francesco volesse arricchire ulteriormente la curia romana, già sfarzosa di suo; sarebbe un'invenzione dell'ala moderata del francescanesimo, cui Tommaso appartiene, insomma dei frati vicini al Papa).

Francesco a Roma incontra un mendicante. Non avendo più nulla da dargli, scambia con lui i propri abiti, e ne prende il posto. Si siede a chiedere la carità sui gradini di San Pietro. E lo fa in francese: la lingua in cui esprime meglio il suo cuore, o con cui dice qualcosa di cui si vergogna.

È adesso che Francesco comincia a parlare con Dio.

Tornato ad Assisi, va a pregare in una piccola chiesa, San Damiano, così diversa dalla magnificenza di San Pietro. Secondo la tradizione, guarda intensamente un crocifisso dipinto su tavola. E sente, o crede di sentire, una voce. Gesù gli parla dalla croce. Lo chiama per nome. E gli dice: "Francesco, non vedi che la mia casa sta crollando? Va' dunque a ripararla".

Gesù intende la Chiesa; Francesco capisce la chiesa. Pensa che il crocifisso stia parlando di un edificio materiale, non spirituale. Per prima cosa, dona del denaro al sacerdote di San Damiano, affinché tenga sempre accesa una lampada di fronte al crocifisso: ora che sa che Gesù è lì, e da lì parla agli uomini, Francesco non vuole farlo andare via, vuole tenere aperto quel canale di comunicazione con il soprannaturale.

Poi passa dalla bottega del padre. Porta via un carico di stoffe preziose, lo carica sul cavallo e va a venderlo a Foligno, a una ventina di chilometri da Assisi. Già che c'è, vende anche il cavallo. Torna indietro a piedi, e dona la borsa con l'incasso al prete di San Damiano.

E qui avviene la prima di una lunga serie di incomprensioni tra Francesco e la Chiesa. Perché il prete quel denaro non lo vuole. Ha paura che Francesco lo stia prendendo in giro. E poi quel denaro non è suo; è rubato, appartiene in realtà a Pietro di Bernardone, il mercante, forse usuraio, che certo lo rivorrà.

Però il prete di San Damiano è anche una brava persona. Intuisce che quel giovane ha rotto con il suo passato, con la sua famiglia, e non può tornare indietro. Così acconsente a tenere Francesco con sé. Felice, lui si libera del denaro, appoggiandolo sul davanzale di una finestra; un po' come aveva fatto san Nicola, quando lasciò tre palle d'oro sulla finestra della casa di un nobile decaduto, che non potendo pagare la dote alle figlie intendeva avviarle alla prostituzione. Per questo san Nicola è associato ai regali, e nella tradizione anglosassone diventa Santa Claus: Babbo Natale.

Ma Pietro di Bernardone, come aveva previsto il prete di San Damiano, reagisce. Non può farsi portare via un figlio così. E non può rischiare che il patrimonio, da lui accumulato in una vita di lavoro, venga disperso da un ragazzo che ai suoi occhi è un matto. Così, aiutato dagli amici, va a cercare Francesco. Che però è stato avvertito da qualcuno. Forse dalla madre. E ha fatto in tempo a rifugiarsi in una grotta.

Sono giorni angoscianti. Il santo è sull'orlo di una rottura definitiva. Digiuna, un po' per penitenza, un po' perché non ha quasi nulla da mangiare. Esita prima di prendere la decisione finale. Fino a quando non si sente pronto ad affrontare il padre.

Esce dalla grotta e si incammina verso Assisi. All'inizio, i concittadini stentano a riconoscerlo. È smagrito, pallido, sporco, forse maleodorante. È diventato un estraneo alla comunità, una provocazione vivente. Qualcuno si sente sfidato, gli getta un sasso, una manciata di fango.

Ma a sentirsi sfidato è soprattutto lui, Pietro di Bernardone, il padre. Gli corre incontro, lo afferra, lo picchia. Davanti a tutti, come a lavare il proprio onore, a ottenere riparazione da quello che sente come un torto, un'offesa, un affronto. Poi, non potendo portarlo in carcere, chiude il figlio nello sgabuzzino di casa.

Un atteggiamento crudele, certo. Ma Francesco subisce qualcosa che tante generazioni di giovani hanno subìto e subiranno. Le punizioni corporali sono state abolite nelle scuole non molto tempo fa. Per secoli i figli sono stati considerati proprietà o comunque responsabilità dei genitori. Anche il cardinale Matteo Zuppi ha raccontato che il padre lo picchiava con la cinghia. E non perché fosse cattivo; al contrario, era un uomo buono e devoto; ma la cultura del tempo gli imponeva di comportarsi così, come se correggere il figlio fosse un dovere; e lui ci stava male, perché era persona di grandissima tenerezza, talmente rispettoso che quando il figlio si fece prete non lo chiamò più Matteo ma don Matteo, come Zuppi si fa chiamare ancora adesso che è presidente dei vescovi italiani.

Il caso di Pietro di Bernardone è forse più una storia di orgoglio ferito. Ma è anche l'ultimo tentativo di raddrizzare un figlio che non è più un ragazzino, ha già quasi venticinque anni, deve essere recuperato adesso o mai più.

Ancora una volta, però, interviene la madre di Francesco. L'unica che l'ha capito, o comunque ha capito che non può ostacolare quel figlio strano, diverso, atteso da un destino che ancora non si intravede ma sarà comunque straordinario. La mamma ha pietà del figlio. Approfitta dell'assenza del marito per liberarlo. Nel momento in cui lo fa uscire dallo sgabuzzino e lo lascia andare via di casa, capisce che lo sta perdendo per sempre. E rischia di perdere pure il marito, la cui reazione sarà rabbiosa.

La madre di Francesco compie così il suo più grande gesto d'amore. Disobbedisce a Pietro di Bernardone. Si rassegna a privarsi del figlio prediletto. Ma con quel sacrificio gli salva la vita, e contribuisce a salvare la cristianità.

Francesco ormai ha deciso. Pietro non è più suo padre. Forse ha ascoltato alla Porziuncola il Vangelo secondo Matteo, dove Gesù dice: "Non crediate che io sia venuto a portare pace sulla terra; sono venuto a portare non pace, ma spada. Sono infatti venuto a separare l'uomo da suo padre e la figlia da sua madre". E ancora: "Chi ama padre o madre più di me, non è degno di me; chi ama figlio o figlia più di me, non è degno di me; chi non prende la propria croce e non mi segue, non è degno di me".

Pietro, com'era prevedibile, reagisce. Francesco vuole andarsene? Bene: da quel momento non è più suo figlio; almeno restituisca il denaro che gli ha sottratto. Il padre va al Palazzo comunale. Chiede di parlare con i consoli. Cita il figlio in giudizio. E i consoli mandano a Francesco quello che oggi si chiamerebbe un mandato di comparizione.

Francesco però ha un'obiezione giuridicamente impeccabile: ormai vive da penitente, non è più soggetto alla giurisdizione del Comune, ma a quella della Chiesa.

"Ah sì?" reagisce Pietro. "E allora io andrò dalla Chiesa!". Così il padre si rivolge al vescovo, che manda a chiamare Francesco. E lui si presenta, portando con sé tutto il denaro che gli rimane.

Per Assisi è il fatto del giorno, forse dell'anno. Francesco affronta insieme il padre e il vescovo. È una scena che abbiamo davanti agli occhi grazie a Giotto, che la raffigura nella basilica superiore di Assisi.

Siamo nella piazza del Vescovado, piena di gente. Giotto mostra due bambini che nelle vesti sollevate reggono qualcosa, probabilmente sassi da gettare al reprobo, al ribelle, a Francesco.

Il vescovo lo esorta a restituire tutto al padre: "La Chiesa non vuole che tu spenda per lei denari non tuoi, denari di tuo padre, forse ricchezza male acquistata". Francesco risponde di essere d'accordo: restituirà tutto. Non solo il denaro; anche i vestiti.

Così, si spoglia. Rimane nudo davanti a tutti. Da quel momento non possiede più nulla. Non solo; da quel momento non è più figlio di suo padre.

Giotto raffigura Pietro di Bernardone con il pugno chiuso, pronto a colpirlo, trattenuto dai presenti. E Francesco gli rivolge parole definitive, che tutti possono sentire. "Ascoltatemi tutti e capitemi bene. Fino ad ora ho chiamato padre mio Pietro di Bernardone. Ma siccome mi sono proposto di servire soltanto Dio, rendo a Pietro di Bernardone il denaro per cui era tanto turbato, e anche i vestiti che mi aveva dato. D'ora in avanti dirò sempre e soltanto: 'Padre nostro che sei nei cieli' e non più: padre mio, Pietro di Bernardone".

Il padre naturale l'ha ripudiato; e lui a sua volta lo ripudia. Il suo vero padre è Dio; e Francesco è una sorta di nuovo Gesù.

La folla trattiene il fiato. Pietro di Bernardone – sconfitto, umiliato, furente – afferra il denaro e i vestiti, e corre a chiudersi in casa. Il vescovo Guido copre le nudità di Francesco con il proprio mantello.

Lo scandalo non potrebbe essere più grande. La sfida non potrebbe essere più diretta. Davanti a Francesco si apre una nuova vita, tutta da costruire.

Come scrive Hesse, "simile a un bambino si affidò alla protezione di Dio, al quale parlava non come a uno spirito lontano e mai veduto, ma come a un padre presente, amato e fidato".

Francesco è uscito dal mondo. Si è lasciato alle spalle tutto quello che possiede e che conosce. È il momento di avanzare oltre l'orizzonte, oltre il profilo delle cose note e consuete, dei valori condivisi e delle abitudini.

Lo attendono Gesù, il Vangelo, e un mondo nuovo.

3
USCIRE DAL MONDO

A ognuno di noi è accaduto, almeno una volta nella vita, di parlare in pubblico. Quindi ognuno di noi sa quanto sia faticoso. Certo, è una fatica diversa da quella del manovale, del contadino, del muratore; e Francesco fu anche manovale, contadino, muratore, in particolare restauratore di chiese. Ma Francesco fu soprattutto un oratore. Quasi ogni giorno della sua vita parlò in pubblico. All'inizio per mendicare, poi per predicare. E parlare in pubblico costa una fatica terribile.

Certo, dipende dal grado di coinvolgimento emotivo di chi parla; che per Francesco fu sempre molto alto. Perché Francesco non parlava solo con la bocca. "Di tutto il corpo faceva lingua" è stato scritto. Usava la mimica, i gesti, il canto, la musica: quasi uno spettacolo teatrale. Ma la fatica di parlare in pubblico dipende soprattutto dal pubblico.

Il pubblico più facile è quello che ha pagato per assistere al discorso, perché è il più motivato, a patto ovviamente di non deluderlo. Un pubblico facile è anche quello che viene di sua spontanea volontà per ascoltare: spesso è simpatetico, aperto, desideroso di partecipare, di essere coinvolto, di riconoscersi nelle parole che ascolterà. Molto più arduo è rivolgersi a un pubblico ostile, animato da un pregiudizio negativo nei confronti dell'oratore, che odia o disprezza. Ma il pubblico più difficile è quello degli indifferenti. Perché è più facile rispondere a una critica, a un'accusa, a un'offesa, che catturare l'attenzione o anche solo il rispetto di chi pensa ad altro e non ha il minimo interesse per te e per quello che hai da dire.

Francesco si ritrovò davanti tutti questi pubblici.

All'inizio fu accolto dall'indifferenza di coloro che pensavano semplicemente che fosse ammattito. Poi la sua predicazione e il suo esempio suscitarono ostilità e paura, a mano a mano che la sue parole mettevano radici ad Assisi e nei paesi attorno, e molti giovani, comprese tante ragazze, lasciavano le famiglie e il mondo per unirsi a lui. Infine, quando la fama della sua santità cominciò a diffondersi, le folle arrivarono adoranti, desiderose di ascoltarlo, bisognose della sua luce. Ma proprio nel momento della gloria, la mala pianta dell'invidia e della cattiveria gli avrebbe teso insidie e procurato molto dolore.

In ogni caso, Francesco sapeva parlare a tutti. Da manovale ai manovali, da cittadino ai cittadini, da uomo di Dio agli uomini di Dio; restando sempre se stesso. E mise tutto se stesso nella parola. Sia quando si trattava di procurare pietre per ricostruire le chiese di campagna, cibo per sfamare i compagni, vestiti per salvare i lebbrosi dai rigori dell'inverno. Sia quando dovette convincere gli alti prelati e il Papa delle sue buone ragioni. Sia quando affrontò il sultano, che avrebbe potuto infliggergli una morte da martire. Sia quando tenne testa ai suoi critici e ai suoi avversari. Ma sempre il momento peggiore fu quando dovette rivolgersi a persone che lo ignoravano e non lo ascoltavano. E qualcuno ipotizza che la celebre predica agli uccelli, anziché un miracolo, fosse uno scherzo, una provocazione, un modo per dire: siccome voi non mi ascoltate, almeno i falchi e gli altri uccelli da preda lo faranno, perché in fondo non sono peggiori di voi.

Parlare in pubblico può provocare ansia, paura. Scrive Tommaso da Celano che Francesco sapeva parlare a migliaia di persone restando "tranquillo e sicuro come se parlasse con un amico intimo. Guardava la più gran folla di popolo come un sol uomo, e predicava per una persona sola con la diligenza che avrebbe usato per una moltitudine". Qualcosa del genere ho visto fare a Papa Francesco, che indicava con il dito una persona in mezzo alla folla, come a dirle: sto parlando proprio con te.

Francesco, il santo, sapeva improvvisare discorsi meravigliosi. Ma quando invece si preparava la predica, gli accadeva sul più bello di non ricordarsi nulla; allora confessava di aver dimenticato tutto, e riusciva a incantare gli animi con le parole che gli venivano lì per lì. Altre volte però non riusciva proprio a parlare; e congedava le folle con una semplice benedizione.

Un giorno gli accadrà di predicare davanti al Papa, Onorio III. C'era anche il vescovo di Ostia, il cardinale Ugolino, molto legato a Francesco, a sua volta destinato a diventare Papa con il nome di Gregorio IX. Ugolino era preoccupato. Temeva che la purezza di Francesco non sarebbe stata compresa dalla corte papale, composta da cardinali dotti, potenti e orgogliosi. Così, mentre Francesco prendeva la parola, Ugolino pregava Dio affinché la sua semplicità d'animo non venisse disprezzata. Ma Francesco non ebbe alcun timore, anzi era così felice di parlare davanti al Papa che muoveva i piedi quasi saltellando. Il Pontefice e i suoi cardinali, anziché ridere o sbuffare, si commossero sino alle lacrime.

Ma prima di diventare noto, apprezzato, ammirato, Francesco dovrà spezzare la coltre dell'ostilità e dell'indifferenza. Il suo pubblico, i suoi fedeli, i suoi compagni sono ancora tutti da conquistare.

Cavaliere di Dio

Dopo la scena culminante della sua giovinezza, la spoliazione pubblica sulla piazza di Assisi, Francesco deve organizzare la sua nuova vita. A cominciare dalla prima questione da risolvere: vestirsi.

Nel Medioevo tutta la società è in divisa. Ci sono i religiosi: vescovi, preti, suore, monaci. Ci sono i militari: fanti, cavalieri, armigeri e araldi del Comune. Ci sono le classi sociali: aristocratici, borghesi, contadini. Nessuno oserebbe sovvertire l'ordine, nessuno si vestirebbe in modo diverso da quello che impongono il proprio rango e il proprio posto nella società.

Francesco non è più un borghese. Ha rinunciato al sogno di diventare un cavaliere o di sposare un'aristocratica. Ma non è un prete. Non può indossare i paramenti. Ed è solo. Così si veste da eremita. Una tunica stretta da una cinta di pelle. Un paio di calzari. Un bastone. Forse un cappuccio. Anche perché è inverno: l'inverno del 1206.

Gli serve una casa, una dimora anche provvisoria. Francesco pensa di poter essere accolto in un monastero. E si mette in viaggio. Non è triste, anzi è pieno di energia e di entusiasmo. È un uomo che cerca. Intende ricostruire la propria vita. Sente di avere davanti a sé un nuovo inizio, anche se presagisce che nulla sarà facile.

Si incammina in un bosco, cantando ad alta voce, in francese. Ma così attira un gruppo di predoni. Un incontro non insolito, in quel tempo di viaggi pericolosi e di strade insicure. I banditi, sentendo parlare una lingua straniera, pensano a un mercante, alla possibilità di un facile bottino. Si trovano invece davanti quel tipo strano. Gli chiedono: "E tu chi sei?". Francesco dà una risposta ispirata, letteraria, da cavaliere errante quale si sente: "Io sono l'araldo del Gran Re!", insomma il messaggero di Dio. I briganti non la prendono bene. Non soltanto da quel poveraccio non trarranno un soldo; si sentono anche presi in giro. Così lo riempiono di botte, e lo gettano in un fosso pieno di neve, che in quel periodo dell'anno copre abbondante le selve dell'Umbria, gridandogli: "E tu stattene lì, villano araldo di Dio!". Ma Francesco non ne fa una tragedia. Aspetta che i banditi si siano allontanati. Poi si alza, si scuote la neve di dosso, e si rimette in cammino, riprendendo a cantare.

Non soltanto questo episodio appare troppo specifico per essere inventato. È davvero significativo. Gli eroi della poesia cortese, quella che Francesco leggeva da ragazzo, sono sempre innamorati. Posseduti da una forza che li rende capaci di imprese leggendarie. Quella stessa forza Francesco la metterà al servizio di qualcosa ancora più grande. Nel suo animo accade qualcosa di simile a quel che accadrà a Dante, che aveva letto le stesse poesie, gli stessi romanzi cavallereschi di Francesco: l'amore insieme fisico e spirituale, carnale e letterario è la premessa indispensabile per giungere all'amore di Dio, per poterlo comprendere e per poterne scrivere. È l'amore che ci salverà.

Tutto questo però è ancora molto lontano. Francesco intanto ha bisogno di sopravvivere. Di mangiare e dormire. Arriva in un monastero, dove l'accoglienza è pessima. Lo mettono a fare lo sguattero in cucina, e gli negano il cibo. Siccome fa freddo, chiede un poco di brodo per riscaldarsi; gli rispondono di no. Gli negano anche un abito, lo lasciano con un "rozzo camiciotto". Francesco resta molto colpito. Anni dopo, il priore di quel monastero andrà a chiedergli perdono per sé e i suoi, divorato dal rimorso per come lo avevano trattato.

I monasteri all'inizio del Duecento non sono luoghi di carità; sono centri di cultura e di potere. Si custodiscono libri, si studia, si amministrano terre, si accolgono ospiti importanti. I monaci sono figure prestigiose: non hanno problemi di sopravvivenza, hanno tempo per leggere e scrivere, esercitano un ruolo sociale. Sono tenuti in grande considerazione. Francesco pensa che non vuole essere uno di loro. Non è questa la vita che cerca. Non ha rinunciato alla ricchezza e alla gloria per mettersi in cerca di una diversa forma di potere. Non è uscito dal mondo per rinchiudersi in un'altra prigione. Così riparte, convinto che quello che ha visto non sia il modo cristiano di vivere, la maniera di seguire il Vangelo.

Non osa tornare subito ad Assisi. Prima va a Gubbio, a trovare un amico, che lo accoglie, lo sfama, lo riveste. Ora si sente pronto per rientrare nella sua città. Dove però non ha più una casa. La sua nuova casa è il lebbrosario. Di notte dorme tra i malati. Lava i loro corpi in disfacimento, cura le loro piaghe.

Di giorno prega e lavora nelle chiese. La chiesa di San Damiano, quella dove ha sentito la voce del crocifisso. La chiesa di San Pietro, vicina alle mura. La chiesa di San Giorgio, che frequenta fin da bambino. E una chiesetta che gli è particolarmente cara, dedicata alla Madonna, lontana dal centro della città, nella piana, vicina ai due lebbrosari. Occupa una porzioncina di terreno. Talmente piccola che la chiamano la Porziuncola.

Poi certo c'è il problema di riaffacciarsi in città. Francesco si sente comunque un assisano. Ma il suo ruolo nella comunità è del tutto cambiato. Non ha più niente da offrire. Non denaro, non doni, non banchetti. Ha solo da chiedere. E all'inizio esita. Si vergogna. Poi trova il coraggio di bussare alle porte per avere un po' di olio per la lampada di San Damiano, quella di fronte al crocifisso, che voleva tenere sempre accesa, in modo che restasse aperta la porta per comunicare con Gesù, con il cielo, con l'aldilà.

Un giorno entra in una casa dove sono riuniti i suoi vecchi amici, quelli con cui fino a poco tempo prima mangiava e beveva a sazietà. Loro non sono cambiati, almeno all'apparenza. Lui invece ora è magro, pallido, smunto, sporco. Vinto dalla vergogna, non regge il loro sguardo, ed esce di corsa. Poi si fa coraggio, rientra, e chiede con umiltà ai compagni di un tempo una piccola offerta "per la casa di Dio". Increduli, smarriti, commossi, i giovani di Assisi lo riaccolgono tra loro, lo aiutano come possono. Intuiscono che Francesco non era impazzito, che da lui veniva quello che Hesse definisce "un saluto di Dio".

Francesco quindi chiede l'elemosina. Ma non è un prete, un monaco, un sant'uomo. Domanda aiuto senza alcun titolo che non sia la povertà. All'inizio lo fa in francese. Poi ci prende gusto. Impara una tecnica. Applica nell'elemosina la sua vena artistica, creativa, quasi istrionica. Così si inventa banditore d'asta, per raccogliere pietre per il restauro di San

Damiano: "Datemi una pietra, e avrete una ricompensa! Due pietre, due ricompense! Tre pietre, tre ricompense!".

A volte recita poesie. I compagni non ce ne hanno tramandato il testo, ma solo il significato: "Venite, aiutatemi nei lavori! Sappiate che in San Damiano verrà un monastero di dame, e per la fama della loro vita santa il Padre celeste sarà glorificato!". Chiara Frugoni ha ricostruito, dietro questo resoconto, le rime originali coniate da Francesco: Damien, Dames, Fame, Celestien. La poesia, azzardo io, poteva suonare così: "Sachez qu'en Saint Damien/ surgira un monastère de Dames/ de leur vie sainte la Fame/ glorifiera nôtre Père Célestien". E davvero a San Damiano sarebbe sorto un monastero di dame, a maggior gloria del Signore: le clarisse, fondate dalla meravigliosa sorella d'anima di Francesco, Chiara.

Del resto, i compagni riferiscono che qualsiasi previsione facesse Francesco sempre si avverava. Non era un profeta; ma aveva un'intelligenza predittiva, sapeva cogliere i segni dei tempi, instaurare una sintonia con le persone, le cose, gli animali, ed era in grado di leggere bene le intuizioni del proprio cuore generoso.

Il desiderio di gloria, l'amore per le cose buone e belle, l'allegria di vivere, tutto quanto aveva animato la sua giovinezza inquieta non sarebbe andato perduto; sarebbe stato messo al servizio di una prospettiva più grande e più duratura.

In città però non c'erano solo le anime buone, gli ex amici perplessi e affascinati dalla sua svolta, i curiosi che tenevano d'occhio quel giovane ribelle. C'erano anche i nemici. Gli indifferenti. E c'era suo padre.

La rabbia di Pietro di Bernardone non si spiega se non con un sentimento d'amore tradito. Pietro aveva sinceramente amato Francesco, e non riusciva a concepire che il figlio volesse cose diverse dalle sue, da quelle che lui aveva costruito e gli aveva offerto. Viveva la sua ribellione non solo come un rifiuto, ma come un tradimento. Si vergognava di lui. Non sopportava di "vedere la carne sua quasi morta per le troppe afflizioni e macerazioni". Così, ogni volta che lo incontrava, lo insultava e lo malediceva.

Francesco escogita un rimedio doloroso, ma definitivo. Ingaggia un passante. Gli promette una ricompensa: girerà a lui le elemosine che raccoglierà. In cambio gli chiede: "Vieni con me. Quando arriverà mio padre e comincerà a maledirmi, io ti dirò: 'Benedicimi, padre mio!'. Allora tu fammi un segno di croce e benedicimi". Così accade. E Francesco apostrofa il padre: "Dio può ben darmi un padre che mi benedica al posto tuo, tu che continui a maledirmi!".

Sono le ultime parole che padre e figlio si scambiano.

"Vivere come gli uccelli del cielo"

Un giorno, durante la messa alla Porziuncola, Francesco resta colpito da un brano del Vangelo secondo Matteo, quello in cui Gesù affida agli apostoli il compito di predicare. L'argomento lo interessa. Finora ha soprattutto mendicato. Ora avverte l'esigenza di parlare di cose diverse. Così alla fine della messa chiede al sacerdote di approfondire la questione.

In quel passo del Vangelo, Gesù dice ai discepoli di non portare né oro né argento nelle cinture, né bisacce per il cammino, né due tuniche, né calzature, né bastone, ma soltanto di predicare il Regno di Dio e la penitenza. E ancora, dice il Signore: "Strada facendo, predicate, dicendo che il regno dei cieli è vicino. Gratuitamente avete ricevuto, gratuitamente date".

Francesco è entusiasta: "Questo voglio, questo chiedo, questo bramo di fare con tutto il cuore!".

La risposta alle sue domande – come vivere, cosa dire, cosa fare – era già scritta dentro il Vangelo. Così rinuncia anche ai suoi semplici oggetti da eremita: i calzari, la cinta, il bastone. Trattiene una sola tunica, la più semplice e ruvida possibile, in modo che nessuno possa invidiargliela. E la stringe con una corda. Non è solo un fatto simbolico. Francesco, ex mercante, sa bene che alla cinta i ricchi agganciavano la borsa del denaro. La corda è roba da poveri. Da nullatenenti.

I suoi antichi biografi tengono a sottolineare che Francesco sceglie un tessuto urticante anche per reprimere e punire gli istinti naturali di un giovane poco più che ventenne. Altri raccontano che per lo stesso motivo Francesco si rotolasse nella neve, nel ghiaccio, tra i rovi. I famosi tre nodi nel cordone dei frati, secoli dopo interpretati come il simbolo del voto di povertà, obbedienza e appunto castità, sarebbero invece stati stretti da Francesco per soffocare e mortificare quei fianchi che l'avevano indotto in tentazione.

Confesso che l'argomento non mi appassiona. Uno degli insegnamenti del cristianesimo è che l'uomo non è un angelo. Certo non lo era neppure Francesco. Fino al 1135, non molto tempo prima di Francesco, la condizione di padre e di prete non erano incompatibili, secondo il diritto canonico: non che i preti potessero sposarsi; ma chi non voleva rinunciare né ai figli – quindi al sesso – né al sacerdozio avrebbe potuto contrarre matrimonio, dichiarando al vescovo che dopo i quarant'anni avrebbe chiesto di essere ordinato sacerdote (a quel punto però avrebbe dovuto lasciare la moglie). Tuttora nelle chiese ortodosse il matrimonio dei chierici è consentito, sia pure prima dell'ordinazione; mentre possono liberamente sposarsi i pastori protestanti.

Se il celibato e la castità sono vissuti come una costrizione, possono produrre personalità instabili e sofferenti, che talora provocano grandi sofferenze anche ad altre persone. Ma se sono una scelta, come nel caso di Francesco, non siamo certo noi a poterla sindacare. Nella sua biografia il tema della lotta con le tentazioni e in genere con il demonio, che pure esiste, non è ossessivo come in tante altre storie di santi, a cominciare da sant'Antonio abate, le cui tentazioni hanno ispirato grandi pittori. Da uomo del suo tempo, comunque, Francesco poteva avere quelle che oggi ci sembrano superstizioni, ma che all'epoca erano considerate modi per comunicare con Dio, porte aperte tra la sfera umana e quella divina, non così rigidamente separate come pensiamo oggi.

Quando era incerto sulla decisione da prendere, apriva il Vangelo a caso. Se si fosse aperto tre volte sulla stessa pagina, questa avrebbe indicato la volontà di Dio. Un rito che nella storia è stato compiuto anche su altri libri, dall'Eneide alla Divina Commedia, aperti a caso per prevedere il futuro. Nella tunica con le maniche larghe, poi, Francesco vede una croce, utile a mettere in fuga il Maligno.

Non ha però il feticismo dell'abito. Non si preoccupa per esempio del colore, da sempre il segno che distingueva un ordine da un altro: i benedettini di Monte Cassino indossavano la tonaca nera, quelli cistercensi bianca, mentre la cappa dei domenicani teneva insieme il bianco e il nero. Per Francesco la cosa non ha molta importanza. Prescriverà che il saio dei frati sia rammendato con toppe e pezze di ogni tipo; un po' come quando era ragazzo, e si divertiva a creare patchwork, mettendo insieme stoffe di valore e altre rozze. All'interno del suo ruvido saio fa cucire una pelle di volpe, per attutire il contatto con la milza dolorante; e per non ingannare il prossimo, celando agli occhi degli altri quel piccolo lusso, fa cucire un'altra pelle di volpe all'esterno, affinché tutti possano vedere che non bara, non mente, non ha nulla da nascondere.

Anche gli orti devono assomigliare un poco ai patchwork. Francesco prescriverà al frate ortolano: "Non riempire tutto lo spazio di verdure commestibili, ma lascia libera una parte di terra perché crescano le erbe spontanee, che a tempo debito produrranno i fratelli fiori".

Il suo primo seguace si chiamava Bernardo di Quintavalle. Era un uomo molto ricco, e invitò Francesco a casa sua. Passarono l'intera notte a parlare, come accade talora a persone che si incontrano e si riconoscono.

I Fioretti raccontano un'altra versione: Francesco finge di dormire, per modestia, per non fare sfoggio di pietà e devozione; a sua volta Bernardo chiude gli occhi e comincia a russare, restando in realtà sveglio; convinto che l'amico dorma, Francesco comincia a pregare e a lodare Dio, e prosegue per tutta la notte. Bernardo ne resta molto colpito, e decide di seguirlo.

Secondo la tradizione, il mattino dopo i due nuovi amici andarono in chiesa, alla Porziuncola, e insieme per tre volte aprirono il Vangelo: sempre il libro si aprì sui passi in cui Gesù prescrive di vendere tutti i propri beni, darli ai poveri, cambiare radicalmente la propria vita, e seguire lui, il Cristo.

"Vieni a vivere con me, come mio fratello" gli disse Francesco. Bernardo donò tutto quello che possedeva ai poveri, e raggiunse Francesco alla Porziuncola.

Il secondo ad arrivare fu un sacerdote, don Silvestro. Il santo era andato da lui a comprare pietre per il restauro di San Damiano, e il prete gliele aveva vendute a prezzo maggiorato. Allora Francesco prese una manciata di monete d'oro dal mantello del suo amico Bernardo, e le mise in mano al sacerdote. Umiliato, Silvestro comprese il proprio errore. Quella stessa notte ebbe una visione. Sognò una croce immensa, che sfiorava il cielo e poggiava sulla bocca di Francesco. Il segno non poteva essere più chiaro: Silvestro decise così di unirsi alla nascente comunità.

Fin da subito accade ai compagni di Francesco di avere visioni grandiose, legate alla sorte del loro santo. Una sera, nella capanna dove sono riuniti, entra un carro di fuoco, che porta un globo lucente come il sole. Francesco in quel momento non c'è, ma è come se si fosse manifestato, attraverso un prodigio. Anni dopo frate Pacifico, grande musicista che lascerà l'arte per unirsi a lui, vedrà in cielo, proprio accanto a Dio, un trono vuoto, lasciato libero da un angelo ribelle caduto sulla terra, e destinato a Francesco.

Ovviamente non possiamo sapere se questi racconti siano frutto della fantasia dei contemporanei e degli agiografi, se siano visioni create da un'immaginazione accesa, o se siano davvero segni soprannaturali. Di certo, era un tempo in cui gli uomini credevano davvero di poter parlare con Dio, o almeno di riceverne indicazioni attraverso simboli, metafore, visioni. E in quel momento stava davvero per accadere in Umbria, nel cuore d'Italia, qualcosa di straordinario.

La prime prediche cadono nel vuoto. Francesco e i suoi compagni vengono accolti da lanci di pietre e fango. A volte sono percossi e derisi. Ma la loro reazione turba profondamente i nemici e gli indifferenti.

Francesco subisce sorridendo. La sua risposta è l'amore. Non chiede nulla, tanto meno denaro: soltanto un po' di cibo.

Le sue parole non hanno nulla di ammonitorio. I predicatori di solito parlavano di morte, di peccati, di dannazione. Massimo Troisi ne fa satira, quando in "Non ci resta che piangere" risponde al monaco che lo ammonisce che deve morire: "Mo' me lo segno". Ma l'uomo medievale doveva prendere quelle prediche di morte molto sul serio. Francesco invece parla del Vangelo, dell'amore, della povertà. Non vuole sconfiggere nessuno, non ha avversari da battere, né eretici da smascherare. Non predica mai regole di comportamento che lui stesso non metta in pratica ogni giorno. Non suscita timore o rimorsi, non specula sulle paure e sul senso di colpa che si nasconde in ogni animo, specie in quelli più sensibili. Al contrario, dice che la vita è meravigliosa. La natura è bellissima. E noi possiamo abbandonarci alla volontà di Dio, che ci ama, si prende cura di noi, e ci prepara un futuro migliore del presente.

Dal Signore non viene la paura; viene la felicità. La Bibbia, in particolare il Vangelo, non è per Francesco materiale esegetico per raffinati studiosi; è un patrimonio del popolo. Per questo inventa canzoni, rappresentazioni, veri e propri spettacoli per attrarre l'attenzione della gente comune, abbrutita dalla povertà e dalla crudezza dei rapporti di forza sociali, e avvicinarla alla parola di Gesù. Oggi si direbbe di Francesco che era anche un formidabile comunicatore. Scrive Hesse: "Non cercava di incutere negli ascoltatori la paura dell'inferno ardente, ma l'amore per il cielo e la terra, come un cantore e un innamorato della causa di Dio".

Gli chiedono: "Chi siete?". Loro rispondono: "Penitenti di Assisi". Non hanno nulla da insegnare, non pretendono di essere migliori degli altri, di correggere i peccatori, di indirizzare gli incerti. Rifuggono la vanità e l'orgoglio personale; al contrario, vogliono sottomettersi a tutti. Predicano con il sorriso e con l'esempio. Ogni tanto Francesco per farsi coraggio canta una canzone o cita una poesia in francese.

Un giorno si trattiene a lungo in disparte per pregare con particolare intensità, e sente scendere dentro di sé "un'indicibile letizia e un'immensa dolcezza". Si calma la sua angoscia, si dissipano le tenebre dal suo cuore. La descrizione che fa Tommaso da Celano sembra quasi quella dell'illuminazione di Buddha: "Rapito poi sopra di sé e assorto in un'illuminazione divina, allargati i confini del pensiero, poté contemplare a suo agio il futuro". Quando torna indietro, può così annunciare ai compagni: "Non siate tristi se vedete che siete pochi. Come mi è stato rivelato in verità dal Signore, Dio ci farà divenire un'immensa moltitudine, e ci propagherà fino ai confini del mondo".

I seguaci, in effetti, aumentano. I primi sono giovani di buona famiglia. Alcuni sono amici di Francesco, che preferiscono rinunciare a una vita agiata piuttosto che rinunciare a lui. Ci sono sacerdoti. Ricchi borghesi come Bernardo di Vigilante e Giovanni di San Costanzo. Aristocratici come – più tardi – Rufino di Scipione, uno dei nobili assisani che hanno combattuto dalla parte dei perugini. Rufino ha una cugina, di nome Chiara, destinata a diventare la protagonista femminile di questa storia.

Tra i primi confratelli c'è un contadino, uno solo. Si chiama Giovanni. Giovanni da Nottiano. Gli altri hanno tutti qualcosa da perdere. Per questo all'inizio faticano a chiedere l'elemosina. La loro non è solo una scelta spirituale. Avrebbero potuto entrare in un monastero, un luogo dove vige la stessa gerarchia che, fuori dalle sacre mura, governa la società. Scelgono invece di rinunciare a tutto per entrare in una comunità di eguali.

Molti li prendono per pazzi. Qualcuno è infastidito. Ma altri cominciano a esserne affascinati. Su questo tutte le fonti concordano: sia quando era un giovane alla ricerca di se stesso, sia quando divenne un mendicante isolato, sia quando si ritrovò capo di una vasta comunità, sia al momento di affrontare il Papa e gli altri potenti del suo tempo, Francesco era affascinante. Dotato di una forza inspiegabile, di un potere speciale sulle cose e sulle persone. Un fascino diverso dal senso di inesorabilità che viene dal carisma; semmai, un'energia che esprime fiducia e amore.

Per Francesco, la povertà è una scelta, non un'ossessione. Non è una condanna; è la più grande forma di libertà. Una libertà assoluta, fisica e mentale. La povertà rende liberi dalla sete di possesso e di dominio. Per questo povertà e felicità non sono in antitesi; sono le due facce della stessa medaglia.

Della povertà Francesco rifiuta la componente dell'orgoglio. Non la esibisce. Non la esaspera con le privazioni, i digiuni, i tormenti. Non impone particolari proibizioni: i suoi frati potranno mangiare tutto quello che verrà loro offerto. Non potranno però tenere da parte nulla per il giorno dopo, neppure mettere in acqua i legumi secchi per averli morbidi l'indomani: bisogna vivere come gli uccelli del cielo, giorno per giorno, senza pensare al futuro, fidando solo nella generosità di Dio e degli uomini.

L'incertezza nel domani per Francesco è la più grande forma di sicurezza. La massima precarietà coincide con la massima libertà.

Il suo modello è "Cristo povero, nato e vissuto povero, giunto nudo sulla croce e sepolto in una tomba non sua"; infatti Gesù fu deposto nella tomba donata da Giuseppe di Arimatea, ed è lì che la domenica di Pasqua le pie donne troveranno l'angelo che annuncia loro la resurrezione: "Perché cercate tra i morti colui che è vivo?".

Con se stesso, Francesco sarà sempre particolarmente severo. Una volta cade malato durante la Quaresima, e per riprendersi mangia un po' di pollo. Ma poi, arrivato ad Assisi, ordina a un frate di legargli una corda al collo, e di portarlo in giro nudo per la città, gridando: "Guardate il ghiottone, che si è rimpinzato di carne di gallina senza che voi lo sapeste!". Ma il corpo che veniva esposto, mortificato, umiliato non era quello di un uomo grasso e ricco, bensì di un penitente. La folla ne fu commossa, e molti si sentirono predisposti al bene.

Quando gli altri lo esaltano e lo onorano, chiama a sé un frate e gli dice: "Per obbedienza ti impongo di ingiuriarmi, e dire il vero contro le falsità di costoro". A quel punto il povero frate a malincuore comincia a insultarlo: villano, essere inutile... E lui: "Ti benedica il Signore, perché dici cose verissime, quali conviene ascolti il figlio di Pietro di Bernardone"; che era anche un modo di ricordare da quale famiglia veniva.

Anche con i compagni Francesco sa essere duro. Un giorno, un frate scaccia un mendicante, accusandolo di fingere di essere povero. Francesco gli ordina di spogliarsi davanti al mendicante, e di chiedergli perdono baciandogli i piedi. Poi proclama: "Chi dice villania a un povero fa ingiuria a Cristo, di cui quello porta la nobile divisa, e che per noi si fece povero sulla terra". Un'altra volta, secondo uno dei Fioretti, chiede a Rufino di andare a predicare ad Assisi. Ma Rufino non ama predicare, e rifiuta. Per riportarlo all'obbedienza, Francesco gli ordina di andare in città seminudo, indossando solo le brache, suscitando l'ilarità della gente. Ma quando poi gli assisani vedono Francesco che, pentito, si è spogliato restando anche lui seminudo per predicare accanto a Rufino, si emozionano di fronte a quello spettacolo di umiltà.

Di solito con i confratelli Francesco sarà sempre dolce, comprensivo. Racconta Tommaso da Celano che, quando si lasciava sfuggire un rimprovero troppo aspro, o concepiva un pensiero cattivo su qualcuno, confessava il suo peccato al compagno che aveva rimproverato o di cui aveva pensato male, e gli chiedeva perdono.

Una notte un frate comincia a gridare, svegliando tutti: "Muoio!". Il santo accende un lume: "Di cosa stai morendo, fratello?". "Di fame!". Allora Francesco fa preparare la tavola, e obbliga tutti a mangiare, per non far sentire solo il frate che aveva digiunato troppo, per non umiliarlo. Non sappiamo cosa abbiano mangiato: probabilmente qualcosa di pronto, forse frutta, verdura, un pezzo di formaggio. Ma possiamo immaginarla anche come una sorta di spaghettata di mezzanotte, uno di quei momenti che cementano una comunità, e infatti Francesco tiene anche un breve discorso: "Come dobbiamo trattenerci dal troppo mangiare, che fa male al corpo e all'anima, così, e anche di più, dobbiamo evitare l'eccessiva astinenza, poiché il Signore preferisce la misericordia al sacrificio".

Conosciamo anche qual era il piatto preferito di Francesco: una vera prelibatezza, il pasticcio di gamberi di fiume.

Il cibo può diventare un modo per rappacificarsi con il prossimo, e convertirlo, poco per volta. I boschi attorno all'eremo di Sansepolcro erano infestati dai briganti, che spinti dalla fame venivano a chiedere ai frati qualcosa da mangiare. Francesco consiglia di portare del cibo nel bosco e di gridare: "Fratelli ladroni, venite! Siamo i frati, e vi portiamo del buon pane e del buon vino!". Raccomanda di donare anche formaggio e uova. Solo dopo averli sfamati, avrebbero potuto predicare ai ladroni, invitandoli a cambiare vita. Considerati finalmente esseri umani, e trattati come tali, quei banditi divennero amici dei frati, e qualcuno entrò nella comunità.

Un'altra volta il santo viene invitato a pranzo dal cardinale che l'ha preso a benvolere, Ugolino. Francesco, che come sempre è andato in giro a mendicare, si presenta a tavola con grossi pezzi di pane raffermo, e li depone sulla ricca tovaglia bianca, tra l'imbarazzo dei commensali. Alla fine del pasto, il cardinale lo rimprovera, prendendolo in giro con un misto di condiscendenza e paternalismo: "Fratello mio semplicione!" lo chiama. Ma Francesco risponde, con quel suo particolare sorriso insieme gioioso e serio: "Non vi ho offeso, anzi vi ho reso un grande onore, onorando un Signore più grande; perché Dio si compiace della povertà e soprattutto della mendicità volontaria". Per Francesco il modo migliore di onorare la mensa del cardinale era seguire "quel Signore che essendo ricco si è fatto povero per noi". Il cardinale Ugolino, futuro Papa Gregorio IX, non trovò nulla da obiettare.

Il vescovo Guido, invece, è perplesso. Un giorno dice a Francesco: “La vostra vita mi sembra dura e aspra, poiché non possedete nulla a questo mondo”. Francesco lo tranquillizza: “Signore, se avessimo dei beni, dovremmo disporre anche di armi per difenderli. È dalla ricchezza che provengono questioni e liti, e così sono impediti in molte maniere tanto l’amore di Dio quanto l’amore del prossimo. Perciò non vogliamo possedere alcun bene materiale in questo mondo”.

Su un punto Francesco non transige. Il divieto di possedere denaro è assoluto. I frati non potranno accettarlo, neppure in elemosina. Ricevere denaro è un furto ai poveri. Unica eccezione: le offerte per i lebbrosi.

A Francesco il denaro fa orrore. Ne ha maneggiato molto quando era giovane, e ha visto come può corrompere l’uomo. Di sicuro ricorda, anche se non ne parla mai, come il denaro abbia guastato il rapporto con suo padre. Per lui le monete valgono come i sassi, come “la polvere che calpestiamo per strada”. Un frate che accumulasse denaro sarebbe “un falso frate, un apostata, un ladro, un brigante, un possessore di cassa, come Giuda”.

La diffidenza di Francesco per il denaro ha ispirato diverse leggende. Un giorno un benefattore lascia una borsa di denaro vicino al crocifisso della Porziuncola; un frate, a cui non pare vero di avere finalmente qualche soldo da spendere, subito la afferra e la depone sul davanzale di una finestra; Francesco lo rimprovera, e lo obbliga a prendere le monete in bocca, una per una, e a deporle sullo sterco di un asino.

Un’altra volta, camminando nel centro di Bari con un compagno, Francesco trova una borsa piena d’oro. Il compagno pensa di raccoglierla per donarla ai poveri, ma lui lo trattiene: “È una trappola, un’astuzia del demonio”. Poco dopo il compagno torna indietro, e nella borsa trova nascosto un serpente.

Ma più degli episodi edificanti contano le parole che Francesco ripeterà spesso ai frati: "Non voglio essere un ladro. Non sono mai stato un ladro. Voglio dire che delle elemosine, che sono l'eredità dei poveri, presi sempre meno di quanto mi bisognasse, per non defraudare gli altri poveri della loro parte; fare diversamente vorrebbe dire rubare". Secoli dopo qualche pensatore arriverà a sostenere che "la proprietà è un furto".

"Tutti devono indossare le brache"

Fin dall'inizio, Francesco compie una scelta ben precisa. Non farà nulla contro la Chiesa. Non ha alcuna intenzione di entrarvi in quanto prete o monaco. Però ne riconosce l'autorità.

Certo, la sua conversione è dirompente, e pone di per sé un problema, che si farà sempre più grande a mano a mano che la comunità fondata da Francesco crescerà. Un gruppo di laici che intende vivere secondo il Vangelo, come Gesù, è di per sé una sfida a una Chiesa che rappresenta il più grande potere del tempo, e che è in lotta con l'impero per stabilire chi debba avere ancora più potere.

Francesco sa che il popolo non è contento dei suoi pastori, da cui si sente oppresso. Il clero è composto da uomini che impartiscono ordini, possiedono terre, incassano decime e altre tasse. E da predicatori austeri, che spaventano, minacciano, annunciano sciagure terrene e punizioni ultraterrene. Francesco sa che il modo più facile di accattivarsi il favore del popolo è attaccare il clero. Ma non intende farlo. Con la Chiesa vuole vivere in pace, e lo dice ai frati: "Se voi vi sarete comportati da figli della pace, conquisterete a Dio sia il clero sia il popolo; e questo è ben più gradito al Signore che conquistare il popolo scandalizzando il clero".

Per questo Francesco è sempre molto attento a sottomettersi alla Chiesa, a riconoscere il primato dei vescovi, dei sacerdoti, degli abati, dei monaci. Solo, non intende diventare uno di loro.

Non vuole farsi affidare una chiesa. Non desidera chiudersi in un monastero. Il suo chiostro è il mondo. La sua dimensione può essere quella dell'eremo, della foresta, dell'isolamento mistico; ma è soprattutto quella urbana, della città, della piazza. Chiara Frugoni lo fa notare raccontando un dettaglio all'apparenza minore. Secondo la Regola di san Benedetto, i monaci non potevano portare le brache (oggi diremmo le mutande); a meno che non fossero in viaggio. In tal caso, la necessità talora di sollevare la tonaca, per esempio per non bagnarla guadando un torrente o non insudiciarla camminando nel fango, avrebbe rischiato di metterli in imbarazzo, rivelando le loro nudità. San Francesco invece, pur essendo attentissimo a non concedere ai confratelli nulla che possa apparire un lusso o anche solo una comodità, prevede che tutti possano e debbano indossare sempre le brache; perché tutti sono sempre in cammino, o possono mettersi in cammino in qualsiasi momento. Un cammino che porterà i francescani in Asia, in Africa, in Cina, più tardi in America.

Infatti, quando attorno a sé ha riunito otto uomini fidatissimi – secondo altre fonti erano dodici, come gli apostoli –, Francesco decide di mettersi in viaggio. Sono gli anni in cui, nella prima cupola della splendida basilica di San Marco a Venezia, i maestri mosaicisti raffigurano la Pentecoste: sui dodici apostoli cadono lingue di fuoco, che compiono il miracolo della polilalìa; i seguaci di Gesù sapranno parlare tutte le lingue, e partiranno in ogni direzione, per annunciare il Vangelo in tutti gli angoli del mondo conosciuto. Così, nel mosaico, sotto ogni apostolo ci sono le immagini dei popoli che ha evangelizzato, ognuno con la sua veste e il suo copricapo: Parti, Medi, Elamiti, Romani, Giudei, Cretesi, Arabi, Egizi, Frigi...

Sul portale della meravigliosa chiesa romanica di Vézelay, in Borgogna, sono raffigurati anche popoli immaginari: i panozi dalle orecchie gigantesche, i pigmei che hanno bisogno di una scala per salire a cavallo, i cinocefali dalla testa di cane... Gli artisti medievali vogliono dirci che Gesù viene per tutti, anche per le creature che esistono solo nella nostra immaginazione. Non a caso, proprio a Vézelay Francesco fonderà nel 1217 la sua prima comunità in Francia.

Quei tempi devono ancora venire. Ma fin dall'inizio il santo non vuole imporsi confini. Sente di avere qualcosa da dire a tutti, in tutto il mondo. Avverte su di sé una missione universale. E ordina ai compagni di mettersi in viaggio, a due a due. Bernardo, per esempio, il ricco convertito, insieme con un compagno di nome Egidio dovrà raggiungere Santiago de Compostela, in riva all'oceano, insomma alla fine del mondo. Francesco invece dovrà andare a Rieti.

C'è una certa sproporzione tra i due destini. Tommaso da Celano ci racconta che, arrivato a Rieti, Francesco è colto da un improvviso desiderio di rivedere i suoi compagni. Torna indietro, e li ritrova tutti alla Porziuncola, felici di riabbracciarsi.

In realtà, è probabile che questa misteriosa corrispondenza di energia, questa sintonia a distanza sia un modo felice di raccontare un primo insuccesso. Forse Francesco non voleva andare a Rieti, ma arrivare sull'Adriatico, da dove imbarcarsi per una terra di missione, magari la Terrasanta. Viene da pensare a un viaggio mal preparato. Del resto, più volte nella sua vita Francesco decide di partire, si mette in cammino, e poi non arriva da nessuna parte. E anche questi slanci improvvisi, queste velleità ingenue, questi sogni a occhi aperti fanno parte del suo fascino.

Di sicuro, alla Porziuncola Francesco e i suoi compagni sono felici. Siccome lui ama ripetere che "si sale prima in cielo da un tugurio che da un palazzo", coerentemente si è sistemato in un tugurio, talmente stretto che ci si può a malapena sdraiare. Ma il proprietario del terreno, che non vuole gente strana tra i piedi, ha spinto dentro il tugurio un asino; Francesco e i suoi primi fratelli gli hanno ceduto il posto, e se ne sono andati.

Vivono con poco o nulla, in mezzo alla natura, scoprendo una vita del tutto nuova, da reinventare ogni giorno, senza sapere bene dove andare e cosa li attenderà domani.

Una vita provvisoria, che non può durare. Perché arriveranno molte altre persone, e non tutte potranno essere accolte. Francesco lo dice ai suoi compagni: "All'inizio troveremo frutti dolci e deliziosi; poi ne avremo altri meno gustosi; infine ne raccoglieremo di quelli tanto amari da non poterli mangiare, perché saranno aspri e immangiabili, anche se belli e profumati". Le sue parole si riveleranno profetiche: "Il Signore ci farà crescere fino a diventare un popolo assai numeroso; poi avverrà come del pescatore, che gettando le reti nel mare o in un lago prende grande quantità di pesci, ma dopo averli messi tutti nella sua barchetta, essendo troppi, sceglie i migliori e i più grossi da riporre nei vasi e portare via, e abbandona gli altri".

Una comunità che cresce deve darsi regole, per stabilire chi è degno di farne parte e chi no. Non solo. Una comunità che cresce desta sospetti. Francesco e i suoi seguaci non sono sacerdoti. Non sono monaci. Sono laici che non vogliono mettersi contro la Chiesa, ma che la Chiesa può considerare una sfida. E anche le autorità secolari cominciano a inquietarsi, nel vedere che padri di famiglia e figli di casate importanti lasciano tutto per seguire quello che molti considerano ancora un pazzo o già un eretico.

Francesco avverte il bisogno di un riconoscimento. Di un permesso. Di una benedizione. E si mette in viaggio, stavolta per davvero, verso una città che già conosce, con la sua magnificenza e le sue tentazioni. La città che da secoli rappresenta il potere, sia politico sia spirituale. Roma.

4
IL SOGNO DEL PAPA

È la notte del 16 aprile del 1209. (Altre fonti parlano del 1210. Con esattezza non lo sapremo mai). Nel Palazzo del Laterano un uomo non riesce a prendere sonno. Eppure la sua camera, il suo letto non potrebbero essere più confortevoli. È un uomo potente. È il capo della cristianità, ma anche il sovrano di un regno, assegnato al Papa direttamente dall'imperatore Costantino, almeno secondo un documento della cui autenticità all'epoca nessuno dubita.

Il suo nome è Lotario. È un nobile, viene dalla famiglia dei Conti di Segni. Ha studiato teologia a Parigi, dove ha assunto un tratto austero e una profonda sfiducia nell'umanità. Ha scritto un libro sulla miseria della nostra condizione, conosciuto con il titolo De contemptu mundi: il disprezzo del mondo. È diventato Papa con il nome di Innocenzo III. Un Papa giovane, come quello della fiction di Sorrentino, The Young Pope: è stato incoronato il 22 febbraio 1198, nel giorno del suo trentasettesimo compleanno.

Innocenzo non è un cattivo Papa, anzi, è un grande Papa. Ma è il contrario di Francesco. Tanto Francesco è mite, quanto Innocenzo è impetuoso. È a suo modo un mistico. Ma non vuole uscire dal mondo; vuole dominarlo. Intende sottomettere, non sottomettersi. È lui, per recuperare il controllo del Sud Italia, ad armare Gualtieri di Brienne, il comandante militare che Francesco aveva vagheggiato di seguire. Tra i due imperatori che si contendono il trono, Filippo di Svevia, eletto dai ghibellini, e Ottone di Brunswick, eletto dai guelfi, sceglie il secondo; ma quando vede che non gli obbedisce, lo scomunica, e riconosce come imperatore un giovane che gli darà parecchie preoccupazioni: Federico II.

Con gli eretici, Innocenzo è durissimo. Da una parte tenta di recuperarli, per esempio ha fatto rientrare gli Umiliati nella Chiesa. Ma è stato lui a indire la crociata contro gli Albigesi, che da anni insanguina il Sud della Francia. E adesso si ritrova davanti questo uomo piccolo, sporco, mal vestito, figlio ribelle di un mercante di Assisi, capo di una nuova comunità. Un uomo che riconosce sì la sua autorità, ma gli ha chiesto di poter vivere secondo il Vangelo; come a dire che molti cristiani il Vangelo se lo sono dimenticato.

Quell'uomo lo turba. Per questo non riesce a dormire. L'ha fatto attendere per giorni, nella speranza che si stancasse e se ne tornasse ad Assisi. Ma quello ha aspettato. Quando il Papa l'ha ricevuto, secondo la Cronaca di Ruggero di Wendover, l'ha trattato in malo modo: "Va', frate, e cercati dei porci, a cui dovresti paragonarti più che agli uomini. Ravvoltolati insieme nel brago e, consegnando a loro la Regola che hai preparato, accollati l'ufficio della tua predicazione". Ma Francesco, con il suo gusto per il gesto teatrale, l'ha mandato in confusione. È andato davvero a rotolarsi tra i maiali. Poi è tornato, dicendo: "Signore, ho fatto come mi hai comandato. Ora, ti prego, esaudisci la mia richiesta".

Innocenzo è abituato a trattare con gli uomini. Sovrani, condottieri, vescovi. Sente di avere una missione: ristabilire di fronte al mondo l'autorità del papato. Ma quell'uomo che ha avuto l'ardire di presentarsi davanti a lui il giorno prima, vestito di sacco, a piedi nudi, non faceva niente per elevarsi, e dunque nessuno sforzo occorreva per rimetterlo a posto; anzi, era lui che si umiliava da sé, al punto da suscitare imbarazzo e fastidio.

Francesco aveva parlato al Papa a capo chino. Ma quando aveva alzato lo sguardo, gli aveva puntato addosso due occhi accesi, che lo guardavano come mai nessuno lo aveva guardato prima. Non con sussiego e timore, come tutti gli altri, ma con devozione. E con amore. Innocenzo, incoronato come vicario di Cristo, forse per la prima volta si era sentito guardato come se lo fosse davvero.

Se lui, il Papa, rappresenta misticamente il corpo di Gesù, quell'uomo che si è trovato di fronte appare davvero come il Gesù incarnato. Povero. Perseguitato. Indifeso. E, agli occhi di Innocenzo, l'assoluta umiltà di Francesco appare quasi superba. Irritante, come una sfida, come un pericolo. Non si trattava più di usare tutte le armi del mondo, il denaro, il potere, gli eserciti, per onorare, esaltare, imporre Gesù. Quell'uomo voleva fare molto di più: voleva imitarlo.

Innocenzo conosceva bene i tipi come lui. Una delle sue più grandi angosce erano proprio quei movimenti pauperistici ed egualitari, che pretendevano di realizzare in terra quella fratellanza tra gli uomini che la Chiesa si prometteva, ma non in questa vita, nella prossima. Francesco aveva molti tratti in comune con i predicatori considerati eretici. L'intransigenza nel voler applicare alla lettera il Vangelo. La diffidenza nei confronti del potere del clero. La radicalità dei comportamenti, che arriva fino allo spogliarsi non solo delle ricchezze ma financo dei vestiti. Soprattutto, la fede nell'assoluta uguaglianza tra gli esseri umani, il disconoscimento dei rapporti di forza, insomma una ribellione inaudita all'ordine sociale.

C'era però una grande differenza.

Quei ribelli volevano fare la guerra ai ricchi, quindi anche ai vescovi. Francesco sceglieva la povertà senza voler imputare la ricchezza a nessuno. Rispettava le gerarchie presenti nella Chiesa, ma non ne voleva per sé e la sua fraternità. E chiedeva al Papa il permesso di poter vivere secondo il Vangelo; riconoscendo così la sua autorità.

Una notte, Papa Innocenzo III sogna. È forse il sogno più famoso della storia dell'arte. Ed è l'affresco più celebre di Giotto, almeno quanto quello della spoliazione di Francesco. Giotto raffigura il Papa che dorme, seduto con la tiara in testa; come se non potesse smettere di essere Papa neppure quando riposa. E accanto, come in un fumetto, Giotto raffigura il sogno: un uomo piccolo, non bello, vestito di sacco, che sulle spalle sorregge la chiesa, la basilica di San Giovanni in Laterano, la sede del papato, che sta crollando.

Innocenzo si sveglia di soprassalto; per questo ricorda il sogno. Nella visione, la Chiesa era in pericolo; e a salvarla non era lui, il nobile, il teologo, lo scrittore, il Papa re; era un oscuro penitente arrivato a piedi da Assisi.

La scelta di Innocenzo

In realtà, la spedizione di Francesco a Roma non fu così improvvisata. Il santo deve averne parlato con il vescovo di Assisi, Guido, che già l'aveva salvato dal padre. E il vescovo aveva creato una rete di protezione attorno a Francesco.

A Roma lo attendeva un amico del vescovo Guido: il cardinale Giovanni Colonna, noto come Giovanni di San Paolo, forse perché era stato abate della basilica di San Paolo fuori le Mura. Giovanni non aveva studiato teologia, ma medicina, ad Amalfi. Era un uomo esperto del mondo: era stato in missione in Sicilia, Francia, Germania, Spagna. Era un benedettino, e tentò di persuadere Francesco a scegliere una forma di vita più tradizionale, codificata, conosciuta: o monaco, o eremita. Ma Francesco non si lasciò convincere. Voleva restare laico e seguire il Vangelo nella vita di ogni giorno, in mezzo alla gente, in giro per il mondo.

A Roma il santo fu ospite proprio dei benedettini, che lo accolsero in un ospizio. Lo prese sotto la propria protezione una nobildonna, Jacopa dei Settesoli, proprietaria di terre e castelli, che dopo la morte del marito si era dedicata alla Chiesa e alla beneficenza. Jacopa avverte il fascino di Francesco. Lo accoglie, e prepara per lui, in segno di affetto, qualche biscotto con le mandorle e il miele, i mostaccioli. Francesco apprezza molto. In cambio regala a Jacopa un agnellino domestico, abituato a vivere con gli uomini, quasi un agnello da compagnia. Jacopa lo terrà con sé per tutta la vita. Lui la chiamerà frate Jacopa, come fosse una dei suoi compagni.

Non conosciamo le parole della Regola che Francesco voleva farsi approvare dal Papa. Molti hanno tentato di ricostruirne il testo, forse redatto da un compagno che il santo amava molto per la sua semplicità, Leone: "Noi seguaci di Sorella Povertà detti Frati Minori ci siamo riuniti per vivere in assoluta obbedienza l'uno all'altro, per seguire il Signore nella sua povertà. Ci vestiremo come i poveri, con misere vesti fatte da stracci ma benedette dal buon Dio. Nessun frate possiederà beni terreni. Non possiederemo né borsa né tasca per il pane, né denaro né bastone...".

In realtà, possiamo solo immaginare quali sono i brani del Vangelo che Francesco scelse come regola di vita.

Forse avrà ricordato al Papa il passo di Matteo: "Avete inteso che fu detto: occhio per occhio, dente per dente. Ma io vi dico di non opporvi al malvagio, anzi, se uno ti dà uno schiaffo sulla guancia destra, tu porgigli anche l'altra, e a chi vuole portarti in tribunale e toglierti la tunica, tu lascia anche il mantello".

Forse si sarà ricordato del Vangelo secondo Luca: "Amate i vostri nemici, fate del bene a quelli che vi odiano, benedite coloro che vi maledicono, pregate per coloro che vi trattano male".

La missione che Francesco sente di aver ricevuto è quella che Gesù ha affidato ai suoi apostoli: "Andate dunque e fate discepoli tutti i popoli, battezzandoli nel nome del Padre e del Figlio e dello Spirito Santo, insegnando loro a osservare tutto ciò che vi ho comandato. Ed ecco, io sono con voi tutti i giorni, fino alla fine del mondo".

Più di una fonte sostiene che il Papa abbia trattato davvero male Francesco. "Immerso in profondi pensieri, cacciò via con sdegno, come uno sconosciuto, il servitore di Cristo" scrive Gerolamo d'Ascoli. Soltanto quando se lo vide ricomparire coperto di fango e sterco di maiale si impietosì, forse si commosse, di fronte a quell'esempio di umiltà.

L'espediente del sogno è certo affascinante. Peccato che la

tradizione domenicana attribuisca a Innocenzo III lo stesso, identico sogno: il Papa vede un frate che sostiene la basilica di San Giovanni in Laterano sul punto di crollare; solo che il frate non è Francesco, è Domenico.

Probabilmente, a convincere il Papa fu il cardinale Giovanni di San Paolo, ragionando più o meno così: quest'uomo ci sta chiedendo di vivere secondo il Vangelo; se gli rispondiamo che è impossibile, non arrecheremo forse ingiuria al Vangelo stesso? E non intaccheremo la nostra stessa legittimità?

Il Papa è dubbioso. Non più ostile, ma non ancora convinto. Anche perché questo mendicante non intende soltanto vivere in povertà; vuole anche predicare. E predicare è un affare serio, riservato alla Chiesa, agli uomini di Dio, a quelli che hanno studiato teologia. Non è una cosa che può fare chiunque.

È Francesco stesso a compiere il passo decisivo, a persuadere il Papa. E lo fa raccontandogli una storia. Quasi una parabola.

Un re amò una donna povera e bellissima, che viveva nel deserto. Ebbe da lei molti figli, che crebbero con la madre, senza conoscere il padre. Un giorno la madre li incoraggiò a raggiungere il re nella reggia, ma loro esitarono: venivano dal deserto, erano figli di una donna ignota; sarebbero certo stati respinti. Lei comprese le loro obiezioni, ma si disse sicura: "Vostro padre vi riconoscerà". "E come farà a riconoscerci?". "Vedrà il suo viso nel vostro viso". Così accadde. Il re riconobbe i figli, li abbracciò teneramente, e li invitò a restare con lui: "Non abbiate paura. Se io nutro alla mia mensa anche gli estranei, a maggior ragione voglio che siano nutriti quelli che hanno diritto a tutta la mia eredità".

Il re era la Chiesa, il Papa, l'incarnazione di Cristo; la sposa bellissima era Francesco, l'incarnazione della povertà; i figli erano i francescani, che il Papa non poteva non accogliere.

Persuaso, ma non del tutto, Innocenzo approva la Regola di Francesco. E gli concede, con la tonsura, il diritto di predicare. Ma approva la Regola a voce; non per iscritto. Il Papa attenderà gli sviluppi, per prendere poi la decisione finale.

In quel momento, in effetti, nessuno sa ancora bene chi sia Francesco, cos'abbia in mente, e quale destino attenda la piccola comunità che ha fondato. Eppure il Papa intuisce che Francesco rappresenta una grande opportunità. Un movimento in grande crescita, che pretende di vivere secondo il Vangelo, ma non si contrappone apertamente alla Chiesa, anzi vi si sottomette, può diventare una straordinaria risposta ai ribelli che invece la contestano. Può essere una valvola di sfogo, un modo per convogliare e tenere sotto controllo quei fermenti che rischiano di sfociare invece nella contestazione, nella rivolta, e quindi, dal punto di vista del Papa, nell'eresia.

Il primo passo c'è stato.

Il francescanesimo ha messo radici nella storia millenaria della cristianità.

La predica agli uccelli

Francesco è sollevato, e con lui i compagni. Sono Bernardo di Quintavalle, il primo seguace. Silvestro, il sacerdote. Pietro Cattani, un altro religioso, forse canonico della cattedrale di Assisi. Egidio, figlio di una povera famiglia di contadini. Di altri sappiamo pochissimo. Di Filippo che era un uomo del popolo, eppure sapeva interpretare e spiegare la Bibbia, che non aveva studiato. Di Angelo Tancredi che era un nobile di Rieti, il primo cavaliere a seguire Francesco. Di Rufino che non sapeva predicare: forse era balbuziente, forse soltanto timido; così, non osando parlare in pubblico, pregava di continuo, "anche nel sonno". Leone è l'amico del cuore di Francesco, che lo chiama "frate pecorella di Dio". Frate Lucido "non restava mai più di un mese nel medesimo luogo con il pretesto che noi non abbiamo mai dimora permanente quaggiù". Masseo, uomo grande e grosso, sarà al suo fianco sino alla fine.

Liberati dall'angoscia, Francesco e i compagni escono dal Laterano e vanno in giro per Roma. Il Papa ha appena approvato la loro Regola, ha anche consentito loro di predicare; tanto vale cominciare subito. Così Francesco si rivolge ai romani.

Ma non va benissimo.

I romani ne hanno viste tante. Quelli di oggi non sono cambiati molto da allora: la loro umanità è profonda, ma è protetta da un velo di cinismo. A Roma è passata la storia: popoli invasori, imperatori in cerca di riconoscimento, barbari, lanzichenecchi. L'apparente menefreghismo – "nun me ne pò fregà de meno" è una delle prime frasi che si imparano arrivando nella Città Eterna – è anche una forma di difesa. Fatto sta che i romani del 1209 non si lasciano incantare da quel forestiero sconosciuto. E non gli danno retta.

Francesco ci resta male. Come tutti i generosi, talora poteva anche essere permaloso. Così rimprovera i romani per la durezza del loro cuore, e annuncia che anziché parlare con loro parlerà con gli animali. Se gli uomini non lo ascoltano, lui annuncerà Gesù e il Vangelo agli uccelli del cielo.

Le Goff indica il precedente della predica agli uccelli in un passo dell'Apocalisse, quando l'angelo invita i rapaci a mangiare "la carne dei re, la carne dei tribuni, la carne dei superbi, la carne dei cavalli e dei cavalieri, la carne dei liberi e degli schiavi, dei piccoli e dei grandi". Una scena molto diversa da quella idillica dipinta da Giotto. In realtà, Francesco non era né un angelo vendicatore, né un ilare sempliciotto. Forse la predica agli uccelli è semplicemente un gesto di sfida. Alla periferia di Roma, Francesco vede a terra corvi, avvoltoi, gazze e altri uccellacci che rovistano tra i rifiuti, e nell'aria una moltitudine di altri uccelli. Una scena che ancora adesso è possibile vedere nella capitale, dove i gabbiani hanno imparato ad aprire i sacchetti dell'immondizia con il becco, i piccioni calano a cacciare i passeri, gli storni passano in schiere immense e maleodoranti.

Francesco chiede agli uccelli di ascoltarlo. Quelli formano un cerchio e - immobili, lo sguardo fisso su di lui - lo ascoltano pronunciare queste stupende parole: "Uccellini, fratelli miei, dovete lodare Dio di continuo e in ogni luogo, perché vi ha dato la libertà di volare e di librarvi e vi ha dato anche un abito buono e bello. Non seminate, non mietete, eppure Dio vi nutre, vi dà i fiumi e le fonti per il vostro bere, vi dà monti e valli per il vostro rifugio, e gli alti alberi per i vostri nidi. Molto vi ama il vostro Creatore, perciò ringraziatelo e lodatelo...". Il prodigio, secondo Ruggero di Wendover, si ripete per tre giorni di fila. Se ne ricorderà Pier Paolo Pasolini, al momento di girare "Uccellacci e uccellini": Ciccillo e Ninetto sono due frati, interpretati da Totò e Ninetto Davoli, cui san Francesco ordina di evangelizzare i falchi e i passeri.

Soltanto davanti al prodigio, il clero e il popolo romano si accorgono di Francesco. Vanno da lui, lo riportano in città, e finalmente gli danno retta. Da quel momento la sua fama comincia a diffondersi in tutta Italia.

Tommaso da Celano racconta una storia analoga, ma ambientata in un borgo medievale umbro, Bevagna. Arrivato vicino alle mura della città, Francesco nota un gruppo di uccelli: cornacchie, colombe, monachine. E ripete loro: "Fratelli miei uccelli, dovete lodare molto e sempre il vostro Creatore, perché vi diede piume per vestirvi e ali per volare. Dio vi fece nobili fra le altre creature e vi concesse di spaziare nell'aria limpida...". Gli uccelli rispondono dando segni di esultanza, allungando il collo, spalancando le ali, guardandolo con il becco spalancato. Francesco li benedice e dà loro licenza di volare via. Scrive Tommaso che Francesco, "semplice non per natura ma per grazia", si rammaricò molto di non aver mai predicato agli uccelli fino a quel momento; e cominciò allora a esortare tutti gli animali e anche i fiori, le vigne, le pietre, le selve, le belle campagne, le acque correnti, la terra e il fuoco, l'aria e il vento ad amare e a ringraziare il Creatore. Più prosaicamente, in "Ricomincio da tre" Massimo Troisi scherza sugli uccelli che, esasperati dalle prediche, volavano via ogni volta che vedevano arrivare il santo, che sarebbe il responsabile delle migrazioni.

Anche alcuni studiosi contemporanei considerano la predica agli uccelli come un segno del capovolgimento della figura di Francesco, presentato come un bonaccione per celarne la radicalità, talora la durezza. Di sicuro, per Francesco gli uccelli sono le creature più vicine a Dio. Le più libere. Non hanno nulla, ma non sono neppure sfiorate dall'idea di essere povere. Francesco cerca la compagnia degli uccelli, ne ascolta il canto, e parla con loro. Ama in particolare gli uccelli più umili, le allodole. Sogna di poter chiedere all'imperatore un editto "affinché nessun uomo catturi le sorelle allodole o faccia loro del male". Le addita a esempio ai suoi frati, invitandoli a indossare sai dello stesso colore delle loro penne, non sgargiante e visibile, ma "smorto, simile alla terra". I frati, come le allodole, si devono mimetizzare nel creato. Lo dice proprio, Francesco: "Sorella allodola ha il cappuccio come l'hanno i frati, ed è un uccello umile, che va volentieri lungo la via in cerca di qualche chicco. Anche se lo trova in mezzo allo sterco, lo estrae e lo mangia; volando loda il Signore come i buoni religiosi, che disprezzando le cose terrene si comportano come se stessero sempre in cielo".

Una volta che però le rondini, garrendo e strepitando, non lo lasciano predicare, lui le rimprovera: "Sorelle mie rondini, ormai è tempo che parli anch'io, perché voi finora avete parlato abbastanza; ascoltate la parola di Dio, stando zitte e quiete finché il discorso sia finito!". Ovviamente nessuna rondine osa più emettere un verso. L'uditorio ne rimane molto colpito.

Il viaggio di ritorno da Roma ad Assisi è faticoso. Francesco e i suoi compagni stanno letteralmente morendo di fame, quando appare un uomo misterioso che porta loro del pane. Stupiti, i frati si dicono l'un l'altro che devono confidare di più nella misericordia divina. Poi arrivano vicino alla città di Orte, dove si fermano in una dimora abbandonata, usando come dispensa una tomba. Ma dopo quindici giorni, nel timore che quella dimora diventi una forma di possesso, ripartono. Scrive Tommaso da Celano che "essi erano felicissimi, poiché non vedevano né avevano cosa alcuna che potesse dar loro un vano o sensuale diletto". Infatti "non possedevano nulla, a nulla erano attaccati, e perciò nulla temevano di perdere".

Un uomo di un altro mondo

Le fonti sono a volte contraddittorie, a volte poco credibili. Ma tutte concordano su una cosa: Francesco era quasi sempre allegro, lieto, di buon umore; "così pieno di casta gioia da sembrare un uomo nuovo, un uomo di un altro mondo". E usava una certa ironia, anche nello scrivere: come nella "Lettera a tutti gli abitanti della terra", un testo in cui descrive la morte del ricco impenitente, circondato da parenti e amici che fingono disperazione, ma non vedono l'ora che lui tiri le cuoia per impadronirsi della sua fortuna.

La povertà per Francesco va vissuta con gioia. Quando deve comporre una nuova Regola, più elaborata, scrive: "Si guardino i fratelli dal mostrarsi tristi all'esterno e ipocritamente rannuvolati, ma si mostrino lieti nel Signore, ilari e convenientemente gradevoli". E non si limita a indicazioni generali. Una volta rimprovera un compagno rabbuiato: "Perché mostri così la tristezza e il dolore dei tuoi peccati? Mantienila tra te e Dio, e pregalo che nella sua misericordia ti doni la gioia della salvezza. Ma alla presenza mia e degli altri fai in modo di mantenerti sempre lieto".

Lui stesso si sente rinfrancato quando incontra un sorriso. Del resto, ogni comunità umana ha un suo tono medio, che va oltre il carattere delle singole persone che la compongono. Quante volte ci è capitato di notare che gli individui che condividono lo stesso luogo di lavoro tendono ad avere uno stile di comportamento, financo un tratto esteriore comune? In quel negozio, in quel ristorante, in quell'aeroporto, in quell'ufficio, in quell'ospedale sono gentili; in quell'altro no. Ecco, Francesco voleva che nella sua comunità tutti fossero gentili, sorridenti, lieti. E i suoi fratelli lo prendono in parola. Quando si incontrano per strada, si abbracciano, si baciano, e scoppiano a ridere per la felicità.

Particolarmente allegri sono i primi francescani che partono missionari in Inghilterra. A Canterbury siedono in cerchio attorno al fuoco e si dividono una minestra. A Salisbury si divertono a rubarsi l'un l'altro "con grande giocondità e letizia" un brodo talmente cattivo da essere definito "faeces", insomma cacca. A maggior ragione si strappano di mano per gioco la tazza della birra. A Oxford si guardano l'un l'altro e faticano a non scoppiare a ridere, e finiscono con il ridere talmente tanto che si decide, andando contro la Regola di Francesco, di infliggere a chi esagera una punizione corporale. Un frate fu frustato undici volte in un giorno; eppure non smise di ridere. Era ubriaco? Non riusciva a frenare la ridarella? No; forse era davvero felice.

Al tempo non era infrequente che gruppi di persone si riunissero fuori dalle mura di una città, in mezzo a selve estese e impenetrabili come oggi non esistono più. Spesso erano tagliagole. Banditi in senso tecnico: cacciati dalla comunità. A volte erano brave persone, ritrovatesi senza famiglia, ai margini della società. Ribelli all'ordine costituito, evitati da tutti, guardati con timore, sospetto, ostilità.

Francesco, pur avendo fatto anch'egli una scelta contro l'ordine naturale delle cose, fu sempre preoccupato di non violare i diritti altrui. La Porziuncola apparteneva all'abate benedettino del monte Subasio. Era la più piccola delle sue chiese. Francesco ripristinò l'antico dormitorio dei monaci, coltivò l'orto, e volle pagare l'affitto, sia pure simbolicamente. Ogni anno i frati mandavano all'abbazia del Subasio un cesto pieno di pesciolini, che le fonti chiamano "lasche". Non doveva essere una ghiottoneria. Ma era il segno che Francesco non possedeva nulla, e pure alla Porziuncola era in affitto. I benedettini contraccambiavano regalando ai frati un vaso del loro olio.

Dove trovavano una chiesetta fatiscente, i primi francescani si fermavano a pulirla o a ricostruirla. Francesco ebbe sempre un'ossessione per i restauri. Per raddrizzare i muri storti, rialzare i campanili cadenti. Restituire la bellezza. Un'attitudine solo all'apparenza in contrasto con la sua indole ribelle.

Alla Porziuncola e nelle prime comunità francescane la vita è insieme povera e allegra. Non ci sono sedie, per cenare ci si sistema su assi di legno. Il cibo lo si procura lavorando per i contadini: verdure, uova, pani d'orzo, un po' di formaggio, quasi mai carne. Soprattutto, mai denaro. Ogni tanto qualche aristocratico, mosso dalla compassione, manda un cesto pieno di pesci, di frutta e di quei gamberi di fiume di cui Francesco è ghiotto.

Come Buddha aveva accettato una ciotola di riso cotto nel latte, deludendo i più radicali e ascetici tra i suoi seguaci, così Francesco accoglie con gioia i doni e mangia qualsiasi cosa. Il corpo per lui non è il carcere dell'anima; è un "fratello", una creatura di Dio, che non deve diventare né nostro padrone, né nostro nemico. Lo scrive proprio: "Il servo di Dio, sia che mangi o che dorma, e in ogni altro bisogno, deve assecondare con misura il proprio fisico, in modo che frate corpo non prenda ardire e brontoli dicendo: 'Non posso stare in piedi, non posso proseguire la preghiera, né restare sereno nelle tribolazioni o fare del bene perché tu non ti curi di me'".

La giornata comincia di notte, quando i frati recitano nell'oscurità il Notturno. Scrive Chiara Mercuri nel suo splendido libro "Francesco d'Assisi. La storia negata", pubblicato da Laterza, che il Notturno è "una preghiera pronunciata quasi in dormiveglia, quando la coscienza è liquida e favorisce le gioie più intime dello spirito. Questa è l'ora che appartiene solo ai religiosi, quando il buio è profondo e il silenzio regna incontrastato". È il dormiveglia in cui si possono manifestare le angosce ma anche le intuizioni, i progetti, i pensieri felici.

Poi, dopo qualche altra ora di riposo, all'alba i frati si chiamano l'un l'altro ed entrano in chiesa, dove recitano le Lodi. A colazione, pane bagnato nel brodo d'inverno, noci, nocciole; miele e frutta fresca d'estate. Poi i francescani vanno al lavoro. Nei campi, nei lebbrosari, o in città, a mendicare e a predicare. Uno di loro, frate Egidio, pur di aver qualcosa da fare va a una fonte con una brocca, la riempie d'acqua e la porta ad Assisi, per scambiarla con un po' di pane. I malati restano nella loro capanna, dove non vengono mai lasciati soli: i confratelli li vegliano a turno.

La sera, la comunità si ritrova per i Vespri e per la cena. Conosciamo anche il nome del primo cuoco: frate Ginepro. È lui a impastare il pane, a preparare minestre con le erbe, a esercitare ogni sera l'arte di arrangiarsi. Prima di andare a dormire, l'ultima preghiera, Compieta. I frati amano recitare in particolare il salmo 133: "Ecco, com'è bello e com'è dolce che i fratelli vivano insieme! È come olio prezioso versato sul capo, che scende sulla barba...".

Ogni tanto alla Porziuncola arriva qualcuno a chiedere di Francesco. Se c'è, lui lo accoglie. Gli parla, lo ascolta, gli dà il benvenuto nella comunità. A due sole condizioni: rinunciare al matrimonio e ai propri beni, da donare ai poveri.

All'inizio, nessuno dà ordini, e nessuno ne prende. Chi sa parlare, predica. Chi cerca pace e silenzio, si ritira nei boschi a pregare. Quando vanno in giro, i confratelli si fermano nei campi ad aiutare i contadini. Dopo aver lavorato e mangiato con i popolani, si intrattengono a parlare con loro, a predicare, e a cantare. Si definiscono joculatores Domini: i giullari di Dio. "Che cosa sono i servi di Dio, se non i suoi giullari" ripeteva il santo, "che devono commuovere il cuore degli uomini e innalzarlo alla gioia spirituale?".

Nulla ormai fa più paura a Francesco. Una volta, tornando ad Assisi da Roma, lo sorprende un temporale. Lui si ferma lungo la strada, sotto la pioggia, a recitare la preghiera. Gli dicono di venire al riparo, perché finirà per ammalarsi, ma lui continua a pregare, tutto bagnato: "Se il corpo vuol prendere in tutta tranquillità il suo cibo, che insieme a lui diventerà pasto per i vermi, con quanta maggiore pace e tranquillità non dovrebbe l'anima prendere il suo, che poi è Dio stesso?".

L'uomo medievale era ovviamente in balia delle intemperie più di quanto possa accadere a noi oggi. Quando è in viaggio, Francesco non ha un luogo dove ripararsi da un temporale violento, da una gelata improvvisa. Ma questo gli dà occasione per riflettere sul mondo e sulla natura umana, almeno secondo il racconto di uno dei Fioretti più celebri.

Una sera Francesco sta tornando ad Assisi da Perugia con frate Leone. È inverno, fa un freddo terribile, e per distrarsi dal gelo inventa una sorta di gioco: stabilire quale sia la "letizia perfetta", la gioia assoluta, insomma la felicità. Dice a Leone: "Se anche i nostri frati in ogni luogo dessero un grande esempio di santità, scrivi che non è in questo la gioia perfetta". Dopo un tratto di strada, aggiunge: "Frate Leone, se anche i nostri frati guarissero i ciechi e gli storpi, se cacciassero i demoni, se resuscitassero i morti dopo quattro giorni, scrivi che non è in questo la gioia perfetta". Dopo un poco Francesco grida, per sovrastare il vento che infuria: "Frate Leone, se anche i frati minori sapessero tutte le lingue e tutte le scienze, sapessero profetare e rivelare non solo le cose future ma anche i segreti dei cuori e delle coscienze, scrivi che neppure in questo è la gioia perfetta". Ogni tanto Francesco si diverte ad aggiungere un'iperbole: se anche i frati sapessero la lingua degli angeli, se convertissero tutti gli infedeli, se conoscessero i corsi delle stelle e le virtù delle erbe, neppure in questo sarebbe la gioia perfetta, la felicità assoluta. Alla fine anche un uomo paziente come frate Leone si stufa, e chiede a Francesco in che cosa mai consista la gioia perfetta. E Francesco risponde così. Se noi, "così bagnati per la piova e agghiacciati per lo freddo e infangati di loto e afflitti di fame", arriveremo alla Porziuncola e il frate di guardia non ci riconoscerà, ci accuserà di essere "ribaldi" che rubano le elemosine ai poveri, ci lascerà fuori "all'acqua e alla neve, a gelare affamati fino a notte"; e se noi sosterremo con pazienza, senza adirarci, questa ingiustizia e crudeltà, e penseremo che il portinaio abbia ragione a considerarci così indegni e che sia Dio a farlo parlare contro di noi; ecco, in questo è la gioia perfetta, la felicità assoluta. Se poi, prosegue Francesco, noi ribusseremo, e saremo di nuovo scacciati con insulti e schiaffoni, e sopporteremo "pazientemente e con allegrezza", quella sarà gioia perfetta. Se ancora, "costretti dalla fame, dal freddo e dalla notte" busseremo e il portinaio uscirà con un bastone nodoso, ci picchierà mentre siamo a terra nella neve e noi sapremo sostenere tutto questo pensando "alle pene di Cristo benedetto", lì sarà la gioia perfetta. Perché non si può godere dei doni di Dio, in quanto "non sono nostri, ma di Dio". Invece "nella croce della tribolazione e dell'afflizione ci possiamo gloriare", perché "questo è nostro".

Le cose belle vengono da Dio, quindi non ci appartengono e non ci possono dare gioia. Mentre il dolore ci appartiene; e vincere con il sorriso il dolore, quindi noi stessi, è la vera felicità.

I primi anni alla Porziuncola furono davvero il periodo più felice della vita di Francesco, nonostante l'ostilità che lo circondava. Le famiglie i cui figli lo avevano seguito lo consideravano un corruttore di giovani; altre temevano di perdere i loro figli per causa sua. Neppure i sacerdoti erano entusiasti di quello che appariva loro come un concorrente: a che titolo un laico pretendeva, pur chiedendo sempre il permesso, di predicare al posto loro? Ma poi chi lo conosceva di persona, chi lo incontrava, chi lo sentiva parlare restava talmente incantato dal suo disinteresse per le cose materiali, dal suo amore per tutti e per ciascuno, dalla dolcezza con cui si rivolgeva agli altri, che finiva per fidarsi e affidarsi completamente a lui.

Per questo i frati erano percorsi da questa ilarità quasi infantile, da bambini. Il francescanesimo delle origini appare davvero come un ritorno all'infanzia dell'uomo. Una rinascita. Gesù torna nel mondo, e rende nuove tutte le cose.

Quando ad Assisi arrivò la notizia che il Papa aveva approvato la Regola di Francesco, tutti chiesero di poterlo ascoltare. Francesco predicò nell'unica chiesa che potesse accogliere tutti: il Duomo. Il suo discorso fu memorabile. Popolo e aristocratici si riconciliarono in suo nome, e dopo anni tribolati la città conobbe un periodo di pacificazione. Molti esiliati tornarono in patria.

Ad ascoltare Francesco nel Duomo c'era anche una ragazza di nobile famiglia. Le parole del santo la commossero profondamente. Si rese conto che la vita vissuta fino a quel momento, così come la vita che aveva davanti, non aveva per lei nessun interesse. Pensò che anche lei avrebbe voluto essere come lui: del tutto povera, e del tutto libera. Il suo nome era Chiara.

5
CHIARA

Ammonisce san Gerolamo, padre della Chiesa, traduttore della Bibbia in latino: “Nulla è più impuro della donna nel suo mestruo: essa rende impuro tutto ciò che tocca”.

San Giovanni Crisostomo - che significa “bocca d’oro”, per indicare la preziosità della sua oratoria - sostiene che “le donne sono destinate principalmente a soddisfare la lussuria degli uomini”.

Sant’Odilone, vissuto due secoli prima di Francesco, scrive: “Se gli uomini potessero vedere quello che si nasconde sotto la pelle, la vista delle donne causerebbe solo il vomito. Poiché noi, che non vorremmo toccare nemmeno con la punta delle dita il fango e il letame, bramiamo tanto ardentemente abbracciare proprio il vaso stesso della sporcizia?”.

Anche tra i contemporanei di Francesco i giudizi non differiscono. Per san Tommaso d’Aquino, nato quando Francesco moriva, “la donna è in rapporto con l’uomo come l’imperfetto e il difettivo con il perfetto. La donna è fisicamente e spiritualmente inferiore”.

Certo, sono frasi estrapolate dal contesto. Certo, anche i padri e i dottori della Chiesa, anche i santi sono figli del loro tempo. Ma, appunto, questo era il tempo di Francesco. La soggezione della donna all'uomo non era vissuta come un sopruso, ma come l'ordine naturale delle cose.

Certo, la Chiesa non era composta da orchi o da misogini irriducibili. La Chiesa si poneva il problema della condizione e della salvezza di metà dell'umanità. L'insistenza sull'obbligo di arrivare vergini al matrimonio era anche una forma di difesa della donna, per evitare che molte ragazze venissero messe incinte e abbandonate. E ritirarsi in un monastero, anziché una forma di violenza e di costrizione come si pensa adesso, rappresentava talora una forma di tutela, per le donne che non intendevano sposarsi.

Era una società in cui la donna per tutta la vita era sempre proprietà di un uomo: il padre, il fratello, il marito. E non tutti i mariti erano persone amorevoli, o anche solo mansuete. La donna veniva al mondo per fare figli. Se restava vedova, tornava nella famiglia d'origine, ma doveva lasciare i figli alla famiglia del marito: perché appartenevano a lui, non a lei.

Ancora al nostro tempo, fino alla rivoluzione sessuale degli anni Sessanta, il sesso aveva una forte componente classista, era legato ai rapporti di forza. Le ragazze di buona famiglia dovevano arrivare – o fingere di arrivare – al matrimonio "illibate". Le ragazze che andavano a lavorare sotto padrone erano esposte a ogni forma di molestia. Nell'Italia del Duecento, le violenze, gli abusi, gli abbandoni erano molto frequenti. Per tante donne l'unica forma di indipendenza possibile, il solo modo di avere "una stanza tutta per sé", come avrebbe detto Virginia Woolf, era entrare in un monastero. Financo la clausura, in una società profondamente ingiusta, poteva diventare una forma di libertà.

San Francesco, però, non pensava e non sentiva come i padri e i dottori della Chiesa. Certo, credeva nella castità, e qualche passaggio dei suoi scritti può far pensare alla donna come a una tentazione (un capitolo della Regola vieta ai frati "di frequentare le donne"). Ma per Francesco vale il Vangelo, in cui Gesù tratta uomini e donne allo stesso modo, senza alcuna ombra di misoginia o di pregiudizio: ogni essere umano è creato a immagine e somiglianza di Dio; tutti gli esseri umani sono uguali davanti a Dio.

E san Francesco guarda alla donna con gli occhi del lettore di poesia cortese e di romanzi cavallereschi che è stato. È donna la creatura che ama di più: la povertà. Si identifica tanto con lei – "sposa, madre, amante" – da diventare l'incarnazione stessa di Madonna Povertà. Possono diventare spiritualmente donne pure i suoi frati.

Nota Chiara Frugoni che "Francesco più e più volte si pensa come donna, e madre in particolare". Arriva a definire se stesso "mulier formosa": una bella donna, i cui figli sono "venustissimi", bellissimi.

La donna per Francesco ha un particolare talento per la cura, ed è capace di amore disinteressato.

A un discepolo Francesco scrive: "Se ti è necessaria tua madre per avere qualche altro conforto e vuoi ritornare da me, vieni pure!". La madre è lui.

I frati devono amarsi, più ancora che di amore fraterno, di amore materno. Dice Francesco: "Coloro che vogliono vivere religiosamente negli eremi, siano tre o al massimo quattro frati. Due di loro facciano da madre e abbiano due figli o almeno uno. Questi due che sono madri seguano la vita di Marta; gli altri due quella di Maria".

Marta e Maria sono le sorelle di Lazzaro, l'uomo che Gesù

ha resuscitato. Nell'Ultima tentazione di Cristo, il romanzo di Nikos Kazantzakis divenuto un film di Martin Scorsese, si immagina che il Salvatore sulla croce riceva un'ultima visita del diavolo, che lo tenta con il miraggio di una vita normale, in cui Gesù prima sposa Maria Maddalena, poi dopo la sua morte sposa Maria, ma si unisce anche a Marta. Si tratta solo di un'allucinazione, una tentazione appunto, che Gesù respinge, scegliendo di morire sulla croce, di essere il messia, di salvare l'umanità. Di sicuro Marta e Maria nell'immaginario della cristianità medievale rappresentano le due scelte di vita: quella attiva e quella contemplativa. I frati cui è assegnata la parte di Marta dovranno cucinare e occuparsi delle incombenze pratiche, noi diremmo della logistica, affinché i frati che hanno la parte di Maria possano pregare e meditare in assoluta serenità. Nulla vieta poi che le parti si possano invertire. Il lavoro di cura non è in contrasto con la preghiera: lo completa. Ed è dolcissima questa immagine di un frate che fa da madre a un altro frate: un'immagine in cui si può cogliere anche una vena di nostalgia di Francesco per la sua mamma, e per quella famiglia d'origine che non ha più.

Nella fraternità di Francesco ognuno è fratello, madre, figlio degli altri. E nella sua "Lettera ai fedeli" il santo si rivolge a tutti gli esseri umani, perché tutti si sentano in dovere di servire. Siccome non può "visitare i singoli a causa della malattia e debolezza del mio corpo", allora scrive. E auspica che il mondo si trasformi in una grande comunità spirituale, in cui i fedeli diventano "sposi, fratelli e madri di nostro Signore Gesù Cristo": "Siamo le sue spose quando la nostra anima fedele a Gesù Cristo si unisce allo Spirito Santo. Siamo suoi fratelli quando compiamo la volontà del Padre che è nel cielo... Siamo sue madri quando lo portiamo nel nostro cuore e nel nostro corpo per amore e coscienza pura e sincera, e lo generiamo con una operazione santa che deve brillare agli occhi degli altri come un esempio". Uomini che diventano madri del figlio di Dio: un'immagine straordinaria.

Al processo di canonizzazione di Chiara, suora Filippa racconta che la santa ebbe una visione: saliva una scala che la portava da Francesco, il quale "trasse dal suo seno una mammella e disse ad essa vergine Chiara: 'Vieni, ricevi e suggi'". Chiara succhia dal petto di Francesco un latte "tanto dolce e dilettevole che per nessun modo lo poteria esplicare"; il liquido appariva come "oro, così chiaro e lucido" da potercisi rimirare, come in uno specchio.

Ma Francesco non solo aveva un'alta opinione della donna. Non soltanto nel pubblico che lo ascoltava vi erano molte donne. Lui era pronto ad accogliere le donne nella sua comunità, alla pari degli uomini. Perché, proprio come Gesù, anche lui sentiva di essere venuto per tutti, per l'intera umanità.

Una donna che decide per sé

Poi una donna entrò nella sua vita.

La ragazza che rimase incantata dal suo sermone nel Duomo di Assisi si chiamava Chiara e apparteneva a una famiglia aristocratica, gli Offreducci. Al tempo della guerra civile, gli Offreducci si erano schierati dalla parte dei nobili, quindi dei perugini. La famiglia di Francesco, come ci siamo detti, era dall'altra parte. Tuttavia Chiara e Francesco si conoscevano fin da ragazzi. Non si frequentavano: lei aveva undici o dodici anni meno di lui. Però erano vicini di casa. E ad Assisi tutti sapevano chi era Francesco. Quel ragazzo così particolare, che cantava in francese, che si vestiva in modo bizzarro, che affascinava chiunque incontrasse, aveva un posto nell'anima di Chiara.

Il padre si chiamava Favarone, la madre Ortolana. Lui probabilmente morì giovane, senza avere figli maschi. Ortolana, donna molto devota, era spesso lontana per i suoi pellegrinaggi, che l'avevano portata sul Gargano, nel santuario scavato nella roccia per onorare l'arcangelo Michele, e in Terrasanta. Il capo della famiglia era lo zio paterno, Monaldo (lo stesso nome del severissimo padre di Giacomo Leopardi). Chiara e le sue sorelle, Penenda, Agnese e Beatrice, appartenevano a lui, allo zio. E siccome Chiara era "bella de la faccia" (lo riferisce un testimone al suo processo di canonizzazione), era destinata al matrimonio, per rafforzare il potere e la ricchezza della famiglia.

Ma Chiara non aveva alcuna intenzione di sposarsi. Aveva già diciotto anni: tempo appunto di prendere marito, ovviamente scelto dalla famiglia, probabilmente da Monaldo degli Offreducci. Lei però non voleva diventare serva di un uomo.

Aveva già iniziato a mandare elemosine a Francesco. Ma ora stava pensando a un passo ulteriore, a una rottura totale con lo zio, la comunità, le regole sociali.

Chiara chiese di incontrare Francesco. Probabilmente affidò il messaggio a Rufino, suo cugino, che aveva già cambiato vita. E Francesco accettò di incontrarla, a tu per tu.

È come se Francesco e Chiara si specchiassero uno negli occhi dell'altra. Non sappiamo cosa si siano detti, se abbiano parlato di Gesù, di Marta e Maria, del Vangelo; o se invece abbiano preparato nei dettagli la fuga, escogitando un piano per sfuggire all'inevitabile reazione dei parenti di Chiara. Probabilmente, entrambe le cose.

All'inizio il più dubbioso è Francesco. Si tratta di accogliere nella comunità una donna, cui certamente ne seguiranno altre. Una novità assoluta e scandalosa, che esporrà la giovane fraternità a maldicenze e accuse. Poi, quando Francesco si convince, Chiara per un attimo si tira indietro. Esita. Ci ripensa. Sa che la scelta sarà definitiva, che non potrà tornare alla vita di prima. Adesso è Francesco che si mostra deciso. È lui a farle coraggio, a convincerla al passo decisivo.

In una notte del marzo 1212, forse il 18 marzo, domenica delle Palme, Chiara di Favarone degli Offreducci uscì di nascosto di casa con un'amica, Pacifica, per raggiungere Francesco. La luna era piena. Il piano prevedeva che il portone del palazzo sarebbe rimasto socchiuso, in modo da consentirle di fuggire senza far rumore. L'appuntamento era alla porta occidentale della città, da dove Francesco e gli altri frati con le fiaccole l'avrebbero condotta alla Porziuncola. Un racconto poetico. Per renderlo anche eroico, dal processo di canonizzazione uscì una variante soprannaturale: Chiara non era passata dall'"uscio consueto", ma da uno secondario, sbarrato da una colonna di pietra rafforzata da pesanti legni. Era la "porta del morto", quella che veniva aperta solo per far uscire di casa la bara di un defunto; per questo era tenuta sempre chiusa, e avrebbe potuto essere forzata solo da molti uomini. Ma lei sola, "con lo adiutorio de Jesu Cristo", insomma con l'aiuto di Gesù, la divelse e la aprì; e la mattina dopo, vedendo l'uscio spalancato, molti si meravigliarono che avesse potuto farlo "una giovencella".

Di sicuro, anche Chiara, con prodigioso coraggio, si lasciò

alle spalle la sua famiglia, la sua vita di prima. Francesco le tagliò i capelli e le fece indossare il saio, stringendo così con lei un patto.

La reazione della famiglia e in genere degli assisani fu furibonda. Chiara non aveva raggiunto un ordine monastico prestigioso, un convento dove una donna del suo lignaggio avrebbe potuto diventare badessa, e accrescere così il prestigio del casato. Era fuggita nottetempo per unirsi a una fraternità di sbandati, oltretutto formata da maschi, che vivevano con il lavoro delle mani e grazie alle elemosine.

Monaldo si mette alla testa dei suoi uomini e piomba alla Porziuncola, a riprendersi Chiara. Ma Francesco, prevedendo la collera degli Offreducci, l'aveva messa al sicuro nel monastero delle benedettine a Bastia, poco distante; e in un monastero di donne nessun uomo poteva entrare. Lo zio, dopo la minaccia, usò la lusinga: offrì a Chiara il perdono e grandi doni. Lei accettò di incontrarlo, ma in chiesa. Di fronte a lui, afferrò un lembo del velo bianco dell'altare – il gesto di coloro che chiedevano asilo –, e si scoprì la testa. Quando vide, anziché i lunghi capelli biondi, il cranio rasato di Chiara, lo zio non osò alzare le mani su di lei: in qualche modo era stata consacrata; ormai apparteneva a Dio, e alla Chiesa. Poi Chiara riparò in un posto più sicuro, il monastero di Sant'Angelo sul monte Subasio.

Ma due settimane dopo viene raggiunta da sua sorella Agnese. Stavolta Monaldo, oltre che dai suoi armati, è affiancato dagli altri uomini della famiglia. Non esitano a violare il convento e a trascinare fuori Agnese con la forza. Intervengono i contadini della zona, e non a difendere la ragazza, ma dalla parte degli Offreducci, come a ristabilire il codice d'onore che regola la società. Agnese viene spinta via, colpi-ta, offesa, umiliata. Nei Fioretti di santa Chiara è scritto che "a ogni pietra lasciava una traccia di sangue, a ogni pruno un capello biondo". Poi Agnese sviene, il suo corpo diventa pesante come il piombo, i servitori dello zio non riescono a rialzarlo, lui fa per colpirla ma il braccio gli resta paralizzato. Monaldo urla per il dolore, i suoi uomini fuggono. Soltanto allora Chiara esce dal monastero, prende Agnese per mano e le sussurra: "Sta' su, sorella mia Agnese. Andiamo a servire il nostro dolce sposo Gesù Cristo".

Ma non servono leggende per raccontare la fermezza e insieme la dolcezza di Chiara e delle sue compagne. Non soltanto Agnese resterà con Francesco; sarà raggiunta dall'altra sorella Beatrice, da altre parenti, da amiche d'infanzia.

A questo punto però sorge un altro problema.

Francesco non aveva detto né scritto da nessuna parte come andassero accolte le donne, e come dovessero essere i loro rapporti con gli uomini. All'inizio, Chiara e le sue compagne vivono con i frati, e come i frati. Poi Francesco decide di trasferirle a San Damiano: proprio la chiesa dove per la prima volta aveva sentito la voce del Signore. Le donne avrebbero avuto le loro celle; altre celle avrebbero accolto i frati con l'incarico di vegliare su di loro, e di proteggerle da ulteriori aggressioni e violenze. Che non ci furono.

Non per questo Chiara e le altre all'inizio vivono da recluse. Lavorano, pregano, chiedono l'elemosina, si prendono cura dei lebbrosi e degli altri malati, proprio come i frati. Si sono ribellate a un mondo maschile, regolato da ferrei rapporti di forza, spesso esercitati con la violenza. Vengono tutte da famiglie agiate, hanno rinunciato a ogni lusso, a qualsiasi privilegio. E diventano un punto di riferimento per le donne di Assisi e dei borghi vicini che intendono liberarsi da un padre manesco, da un marito prevaricatore, o anche solo dall'oppressione cui sono soggette nella loro vita.

Una scelta di libertà. Un atteggiamento modernissimo. Chiara vuole vivere come Francesco; e Francesco accetta che una donna, con altre donne, possa farlo.

Ma una simile ribellione non può durare a lungo. Proteggere Chiara e le altre non è facile. Nel 1219 il cardinale Ugolino dei Conti di Segni, il futuro Papa Gregorio IX, si muove personalmente per imporre alle sorelle di San Damiano la clausura. Ora sì che Chiara e le sue compagne dovranno uscire dal mondo. Potranno restare insieme, ma separate sia dai frati, sia dai cittadini.

Resta il fatto che Francesco accolse Chiara con pari dignità; che sempre lei fu considerata dai frati come una di loro; che le donne fin dall'inizio fanno parte del disegno di Francesco e del suo movimento spirituale.

Nel 1241 gli arcieri arabi al servizio dell'imperatore Federico II espugneranno Assisi, e penetreranno nel convento di San Damiano; ma secondo la tradizione Chiara invocherà l'aiuto del Signore, prostrata a terra davanti al Santissimo Sacramento, e "li Saracini" lasceranno la città senza toccare le sorelle. O forse sarà l'intervento di frate Elia, molto vicino all'imperatore, a salvare Assisi e le clarisse.

Chiara si definirà "la prima pianticella di Francesco".

Gli sopravvivrà altri ventisette anni, lottando contro una grave malattia che la costringerà a letto, e contro coloro che avrebbero voluto impedirle di realizzare il suo progetto di vita. Aveva accettato la clausura; non cederà al tentativo di imporle una Regola meno severa. Chiara rifiuta anche le proprietà comuni, da cui i monasteri di solito traevano il loro sostentamento. Resterà il punto di riferimento spirituale dei seguaci più fedeli all'insegnamento radicale di Francesco. Gregorio IX le confermerà il "proposito di altissima povertà". Le clarisse potranno vivere senza possedere nulla; come la Madonna, come Gesù, come san Francesco.

Che una donna potesse decidere da sé come vivere e come dovevano vivere le sue compagne è per il tempo un fatto straordinario. Per ritrovare qualcosa del genere occorrerà attendere oltre un secolo, quando un'altra grande santa, Caterina da Siena, scriverà al Papa per dirgli di lasciare Avignone e la Francia, e tornare a Roma.

Sino alla fine, Chiara si comporterà sempre come Francesco, da "serva di tutte le sorelle". Si sveglia prima delle altre. Esce anche al freddo, riempie il catino d'acqua, e lava i piedi alle suore, come faceva Gesù. Se accade che qualcuna le manchi di rispetto, vada in crisi per la dura vita della clausura, alzi la voce, Chiara si inginocchia e la supplica: è questo il suo modo di richiamarla all'obbedienza. Scrive la grande Dacia Maraini, nel suo long seller "Chiara di Assisi": "Prima di tutto il buon esempio. Chi guida deve comportarsi meglio degli altri, altrimenti perde ogni autorevolezza e Chiara era molto autorevole. E quando l'autorevolezza sembrava svanire nelle ire di qualche carattere debole, Chiara non si vergognava di supplicare. Le lacrime, l'inginocchiarsi davanti alla disubbidiente non potevano che suscitare sorpresa, vergogna, voglia di emulazione".

Dal processo di canonizzazione affiorano storie favolose, più prodigi che miracoli; come quello raccontato da una suora che si chiama non a caso Francesca. Un giorno Chiara, ormai immobilizzata dalla malattia, chiede che le sia portata una tovaglia; ma siccome nessuna le obbedisce, la "gattuccia" del monastero gliela avvicina, trascinandola. Chiara la rimprovera: la stoffa stava toccando terra; così la gatta si sforza di riavvolgere un poco la tovaglia, perché non strusci più sul pavimento.

Nei Fioretti di santa Chiara si racconta invece il miracolo delle rose. Francesco ogni tanto passa a salutare Chiara, a vedere come stanno le sorelle, ma è sempre sfuggente, mormora un "pace e bene" e se ne va. Un giorno d'inverno Chiara lo insegue, lui si allontana a piedi nudi nella neve, lei lo richiama. Francesco si guarda attorno, scorge un cespuglio di spini ricoperto di neve, e promette: "Ci rivedremo quando rifioriranno le rose". Insomma, tra qualche mese. Ma prodigiosamente il cespuglio fiorisce. Così, all'istante. Chiara sorride, raccoglie le rose, e le depone ai piedi del crocifisso.

Chiara di Assisi morirà l'11 agosto 1253, due giorni dopo aver ricevuto la notizia dell'approvazione della sua Regola, confortata da Leone, Rufino, Angelo, gli stessi che erano rimasti accanto a Francesco sul letto di morte.

E anche Chiara, come Francesco, sarà allontanata e rimossa. Basti pensare al fatto che negli affreschi e nei quadri dedicati al santo che aveva amato, Chiara non c'è quasi mai. Nella Prima Vita di san Francesco, Tommaso da Celano le dedica pagine piene di ammirazione. Ma nella Seconda non la cita neppure.

Si ricorderà però di lei Pio XII, otto mesi prima di morire. È il 14 febbraio 1958 quando Papa Pacelli, di fronte al prodigio tecnologico che comincia a entrare nelle case degli italiani, la tv, proclama Chiara protettrice della televisione e delle telecomunicazioni. Il riferimento era a un miracolo avvenuto più di sette secoli prima. La santa, costretta a letto, desiderava tanto assistere alla messa di Natale del 1252; prodigiosamente, le sorelle la videro apparire in chiesa, anche se il suo corpo era rimasto nella cella.

Oggi la memoria di Chiara è viva. Grazie anche ad Angelo Branduardi. Il grande cantautore che ha messo in musica versi attribuiti a Francesco, che li avrebbe scritti proprio quando risiedeva, ormai malato, nel monastero di San Damiano, per consolare le sorelle rattristate dalla sua sofferenza:

"Audite poverelle, dal Signor vocate
ke de multe parte et province sete adunate
Vivate sempre en veritate e in obedientia moriate
Non guardate alla vita fora
Quella dello spirito è migliora
Ve prego per grande amore
che in povertà viviate".

Gettare via i libri

Il 1212 e gli anni successivi sono un tempo di crescita impetuosa della comunità. Francesco è ormai popolarissimo. Gli accade di visitare quattro o cinque borghi in un solo giorno. Quando si sparge la voce che sta arrivando, la gente grida: "Ecco il santo!". Poi accorre e gli chiede di benedire un pane, un vestito, un attrezzo da lavoro. A volte gli fanno a pezzi la tonaca per averne un brandello, lasciandolo quasi nudo. Scrive Tommaso da Celano: "Quando entrava in una città, il clero gioiva, le campane suonavano, gli uomini esultavano, le donne erano gioconde, i bambini applaudivano e spesso con rami in mano gli andavano incontro cantando".

A Bologna Francesco tiene una grande omelia su un tema che pare il titolo di un romanzo di Dan Brown: "Angeli, uomini e demoni". Prende la parola davanti al Palazzo comunale, di fronte a una folla immensa. Non parla da intellettuale o da accademico, quale non è. Parla con il linguaggio vivace e diretto delle persone comuni. E ha un enorme successo.

Bologna doveva ispirarlo in modo particolare. Vi tornerà il giorno di ferragosto del 1222. Annoterà un testimone, Tommaso da Spalato: "Il suo discorso non aveva nulla del tono né dei modi di un predicatore: somigliava piuttosto a una conversazione e non mirava che a placare gli odi e a ricondurre la pace. L'abbigliamento dell'oratore era miserabile, il suo aspetto dimesso, il suo volto senza bellezza; eppure la sua parola giunse a riconciliare i nobili bolognesi che da generazioni non facevano che uccidersi tra loro".

Francesco non intende fondare un ordine, ma creare una comunità. Una fratellanza, perché tutti sono fratelli: la parola "frate" la inventa e la impone lui. Una comunità segnata dall'assoluta mancanza di gerarchie: "Nessun frate sia chiamato priore, ma tutti siano chiamati semplicemente frati minori. E l'uno lavi i piedi dell'altro". Parità assoluta.

Il concetto per il Medioevo è rivoluzionario. Non quello di fraternità; anzi, il francescanesimo si inserisce e alimenta un periodo in cui, dopo i secoli dell'isolamento feudale, gli uomini si associano, creano corporazioni, arti, università. Ma nel Medioevo – e se è per questo anche nel Rinascimento – non si pensava affatto che gli uomini nascessero liberi e uguali. È un principio modernissimo, che si affaccia nella storia con la Rivoluzione francese, però viene subito soffocato dalla Restaurazione. Nella Costituzione americana è scritto che ogni uomo ha diritto alla ricerca della felicità; ma in America c'era la schiavitù, ci volle una guerra civile per abolirla, e molti Stati del Sud non hanno mai davvero accettato quel verdetto. Anche adesso gli Stati Uniti d'America sono di fatto un Paese segregato. Quando nel 2008 andai a Chicago – la città più democratica degli Usa – per raccontare i luoghi in cui era cresciuto il primo afroamericano a diventare presidente degli Stati Uniti, Barack Obama, entrai la domenica nella chiesa dove si era sposato e aveva fatto battezzare le sue figlie. C'erano cinquemila neri e tre bianchi: io, un reporter messicano che aveva avuto la stessa idea, e la mia amica Natalia, nata e vissuta a Chicago, convinta elettrice democratica. Quando i fedeli vennero a salutarci e ad abbracciarci, Natalia scoppiò in lacrime: non era mai stata in quella chiesa e neppure in quel quartiere in tutta la sua vita. In Italia il principio dell'uguaglianza tra le persone è stato introdotto con la Costituzione del 1948; ma la riforma del diritto di famiglia, che riconosce la parità tra uomo e donna, è di quasi trent'anni dopo.

Oggi viviamo in un mondo in cui le disuguaglianze stanno crescendo in modo impressionante. Una piccola minoranza concentra il potere economico, il potere di controllo digitale e il potere politico. Accumula immense ricchezze, sa tutto di noi, e condiziona la politica, quando non decide di farla in prima persona.

La Chiesa cattolica è la voce più autorevole che denuncia questo ritorno all'Ancien Régime. Tuttavia anche la Chiesa cattolica, pur professando l'uguaglianza degli esseri umani davanti a Dio, è un'istituzione fortemente gerarchizzata. Un po' tutte le istituzioni umane, per funzionare, hanno bisogno di una gerarchia.

Francesco la rifiuta. Per lui tutti i fratelli sono uguali. Nessuno può possedere qualcosa. Tutti devono lavorare.

Ogni frate potrà coltivare l'orto, aiutare i contadini nel raccolto, cucinare, spaccare e trasportare legna, restaurare le chiese, curare i lebbrosi, assistere gli infermi, prendersi cura di confratelli malati.

Chi ha un mestiere può continuare a farlo, per il bene della comunità. Non il mercante, il cui fine è guadagnare denaro. Non il macellaio, che dà la morte agli animali. Ma il contadino, il sarto, il vasaio.

Francesco per primo darà il buon esempio. Lo scriverà pure nel testamento: "Anche io ho sempre lavorato con le mie mani, e voglio lavorare". Oltre alla passione per riparare altari, pievi, portali, è diventato bravo a intrecciare cesti di vimini. Anche se una volta, preso dalla propria arte, ha trascurato la preghiera, e quando ha visto il cesto bello e ben fatto con un gesto di rabbia l'ha gettato nel fuoco, dicendo ai frati: "È una vergogna lasciarsi distrarre da fantasie e da inutili sciocchezze, quando nel tempo della preghiera parliamo con il Gran Re". L'abilità manuale deve essere un modo per dialogare con la natura e proseguire la creazione; non deve distrarre dalle cose dello spirito, dal dialogo con Gesù. Che era lui stesso un falegname, ma metteva al primo posto "le cose del Padre mio", fin da quando, bambino, si era attardato nel tempio a discutere di teologia con i sommi sacerdoti.

I frati però non possono possedere nulla. Neppure i libri.

Questo è uno dei tratti più discussi dell'insegnamento di Francesco. Perché oggi molti di noi amano i libri; e la cultura e l'istruzione sono considerate – o almeno lo erano fino a non molto tempo fa – valori importanti. Francesco invece vieta a coloro che sono entrati nella comunità da analfabeti di imparare a leggere e a scrivere.

Detto così, può apparire l'elogio dell'ignoranza. Un elogio oggi molto di moda. Nel gergo contemporaneo, "ignorante" è una parola positiva. Le fettuccine casarecce sono ignoranti. Una volta un commesso definì i pantaloni che stranamente mi calzavano bene "ignoranti". "Ignoranti fuori, belli dentro" è scritto con il neon fuori da un ristorante a Milano.

Francesco, in realtà, non è un difensore dell'ignoranza. È vero però che diffida dell'erudizione. Innanzitutto, al suo tempo i libri sono oggetti di grande valore. Pergamena, miniature, rilegature: con un libro, un povero campava due anni. Possedere un libro era come oggi avere in garage un'auto d'epoca. Non solo. Per Francesco la cultura può diventare una forma di potere. Una fonte di orgoglio. Un segno di supremazia sociale, quindi di divisione, di separazione. Chi sa troppo pensa di essere migliore degli altri, e rischia di dimenticare la carità, la solidarietà, la condivisione. La scienza e la cultura portano all'orgoglio e distolgono dall'amore, impediscono di "offrirsi nudo alle braccia del Crocifisso".

Nel 1220, cinque francescani furono decapitati in Marocco. Conosciamo i loro nomi: Berardo, Ottone, Pietro, Accursio, Adiuto. Venne scritta una storia del loro martirio, che ebbe grande diffusione tra i frati. Ma Francesco la proibì, dicendo: "Ognuno si glorii del proprio martirio, non di quello altrui". Forse era anche una forma di rimorso, per la fine terribile cui erano andati incontro i suoi frati; ma non per questo occorreva gloriarsi grazie a loro o al posto loro. Nella scelta tra il dire e il fare, il santo non esitò mai. Per lui l'importante non era il racconto, era l'azione. Era sì interessato all'eroismo, ma non alla propaganda: "Questi sono i miei frati cavalieri della Tavola Rotonda, che si appartano in luoghi disabitati e remoti per abbandonarsi con più amore all'orazione e alla meditazione, piangendo i peccati propri e altrui, vivendo in semplicità e umiltà. La loro santità è nota a Dio, e talvolta ignota ai fratelli e agli altri uomini".

Francesco porta la letteratura cortese con cui è cresciuto nel cristianesimo: Madonna Povertà è la sua sposa; lui è un cavaliere di Dio, pronto a divenire ora trovatore, ora giullare; i frati sono appunto i suoi cavalieri della Tavola Rotonda. E per tutta la vita avrà il gusto per la nobiltà del gesto, la cortesia disinteressata, la grandezza d'animo. Il meglio della sua gioventù, la gioia per la bellezza, la dolcezza del tratto, non era andato perduto.

Il libro per eccellenza, però, non è più il ciclo bretone di re Artù; è il Vangelo. L'unico libro che serva davvero al cristiano. Francesco lo sapeva quasi a memoria, e lo amava; in particolare il Vangelo di Giovanni.

Però per lui il Vangelo era scritto nel suo cuore e nella sua mente; non era un libro, tanto meno un oggetto. Quando qualcuno fa notare che senza libri non si possono dire messe e recitare preghiere, Francesco risponde che, se privarsi di un libro sacro consente a un povero di sopravvivere, Dio sarà doppiamente lodato. E un giorno ha modo di dimostrarlo concretamente.

Francesco è alla Porziuncola. Non è più il capo della comunità, il ministro generale è ora Pietro Cattani. Una donna molto povera viene a chiedere l'elemosina. Ha due figli frati, a casa non c'è più nessuno che possa lavorare per lei, sostenerla, aiutarla. Francesco si commuove. Forse si sente in colpa. Chiede a Pietro Cattani: "Possiamo trovare qualcosa da dare a nostra madre?". Per lui, infatti, la madre di un frate è la madre di tutti i frati. Cattani risponde che non c'è nulla da darle: "In chiesa abbiamo soltanto un Nuovo Testamento, che ci serve per le letture a mattutino". Francesco risponde: "Da' a nostra madre il Nuovo Testamento, che lo venda per sua necessità. Credo che questo piacerà più al Signore e alla beata Vergine, Madre sua, che se ve ne serviate per la lettura".

Un'altra volta un novizio chiese di poter possedere almeno il libro dei Salmi, il Salterio. Francesco disse no: "Quando avrai ottenuto il Salterio, non ti basterà e vorrai il Breviario. Avuto il Breviario, ti innalzerai in cattedra come un prelato e ordinerai a tuo fratello: 'Ehi, tu, portami qui il Breviario!'". Allora Francesco prese una manciata della cenere del fuoco a cui si stava scaldando, e se la sparse sul capo, frizionandosi la testa e ripetendo: "Io sono il Breviario, io sono il Breviario!". Era certo un gesto di umiltà, che ricorda le parole di Dio nella Genesi, quando caccia Adamo dal Paradiso terrestre: "Polvere tu sei, e in polvere ritornerai". Ma era anche un modo di dire che i libri dovevano essere dentro la nostra testa. Non a caso Francesco invitava i suoi a imparare a memoria la Regola e gli altri suoi scritti.

La memoria per Francesco è molto importante. Scrive: "Prego tutti i fratelli di imparare il tenore e il senso di ciò che è stato scritto in questa vita per la salvezza della nostra anima, e di riportarlo spesso alla loro memoria". E prega Dio di benedire "tutti gli insegnanti, gli studenti, i possessori, i commemoratori e i lavoratori". I commemoratori sono coloro che custodiscono l'identità comune. E, come aveva fatto Gesù durante l'Ultima Cena, anche nel suo testamento Francesco inviterà i fratelli a ricordarsi di lui.

Aveva però un'attitudine all'apparenza in contrasto con il rifiuto dei libri. Se per strada, in casa, a terra trovava qualche scritto, di argomento divino o umano, lo raccoglieva e lo custodiva "in un luogo sacro o almeno decoroso": perché forse in quel frammento si trovava il nome del Signore, o qualcosa che lo riguardasse. Un frate gli fece notare che stava raccogliendo anche testi di autori pagani, e altri in cui Dio non era nominato. Francesco rispose: "Figlio mio, qui ci sono le lettere di cui si compone il Nome gloriosissimo del Signore Iddio"; e poi, se c'era qualcosa di buono nei libri, il merito non era dei pagani o dei cristiani, ma di Cristo stesso, ispiratore di ogni opera buona. Così, quando dettava messaggi, ordinava di non cancellare mai una lettera o una sillaba, anche quelle sbagliate o superflue; pure loro potevano contenere il nome del Signore, o esprimere una lode per Lui.

6
LE CROCIATE

Ogni generazione della storia umana è segnata da un grande evento. Se pensiamo al nostro tempo, questi primi decenni del nuovo millennio sono stati contraddistinti dalle grandi crisi: l'11 settembre, con il confronto tra l'Occidente e l'Islam; il crollo della finanza; la pandemia; la rivoluzione digitale e dell'intelligenza artificiale, che sarà anche una grande opportunità, ma impone un costo sociale ancora tutto da calcolare, con la distruzione del lavoro intellettuale e lo spettro di un mondo dominato da creature post-umane. Ne riparleremo.

Il tempo di Francesco è un'epoca di grande sviluppo. Ce lo siamo già detti: le città, le università, il denaro, le banche, le cattedrali gotiche. Ma l'avvenimento che segna le coscienze, e attraversa le vite di più di una generazione, sono le crociate.

Nel 1187, quando Francesco è bambino, dall'altra parte del Mediterraneo i crociati perdono Gerusalemme, e Saladino riconquista all'Islam la città santa. Tre anni dopo l'imperatore Federico Barbarossa, diretto con il suo esercito verso la Terrasanta, muore guadando un fiume. Senza i tedeschi, il re inglese Riccardo Cuor di Leone si batte con un coraggio che fa onore al suo nome, ma non riesce a liberare, o a riconquistare, il Santo Sepolcro.

Nel 1204, mentre ad Assisi l'animo di Francesco è scosso dai tormenti che lo porteranno a cambiare vita, i crociati prendono Costantinopoli. È una città cristiana, ma è soprattutto una città ricchissima: la fame di bottino supera la sete di gloria. Liberare Gerusalemme sarebbe per i crociati opera santa; ma entrare a Bisanzio rende molto di più. Il massacro è immenso, il saccheggio altrettanto. Papa Innocenzo III è disperato: sperava di riconciliare la Chiesa cattolica con quella ortodossa; invece la storia ha preso un'altra direzione.

Nel 1208, quando Francesco è già uscito dal mondo ma ancora sta cercando la sua strada, la Chiesa scatena nel Sud della Francia la crociata contro gli Albigesi, che durerà due decenni.

Nel 1212 gli eserciti alleati della Castiglia, dell'Aragona, della Navarra e del Portogallo, rafforzati da volontari giunti da tutta Europa, sconfiggono i musulmani a Las Navas de Tolosa, in Andalusia, nella battaglia più importante di quella che sarà chiamata la Riconquista cristiana della Spagna.

Sempre nel 1212, un ragazzo di nome Stefano si presentò con numerosi seguaci davanti al re di Francia, sostenendo di aver ricevuto da Gesù in persona l'incarico di liberare Gerusalemme. Il re lo mandò a casa. Ma secondo un cronista del tempo (il monaco Alberico delle Tre Fontane), Stefano e i suoi marciarono fino a Marsiglia, dove salirono su sette navi: due naufragarono al largo della Sardegna, e i passeggeri delle altre cinque furono venduti come schiavi. Un'altra "crociata dei fanciulli" partì dalla Germania, per fermarsi a Genova. Sono vicende avvolte nelle nebbie della storia.

Voci amplificate nel passaggio di bocca in bocca. Miti. Però anche i miti confermano il fervore che anima la cristianità al tempo.

Nel 1215 Innocenzo convoca il quarto Concilio Lateranense. Vuole riformare la Chiesa e bandire una nuova crociata. Qualcuno ha ipotizzato che in questa occasione si siano incontrati san Domenico e san Francesco, anche se è più probabile che si siano conosciuti nel 1218 a casa del cardinale Ugolino. Il Papa con loro è duro: non vuole che nessuno dei due fondi un nuovo ordine. Domenico trova una soluzione: adotterà la Regola di un santo vissuto otto secoli prima, Agostino. Nulla di nuovo sotto il sole. Dal canto suo, Francesco è tranquillo. Non intende affatto fondare un ordine. E la sua Regola è già stata approvata, sia pure solo oralmente.

L'anno dopo, nel 1216, Innocenzo muore, a Perugia. Francesco è presente. La scena è feroce. Innocenzo è stato un grande Pontefice, ma i molti che hanno sperimentato la sua durezza non l'hanno certo amato, anzi. Il Papa defunto è già dimenticato. Viene spogliato delle sue vesti preziose. Il suo corpo già in putrefazione è abbandonato in chiesa, seminudo. Tutte le attenzioni sono già rivolte al suo successore, Onorio III. Non c'è nulla di evangelico, di religioso, di spirituale in tutto questo. Francesco ne resta profondamente turbato.

È come se tutta la violenza del mondo si riversasse sul suo corpo, nel suo animo. Se ovunque risuona il suono sordo delle armi, il grido delle stragi, lui deve fare qualcosa. Portare il Vangelo, quello vero, non con la spada ma con la parola. Conquistare a Gesù gli infedeli, ma prima ancora i crociati stessi. Interrompere i massacri; o affrontare il martirio.

Salvare le anime del mondo intero

L'idea lo ossessiona da anni.

Francesco ha già cercato di arrivare in Siria. Non conosciamo con esattezza la data. Ancora una volta, il viaggio non lo porta molto lontano. Una tempesta lo sbatte sulle coste della Dalmazia, probabilmente tra Spalato e Ragusa.

Siccome da lì navi per la Siria non ne partono, Francesco vorrebbe tornare in Italia e ritentare la sorte. Ma lui e il frate che lo accompagna non hanno un soldo, e nessuna nave li accetta a bordo. Così si imbarcano da clandestini. Oggi diremmo da migranti. E qui il racconto diventa quasi una favola.

Un misterioso personaggio si presenta e consegna all'equipaggio del cibo per "quei poveri che sono nascosti nella nave". Scoperto, Francesco rischia seriamente di essere gettato in mare, ma poi si rivela utilissimo: secondo la tradizione, placa una tempesta, come Gesù nel lago di Tiberiade; e mentre il cibo dei marinai finisce, il suo prodigiosamente si moltiplica. Salvati due volte, i marinai lo riportano ad Ancona ringraziando il Signore per la grazia ricevuta.

Il santo però non si arrende. Vuole partire per il Marocco, per convertire i musulmani o esserne martirizzato. Intende "annunciare al Miramolino e ai suoi correligionari la buona novella".

Miramolino era la versione italiana di "amīr al-mu'minīn", l'emiro capo dei credenti: titolo che in quel momento in Marocco spettava al sultano Muhammad ibn Nasr. Il Miramolino, però, non vide mai arrivare Francesco. Anche questo viaggio non lo porta da nessuna parte: nella Spagna percorsa dagli eserciti della Riconquista il santo si ammala, e decide di tornare indietro.

All'epoca i frati si riunivano alla Porziuncola due volte l'anno. La prima coincideva con la domenica di Pentecoste, cinquanta giorni dopo Pasqua, quindi tra la fine di maggio e l'inizio di giugno: il giorno in cui gli apostoli ricevettero lo Spirito Santo, e la missione di portare la parola di Gesù in tutto il mondo. La seconda volta era il 29 settembre, giorno di san Michele, l'arcangelo che sconfigge gli angeli ribelli, il protettore dell'umanità che schiaccia sotto il suo piede il diavolo, e non a caso viene spesso venerato in santuari ipogei, scavati sotto terra, come a tenere a bada il Maligno; e Francesco, benché non sia ossessionato dal diavolo e dalle sue tentazioni come altri santi medievali, benché tenda a vedere il bene in ogni creatura, legge comunque la storia come una lotta tra il bene, destinato a prevalere, e il male, destinato a soccombere.

Il giorno di Pentecoste del 1217, i frati alla Porziuncola prendono una decisione importante. Anziché ritrovarsi tra quattro mesi, si danno appuntamento all'anno successivo. La riunione di san Michele è abolita; d'ora in avanti ci si vedrà soltanto per la Pentecoste. I frati ormai sono troppi; inutile farli venire ad Assisi così spesso. Semmai, le avanguardie della comunità partiranno per terre lontane. Cinque frati andranno in Marocco. Elia a Damasco. Egidio a Tunisi. Francesco, accompagnato da Masseo, partirà per la Francia.

Finirà in un mezzo disastro.

I francescani in Marocco vengono martirizzati. Sono i primi di una lunga serie a dare la vita per la loro fede.

Il viaggio di Francesco si ferma a Firenze. Il 1217 è anche l'anno in cui il nuovo Papa, Onorio, lancia una nuova crociata, la quinta. Il cardinale Ugolino, quello che ha preso a benvolere Francesco, è a Firenze proprio per predicare la crociata. Gli sconsiglia di proseguire per la Francia: i confratelli hanno troppo bisogno di lui; un viaggio lungo e incerto li priverebbe del fondatore per troppo tempo. Francesco non osa disobbedire al cardinale, e torna ad Assisi. Ancora una volta il viaggio non l'ha portato da nessuna parte. Però ha una cosa da dire a Ugolino: "Non dovete pensare, signore, che Dio abbia inviato i frati soltanto per il bene di queste regioni". Il francescanesimo non è fatto per essere rinchiuso tra quattro mura, e neppure in Italia. È fatto per l'intera umanità. "Vi dico in verità" dice Francesco, usando lo stesso intercalare di Gesù, "che Dio ha scelto e inviato i frati per il vantaggio spirituale e la salvezza delle anime del mondo intero".

Mai dire "ja" a tutti

L'esito delle prime missioni francescane a volte commuove, a volte fa sorridere, perché quando non si rivela drammatico assume toni grotteschi. Rimasti senza Francesco, i missionari in Francia sono guidati da Pacifico, il musicista. Gli chiedono se sono Albigesi, e loro, non sapendo cosa significhi, per non scontentare gli interlocutori rispondono di sì. Ma gli Albigesi sono eretici: i francescani vengono fatti prigionieri, e finirebbero sul rogo se non intervenisse personalmente Papa Onorio, che tranquillizza tutti con una lettera: li conosco, sono bravi cristiani.

In Ungheria aizzano contro di loro i cani. Non è una battuta: i pastori li spogliano, li fanno azzannare dai loro animali, li feriscono con le picche.

In Germania arrivano sessanta frati. Nessuno di loro conosce una parola di tedesco che non sia Ja, sì. Quando qualcuno offre loro del cibo, rispondono: ja! Nel vedere che dicendo ja venivano trattati bene, cominciano a rispondere ja a qualsiasi domanda. Siete eretici? Ja! Venite a pervertire la Germania come avete fatto in Lombardia? Ja!

I poveri frati vengono percossi, incarcerati, spogliati, condotti in giro nudi per essere umiliati, coperti dalla folla di insulti e di sputi. Scrive un frate, Giordano da Giano, che "per questo fatto la Germania fu considerata dai frati tanto crudele che non osavano ritornarvi se non ispirati dal desiderio di morte".

Ma quando nella riunione della Pentecoste del 1221 si chiedono volontari per la Germania, si alzano novanta frati, all'evidenza a cercare il martirio. Il nostro testimone Giordano è lì. Siccome è un bravo cronista, ha un cruccio: non ha conosciuto i martiri del Marocco, non sa neppure il loro nome. Così avvicina il gruppo dei missionari che stanno partendo per la Germania e a ognuno chiede: "Chi sei? Da dove vieni?". Se qualcuno di loro sarà martirizzato, potrà dire di averlo conosciuto. Ma Elia scambia la curiosità cronistica per zelo missionario; e manda pure lui in Germania. Invano Giordano spiega che si tratta di un equivoco, che lui il martirio non lo vuole né ora né mai: troppo tardi, pure Giordano deve partire.

Ma la vera, grande missione è, come sempre, quella di Francesco.

Alla riunione di Pentecoste del 1219 partecipano tra i tremila e i cinquemila frati. Sono passati dieci anni dal viaggio a

Roma per ottenere la benedizione del Papa. Il francescanesimo ha messo radici in tutta Italia e nella storia. E noi possiamo solo immaginare la gioia con cui si ritrovano questi uomini che sognano di vivere con Francesco, di imitare Gesù, di dedicare la vita gli uni agli altri, e se necessario di morire per Cristo e per l'umanità. Eppure, proprio quello è il momento in cui nella comunità cominciano ad allargarsi le prime crepe, le prime divergenze, le prime incomprensioni. La lontananza di Francesco, inevitabilmente, finirà per inasprirle.

Davanti al sultano

Il santo si sente pronto a quella che considera la missione più importante della sua esistenza. I crociati stanno assediando il porto di Damietta, in Egitto. Un luogo strategico per il sultano: l'affaccio dell'impero islamico sul Mediterraneo. L'idea è conquistarlo e poi scambiarlo con Gerusalemme, il cui valore non è economico ma simbolico, religioso, spirituale. E Francesco decide di salpare per l'Egitto.

Non è chiarissimo cosa abbia in animo di fare. Certo non il cappellano militare dei crociati, com'è stato scritto. Ma forse non intende fermarli, com'è anche stato ipotizzato. In fondo la crociata è stata indetta dal Papa.

L'idea di Francesco è di farsi mediatore tra le parti. Insegnare loro a dialogare. Oggi diremmo: fare da forza di interposizione, di peace keeping, o meglio peace making. E qual è il modo migliore di imporre la pace? Portare il Vangelo a chi non lo pratica. Ai crociati che l'hanno dimenticato; e ai musulmani che non lo conoscono.

Se il sultano si convertisse, non sarebbe più necessario

fargli la guerra. Se invece il sovrano si dimostrerà irriducibile, allora sarà un'occasione più unica che rara di donare la vita per Gesù, di dare un senso compiuto alla propria esperienza, di percorrere l'ultimo tratto di strada nel modo più coerente. E di rendere estremo e definitivo il gioioso sacrificio che ha fatto rinunciando alla ricchezza, abbandonando il padre, uscendo dal mondo.

Finalmente, il viaggio di Francesco va a buon fine. Il santo si imbarca ad Ancona il 24 giugno del 1219, dopo alcuni mesi sbarca finalmente in Egitto, e raggiunge il campo crociato. L'impatto non è dei migliori. Molti tra i soldati sono francesi, il frate parla la loro lingua. Ma non sono abituati a quel tipo di religioso. Di solito vengono incoraggiati a combattere gli infedeli. Quest'uomo piccolo e logoro che parla di amore sembra loro fuori posto e fuori tempo. E anche Francesco deve aver sofferto, di fronte alle immagini di violenza e di morte, che arriva con le malattie prima ancora che in battaglia. Inoltre un esercito medievale significa prostitute, malfattori, aristocratici arroganti con i loro scudieri, rapporti gerarchici, traffici di ogni tipo. Annota un cronista appunto francese che Francesco "vide il male e il peccato". Un uomo della sua sensibilità, convinto che gli uomini siano tutti uguali di fronte a Dio e che la religione cristiana imponga loro di amarsi, non di combattersi, soffre moltissimo.

Quando viene l'ora della battaglia, il santo cerca di dissuadere i soldati dall'attaccare. Assicura di aver avuto un sogno premonitore, di aver visto una grande sconfitta. Nessuno gli dà retta. I crociati sono davvero battuti, la sera rientrano all'accampamento provati, decimati, feriti. Ma non credono di avere di fronte un profeta, bensì un menagramo. E fa davvero tenerezza pensare al dolore di Francesco, che tenta invano di farsi ascoltare da gente che non gli dà retta, non lo conosce, non lo capisce.

È allora che decide di cambiare fronte.

Tenterà di convertire il sultano, prima che con le parole, con l'esempio. L'umiltà, la bontà, la mitezza: l'opposto dell'arroganza, della violenza, della tracotanza. Soprattutto, la povertà. E l'amore. Lo spirito del Vangelo, prima ancora della lettera. Quando dovrà scrivere una nuova, più elaborata Regola per i suoi confratelli, Francesco lo teorizzerà: "I frati che vanno presso gli infedeli e i saraceni possono stabilire un dialogo spirituale in due modi. Uno è che non facciano liti o dispute, ma siano soggetti a ogni creatura umana per amore di Dio, e confessino di essere cristiani. L'altro modo è che, quando vedranno che piace al Signore", insomma al momento opportuno, quando si sentiranno ispirati e ascoltati, "annunzino la parola di Dio, affinché infedeli e saraceni credano in Dio onnipotente, Padre e Figlio e Spirito Santo, creatore di tutte le cose, nel Figlio redentore e salvatore e siano battezzati e si facciano cristiani".

La prova del fuoco

Sull'accoglienza che i musulmani riservarono a Francesco, le fonti divergono. Secondo alcune, non gli accadde alcun male. Secondo Tommaso da Celano, lui e i frati che lo accompagnavano furono insultati, frustati, torturati dalle sentinelle dell'esercito islamico. Poi però il sultano lo ricevette "con grande onore, e lo circondava di favori come meglio poteva, gli offriva molti doni. Era molto ammirato e commosso dalle parole di Francesco, e lo ascoltava assai volentieri".

Il sultano si chiamava Al Malik al Kamil. Era nipote di Saladino, figlio di suo fratello Safedino; quindi era curdo. Era salito sul trono l'anno prima, nel 1218, e subito aveva dovuto reprimere una rivolta capeggiata dal fratello minore. Non voleva necessariamente la guerra con i crociati, aveva anche offerto di restituire loro Gerusalemme e pure la Vera Croce, il legno su cui secondo la tradizione era stato crocifisso Gesù e che era stato ritrovato da Elena, la madre dell'imperatore Costantino. Ma il legato pontificio, Pelagio, l'uomo che il Papa aveva messo alle costole dei crociati, voleva una guerra santa, non un accordo diplomatico.

Serviva molto coraggio, in quell'atmosfera di odio, di violenza, di morte, per passare le linee, e affrontare quello che era a tutti gli effetti un nemico. Ma Francesco deve davvero aver toccato il cuore del sultano. Forse esagera Giacomo di Vitry (all'epoca vescovo di San Giovanni d'Acri), quando sostiene che Al Malik avrebbe chiesto a Francesco di raccomandarlo a Dio, affinché gli indicasse quale religione dovesse seguire. Su un punto, però, tutte le fonti concordano: il sultano fu molto rispettoso con Francesco, e disposto ad ascoltarlo. L'energia, la forza morale, la gioia che emanava da lui non erano sfuggite neanche agli avversari della cristianità. Francesco era un sant'uomo; e questo al sultano era apparso chiarissimo.

Nella sua biografia ufficiale, Bonaventura da Bagnoregio aggiunge una storia, affrescata da Giotto ad Assisi. Francesco propone una sfida agli uomini del sultano: accendano un fuoco, e vi entrino insieme con lui; chi resterà indenne avrà vinto, chi si brucerà sarà lo sconfitto, e dovrà abbracciare la religione dell'altro. Al Malik risponde che nessuno dei suoi avrebbe mai accettato; non a caso il più anziano e venerabile dei suoi consiglieri spirituali, appena ascoltata la proposta di Francesco, si era prudentemente allontanato (a Roma direbbero che si "era dato").

È lecito dubitare di questa storia. Francesco non era tipo da sollecitare Dio, da ergerlo a giudice delle dispute umane. Francesco la pensava semmai come Giuditta, quando ammonisce gli ebrei, i quali prima di arrendersi danno cinque giorni di tempo a Dio per salvarli: Dio non è un uomo su cui si possano fare pressioni; non si può forzare la sua volontà, e chiedergli di interferire nelle vicende umane a proprio vantaggio.

Ancora una volta è Giotto a trovare una soluzione e una sintesi. Nell'affresco della Cappella Bardi in Santa Croce a Firenze, il santo non si getta nel fuoco; però è pronto a farlo, mentre gli uomini del sultano si schermiscono, il volto preoccupato. Francesco non fa il miracolo; però lo crede possibile. Chiara Frugoni cita l'epigrafe incisa su una tomba ancora conservata al Cairo, in cui si parla del vecchissimo padre spirituale di Al Malik, di nome Fakhr Al Din Farisi, che "aveva avuto davanti al sultano una celebre avventura con il monaco cristiano". Forse è davvero Fakhr Al Din Farisi l'uomo che si allontana di soppiatto per evitare la prova del fuoco; e il "monaco cristiano" è quasi certamente Francesco.

La sfida del fuoco tra cristiani e musulmani ha un precedente illustre, risalente a sei secoli prima. L'oggetto della contesa era un'idea, una credenza, un dogma: l'incarnazione del figlio di Dio nel corpo di una vergine, il concepimento miracoloso di Gesù. A Gesù il profeta Maometto era molto devoto; ma non lo considerava il figlio di Dio, e non credeva che fosse nato da una vergine. Così aveva proposto la prova del fuoco alla delegazione cristiana. Quella volta erano stati i cristiani a rifiutarsi di sottostare all'ordalia. Forse Francesco aveva proposto una sfida che sentiva appartenere alla cultura del sovrano e del popolo che voleva convertire; o forse la tradizione cristiana ha inventato o ingigantito un episodio per pareggiare i conti con l'Islam.

Scrive Bonaventura che Francesco, avvertito del pericolo da un sogno premonitore, decide di lasciare la corte del sultano e di tornare tra le file cristiane, e poi in patria, dopo aver trascorso in Egitto quasi un anno.

Secondo i Fioretti, il sultano si era convertito al cristianesimo ma, d'intesa con Francesco, aveva tenuto la cosa segreta, per non perdere il controllo sui sudditi; Francesco però gli promise che, dopo la sua morte, gli avrebbe mandato due frati che in effetti arriveranno in tempo per impartire ad Al Malik il battesimo.

Con ogni probabilità, la prova del fuoco è un'invenzione. O una semplificazione. Un simbolo.

La storia in realtà non finisce né con una conversione, né con un martirio. Resta un incontro. Sigillato da un dono: un corno che, secondo la tradizione, il sultano regalò a Francesco, tuttora custodito ad Assisi e suonato in onore dei visitatori musulmani. E se oggi il confronto tra l'Occidente e l'Islam è uno dei grandi temi della modernità, lo spirito con cui dobbiamo affrontarlo è senz'altro quello di Francesco: né remissivo, né aggressivo. Dobbiamo essere consapevoli della nostra fede, almeno chi ha il dono di averla, e dei princìpi della nostra cultura, a cominciare dal più prezioso: la libertà e la dignità della donna. Nello stesso tempo, non dobbiamo rivendicare presunte superiorità, ma saper dialogare, integrando gli immigrati che arrivano da noi, e rispettando la cultura islamica quando siamo noi ad andare all'estero.

Attribuire a chi non c'è più le nostre intenzioni è sempre imprudente. Ma possiamo affermare con una certa sicurezza che questo sarebbe oggi l'atteggiamento di Francesco nei confronti dei migranti e del complesso dialogo con il mondo islamico.

Un portoghese chiamato Antonio

Damietta cadde nelle mani dei crociati nel novembre del 1219. L'esercito cristiano marciò sul Cairo, ma Al Malik fece aprire le chiuse delle dighe, inondando l'intera regione del delta del Nilo. I crociati rimasero impantanati, in senso letterale. Accettarono una tregua, e il sultano rientrò a Damietta. Tempo dopo farà un accordo con il nuovo imperatore, Federico II, cui cederà Gerusalemme per dieci anni, con l'accordo che le mura abbattute da Saladino non sarebbero state ricostruite. La città santa non sarebbe più stata un fortilizio assediato, un centro di potere dei crociati, l'avamposto di una guerra, ma una sorta di zona franca, sotto il controllo cristiano. Un accordo saggio, e per questo avversato dagli estremisti di entrambe le fazioni.

Francesco non ritornò subito ad Assisi. Probabilmente andò a Gerusalemme, visitò il Santo Sepolcro, pregò sui luoghi che avevano visto il passaggio di Gesù. Era in Terrasanta, ad Acri, quando lo raggiunse un frate partito dall'Italia, con un messaggio preoccupante.

I frati si erano dati nuove norme. In particolare, i due vicari cui Francesco aveva affidato la comunità si erano mossi in modo contrario alle sue intenzioni. Frate Giovanni della Cappella si era rivolto al Papa per farsi approvare la sua nuova Regola. E frate Filippo, incaricato di vegliare su Chiara e le sue sorelle, si era fatto autorizzare dal Papa, con un'apposita lettera, a scomunicare chiunque parlasse male di loro o le ostacolasse. Magari a fin di bene, Filippo aveva mancato gravemente di rispetto a Francesco: l'aveva scavalcato, aveva cercato un rapporto diretto con il Pontefice, e l'aveva fatto per rivendicare un potere su altre persone, sia pure sui nemici.

Le nuove norme fissavano stretti limiti ai consumi alimentari, in particolare alla carne. Il caso volle che Francesco ricevette la notizia proprio mentre stava mettendosi a tavola; e il pasto era a base di carne. Non perché Francesco fosse un ghiottone, tutt'altro; ma perché riteneva di poter mangiare qualsiasi cibo gli venisse offerto. Proprio come faceva Gesù. Infatti commentò: "Mangiamo quel che ci viene messo davanti, come insegna il Vangelo".

Il santo capì che era il momento di tornare. Dall'Europa non arrivavano che cattive notizie. Da una parte c'erano radicali che tendevano a "divenire dei veri e propri vagabondi" (come scrive Jacques Le Goff), circondarsi di donne "fino a mangiare nella stessa scodella", creare comunità di lebbrosi di entrambi i sessi. Dall'altra parte, molti frati si ribellano alle regole di Francesco: vogliono tenere libri, costruire case di pietra, poter andare a cavallo, evitare il lavoro manuale; la povertà, sostengono, va intesa in senso mistico, non materiale. È stato anche fondato il primo convento francescano a Parigi, dove si concentrano i frati dottori, che insegneranno all'università, coltivando quell'orgoglio intellettuale che Francesco aborre.

Non dobbiamo pensarli come un gruppo di vanagloriosi e beoni, alla ricerca di privilegi e lussi. Sono persone anima-te da buone intenzioni, in particolare dalla volontà di incidere sulle cose del mondo, di prendere decisioni, di contare nella vita della Chiesa, di influire sulla storia. Ma per Francesco nulla di tutto questo ha senso. Se si toglie la povertà, la minorità, la rinuncia all'orgoglio del sapere e del comandare, a lui pare che del suo insegnamento non resti nulla.

Francesco sbarca a Venezia, e per prima cosa va a Roma dal Papa, Onorio III. Se qualcuno deve trattare una nuova Regola per i francescani, deve essere lui, e nessun altro. A Bologna viene a sapere che i frati, guidati da Giovanni di Staccia, hanno preso possesso di una casa in muratura, e la considerano di loro proprietà; allora lui, che era quasi sempre lieto e sereno, si arrabbia moltissimo, ordina ai frati di lasciare la casa, subito, tutti, anche i malati, e arriva a maledire Giovanni di Staccia.

Tempo dopo, in quello stesso convento bolognese arriverà un frate venuto dal Portogallo, di nome Fernando. Secondo la tradizione, Francesco gli scriverà una lettera – la cui autenticità però non è sicura –, per consentirgli di studiare e insegnare a Bologna. Nel suo Paese, a Coimbra, Fernando aveva visto i corpi decapitati dei cinque frati martiri in Marocco, e aveva deciso di diventare lui stesso un francescano. Si farà chiamare Antonio: sant'Antonio da Padova, dal nome della città dove riposa.

Antonio conoscerà Francesco in un'occasione speciale: il capitolo nel 1221, ad Assisi. I frati sono talmente tanti, almeno cinquemila, che si costruiscono capanne di fortuna per non dormire all'addiaccio. Di solito gli ordini monastici si riuniscono in sale capitolari, in refettori grandiosi, in dormitori di pietra; i seguaci di Francesco, compreso Antonio, si ritrovano sotto ripari provvisori, preparati con quello che trovano. Lo chiamano il capitolo delle frasche, o delle stuoie: quasi una festa campestre, oggi diremmo un campeggio.

Prima di incontrare il Papa, Francesco fa un sogno. Vede una gallina piccola e nera che non riusciva più a proteggere i pulcini sotto le sue ali. Così lui stesso interpreta la visione: "La gallina sono io, piccolo di statura e di colore scuro... I pulcini sono i frati, cresciuti in numero e in grazia, che la forza del povero Francesco non riesce a proteggere dal turbamento degli uomini e dagli attacchi delle lingue maligne. Andrò dunque, e li raccomanderò alla santa Chiesa romana...".

Così almeno scrive Tommaso da Celano. In realtà, sembra di capire che Francesco cominci a essere stanco. Non vuole essere un capo. Non vuole essere un uomo di potere. Non vuole avere la responsabilità di una comunità troppo grande. I francescani sono ormai migliaia. Molti di loro non hanno mai conosciuto il fondatore. A volte lui si vede arrivare sconosciuti che si gettano ai suoi piedi e gli baciano il saio. Altre volte viene accolto con freddezza, da frati ambiziosi che diffidano del santo e di quello che considerano il suo cerchio magico. Lui inizia un percorso graduale che lo porterà lontano dai ruoli di comando, alla ricerca di un nuovo cammino spirituale, che dovrà essere ancora una volta solitario.

E poi Francesco sta male. Ha dolori dappertutto: al fegato, alla milza, allo stomaco. In Egitto ha contratto una malattia agli occhi, probabilmente un tracoma: un'infezione che lo fa lacrimare e gli rende insopportabile la luce. Oggi si curerebbe con una boccetta di antibiotico. Al tempo il tracoma era l'anticamera della cecità.

Per il momento, Francesco non arretra. E il Papa si schiera al suo fianco. Cosa vogliono frate Filippo e frate Giovanni? Chi sono? Il francescanesimo è lui, Francesco. Scomuniche e regole stabilite dai due vicari non hanno alcun valore. Sarà meglio però che il Papa individui un suo rappresentante, che sia "protettore, governatore e correttore della fraternità". Una sorta di vicario presso i francescani. Il prescelto è proprio il cardinale Ugolino.

Francesco può tornare ad Assisi. Ma persino alla Porziuncola lo attende una brutta sorpresa.

Pure lì i frati si sono fatti una casa di pietra. A dire il vero, è stato il Comune a costruirla. Ma Francesco si arrabbia un'altra volta, come a Bologna, anzi di più: perché quello è il suo luogo del cuore. Sale sul tetto, ordina ai compagni di seguirlo, e comincia a distruggere la casa, pezzo dopo pezzo. Intervengono però i soldati, a ordinargli di fermarsi, ad avvertirlo che quell'edificio non è suo, è del Comune. E chi li manda? Il fratello Angelo, divenuto procuratore del capitolo, insomma il funzionario del Comune incaricato di gestire l'accoglienza di cinquemila frati. L'ennesimo gesto ostile? O un segno del riavvicinamento tra i due fratelli?

Fatto sta che Francesco obbedisce. Scende dal tetto, rinuncia a distruggere la casa. Ma è allora che prende la decisione.

Si dimette. Rinuncia alla guida della comunità, e la affida a uno dei suoi primi compagni: Pietro Cattani. Lo dice apertamente: "Da questo momento io sono morto per voi; ma ecco frate Pietro di Cattanio, a cui io e voi obbediremo". I frati cominciano a singhiozzare, ma Francesco si prosterna davanti a Pietro, promettendogli obbedienza e reverenza.

Pietro Cattani è un nobile. Ha studiato diritto. Forse è stato canonico nella cattedrale di Assisi, San Rufino. Per prestigio e competenza appare il più adatto a farsi obbedire dai confratelli. Di sé Francesco dice: "Il mio incarico di governo dei frati è ora soltanto di natura spirituale, perché devo aver dominio sui vizi e correggerli. Se non riesco con l'esortazione e con l'esempio, non voglio trasformarmi in carnefice per picchiare e frustare, come fanno i governanti di questo mondo". L'unica maniera in cui Francesco vuole insegnare, guidare, ammaestrare resta sempre e soltanto l'esempio.

Il problema non è risolto. Perché a Pietro Cattani tocca la stessa sorte di Giovanni Paolo I, il patriarca di Venezia, che fu eletto Papa il 26 agosto 1978 e morì dopo trentatré giorni. Pietro Cattani, forse anch'egli sopraffatto dalla responsabilità, spira dopo pochi mesi, il 10 marzo 1221, e viene sepolto alla Porziuncola. Secondo la tradizione, dopo la sua morte accaddero molti miracoli; ma Pietro non è mai diventato santo, non compare neppure nell'elenco ufficiale dei ministri generali dell'ordine.

Dopo di lui, la scelta di Francesco cade su un personaggio affascinante, misterioso, controverso: frate Elia.

Giurista, poeta, architetto, forse alchimista: Elia è il più complesso, il più enigmatico tra i compagni di Francesco, che di solito era circondato di semplici. A volte Elia, invece, si comporta con malizia. Per esempio quando "perderà" il testo della Regola che Francesco gli consegnerà, consapevole che non sarebbe mai stata approvata.

Dopo la morte del santo, sarà Elia a guidare l'ordine, e dirigerà i lavori per la splendida basilica di Assisi. Tenterà di riconciliare il Papa e l'imperatore Federico II, senza riuscirvi. Sarà scomunicato, andrà alla corte di Federico, e solo dopo la morte dell'imperatore si riconcilierà con la Chiesa, prima di ritirarsi in un luogo caro a Francesco, Cortona. Qui, su una terrazza da cui si domina il lago Trasimeno, farà costruire una chiesa dedicata al santo, anche per custodire il frammento della Vera Croce che si era fatto consegnare a Bisanzio dall'ultimo imperatore latino di Costantinopoli, Baldovino II. Elia vivrà quindi una vita avventurosa e inquieta, senza tradire in cuor suo Francesco, ma finendo per essere espulso dal vasto albero del francescanesimo. Basti pensare che di lui non possediamo neppure un ritratto.

Come gesto supremo di sottomissione, Francesco chiede a Elia di nominargli un frate guardiano, un superiore che lo segua dappertutto, cui obbedire quando Elia non c'è. Da allora fino alla morte avrà sempre un guardiano da seguire. E una volta dirà ai compagni: "Non vi sarebbe al mondo superiore tanto temuto dai suoi sudditi e dai suoi frati quanto il Signore mi renderebbe temibile per i miei frati, se io lo volessi. Ma questa grazia concesse a me l'Altissimo: che voglio essere considerato da tutti come l'ultimo della religione".

7
IL PRIMO PRESEPE VIVENTE

Francesco è anche l'inventore del presepe. Il primo presepe vivente della storia, con il bue e l'asinello, e i fedeli che diventavano parte della rappresentazione: potevano essere pastori o re magi, romani o ebrei; non spettatori, ma testimoni di un miracolo, protagonisti di una rinascita. Il bambino, quello non c'era. Eppure un frate credette fermamente di averlo visto, forse per un prodigio divino. O forse il vero bambino era Francesco. L'uomo che più somiglia a Cristo tra i miliardi che sono vissuti dopo di lui. Un nuovo, piccolo Gesù venuto a rischiarare il suo tempo e quello a venire, la vita degli abitanti di un piccolo borgo sulle montagne attorno a Rieti, Greccio, e la nostra vita. E quell'invenzione, quel colpo di teatro, quella rappresentazione sacra fu uno dei rari momenti di gioia assoluta negli ultimi, tribolati anni della sua vita.

"L'ultimo pazzo della terra"

Al capitolo del 1221, quello conosciuto come il capitolo delle stuoie o delle frasche, il cardinale Ugolino – spinto dai frati dottori, dall'ala colta e moderata del movimento – si era presentato davanti ai frati, per invitarli a scegliere una Regola. Ce n'erano molte cui ispirarsi: la Regola di san Benedetto, quella di sant'Agostino, che era stata adottata dai domenicani. Un sistema di norme, in grado non solo di disciplinare la vita dei seguaci di Francesco, ma di definire il loro ruolo nella Chiesa e nel mondo. Non si trattava più di far convivere in gioia e povertà un gruppo di uomini, ma di fondare una comunità destinata a diffondersi ovunque. Di ascoltare "i consigli dei frati dotti". Di fare proprio quello che Francesco non aveva mai voluto: creare un ordine religioso.

Il santo reagì a modo suo, con dolcezza e fermezza insieme. Prese il cardinale per mano, come a esprimergli il suo affetto, e disse davanti a tutti: "Fratelli miei, fratelli miei, Dio mi ha chiamato a percorrere la via della semplicità e me l'ha mostrata. Non voglio quindi che nominiate altre regole, né quella di sant'Agostino, né quella di san Bernardo o di san Benedetto. Il Signore mi ha rivelato essere suo volere che io fossi l'ultimo pazzo della terra: questa è la scienza alla quale Dio vuole che ci dedichiamo! Egli vi confonderà per mezzo della vostra stessa sapienza, della vostra stessa scienza!".

Francesco è un pazzo di Dio, "novellus pazzus in mundo", non un potente. Un giullare, non un serioso compilatore di regole. Vuole vivere secondo il Vangelo, non secondo le norme degli uomini.

Gli altri insistono talmente tanto, che alla fine una Regola la scrive. Ma è talmente dura che molti frati rifiutano di seguirla. Sono soprattutto quelli colti, che non intendono rinunciare ai libri, all'insegnamento, alle cariche presso le università o la curia; e magari anche a qualche comodità terrena, un letto, una casa, beni di proprietà, qualcosa di cui poter dire: questo è mio.

La Regola resterà "non bollata", non approvata dal Papa.

Allora il santo si ritira sull'eremo di Fonte Colombo, vicino a Rieti, con il fido Leone e un frate esperto di diritto, Bonizo da Bologna. Si sforza di smussare qualcosa, qui e là. Rimanda indietro con una certa durezza i frati che vengono a dargli suggerimenti non richiesti. Ma si capisce che scrivere norme e proibizioni non è il mestiere suo. Affida la nuova Regola a frate Elia, il quale non ha il coraggio né di portarla al Papa, perché sa che non la approverà, né di restituirla a Francesco, perché sa che ci resterebbe malissimo. Così la perde, o dice di averla persa.

Francesco allora si ritira a scriverne un'altra, ma un gruppo di frati va da Elia ad annunciargli fin da subito che non obbedirà alla Regola del santo: "Se la scriva per sé, e non per noi". Francesco risponde rivolgendosi non ai contestatori, ma direttamente a Gesù. Secondo la tradizione, la voce di Gesù risponde dal cielo: "Francesco, nulla di tuo è nella Regola, ma ogni prescrizione che vi è contenuta è mia. E voglio sia osservata alla lettera, alla lettera, alla lettera, senza commenti, senza commenti, senza commenti!".

Insomma, Gesù parla, o lo fanno parlare, come un monaco medievale.

Questo episodio, riferito dalla Compilazione di Assisi, una raccolta di scritti dei compagni di Francesco, fa chiaramente capire che attorno al santo si sta combattendo una battaglia di potere, cui non è estraneo il Papa.

Alla fine un compromesso viene trovato. Nel 1223 Papa Onorio III approva una nuova Regola, che viene definita "bollata".

Il linguaggio non è più poetico, ma giuridico. La povertà non sarà più così assoluta. La vita dei francescani sarà molto meno rigorosa e molto più normale di prima. Viene introdotto il digiuno del venerdì, diventa facoltativo quello tra l'Epifania e il Mercoledì delle Ceneri. Resta formalmente il divieto di ricevere denaro, ma viene riconosciuta la possibilità per i ministri e i guardiani di accettare da "amici spirituali" – insomma benefattori, mecenati, sponsor – il necessario per vestire i frati e curare i malati. Resta il divieto di andare a cavallo, salvo in caso di malattia o di grave necessità, ma sparisce la frase: "Quando i frati vanno per il mondo, non portino nulla per il viaggio, né borsa, né bisaccia, né pane, né denaro, né bastone". Per predicare occorre una speciale licenza, accompagnata da un monito: "Brevità di sermone"; insomma, poche parole. Anche i missionari dovranno avere un permesso, da concedere "con molta prudenza".

Scompaiono una serie di doveri, come quello di curare i lebbrosi, un'incombenza che doveva pesare davvero molto, e di lavarsi i piedi l'un l'altro. Scompare il diritto di disobbedire ai superiori considerati indegni. Scompare il divieto di usare la parola "priore": prima erano tutti frati minori; adesso anche i figli di Francesco avranno una gerarchia. E scompaiono altri divieti, tra cui due particolarmente significativi.

Il divieto di possedere libri. E il divieto di essere tristi. Quella frase bellissima – "Si guardino i fratelli dal mostrarsi tristi all'esterno e ipocritamente rannuvolati, ma si mostrino lieti nel Signore, ilari e convenientemente gradevoli..." – nella Regola approvata dal Papa non c'è più. E non c'è neanche l'altra: "Debbono essere felici quando si trovano tra gente dappoco e tenuta in nessun conto, tra i poveri e i deboli, gli infermi, i lebbrosi e i mendicanti della via".

Per Francesco comincia il periodo più difficile della sua vita. Qualcuno l'ha chiamata l'epoca della "grande tentazione": tentazione di abbandonare quello che ormai, al di là delle intenzioni, è diventato un ordine monastico. E di abbandonare addirittura l'ortodossia. Lasciare di nuovo tutto, ripartire per le grotte, i boschi, le chiesette abbandonate. Ma non è più tempo.

Francesco per la prima volta avverte che i suoi giorni sono numerati. Sente la fine vicina, anche se non sa come arriverà, e quando. Non lo spaventa la morte, che sente come una creatura di Dio, e quindi sorella; lo angoscia il morire.

Finisce l'anno del Signore 1223. La malattia avanza. Sia il tracoma agli occhi, sia il malessere generale, che gli taglia le gambe, gli toglie la voce, gli impedisce di fare le due cose che ama di più: camminare – ancora adesso si parla del "cavallo di san Francesco", come sinonimo di andare a piedi – e predicare.

Non si sa con esattezza quale fosse la sua malattia. Certo i medici non la sapevano curare. Forse, frequentando i lebbrosi, aveva contratto il loro male, che ora dopo la lunga incubazione si andava manifestando.

Così Francesco sentiva la necessità di lenire la sofferenza fisica e quella spirituale, dovuta a rinunce per lui così dolorose, con qualche piccola fonte di gioia. Una poesia. Un canto, magari in francese. Una musica. O uno spettacolo. Un modo nuovo di celebrare le grandi feste religiose.

La festa più mistica del cristianesimo è considerata la

Pasqua. La settimana santa, che cade spesso all'inizio della primavera: un tempo piovoso e ventoso, in cui le giornate però si allungano, la natura rifiorisce, il ritmo delle stagioni si rimette in moto. E poi il grande mistero della morte e della resurrezione di Gesù, il dramma sacro della preghiera sul Monte degli Ulivi, l'Ultima Cena, il tradimento di Giuda, il processo, la flagellazione, la corona di spine, il rinnegamento di Pietro, la crocifissione, il terremoto, e poi quel sepolcro vuoto...

Francesco però preferiva il Natale. Tommaso da Celano racconta che "Francesco chiamava festa delle feste il giorno in cui Dio, fattosi piccolo infante, aveva succhiato a un seno umano". Così amava baciare le icone e le immagini della Madonna con il bambino; e la compassione "gli faceva anche balbettare parole di dolcezza alla maniera dei bambini". Chiamava Gesù "il Bimbo di Bethlehem", allungando le e come una pecorella che bela; "e con la lingua si lambiva le labbra, gustando anche con il palato tutta la dolcezza di quella parola". Una scena tenerissima, in cui non è impossibile rintracciare la nostalgia per la figura materna e forse anche per la figura paterna, scomparse in modo improvviso e drammatico dalla sua vita; e magari anche la malinconia di non essere diventato padre, avendo scelto le nozze con la povertà.

Il Natale deve essere giorno di festa per tutta la comunità. Sia l'anima sia il corpo devono goderne. Francesco è contento che in quel giorno si servano i cibi migliori, i formaggi, il vino, i biscotti, le torte. Anche gli animali dovrebbero essere coinvolti nella festa. Ai compagni dice: se un giorno parlerò con l'imperatore, lo supplicherò di "costringere gli uomini a gettare frumento e altri grani per le vie fuori dalle città e dai borghi fortificati, affinché abbiano da mangiare soprattutto le sorelle allodole e gli uccelli, in un giorno tanto solenne. E per reverenza verso il Figlio di Dio, che in quella notte la madre adagiò tra il bue e l'asino, ogni uomo, in quella notte, dia abbastanza da mangiare ai fratelli buoi e asini. E allo stesso modo, nella Natività del Signore, tutti i poveri siano saziati in abbondanza dai ricchi".

Il ritorno di Gesù Bambino

Fatto sta che nell'animo acceso di Francesco si affaccia l'idea di far rivivere la nascita di Gesù. Non di evocarla, non di rappresentarla; proprio di ricrearla.

Greccio è il posto giusto. Un borgo roccioso, pieno di anfratti, di gole, di pietre, di boschi. Uno scenario che sarebbe piaciuto a Giotto.

A Greccio, Francesco ha un amico, un aristocratico, di nome Giovanni. Lo avverte per tempo, lo prega di preparare tutto per la notte del 24 dicembre 1223: "Io voglio ricordare il Bambino nato a Betlemme, e vedere con i miei occhi mortali le difficoltà della sua infanzia povera, come egli fu posto in una mangiatoia, e come venne adagiato sul fieno tra il bue e l'asino...".

A dire il vero, nei Vangeli approvati dalla Chiesa il bue e l'asino non ci sono. Ci sono soltanto nei Vangeli apocrifi. Ma l'amore di Francesco per gli animali e per le rappresentazioni li rendeva necessari. Nella campagna italiana di otto secoli fa non era certo un problema procurarseli.

La voce si sparge. Dai paesi vicini arrivano donne e uomini, portando fiaccole per illuminare l'oscurità di una delle notti più lunghe dell'anno che – scrive Tommaso da Celano – si fece chiara come il giorno.

Il fiato del bue e dell'asino diventa fumo che riscalda. I frati cantano le lodi a Gesù che viene. I semplici si uniscono al coro. "La selva risuona di voci, e agli inni di giubilo fanno eco le rupi". Francesco recita dal Vangelo i passi della Natività: Maria "diede alla luce il suo figlio primogenito, lo avvolse in fasce e lo pose in una mangiatoia, perché per loro non c'era posto nell'alloggio". Poi Francesco racconta dell'angelo che appare ai pastori, e dice: "Non temete, ecco vi annuncio una grande gioia, che sarà di tutto il popolo: oggi, nella città di Davide, è nato per voi un Salvatore, che è Cristo Signore. Questo per voi il segno: troverete un bambino avvolto in fasce, adagiato in una mangiatoia...". E poi conclude con il coro degli angeli: "Gloria a Dio nel più alto dei cieli e sulla terra pace agli uomini, che egli ama".

Quella pace che non è riuscito a portare in Terrasanta, tra i crociati e i musulmani, ora Francesco la avverte nel suo cuore. La festa dura tutta la notte. E per quella notte il santo si sente felice come forse mai gli era accaduto nella vita.

Gesù è davvero tornato sulla terra. È lì, in mezzo a loro. Francesco celebra la messa. Al momento dell'eucarestia, Gesù Bambino idealmente è lì, a Greccio, tra gli uomini. Il presepe è completo, anzi, è compiuto. Uno dei presenti crede proprio di vederlo: nella mangiatoia c'era un bambino addormentato, ma Francesco si avvicinava e lo destava da un sonno profondo.

Non è più necessario fare la guerra per riconquistare Gerusalemme e Betlemme, il Santo Sepolcro e la basilica della Natività; Gesù nasce ovunque e per tutti. Commenta Tommaso da Celano: "Greccio è diventata quasi una nuova Betlemme".

Il fieno posto nella mangiatoia fu conservato. Si racconta che molti animali malati guarirono dopo averne mangiato un poco. Più di una partoriente, che stava rischiando la vita, diede alla luce felicemente il bambino dopo che quel fieno sacro fu posto nel suo letto. Anche alcuni malati ne trassero sollievo.

Da quella notte, la tradizione del presepe – sia quello fatto di statuette, con il muschio, la cartapesta, le casette, i personaggi, sia il presepe vivente – è una componente indissolubile della fede popolare. Le figure mediorientali dei cammelli e delle palme, come quella familiare della stella cometa, diventano abituali anche sugli Appennini e sulle altre fredde montagne europee. Francesco ha inventato una tradizione della cristianità, in un modo che incanterà generazioni di bambini e di adulti sino alla fine dei tempi.

E Francesco, dopo il lupo, ammansì la cicala

Greccio, e in genere i borghi dell'Appennino, era perseguitato dai lupi. Spesso i contadini chiedono a Francesco, che è così in sintonia con gli animali, di proteggerli. L'episodio più noto è forse quello del lupo di Gubbio, che Francesco ammansisce e riconduce sulla retta via.

Resta da capire che cosa ci sia di male se un lupo fa il lupo. Forse il racconto è una metafora, una storia che ne sottende un'altra. Da secoli ci si interroga su chi fosse davvero il lupo di Gubbio. Forse il nickname di qualche bandito irriducibile, o di qualche signorotto arrogante.

Secondo la tradizione, Francesco sarebbe andato incontro al lupo nella sua tana, l'avrebbe benedetto con il segno di croce e gli avrebbe detto: “Vieni qui, frate lupo. Io ti comando dalla parte di Cristo che tu non facci male né a me né a persona”. Insomma, si fa parlare Francesco come Fantozzi, con un congiuntivo improvvisato. Il lupo chiuse la bocca spaventosa, e si accucciò come un agnello ai piedi del santo.

Ma il dialogo è solo all’inizio. Francesco avvisa il lupo che “ogni gente grida e mormora contro di te, e tutta questa terra ti è nemica”, per cui meriterebbe la forca, “come ladro e omicida pessimo”. “Ma io voglio, frate lupo, far la pace tra te e costoro”. Francesco si fa promettere dal lupo che non nuocerà più a nessuna persona o animale; in cambio, gli abitanti di Gubbio provvederanno al suo sostentamento. Il lupo china il capo in segno di assenso. Ma Francesco chiede una promessa formale; e il lupo gli porge la zampa. Poi acconsente a seguirlo in città, “a modo di un agnello mansueto”, per “firmare la pace”. La notizia si sparge in un attimo, e tutti, “maschi e femmine, grandi e piccioli, giovani e vecchi” accorrono in piazza per vedere Francesco e il lupo. Il santo conclude un vero e proprio contratto: gli abitanti di Gubbio, gli eugubini, si impegnano a gran voce a mantenere il lupo; il lupo si impegna a non fare più del male a nessuno, e lo conferma abbassando non solo il capo ma pure la coda e le orecchie, in segno di sottomissione. Francesco però vuole un ultimo segno; e di nuovo il lupo, davanti a tutti, gli porge la zampa. Trionfo di Francesco, che ammonisce il popolo: il vero rischio non è finire mangiati dal lupo; è vivere nel peccato, perché dalle fiamme infernali neppure il santo li potrà salvare.

Da allora per due anni il lupo visse mansueto in città, passando di porta in porta senza disturbare nessuno. Divenne una sorta di mascotte di Gubbio, e quando morì di vecchiaia gli abitanti lo piansero molto, perché la sua presenza amichevole ricordava loro il passaggio di Francesco nella loro città.

È una bella favola, che testimonia il talento di Francesco nel ritrovare l'armonia con gli animali e con la natura, il suo impegno nel proteggere il creato. Personalmente preferisco un altro aneddoto, meno conosciuto.

Un giorno, alla Porziuncola, uscendo dalla sua cella, Francesco vede una cicala sul ramo di un fico. Stende la mano dicendole: "Vieni, sorella mia cicala", e subito lei scende sulle dita della sua mano. Francesco comincia ad accarezzarla con le dita dell'altra mano, dicendole: "Canta, sorella cicala". E la cicala, senza farsi pregare, canta. Francesco se ne rallegra molto, ne loda il Signore, e la cicala canta per un'ora intera. Poi Francesco la ripone sul ramo dove l'aveva presa.

Per otto giorni, quando esce dalla cella la ritrova sempre allo stesso posto. È come se la cicala lo stesse aspettando. Ogni volta lui la prende in mano, e ogni volta lei canta. All'ottavo giorno, Francesco dice ai compagni: "Congediamo sorella cicala. Vada dove vuole, ché ci ha rallegrati abbastanza. La nostra carne potrebbe trarne vanagloria". E in effetti nell'amore per gli animali, che è un sentimento nobile, c'è talora un compiacimento di sé, un qualche riflesso del nostro egoismo, che a Francesco non garba. La cicala parte e non torna più. I compagni restano sbalorditi nel vedere come abbia obbedito a Francesco. E noi, che abbiamo sempre tifato per la cicala più che per la formica, ci stupiamo e ci rallegriamo con loro.

Era come se Francesco avesse trovato l'anello di re Salomone, quello che secondo la leggenda consentiva al sovrano più saggio mai esistito di comprendere il linguaggio degli animali e di parlare con loro. In realtà, l'anello di Francesco era l'amore. Per lui l'infinita molteplicità delle creature si ricomponeva in una perfetta unità, in cui nessuno era davvero cattivo, perché ognuno si comportava secondo la propria natura, finalizzata a un disegno complessivo.

Come i giainisti, che spazzano la strada lungo la quale camminano per non calpestare le formiche, e portano sulla bocca una pezzuola per non inghiottire i moscerini, Francesco raccoglieva sulla via i vermi, per evitare che altri li calpestassero, e li metteva in salvo. D'inverno poi faceva preparare miele e vino per le api, affinché non morissero di freddo. Scrive Hermann Hesse: "Come un bambino e un saggio parlava con i fiori, con le erbe, con le acque e con ogni sorta di animali, cantava le loro lodi, li amava e confortava, gioiva insieme con loro e partecipava alla loro vita innocente".

Un giorno un pescatore gli regalò un pesce ancora vivo, una tinca; impietosito, Francesco fece in tempo a gettarla in acqua, e restituirla alla vita. Un altro giorno portò da Siena alcune tortore, e si divertì a costruire di persona il loro nido. A Greccio un frate gli portò un leprotto preso al laccio, e lui si commosse: "Fratello leprotto, vieni da me; perché ti sei fatto prendere?". La bestiola si rifugiò nel grembo del santo, e ogni volta che lui lo metteva a terra, quello gli si gettava di nuovo addosso; Francesco dovette farlo riportare nel bosco dai frati.

Ma i suoi preferiti, a parte gli uccelli, erano gli agnellini.

Un giorno, viaggiando tra Ancona e Osimo, incontra un gregge di capre e montoni, tra cui nota una pecorella, una sola. “Proprio così il Signore nostro Gesù Cristo doveva camminare mite e umile tra i farisei e i principi dei sacerdoti” dice Francesco al frate che era con lui, Paolo. “Perciò ti prego, figlio mio, per amore di Lui, di avere anche tu compassione di questa pecorella; comperiamola e portiamola via da queste capre e da questi caproni”. Ovviamente i frati non hanno soldi, ma un mercante di passaggio offre la somma necessaria. Così Francesco si presenta con la pecora davanti al vescovo di Osimo, che all’inizio si meraviglia; ma quando intuisce che per il santo la pecorella rappresenta Gesù, si intenerisce e la affida alle monache di un convento, che la accolgono con gioia. Tempo dopo manderanno a Francesco una tunica intessuta con la lana della pecorella; e lui la riceverà con grande gioia, stringendola al petto, baciandola e invitando tutti a rallegrarsi con lui.

Un’altra volta offre a un pastore il mantello, che aveva appena ricevuto in dono per ripararsi dal freddo, in cambio di due agnellini avviati al macello. “E adesso cosa ne facciamo?” chiede frate Paolo. Così Francesco viene convinto ad affidare gli agnellini al vecchio proprietario, con l’assicurazione che li avrebbe nutriti e custoditi con cura.

Non sapremo mai se il pastore abbia mantenuto la promessa.

Sulla Verna

La malattia di Francesco, nel frattempo, avanza. E non riguarda solo il suo corpo. Non è soltanto un fatto fisico. È un malessere spirituale quello che lo travaglia.

Francesco vede la sua opera in pericolo. E vede incrinarsi

il suo ideale di una vita povera, semplice, vissuta seguendo il Vangelo. Le beghe interne alla comunità e alla Chiesa lo disgustano. Per troppo tempo si è battuto per ricomporle. Ora Francesco avverte la necessità di allontanarsene.

Per la prima volta si sente sconfitto.

Si rende conto che dimettersi dalla guida dell'ordine non è servito a nulla. Ai suoi chiede, quasi incredulo: "Chi mi ruba i miei frati?".

Prende con sé Leone e altri pochi, fidati compagni, e parte. Va a cercare qualcosa o qualcuno, come nei giorni in cui aveva deciso di lasciare la casa del padre e la vita di prima, ma non sapeva ancora esattamente cosa fare, come comportarsi.

Il 15 agosto 1224, giorno della festa dell'assunzione della Madonna, Francesco salì su una montagna del Casentino, il monte della Verna, alto quasi milletrecento metri. Un luogo bellissimo, sospeso tra la Toscana e la Romagna, da dove la vista spazia sulle selve e sui crinali: si possono contare otto file di monti, sino all'orizzonte.

Francesco era tanto stanco e provato che, anziché andare a piedi come sua abitudine, accettò di cavalcare un mulo. Si racconta che all'arrivo fu accolto da uno stormo di uccelli, che gli si posò sulle braccia e sulle mani, come per salutarlo; aggiunge Hesse che "le creature prive di ragione, infatti, sentivano il suo amore e non avevano timore di lui". Altri uccelli arrivavano all'alba, ma non tutti insieme: prima uno veniva e cantava, poi andava via, e ne arrivava un altro. Francesco ne fu molto consolato.

Un falco prese l'abitudine di andare a svegliarlo ogni mattina, cantando e picchiettando sulla capanna dove dormiva; ma una mattina in cui il santo era particolarmente debole, il falco tardò qualche ora, come se volesse lasciarlo riposare ancora un poco.

Il luogo apparteneva a un nobile, il conte Orlando di Chiusi in Casentino, che undici anni prima l'aveva donato a Francesco, assicurandogli che si trattava di un posto "molto solitario e salvatico, troppo bene atto a chi volesse fare penitenza, in luogo rimosso dalle gente, o a chi desidera fare vita solitaria". Il nome derivava da quello della dea pagana Laverna, protettrice dei nascondigli e dei rifugiati, che poi erano spesso ladroni dediti alla rapina e al taglieggio.

Francesco si era affezionato alla Verna. Vi aveva costruito qualche cella per i frati e una cappella dedicata alla Madonna, dove talora si rifugiava per qualche giorno di riposo, preghiera, meditazione. Nella roccia si allargavano spaccature, che secondo la tradizione si erano aperte nell'ora della crocifissione e della morte di Gesù, quando un terremoto squarciò la terra e tutta la natura parve coinvolta in quell'evento drammatico. I frati si calavano con delle corde in quegli anfratti misteriosi, in cui si sentivano più vicini a Dio.

In quell'estate del 1224, il santo aveva deciso di fermarsi più a lungo del solito. Un mese e mezzo, una sorta di quaresima tra l'assunzione di Maria e la festa di san Michele Arcangelo, il 29 settembre. Con lui, oltre a Leone, c'erano pochi confratelli: Angelo, Rufino, Silvestro, Illuminato, Masseo, forse Bonizo. Ma in quei giorni spesso Francesco se ne va nei boschi per proprio conto. In quel luogo remoto, lontano dalle contese e dalle polemiche, vuole parlare con Dio. Sperava di esserne illuminato, di capire cosa doveva fare, e cosa sarebbe stato della sua vita. E per intuirlo ricorre al vecchio sistema: aprire il Vangelo a caso, fino a quando non fosse capitato per tre volte sullo stesso passo (o su tre passi diversi da cui si potesse trarre un'unica interpretazione, un solo responso).

Come già era accaduto ad Assisi, il Vangelo si apre per tre volte sulle stesse pagine: quelle dedicate alla Passione di Cristo, in particolare all'orazione sul Monte degli Ulivi. Gesù prega: "Padre, se vuoi, allontana da me questo calice. Tuttavia non sia fatta la mia, ma la tua volontà". Come scrive Luca, "gli apparve allora un angelo dal cielo per confortarlo. Entrato nella lotta, pregava più intensamente, e il suo sudore diventò come gocce di sangue che cadono a terra".

Gesù vive il suo momento più terribile: capisce che deve morire, e per volontà di suo padre, Dio. Ovviamente chiede che la prova gli sia risparmiata. Eppure finisce per accettarla: "Non sia fatta la mia, ma la tua volontà".

Francesco comprende il messaggio. Inutile tormentarsi e combattere ancora. Anche lui, come Gesù, si affiderà a Dio. E in lui troverà conforto.

Ma i segni che il cielo manda a Francesco sulla Verna non si limitano alla lettura del Vangelo.

Sulla montagna, Francesco ebbe una visione, che lo rallegrò e lo turbò nello stesso tempo.

Tommaso da Celano la descrive come un uomo dall'aspetto di un serafino, confitto a una croce, con le mani aperte, i piedi uniti, e sei ali: due ali si alzavano sulla testa, altre due si distendevano per volare, le ultime due coprivano il corpo.

Nel pensiero medievale, i serafini sono gli angeli più vicini a Dio, luminosissimi perché riflettono la sua luce e la fiamma del suo amore. Francesco rimase stupito e ammirato, ma non riusciva a capire cosa volesse dire quella visione; si sentiva pieno di gioia per la dolcezza amorosa dello sguardo del serafino, la cui bellezza era davvero inimmaginabile; "ma al tempo stesso era atterrito dall'affissione alla croce e dalla crudezza della sua sofferenza. Così si alzò, per così dire, triste e lieto, e in Francesco si alternavano gioia e dolore".

L'apparizione sulla Verna è l'ultima svolta della sua vita. Il santo prende congedo dal monte, salutandolo come si fa con un compagno: "Dio ti protegga, monte Verna. Addio, e la pace sia con te, monte benedetto, perché io non ti vedrò mai più".

Francesco torna nel mondo per percorrere l'ultimo tratto di strada. Il suo corpo non è guarito; ma la sua anima è piena di una serenità che non lo abbandonerà più. Dio finalmente gli ha parlato, e lui ha compreso il suo messaggio: dovrà accettare la malattia e la morte, senza più angustiarsi per le sorti della comunità che ha fondato. Se Gesù, figlio di Dio, si è affidato a lui completamente, rinunciando alla propria volontà, come potrebbe Francesco, piccolo e umile frate minore, fare diversamente? Sia fatta la volontà del Signore. Lui, che sa scrivere dritto anche su righe storte, provvederà nel migliore dei modi. Un modo che Dio, e non gli uomini, avrebbero individuato.

Secondo la tradizione, sulla Verna Francesco ricevette anche un altro segno della volontà divina. Un segno misterioso e terribile. Un altro doloroso privilegio. Un miracolo inaudito, mai sentito prima, che da secoli interroga la cristianità. Ma di questo il santo non parlò mai. E, almeno al momento, nessuno ne fece parola.

Eppure, sulla Verna Francesco scrive. Leone, come sempre al suo fianco, gli chiede una benedizione, un gesto tangibile, un pegno di affetto, un documento da conservare per quando, da lì a non molto, Francesco non ci sarà più. Secondo un'altra versione, Leone desiderava ardentemente leggere alcune parole del Vangelo scritte e commentate da Francesco, ma si vergognava a domandarglielo; il santo lo intuisce, prende una pergamena, ricavata come di consueto da una pelle di pecora, e scrive sul cosiddetto "lato pelo", quello meno pregiato: "Il Signore ti benedica e ti custodisca, mostri a te il suo volto e abbia misericordia di te. Rivolga verso di te il suo sguardo e ti dia pace. Il Signore benedica te, fratello Leone".

Sul retro della stessa pergamena, quello chiamato "lato carne" perché attaccato all'animale e più pregiato, in quanto liscio e chiaro, Francesco aveva scritto le lodi del Signore: "Tu sei santo, o Signore, solo Dio, che compi cose meravigliose. Tu sei forte, tu sei grande, tu sei altissimo, tu sei onnipotente...". Nella testa di Francesco sta prendendo corpo qualcosa. "Tu sei bellezza, tu sei mansuetudine; tu sei protettore, tu sei nostro custode e difensore, tu sei fortezza, tu sei refrigerio". Un inno. "Tu sei sapienza, tu sei umiltà, tu sei pazienza, tu sei bellezza, tu sei sicurezza, tu sei quiete, tu sei gioia". Una canzone. "Tu sei tutta la nostra dolcezza, tu sei la nostra vita eterna...". Un cantico.

8

IL CANTICO DELLE CREATURE

Se sulla Verna il suo animo ha trovato consolazione, il suo corpo sta sempre peggio. Francesco ha quasi sempre la febbre, forse di origine malarica. La luce gli dà sempre più fastidio, spesso deve coprirsi il volto con un cappuccio. E poi perde sangue.

I frati devono cambiargli di continuo le bende di lino che gli avvolgono le mani e i piedi. Nel suo corpo si aprono piaghe. L'origine è misteriosa. Forse è la lebbra che avanza. Forse è qualcos'altro. I suoi compagni sono preoccupati, ma lui lascia avvicinare solo i fedelissimi, non vuole mostrare le ferite. Un giorno che Rufino lo sta massaggiando per lenirgli i dolori, la sua mano gli scivola lungo il fianco destro sino a toccare una ferita; il tocco provoca un forte dolore a Francesco, che gli scosta la mano, gridando: "Che il Signore ti perdoni!".

Della sua malattia, però, Francesco non parla mai. Per essere liberato dai visitatori importuni, ha individuato una frase chiave, tratta da un salmo: "Ho nascosto nel mio cuore le tue parole, per non peccare dinanzi a te". Quando la pronuncia, i suoi frati capiscono che devono congedare subito l'interlocutore, sia pure con la massima cortesia. "Aveva infatti compreso che alcuni mostravano di avere le sue idee, e invece dentro di loro pensavano diversamente" scrive Tommaso, "lo approvavano davanti, e dietro lo schernivano".

Ritorno da Chiara

Ogni tanto trova sollievo nel cibo: un luccio, erbe aromatiche, e il suo piatto preferito, il pasticcio di gamberi di fiume.

La notte, i compagni lo vegliano, gli fanno compagnia, leggono per lui, pregano con lui, a volte cantano.

Una sera, a Rieti, Francesco manda a chiamare un frate suonatore di cetra. Forse è frate Pacifico, che prima di incontrarlo è stato un grande artista, ha cantato pure per l'imperatore Federico II, al punto da essere definito "il re dei versi" e "gentilissimo maestro di canto". Francesco lo prega: "Vorrei che tu in segreto ti facessi dare in prestito una cetra, la portassi qui, e così con qualche onesto suono daresti un po' di sollievo al mio frate corpo pieno di dolori". Ma, a sorpresa, Pacifico rifiuta: "Padre, mi vergogno non poco, per timore che la gente pensi che io sia stato tentato da qualche leggerezza". Insomma, cantare gli ricordava troppo la sua vita di prima. Così Francesco evita di insistere: "Allora, fratello, non pensiamoci più! È bene rinunciare a molte cose, per non offendere l'opinione comune".

Ma nella notte si sente un suono misterioso. Una melodia celestiale. È una cetra, percossa da mani invisibili, forse angeliche. La musica ora si avvicina, ora si allontana. Francesco ne trae grande sollievo.

Quando il dolore si fa insopportabile, il santo pensa che

ci sia una sola persona in grado di confortarlo: Chiara. Tornato ad Assisi, si ritira per quasi due mesi nel convento di San Damiano. Qualcuno sostiene si sia chiuso in una cella oscura, per non acuire il dolore agli occhi. Altri scrivono che si sia fatto costruire una capanna di vimini in giardino, come quelle che ci facevamo per giocare da ragazzi. Di sicuro, la notte lo tormentano i topi, che non sono il suo animale prediletto.

Chiara però è molto sollevata dalla sua presenza. Le suore, poi, sono elettrizzate. Attraverso Elia, chiedono a Francesco di tenere una predica. E un giorno in cui si sente un po' meglio, il santo esce dalla cella (o dalla capanna). Però non parla. Resta a pregare in silenzio. Poi prende un pugno di cenere e la sparge tutta intorno a sé, a creare un cerchio. Non aveva forse detto Dio ad Adamo: "Polvere tu sei e in polvere ritornerai"? Nel pugno gli è rimasta un po' di cenere; Francesco se la versa sul capo. Resta ancora in silenzio. Recita il salmo 51, in latino: "Miserere mei, Deus, secundum magnam misericordiam tuam". Abbi pietà di me, Signore, secondo la tua grande misericordia. "Amplius lava me ab iniquitate mea, et a peccato meo munda me". Lavami da tutte le mie colpe, purificami dal mio peccato. "Libera me de sanguinibus, Deus, Deus salutis meae, et exsultabit lingua mea justitiam tuam". Liberami dal sangue, Dio, Dio mia salvezza, e la mia lingua esalterà la tua giustizia.

Poi, senza aggiungere una parola, anche solo di saluto, Francesco se ne andò.

Le clarisse scoppiarono a piangere.

Non avevano capito che quello era il modo – il più umile possibile – per prendere congedo, per dire loro addio.

O forse l'avevano capito fin troppo bene.

Acqua, aria, terra e fuoco

A Francesco predicare era sempre piaciuto. Non poterlo più fare era un'altra sofferenza, in mezzo a tanto dolore. Inoltre Francesco amava stare con i fratelli, tra la gente. Adorava godere del creato, alzare lo sguardo al cielo, dialogare con gli animali. Era affascinato dal mistero della natura. Costretto a vivere al buio, quasi ridotto alla cecità, la nostalgia delle meraviglie che ora gli erano negate si faceva struggente.

Così ebbe un'idea.

Comporre una canzone, che i frati avrebbero cantato al posto suo, nelle piazze d'Italia e del mondo. Uno di loro, improvvisatosi banditore, avrebbe attirato l'attenzione del pubblico. Poi il coro dei confratelli avrebbe cantato le lodi del Signore, "come giullari di Dio", come menestrelli, come i trovatori e i trovieri di un tempo. Uno spettacolo, oggi diremmo una performance, più efficace di qualsiasi predica.

Così Francesco cominciò a scrivere, o più probabilmente a dettare:

"Altissimu, onnipotente, bon Signore, tue so' le laude, la gloria e l'honore et onne benedictione. Ad te solo, Altissimu, se konfàno, et nullu homo ène dignu te mentovare".

Non è latino, la lingua dei dotti. È volgare: la lingua del popolo. Diciamo pure italiano. Sotto certi aspetti più moderno ancora: Francesco scrive "konfàno", con la k, e più avanti anche "ke" al posto di "che", come farebbe oggi un adolescente nei messaggi WhatsApp. Dio è altissimo e onnipotente, sue sono le lodi, la gloria, l'onore e ogni benedizione; soltanto a lui si addicono, e nessun uomo è degno di pronunciare il suo nome.

C'è un'eco biblica in queste parole. Quando appare a

Mosè e gli ordina di andare dal faraone e liberare il suo popolo, Mosè chiede di conoscere il suo nome. E Dio risponde: "Io sono colui che sono". Dice in sostanza di non avere nome. Anche i cristiani non hanno un nome proprio per indicare Dio, perché i nomi servono a distinguere una creatura da un'altra; se Dio è uno solo, non ha bisogno di un nome; è Dio, e basta. E nominarlo non serve.

Ma poi Francesco prosegue:

"Laudato sie, mi' Signore, cum tucte le tue creature, spetialmente messor lo frate sole, lo qual è iorno, et allumini noi per lui; et ellu è bellu e radiante cum grande splendore: de te, Altissimo, porta significatione".

Il sole, che Francesco chiama signore e fratello, è simbolo del Signore. Riscalda l'uomo, proprio come l'amore di Dio. "Cantico di frate Sole" è il titolo che il santo aveva dato a questa sua poesia in musica. Francesco ama quella luce che non può più vedere, che anzi lo tormenta.

È come se il santo stesse ricostruendo la creazione. Dio per prima cosa separa la luce dalle tenebre, e chiama la luce giorno e le tenebre notte. Poi crea il sole e la luna, per scandire il tempo, e le stelle. Allo stesso modo, Francesco scrive:

"Laudato si', mi' Signore, per sora luna e le stelle: in celu l'ai formate clarite et pretiose et belle".

La luna è da sempre il sogno dell'uomo. Nell'Orlando Furioso, Astolfo va sulla luna su un ippogrifo per recuperare il senno perduto di Orlando: Ariosto immagina che sulla luna siano custodite le coscienze e i destini degli uomini. Quand'ero bambino e chiedevo ai miei genitori dov'ero prima di nascere, mi rispondevano: "Eri nel mondo della luna". Volevano dire: eri solo nei nostri sogni (o, quando mi comportavo male, nei loro incubi). Per confondere i suoi inseguitori e consentire al frate di celebrare il matrimonio tra Rossana e Cristiano, Cyrano de Bergerac racconta di essere appena caduto dalla luna, dove era stato risucchiato dalla marea. Giacomo Leopardi immagina un pastore errante dell'Asia che nelle notti di solitudine si rivolge direttamente alla luna, chiedendole che cosa mai ci faccia lassù nel cielo. Poi, quando l'uomo sulla luna sbarcò davvero, quando il sogno si avverò, sembrò che fosse morto il futuro, che l'umanità non avesse più nulla da sognare, da raggiungere, da conquistare; non a caso molti sostengono che l'allunaggio del 20 luglio 1969 sia stato soltanto un gigantesco set hollywoodiano.

Per Francesco la luna è sorella; come lo sono le stelle, che nel capolavoro del cinema degli ultimi anni, Interstellar – ideale proseguimento di quello che considero il più grande film del Novecento, 2001 Odissea nello spazio – diventano amiche e rifugio dell'uomo, grazie a un misterioso passaggio spazio-temporale che consente di raggiungere pianeti remotissimi; ma alla fine si scopre che l'unica cosa umana che trascende davvero le dimensioni dello spazio e del tempo è l'amore.

Di Francesco, però, non colpisce soltanto il trasporto con cui ringrazia Dio per il sole, la luna, le stelle.

In molti luoghi e in ogni tempo, uomini anche di grande intelligenza hanno concepito la natura come nemica. Nel 1824 sempre Leopardi scrisse una delle più belle tra le sue operette morali, il Dialogo della Natura e di un Islandese. Un viaggiatore islandese lascia la sua isola, uno scoglio di lava e ghiaccio in mezzo all'oceano, dove la natura tra vulcani e geyser si manifesta nella sua massima potenza, per viaggiare agli antipodi, in Africa, alla ricerca dell'eden, una terra ombreggiata dagli alberi dove splenda sempre il sole. E in Africa l'islandese incontra una figura gigantesca, che da lontano sembra di pietra ma da vicino si rivela viva: la personificazione della natura. Che, come la morte nella canzone di Roberto Vecchioni, Samarcanda, si rivela signora della vita e del destino dell'uomo, fragile come il più indifeso degli animali: "Così fugge lo scoiattolo dal serpente a sonaglio, finché gli cade in gola da sé medesimo. Io sono quella che tu fuggi" dice la Natura al povero viaggiatore.

Molti eretici – i catari, i manichei, i bogomili, i pauliciani... – distinguevano tra lo spirito, buono, e la materia, malvagia. Il mondo per loro era soffocato dalla materia, e la ricerca della purezza e quindi della salvezza era appunto una fuga dal mondo. Per Francesco la natura è bellissima, ogni cosa è meravigliosa. Perché ogni cosa è stata pensata e fatta da Dio, e quindi ogni cosa è nostra sorella.

"Laudato si', mi' Signore, per frate vento et per aere et nubilo et sereno et onne tempo, per lo quale a le tue creature dài sustentamento".

Noi diciamo maltempo per indicare il vento e la pioggia. In India, quando arrivano i monsoni e quindi il vento e la pioggia a dare refrigerio dopo mesi di calura, si dice che fa bel tempo. Per Francesco il maltempo non esiste, perché il vento e la pioggia sono indispensabili alla vita e al nutrimento delle creature, alla pari della neve o del calore del sole. Così il santo loda Dio per fratello vento, per l'aria e per il cielo, per quello nuvoloso e per quello sereno, e per ogni stagione.

"Laudato si', mi' Signore, per sor'aqua, la quale è multo utile et humile et pretiosa et casta".

Che sorella acqua sia utile e preziosa, questo è sempre

più vero, oggi che l'acqua scarseggia in molte parti del mondo e si combattono guerre per ottenerla. Ma Francesco inventa altri due aggettivi per definirla. L'acqua è casta, pura: è l'acqua del battesimo che lava il peccato originale, l'acqua con cui Giovanni Battista battezza Gesù nel Giordano. E l'acqua è umile: non chiede nulla, non ha bisogno di nulla, muta di continuo, si scioglie dal ghiaccio, evapora sotto il sole, cade sotto forma di pioggia, e resta sempre se stessa, in un ciclo di caduta e di rinascita. E questo legame con l'acqua è una delle componenti essenziali non solo della nostra vita ma dell'identità italiana, un Paese affacciato sul mare, percorso da fiumi, bagnato dai laghi più belli al mondo. L'unico referendum degli ultimi vent'anni cui gli italiani hanno partecipato in modo da renderlo valido fu il referendum in difesa dell'acqua pubblica. Quando descrive l'acqua, Francesco forse pensa alle acque della sua terra. Le cascate. Le fonti del Clitunno, che ispirarono Virgilio – "qui, bagnati delle tue acque sacre, bianche greggi, Clitunno, e il toro, vittima suprema, guidano al tempio degli dei i trionfi romani..." – e ispireranno Carducci: "Scendon nel vespero umido, o Clitumno,/ a te le greggi: a te l'umbro fanciullo/ la riluttante pecora ne l'onda immerge...". Ma nella poesia di Francesco non c'è nulla di eroico, di epico, di barbaro; c'è solo una dolcezza infinita, un amore per tutte le creature. L'amore di un uomo che muore.

"Laudato si', mi' Signore, per frate focu, per lo quale ennallumini la nocte, et ello è bello et iocundo et robustoso et forte".

Dovete immaginare le notti del Medioevo, fredde e buie, senza elettricità e senza riscaldamento. Il fuoco è luce e calore, e per Francesco esprime sia l'idea di forza, sia l'idea di gioia. Il focolare. Ne abbiamo inventati di postmoderni: prima la televisione, poi la Rete. Il fuoco è diventato sinonimo di disastri naturali, devastazioni, incendi. In realtà, la scoperta del fuoco segna l'inizio della civiltà, e quindi dell'umanità. Dante immagina che una fiamma parlante, la cui voce è come il crepitio del fuoco sferzato dal vento, racconti la straordinaria storia del viaggio di Ulisse oltre le colonne d'Ercole, "di retro al sol", nel "mondo sanza gente". E la meraviglia di fronte al fuoco che coglieva l'uomo medievale e in fondo l'uomo di tutte le epoche si riverbera nei versi di Francesco.

Poi certo il fuoco, soprattutto in un'epoca in cui la religione contava e pesava molto di più che nella nostra, evocava anche il castigo di Dio. La pioggia di fuoco che distrugge Sodoma e Gomorra. Le fiamme infernali. Il fuoco eterno che tormenta le anime dei peccatori. Ma, per quanto possa a volte essere severo, per quanto sia ormai vicino alla morte, Francesco esprime più che mai la sua gioia e il suo entusiasmo per la vita: il fuoco non è cattivo, anzi, è segno della forza, della bellezza e anche della giocondità del Creatore.

"Laudato si', mi' Signore, per sora nostra matre terra, la quale ne sustenta et governa, et produce diversi fructi con coloriti flori et herba".

Ricordiamo che il santo ha ordinato di lasciare sempre, nell'orto dei conventi, uno spazio per i fiori e le erbe spontanee. Torna di nuovo in mente la Genesi: "E Dio disse: 'La terra produca germogli, erbe che producono seme e alberi da frutto...'". Dopo l'aria, l'acqua, il fuoco, Francesco loda il Signore per la terra. I quattro elementi, i quattro capolavori di Dio, i pilastri del creato. Come scrive Hesse, anche nel momento di massima sofferenza Francesco rimase "un beato e un eletto, al quale la voce di Dio parlava da ogni filo d'erba e da ogni ruscello e sul quale il dolore e il peccato non avevano alcun potere". Come Dante arriva a Dio attraverso l'amore per Beatrice, così Francesco arriva a Dio attraverso l'amore per le sue creature.

In un mondo che esclude lebbrosi, eretici, ebrei, omosessuali, che assoggetta le donne, che non si cura dei bambini, per Francesco tutti sono uguali: lui non conosce gerarchie, vuole "seguire nudo il Cristo nudo". E se la filosofia scolastica esalta il pensiero astratto, Francesco vede Dio dappertutto e in ogni cosa. Il segno della presenza di Dio è la bellezza, infusa in tutto il creato.

Per il santo, il Cantico poteva ritenersi concluso. Ernest Renan, il grande scrittore e filosofo francese, lo definirà "il più bel brano di poesia religiosa dopo i Vangeli". Francesco compose anche la musica, e incaricò frate Pacifico, il "gentilissimo maestro di canto", di guidare i frati a cantare per ogni dove l'amore di Dio e la bellezza delle sue creature.

Ma poi Francesco seppe di un dissidio che era scoppiato tra il vescovo e il podestà di Assisi. Che la sua città fosse dilaniata da un conflitto tra la Chiesa e il potere comunale, proprio nell'imminenza della sua morte, era per lui causa di grande amarezza e profondo dolore. Così Francesco aggiunse una strofa al suo Cantico:

"Laudato si', mi' Signore, per quelli ke perdonano per lo tuo amore, et sostengo infirmitate et tribulatione. Beati quelli che 'l sosterrano in pace, ca da te, Altissimo, sirano incoronati".

Tra coloro che resistono alla malattia e sopportano la sofferenza, "in pace", senza lamentarsi o imprecare, Francesco riconosce se stesso: beati coloro che sostengono il dolore con serenità, perché saranno premiati. Un auspicio che in tanti ospedali la cura di medici e infermieri e il coraggio dei pazienti realizzano ogni giorno. E Francesco, forte della sua sofferenza, reso credibile dal dolore, invita i suoi concittadini a perdonare e a perdonarsi, in nome dell'amore di Dio.

Non si limita alle parole. Chiede al vescovo e al podestà, ognuno con i suoi sacerdoti e i suoi armati, di radunarsi nel chiostro del palazzo episcopale. I frati intonano il Cantico di Francesco. Di fronte a tanta effusione di dolcezza, resa ancora più struggente dalla musica e dal pensiero della malattia del santo e della sua morte imminente, il vescovo e il podestà provano vergogna di se stessi. Si commuovono, si chiedono scusa l'un altro, e si riconciliano.

Francesco e il suo Cantico avevano fatto il primo miracolo.

Il testamento di "frate Francesco piccolino"

La pace di Assisi è una delle ultime gioie terrene di Francesco. Il santo sta sempre peggio. Elia, il cardinale Ugolino, i confratelli insistono perché si curi. Si crea attorno a lui quell'atmosfera che ancora adesso si respira al capezzale di malati incurabili, che i familiari premurosi sottopongono a consulti, cure alternative, terapie sperimentali, interventi improbabili. E allora come adesso c'erano sedicenti esperti o praticoni che garantivano rimedi miracolosi.

Nell'eremo di Fonte Colombo, vicino a Rieti, viveva un chirurgo specializzato nelle malattie agli occhi. Era in realtà un crudele sprovveduto, convinto che cauterizzando le tempie del paziente si sarebbe interrotto il flusso di umori agli occhi. La cura ovviamente non serviva a nulla, ma

Francesco cedette alle insistenze. Così lo portarono dal chirurgo.

Il santo non ha nessuna voglia di farsi operare. Cerca di guadagnare tempo, prega di attendere l'arrivo di Elia. Ma il cardinale di Ostia si impone, con la tecnica che di solito usano i medici ansiosi di operare: non si può attendere oltre, sarebbe troppo rischioso.

Mentre i frati che lo accompagnano fuggono straziati da quella che appare una vera e propria tortura, il santo si rivolge al fuoco, come se potesse sentirlo, chiamandolo fratello: "Fratello fuoco, tu sei bello tra tutte le creature. Io ti ho sempre amato, e ancora ti amerò per amore di quello che ti ha creato; ora tu sii misericordioso con me. Io pregherò il Creatore che stemperi il tuo calore, affinché io lo possa sostenere". Poi sopporta il dolore in silenzio.

Ovviamente il ferro rovente non risolse nulla. E neppure "gli impiastri e i colliri" che gli somministrarono. Fu solo per Francesco un'altra occasione di dimostrare la sua umiltà, la sua buona disposizione verso tutte le creature, la sua capacità di soffrire senza perdere la speranza.

Sempre alla ricerca di nuove cure fu portato a Siena, e lì nella primavera del 1226 si sentì malissimo, ebbe sbocchi di sangue, e parve vicino alla morte. Proprio a Siena, in quella stupenda città - un luogo in cui il pensiero di doversene andare per sempre è particolarmente doloroso -, Francesco dettò il suo primo testamento: "In memoria della mia benedizione e della mia ultima volontà, i frati sempre si amino e si vogliano bene l'un l'altro, e amino e rispettino sempre la santa Povertà, nostra signora...".

Ma Francesco non poteva morire a Siena. Voleva morire ad Assisi; e soprattutto gli assisani desideravano ardentemente che lui morisse nella loro città. Tutti ormai lo consideravano un santo, e un santo nel Medioevo era più prezioso di un'industria: significava protezione, prestigio, miracoli, pellegrini, potere, denaro.

A metà strada tra Siena e Assisi sorge Cortona, dove Francesco sostò alle Celle, il primo, semplicissimo convento da lui fondato quindici anni prima. Lì scrisse un testamento più ampio, quello vero e proprio.

Avvertendo la fine sempre più vicina, riassume la sua vita. Lo fa con malinconia. Più con rimpianto che con soddisfazione. A volte sembra quasi disperato, al pensiero che la sua esperienza non si ripeterà più e i suoi figli diventeranno come tutti gli altri uomini di chiesa, che lui rispettava ma non intendeva imitare.

Francesco ricorda l'incontro decisivo, quello con i lebbrosi. La scelta della povertà: "Dopo che il Signore mi dette dei fratelli, nessuno mi mostrava che cosa dovessi fare, ma lo stesso Altissimo mi rivelò che dovevo vivere secondo la forma del santo Vangelo. E io la feci scrivere con poche parole e con semplicità, e il signor Papa me la confermò". Non è Francesco che converte i frati; è Dio che glieli manda. Non è Francesco a decidere la Regola; è il Vangelo che la detta, e il Papa, anzi "il signor Papa", che la conferma. "E quelli che venivano per intraprendere questa vita distribuivano ai poveri tutto quello che potevano avere, ed erano contenti di una sola tonaca, rappezzata dentro e fuori, del cingolo e delle brache. E non volevamo avere di più".

Francesco racconta ai posteri, alle generazioni future, insomma a noi, la sua straordinaria avventura, quasi con nostalgia per i primi tempi, per gli anni della giovinezza: "Ed eravamo illetterati e sottomessi a tutti. E io lavoravo con le mie mani e voglio lavorare; e voglio fermamente che tutti gli altri frati lavorino di un lavoro quale si conviene all'onestà. E quelli che non ne sanno nessuno, lo imparino; non per la cupidigia di ricevere la ricompensa del lavoro, ma per dare l'esempio e tener lontano l'ozio".

"Sottomessi a tutti". Chi oggi, al tempo del narcisismo di massa, vorrebbe sentirsi così? Eppure nel mettersi al servizio degli altri Francesco vede la massima felicità.

Poi rivolge ai suoi frati le ultime raccomandazioni. Non vergognarsi a chiedere l'elemosina. Salutare tutti dicendo: "Il Signore ti dia la pace". Non vivere in abitazioni, anche povere, ma ovunque dimorare "da ospiti come forestieri e pellegrini": la casa del francescano è il mondo. Obbedire ai sacerdoti, compresi quelli che non ci piacciono, in cui Francesco non vede altro che "il santissimo corpo" di Gesù "e il santissimo sangue suo, che essi ricevono ed essi soli amministrano agli altri".

Questo è un punto importante. Quasi tutti i movimenti eretici erano contro i sacramenti. Anche la riforma protestante tenterà di togliere al clero il monopolio dei sacramenti e delle Sacre Scritture, insomma la mediazione tra l'uomo e Dio. Francesco al contrario riconosce il primato dei sacerdoti. Ma nello stesso tempo tra l'uomo e Dio apre un canale diretto. E raccomanda ai suoi di non chiedere mai privilegi o anche solo protezione alla curia romana o ad altra autorità religiosa: se in qualche luogo i frati non saranno bene accolti, andranno a fare penitenza da un'altra parte.

Francesco fa professione di umiltà e di obbedienza: "Fermamente voglio obbedire al ministro generale di questa fraternità e ad altro guardiano che gli sarà piaciuto di assegnarmi". "Minister" però ha un significato molto diverso da quello che gli attribuiamo oggi: significa servitore. Nel linguaggio delle corporazioni, il minister è l'apprendista. Francesco non vuole che nella sua comunità si usino le parole in voga nei monasteri: abate, preposto, priore; ci saranno un ministro generale e i "custodi" dei conventi. Il frate che violerà la Regola sarà punito, se necessario chiuso in una cella "come un uomo in prigione giorno e notte". E queste parole non vanno interpretate; vanno eseguite. Nulla va aggiunto, nulla va tolto.

Francesco appare severo e preoccupato. "E non dicano i frati: 'Questa è un'altra Regola', perché questa è un ricordo, un'ammonizione, un'esortazione e il mio testamento, che io, frate Francesco piccolino, faccio a voi, fratelli miei benedetti, affinché osserviamo più cattolicamente la Regola che abbiamo promesso al Signore".

È come se il santo, nel benedire i suoi compagni, definendosi ancora una volta "frate Francesco piccolino, vostro servo", presagisse che non sarà ascoltato.

Quattro anni dopo la sua morte, il Papa stabilirà che le severe disposizioni scritte nel testamento andranno considerate esortazioni morali, non nuovi obblighi per i frati.

Eppure Francesco prende molto sul serio le norme che impongono a tutti di obbedire al loro guardiano. Un giorno un povero si presenta all'eremo dove il santo si era ritirato, a chiedere qualche pezzo di stoffa per l'inverno. Francesco domanda a un frate di cercarlo, ma in tutto il convento la stoffa non si trova. Per non mandarlo via a mani vuote, il santo – di nascosto, perché teme che il guardiano glielo impedisca – prende un coltello e stacca una pezza cucita dentro la tonaca. Ma il guardiano in effetti se ne accorge e glielo vieta: il tempo è rigido, e Francesco è malato, non può privarsi dei propri vestiti. Ma il santo stavolta si ribella: "Se non vuoi che gliela dia, è necessario che tu faccia regalare una pezza a questo fratello povero". Ogni frate così ritaglia un frammento del proprio saio, per riguardo a Francesco. E si può solo immaginare l'imbarazzo del guardiano, costretto a impartire ordini e proibizioni al fondatore, anziché obbedirgli, come certo preferirebbe fare.

Sorella morte

Ad Assisi ora l'atmosfera nella comunità non è gioiosa, come d'abitudine. Francesco sta sempre peggio. I medici si meravigliano di "come lo spirito potesse vivere in quella carne già morta". C'è chi non vede l'ora che Francesco muoia, per acquisire alla città e alla cristianità un corpo santo, e molte reliquie miracolose. E c'è anche chi pensa che prima quell'uomo scomodo e molesto uscirà di scena, meglio sarà per tutti.

Lasciata Cortona, Francesco ha trovato rifugio in un convento di Bagnara, vicino a Nocera, nel cuore dell'Umbria. Ma un giorno si sono presentati alla sua porta uomini armati, con l'ordine di seguirli. Li mandava il Comune di Assisi: Francesco deve morire nel suo paese. Lui capisce. La prende bene. Con i soldati ride, scherza su se stesso, un po' si vergogna di essere diventato così importante.

Vorrebbe andare alla Porziuncola. Che però è un luogo indifendibile: chiunque potrebbe portarlo via, vivo o morto. Così il povero corpo malato di Francesco viene preso e messo al sicuro nel palazzo del vescovo, presidiato notte e giorno da guardie armate.

Un frate che gli era particolarmente intimo, di cui le cronache non riportano il nome, un giorno scherzò con lui: "Francesco, a che prezzo venderai a Dio i tuoi cenci?". Il santo e il suo amico sorrisero amaramente, al pensiero che l'amore smisurato per il prossimo, per i lebbrosi, per la povertà avrebbe finito per generare ricchezza e potere agli assisani. Il frate aggiunse: "Pensa, Francesco, quanti baldacchini, quante stoffe preziose, quanti drappi di seta saranno posti sopra questo tuo povero corpo, che adesso invece è coperto solo di sacco e di stracci...".

Francesco appare rassegnato alla premura non sempre disinteressata che lo circonda. Non protesta quando vede Leone cucirsi le sue lettere nel saio, altri confratelli custodire frammenti della sua tonaca. Si rende conto che attraverso le proprie reliquie potrà restare ancora un poco con loro, e confortarli quando non potrà più farlo di persona. E i suoi compagni resteranno al suo fianco, sino alla fine. In particolare Rufino, Angelo, Masseo, Bernardo, e ovviamente Leone.

L'unico conforto viene a Francesco proprio dal coro dei confratelli. Spesso li chiama a intonare per lui il Cantico di frate Sole. Quei versi, quella musica gli sembrano il migliore dei suoi testamenti: esprimono tutto l'amore che trabocca dalla sua anima per Dio e per il creato, il suo entusiasmo per l'uomo. Un amore che diventa se possibile ancora più grande, proprio adesso che la vita gli sfugge.

A Elia, che si considera il vero erede di Francesco e nuovo capo dell'ordine, quei coretti non piacciono. Il palazzo che dovrebbe riecheggiare di preghiere risuona invece di musiche. Lo disturba l'idea che si possa dire un giorno che Francesco non è morto da santo, ma da giullare. Così Elia affronta il fondatore, gli ricorda le sue responsabilità: "Molti uomini di questa città, pur considerandoti un santo, sono persuasi che morirai presto a causa del tuo stato, e allora potrebbero chiedersi come mai in punto di morte ti abbandoni a tanta gioia invece di prepararti al trapasso". E Francesco, di solito così mansueto, al punto da aver detto più volte di volere obbedire a tutti, ora ha un moto di ribellione, tiene il punto, si inalbera: "Fratello, lasciami in pace! Fammi godere nel Signore e cantare le sue lodi che mi rallegrano in mezzo ai miei dolori. Per grazia e aiuto dello Spirito Santo mi sento così strettamente unito al mio Signore, che per sua misericordia riesco proprio bene a gioire dell'Altissimo".

Dubito che sul letto di morte Francesco parlasse proprio come lo fanno parlare le fonti medievali. Ma il concetto è chiaro. Elia non capiva che quello era il modo, gioioso e dolce, anziché tetro e sussiegoso, che Francesco aveva scelto per prepararsi a morire. Il Cantico lo metteva di buon umore. Il canto dei confratelli, spesso accompagnato da una cetra, gli infondeva quella misteriosa energia che i vecchi valdostani definiscono in patois "le tor de la mort", il giro della morte, l'ultima ondata di energia vitale al limite dell'euforia che precede la pace eterna, il riposo perenne. E affinché fosse davvero tutto compiuto, il santo compose l'ultima strofa del suo Cantico:

"Laudato si', mi' Signore, per sora nostra morte corporale, da la quale nullu homo vivente pò scappare: guai a quelli che morrano ne le peccata mortali. Beati quelli che trovarà ne le tue santissime voluntati, ka la morte secunda no 'l farrà male. Laudate et benedicete mi' Signore et ringratiate et serviateli cum grande humilitate".

Anche la morte è una creatura di Dio. Anche la morte, persino la morte, è nostra sorella. L'uomo è abituato a considerarla nemica. Ma non poter morire è una condanna terribile.

Al liceo studiavamo i lirici greci: "Zeus diede a Titono un male inestinguibile, la vecchiaia, che più gelida è ancora della morte amara". Titono era un principe di prodigiosa bellezza. Eos, la dea dell'aurora, se ne era perdutamente innamorata, e implorò Zeus di renderlo immortale; si dimenticò però di chiedere per lui l'eterna giovinezza. Titono invecchiò senza poter morire, perse del tutto le forze, sino a parlare con un filo di voce; impietosito, Zeus lo trasformò in una cicala.

La pièce teatrale che mi ha emozionato di più in vita mia è "L'affare Makropulos", in cui Mariangela Melato impersonava Elina Makropulos, nata a Creta nel 1585, figlia dell'alchimista che aveva inventato un elisir di vita eterna per l'imperatore Rodolfo II, che non fidandosi l'aveva costretto a farlo bere alla figlia sedicenne; che così non poteva morire. "È atroce sopravviversi. Per voi ha tutto un senso. Tutto ha valore per voi. Sciocchi, siete felici per la stupida ragione che presto morirete...". Alla fine, i protagonisti decidono di rinunciare all'elisir; e fanno bene.

Un film che quasi tutti ricordiamo è Highlander, del 1986, con Christopher Lambert, che poi si mise con la Parietti. L'Highlander appartiene a una ristretta cerchia di eletti che non possono morire (a meno che non sia loro mozzata la testa). All'apparenza, un privilegio; in realtà, una condanna. Dover dire addio alle persone amate strazia l'animo. Non a caso l'ultimo rivale dell'Highlander, un brutale guerriero, è impazzito. E il premio per il sopravvissuto al duello finale – ovviamente Christopher Lambert – è poter vivere e morire come una persona qualsiasi.

Un film degli anni Novanta di cui non ricordo il titolo (non l'ho trovato neppure su Internet, che ha la memoria corta e concentrata sul presente o sul passato prossimo) rappresenta invece la morte non come una vecchia signora con la falce, ma come una deliziosa bambina bionda, che viene a reclamare spazio. Morire è anche un gesto di generosità, un modo per lasciare la terra e la vita all'umanità ventura, ai nostri figli, nipoti, pronipoti.

Ecco, tutto questo Francesco l'aveva capito. Per questo ringrazia Dio anche per la morte. Ma se i più profondi tra gli artisti, gli scrittori, i registi hanno intuito che la morte è una necessità, e talora può essere una liberazione – "Mors est quies viatoris, finis est omnis laboris" fa dire Umberto Eco al francescano Ubertino da Casale nel Nome della rosa: la morte è il riposo del viaggiatore, è la fine di ogni fatica –, nessuno era o è mai più arrivato a chiamare la morte sorella. Soltanto Francesco.

L'importante, ammonisce il santo, è non morire in peccato mortale. Il peccato è consustanziale alla natura umana. Ogni uomo è peccatore, per il fatto stesso di essere uomo. L'importante è riconoscerlo, confessarlo, chiedere perdono. Dante racconta la storia meravigliosa di un padre e di un figlio, entrambi condottieri, entrambi uomini di violenze e di sangue. Il padre, Guido da Montefeltro, è all'Inferno. Si è convertito, ha cambiato vita, è diventato frate francescano. Ma il Papa, Bonifacio VIII – proprio lui, il grande nemico di Dante –, è andato da Guido a chiedergli consiglio per sconfiggere i suoi nemici, i Colonna. Lui si è rifiutato: ormai è un frate, non può fare lo stratega di guerra. Ma il Papa ha risposto: che problema c'è, io sono il Papa, ti do l'assoluzione. Così Guido ha consigliato a Bonifacio "lunga promessa con l'attender corto", cioè di promettere molto e mantenere poco: il Papa offre una tregua ai Colonna, li invita a un incontro di riconciliazione, e li fa arrestare. Quando Guido da Montefeltro muore, san Francesco va ad accogliere la sua anima. Ed è stupenda, meravigliosa, dolcissima questa immagine dantesca di Francesco che si prende cura dell'anima dei suoi figli e li accompagna davanti al Signore. Ma stavolta neppure Francesco può salvare Guido: "un d'i neri cherubini", un diavolo, rivendica per sé la sua anima, poiché "assolver non si può chi non si pente". Il destino dell'uomo non lo decidono i preti e neppure i Papi o i santi; si decide dentro il suo cuore.

Il figlio di Guido, Bonconte da Montefeltro, non si convertì. Non si fece frate. Fu uomo d'armi sino alla fine. Venne ferito a Campaldino, dove i guelfi di Firenze sconfissero i ghibellini di Arezzo, e dove combatté anche Dante; e non è vero quello che talora si legge, che Dante sia fuggito dal campo di battaglia. Lui non ne parla. Due secoli dopo, un umanista di Arezzo – quindi della parte sconfitta – scrive di aver letto una lettera di Dante, poi andata perduta, in cui il poeta ammette di aver provato "temenza molta", insomma di aver avuto paura; e ci mancherebbe, Dante era un feditore, un cavaliere di prima linea, di quelli che dovevano sostenere il terrificante urto che apriva la battaglia. Ma da nessuna parte è scritto che sia scappato. Ebbene, a Campaldino Bonconte è ferito alla gola. Sente la morte vicina. Si trascina fino a un ruscello per ristorarsi. Poi si distende a terra. Incrocia le braccia sul petto. Si pente dei suoi peccati. Piange. Muore invocando la Madonna. Il diavolo si precipita a ghermirne l'anima, ma stavolta l'angelo di Dio lo precede: l'anima è sua, poiché Bonconte si è pentito. Il diavolo si infuria: ma come, deve perdere un'anima a lungo coltivata nel male "per una lagrimetta"? Così sfoga la sua ira scatenando una tempesta; e in effetti dopo la battaglia di Campaldino ci fu un tremendo temporale. Il ruscello si ingrossa, il corpo di Bonconte viene trascinato via, finisce nell'Arno, poi in mare, e non sarà mai ritrovato. Ma se il corpo è distrutto, l'anima è salva.

Francesco non ha potuto salvare il padre, Guido da Montefeltro; il figlio però finirà in Purgatorio, quindi prima o poi raggiungerà il santo in Paradiso.

Beati coloro che troveranno la morte mentre rispettano le volontà del Signore, scrive Francesco nel suo Cantico; in questo caso la "morte secunda", la morte spirituale, non farà loro alcun male.

La "seconda morte" è un'espressione che Francesco trova nell'Apocalisse di Giovanni. Dante, innamorato di san Francesco, si ricorderà di questo verso del Cantico delle Creature fin dal primo canto della Divina Commedia, dove Virgilio gli annuncia che lo condurrà nell'Inferno: "Ove udirai le disperate strida,/ vedrai li antichi spiriti dolenti,/ ch'a la seconda morte ciascun grida". Qui Dante in realtà sta parlando ai lettori, quindi a noi. E ci prepara a quello che incontreremo. Ci anticipa (qualcuno direbbe ci spoilera) il resto della storia. Il lettore, con Dante, sarà condotto tra i dannati. Ascolterà le storie dei grandi personaggi del passato. E udirà le loro grida di dolore, perché piangono "la seconda morte": la morte dell'anima, anzi la sua dannazione. La morte eterna. Quella che Francesco vuole evitare a tutti gli uomini.

Per questo conclude il Cantico con un invito rivolto a ognuno di noi: lodate e benedite il mio Signore, ringraziatelo e servitelo con grande umiltà.

Ora il Cantico è davvero compiuto. Francesco può morire sereno.

All'ultimo, il santo chiese di essere portato alla Porziuncola, in quella che sentiva come la sua casa. Stavolta nessuno osò dirgli di no.

Chiara piangeva inconsolabile: anche lei era malata, e temeva di morire senza rivedere Francesco. Lui allora le scrisse una lettera, per benedirla e assolverla da qualsiasi peccato, e raccomandarle di non rinunciare mai a "questa forma santissima di vita e di povertà". Affidò il messaggio a un frate e gli raccomandò: "Va', porta questa lettera a Chiara, e dille di abbandonare ogni dolore e tristezza per non potermi vedere; ma in verità sappia che, prima della sua morte, tanto lei quanto le sorelle mi rivedranno e ne avranno grande consolazione".

Al momento di andarsene, però, Francesco chiede di rivedere un'altra donna. Un'amica cara: Jacopa dei Settesoli, che l'aveva accolto e aiutato a Roma. Così le fa scrivere di venire subito, e di portare il necessario in vista del funerale imminente: ceri e panno per cucire la tonaca con cui essere sepolto. Francesco si raccomanda che il tessuto sia grezzo e dello stesso colore della cenere: "Polvere tu sei, e in polvere ritornerai". Ma per non dare alla lettera un tono troppo cupo, e perché in fondo desiderava restare allegro anche sul letto di morte, Francesco chiede a Jacopa di portargli anche i mostaccioli, quei dolci con le mandorle e il miele che gli piacevano tanto.

La lettera non arriverà mai a destinazione.

Francesco aveva appena finito di dettarla, che Jacopa bussò alla porta. Con i mostaccioli. Aveva in qualche modo sentito che Francesco aveva bisogno di lei. Non accade anche a noi, che santi certo non siamo, di pensare a una persona, e riceverne poco dopo, se non una visita, un messaggio, una telefonata, un segno?

C'era però il problema di ammettere una donna alla presenza di un santo che muore. Francesco rispose che assolutamente Jacopa doveva entrare. Non la chiamava forse frate Jacopa? Come se fosse un uomo, o meglio come se il genere non fosse così importante?

Dopo aver ricevuto Jacopa, Francesco pregò i compagni che intonassero ancora per lui il Cantico delle Creature, cui tentò di unirsi, con l'ultimo filo di voce. Si fece leggere la Passione dal Vangelo secondo Giovanni: "Essi presero Gesù ed egli, portando la croce, si avviò verso il luogo detto del Cranio, in ebraico Gòlgota, dove lo crocifissero e con lui altri due, uno da una parte e uno dall'altra, e Gesù in mezzo...". Poi benedisse i frati, uno per uno. E per benedire, proprio come Giacobbe nella Bibbia, incrociò le braccia. Essendo ormai cieco, Francesco chiese: "Su chi tengo la mia destra?". "Su frate Elia" gli risposero. E lui: "Te, o figlio, benedico in tutto e per tutto... Ti benedico come posso e più che posso, e ciò che non posso io, faccia in te Colui che tutto può". Attraverso Elia, Francesco benediceva tutti i fratelli e le sorelle, quelli presenti e quelli lontani, e tutti gli uomini e le donne del presente, del passato e del futuro; e, scrive Hesse, dal suo letto di morte "fluì ancora una corrente d'amore".

In realtà, secondo le testimonianze dei compagni, non volle morire in un letto, ma adagiato sulla nuda terra. Ordinò che gli ponessero indosso il cilicio e lo cospargessero di cenere.

Aveva quarantaquattro anni.

Era la notte tra il 3 e il 4 ottobre 1226. Secondo le fonti più attendibili, il crepuscolo di sabato 3 ottobre. Otto secoli fa. Secondo la tradizione, nel momento in cui Francesco esalò l'ultimo respiro, si posò sul tetto della Porziuncola un grande stormo di allodole, che proruppero in un alto canto. Un frate vide la sua anima salire al cielo come una stella. Annotarono i testimoni: “Dopo morto, diventò bianco, e la sua carne morbida, e sembrava quasi ridere; cosicché dopo la morte appariva più bello di prima. Chi lo guardava se ne incantava più di quando era vivo, poiché appariva come un santo che rideva”.

Il corteo funebre, per esplicita richiesta del santo, passò davanti al convento di clausura di San Damiano, affinché Chiara e le sue consorelle potessero rivedere Francesco e salutarlo per l'ultima volta: così la sua promessa sarebbe stata mantenuta.

Chiara abbraccia Francesco, lo bacia, scoppia a piangere. Si sente vedova senza essersi mai sposata, orfana per aver perso l'uomo che sentiva come il suo padre vero, così diverso da quello naturale che anche lei, come lui, aveva rinnegato.

Poi la salma viene portata nella chiesa di San Giorgio, quella che frequentava da bambino (oggi inglobata nella chiesa di Santa Chiara). Il corpo viene chiuso in un sarcofago di pietra, messo in sicurezza da sigilli che non consentiranno a nessuno di aprirlo, senza l'autorizzazione personale del Papa. Già si pensa a costruire una grande basilica per custodire il corpo di Francesco. Già si disobbedisce alla sua volontà di riposare nella nuda terra. Sarà Elia a progettare la tomba, e una volta sopra la tomba, e una seconda chiesa sopra la volta.

Quando Dante scrive la Divina Commedia, Giotto ha già affrescato ad Assisi la morte di Francesco, con i frati in ginocchio che gli baciano le mani e i piedi. Dante incontra Francesco in Paradiso, e gli dedica versi prodigiosi e misteriosi:

“Di questa costa, là dov’ ella frange
più sua rattezza, nacque al mondo un sole,
come fa questo talvolta di Gange.
Però chi d’esso loco fa parole,
non dica Ascesi, ché direbbe corto,
ma Orïente, se proprio dir vuole”.

Dove la pendenza del monte Subasio si fa più dolce, nacque al mondo un sole particolarmente luminoso, come il sole che sorge dal Gange all’equinozio di primavera. Il Gange al tempo di Dante era considerato il confine orientale della terra. Nel Paradiso Dante cita l’altro grande fiume del subcontinente, l’Indo, per chiedersi: se un uomo nasce sulle sue rive, e non conosce Gesù, ma è retto nei suoi desideri e nelle sue azioni, come può essere dannato?

Sulla possibilità che Dante conoscesse Buddha si è scritto moltissimo, ovviamente senza giungere a soluzioni definitive. Ma che, scrivendo di Francesco, cui è devotissimo, citi il Gange e l’Oriente è una coincidenza davvero notevole.

Di sicuro, Dante si inchina di fronte a un uomo che quando era giovane e ricco scelse la povertà, e le rimase fedele sino alla morte, raccomandando ai frati, suoi eredi, di amarla sempre. Poi, dal grembo della “donna sua più cara”, appunto la povertà, la sua anima meravigliosa si levò al cielo, lasciando il corpo alla nuda terra:

“A’ frati suoi, sì com’a giuste rede,
raccomandò la donna sua più cara,
e comandò che l’amassero a fede;
e del suo grembo l’anima preclara
mover si volle, tornando al suo regno,
e al suo corpo non volle altra bara”.

9
LE STIMMATE

Pochi giorni dopo la morte di Francesco, i suoi frati ricevettero una lettera. Era firmata dall'erede designato del santo, Elia. Cominciava così: "Vi voglio annunciare una grandissima gioia e un incredibile miracolo".

Pare la formula della proclamazione del nuovo Papa: "Annuntio vobis gaudium magnum...".

Ma Elia annuncia qualcosa di ancora più grandioso: "Non si è mai udito che questo prodigio sia avvenuto prima, eccetto che nel Figlio di Dio che è Cristo".

Che cos'era questo prodigio inaudito? Francesco portava nelle sue carni i segni delle cinque ferite di Gesù: i chiodi nelle mani e nei piedi, e il colpo di lancia nel costato. "Le sue mani e i suoi piedi" scrive Elia, "erano trafitti come da punte di chiodi che avessero trapassato la carne da entrambe le parti, lasciando cicatrici del colore nero dei chiodi. Il suo fianco apparve colpito da un colpo di lancia e spesso emise gocce di sangue".

Una cosa talmente inascoltata che non c'era un nome per definirla. Elia scrive di "cinque piaghe che sono veramente le stimmate di Cristo".

Fino a quel momento, la parola "stimmate" aveva per un cristiano un significato del tutto diverso. "Io porto le stigmate di Gesù sul mio corpo" scrive san Paolo nella lettera ai Galati, ma non intende le ferite di Gesù, intende il sacramento del battesimo. Oppure, secondo un'altra interpretazione, più antica, Paolo si riferisce alle frustate ricevute per aver difeso la fede. In ogni caso, prima di Francesco nessuno ha mai anche solo osato pensare che un corpo di uomo potesse ricevere nella carne le ferite inferte a Gesù. A nessun santo era stato mai attribuito questo privilegio, né questa sofferenza. I mitomani che avevano tentato di procurarsele, le ferite, erano stati scoperti e puniti dalla Chiesa: di Gesù doveva essercene uno solo.

In vita, Francesco non aveva mai detto di aver ricevuto le stimmate. Anzi, cercava in ogni modo di nascondere le sue sofferenze, le sue piaghe, le sue ferite. Quando sanguinavano, e i confratelli si avvicinavano per prendersene cura, li mandava via in malo modo, lui che era sempre così dolce: "Curam habe de facto tuo!", fatti gli affari tuoi. Era convinto che non si potesse comunicare tutto a tutti, e che "non possa essere uomo spirituale colui che non ha segreti d'anima".

L'annuncio delle stimmate non porterà fortuna a Elia. Nel 1227, un anno dopo la morte di Francesco, gli verrà preferito come guida dell'ordine Giovanni Parenti, un giurista, quindi un frate dotto, che aveva fondato il primo convento francescano in Spagna (soltanto cinque anni dopo Elia riuscirà a riprendere il controllo dell'ordine, e Giovanni Parenti andrà a predicare in Corsica e in Sardegna, dove morirà).

Non parla delle stimmate neppure Papa Gregorio IX, l'ex cardinale Ugolino, nella bolla in cui nel 1228, appena due anni dopo la sua morte, proclama Francesco santo.

Nel 1232 viene fatto santo il più illustre tra i seguaci di Francesco, Antonio da Padova, morto da meno di un anno. I domenicani protestano, e due anni dopo anche il loro fondatore Domenico, sepolto a Bologna, viene fatto santo. Austeri custodi dell'ortodossia, i domenicani non sono affatto convinti che Francesco abbia ricevuto le stimmate: perché lui sì e san Domenico no?

Soltanto nel 1237 Papa Gregorio IX scriverà in tre bolle – una delle quali inviata proprio ai domenicani – che Francesco le stimmate le aveva ricevute davvero.

Più di vent'anni dopo, il nuovo capo dell'ordine e biografo ufficiale di Francesco, Bonaventura da Bagnoregio, inventerà la storia di un sogno di Papa Gregorio, che avrebbe ricevuto dal santo una fiala piena del sangue uscito dal suo costato, trafitto come da un colpo di lancia: una scena che Giotto affresca nella basilica superiore di Assisi. Sempre Bonaventura scrive che, quando san Francesco in punto di morte aveva voluto farsi distendere nudo sulla nuda terra, si era coperto con la mano sinistra la ferita sulla parte destra del costato.

Eppure, nei primi quadri in cui san Francesco viene raffigurato, le stimmate non le ha. Nelle poche immagini in cui reca nelle mani, nei piedi e nel costato le ferite di Gesù, talora quelle ferite venivano cancellate dalle mani di fedeli increduli o invidiosi. Insomma "l'invenzione delle stimmate", come la chiama Chiara Frugoni, si afferma poco per volta, e sembra una delle tappe decisive per allontanare Francesco dalla terra e dai fedeli, per farne un "unicum", un essere inimitabile, molto distante dalla vita quotidiana delle persone normali.

Non a caso, il racconto di frate Leone è diverso.

E frate Leone, a differenza di Elia o del Papa, sulla Verna c'era.

Ricordate? L'avevamo lasciato sulla montagna, accanto a Francesco, entrambi in crisi spirituale, entrambi riconfortati. Francesco aveva tracciato su una pergamena le lodi di Dio, e un messaggio di conforto per Leone: "Il Signore ti benedica e ti custodisca...".

Ma su quella stessa pergamena Leone aggiunge una nota: "Il beato Francesco, due anni prima della sua morte, fece una quaresima sul monte della Verna, a onore della beata vergine madre di Dio, e del beato Michele Arcangelo... e la mano di Dio fu su di lui; dopo la visione e le parole del serafino e l'impressione delle stimmate di Cristo nel suo corpo, compose queste Lodi, che sono scritte sul retro di questo foglio, e le scrisse di sua mano, rendendo grazie al Signore per il beneficio a lui concesso".

Leone scrive queste note dopo la morte di Francesco. Forse molti anni dopo. Non sostiene che il serafino abbia inflitto al santo le ferite di Gesù. Sostiene che dopo la visione apparvero le ferite nel corpo di Francesco. Non è lo stesso racconto di Elia, che comunica ai frati una notizia straordinaria: al momento della morte, sono stati trovati sul cadavere di Francesco i segni della Passione di Gesù.

Tommaso da Celano, il primo biografo, si sforza di tenere insieme le due versioni. Dopo la venuta del serafino sulla Verna, "cominciarono ad apparire nelle mani e nei piedi i segni dei chiodi, come poco prima (Francesco) aveva visto nell'uomo crocifisso sopra di sé". I segni però non erano buchi o trafitture; erano "una escrescenza carnosa", veri e propri chiodi di carne. Non erano stati infissi da fuori, ma prodotti dal corpo stesso di Francesco.

Nell'ora della sua morte, i frati traggono da quel miracolo grande gioia e immenso conforto. Il volto di Francesco appariva trasfigurato, "di meravigliosa bellezza", "come quello di un angelo". Ed "era davvero un miracolo scorgere nel centro delle mani e dei piedi non i fori dei chiodi, ma i chiodi medesimi formati dalla sua stessa carne, dal color scuro come il ferro, e il costato a destra imporporato di sangue". Conclude Tommaso da Celano che "quei segni di martirio non incutevano a chi li vedeva timore e orrore, bensì conferivano decoro e ornamento, come tessere nere in un pavimento candido".

Ferite o chiodi di carne?

Ma cos'è davvero accaduto sulla Verna? Gesù si è manifestato a Francesco? Oppure le stimmate sono il frutto di suggestione, un prodotto della mente accesa del santo? O ancora sono un'invenzione posteriore delle autorità ecclesiastiche, per accostare definitivamente Francesco a Gesù e allontanarlo così dalla terra e dalla storia?

Tommaso da Celano costruisce un parallelo: come Cristo suda sangue sul Monte degli Ulivi, confortato e nello stesso tempo inquietato dalla visita dell'angelo, così dopo la visione angelica Francesco si sente tanto vicino a Gesù che sul suo corpo compaiono chiodi di carne, replica dei chiodi conficcati nelle mani e nei piedi di Gesù sulla croce. Ma la tradizione successiva fa un passo oltre: a Francesco sarebbero state inflitte proprio le ferite di Gesù.

È Bonaventura da Bagnoregio, capo dell'ordine francescano dal 1257 sino alla morte, nel 1274, a imporre l'identificazione fisica tra Francesco e il Cristo. Secondo il suo racconto, il santo non ha visto soltanto il serafino, ma Gesù stesso. E le stimmate furono prodotte non dal corpo di Francesco, ma dall'apparizione divina. Tutto molto più semplice. Non c'è bisogno di capire se le stimmate vengono dal di fuori o dal di dentro, se sono trafitture come le descriveva Elia o chiodi di carne come raccontava Tommaso da Celano. Sono le ferite di Gesù, che Gesù infligge a Francesco. Così Giotto le raffigura ad Assisi. Così Dante scrive, in tre soli versi: "Nel crudo sasso intra Tevero e Arno/ da Cristo prese l'ultimo sigillo/ che le sue membra due anni portarno". Il "crudo sasso" è la Verna. Il sigillo di Cristo sono le stimmate. E Francesco morirà due anni dopo averle ricevute. Alla fine è la versione di Bonaventura a prevalere. Anche perché la Vita di Tommaso da Celano, e tutte le altre testimonianze dei compagni di Francesco, saranno distrutte, proprio per ordine di Bonaventura.

Non si potrebbe dire meglio di come scrive Chiara Frugoni: "Da una parte Francesco rimaneva il santo da venerare, e sempre di più, perché portava nella sua carne le ferite di Cristo; ma dall'altra, proprio per questo, i frati non erano obbligati a imitare il fondatore, a rimanere fedeli alle sue scomode parole, al suo progetto di vita cristiana. La santità di Francesco era diventata inaccessibile e inimitabile".

Tutti erano contenti: il Papa, i sacerdoti, i frati. La Chiesa poteva continuare la propria vita, segnata dal potere sui corpi, sulle menti, sulle anime: politica, denaro, istruzione, cultura. E i frati, pur godendo dell'immenso prestigio di appartenere a un ordine fondato da un "alter Christus", da un nuovo Gesù, da un uomo che si era tanto immedesimato nel Salvatore da ricevere nelle proprie carni i segni delle sue ferite, erano dispensati dal seguire gli aspetti più radicali del suo insegnamento, che avrebbero imposto la rinuncia a ogni bene terreno, a ogni saggezza che non fosse contenuta nelle Sacre Scritture, a ogni potere sugli altri esseri umani.

Addirittura, nel 1245 il nuovo Papa, Innocenzo IV, proibisce l'ingresso nell'ordine francescano agli analfabeti e a chiunque non conosca il latino. Altro che il divieto di possedere i libri. Siamo al capovolgimento della volontà di Francesco.

E i domenicani, ingelositi dall'inaudito privilegio riconosciuto al fondatore dell'ordine rivale? Con il tempo saranno risarciti. Secondo la tradizione, anche alla "loro" santa, Caterina da Siena, apparve l'immagine di Gesù crocifisso, da cui partivano cinque raggi sanguigni. Era il primo aprile 1375, quarta domenica di Quaresima. "Conoscendo il mistero", Caterina prega il Signore che le cicatrici non appaiano sul suo corpo, e viene esaudita: "Mentre dicevo così, prima che i raggi arrivassero a me, cambiarono il loro colore sanguigno in colore splendente, e sotto forma di pura luce arrivarono ai cinque punti del mio corpo, cioè, alle mani, ai piedi e al cuore". Insomma, Caterina riceve le stimmate, ma per speciale concessione di Gesù le ferite restano invisibili. Anche i domenicani hanno una santa stigmatizzata.

Il dilemma della barba

Prima ancora, nel 1288, è accaduto qualcosa di imprevedibile, e che Francesco certo non aveva previsto. Un francescano, Girolamo Masci, è diventato Papa con il nome di Niccolò IV. Prima lo chiamavano Girolamo da Ascoli, la città dov'era entrato in convento e dov'era ancora vivo il ricordo del passaggio di Francesco, che aveva incantato la folla con la sua predica del 1215. Girolamo era stato capo dell'ordine dopo Bonaventura. Eletto Papa, rifiuta la carica. Lo rieleggono, e finisce per accettare. Da Pontefice commissiona il mosaico dell'abside della basilica di Santa Maria Maggiore, la stessa in cui sarà sepolto – la lapide lo definisce "figlio di San Francesco" –, e dove oggi è sepolto Papa Francesco. Il mosaico raffigura Gesù che incorona la Madonna, attorniato dai grandi santi della cristianità: a sinistra del Cristo, san Giovanni Battista, san Giovanni Evangelista, sant'Antonio da Padova; alla sua destra, san Pietro, san Paolo, e lui, san Francesco. Solo che nel mosaico voluto da Papa Niccolò IV c'è una grande novità.

In tutti i dipinti più antichi, san Francesco ha la barba. Ci siamo detti fin dall'inizio che Tommaso da Celano lo descrive, per averlo visto, con una barba "nera e rada". Ebbene, nel mosaico di Santa Maria Maggiore Francesco la barba non ce l'ha. È glabro. Sbarbato. Ordinato. Non è un santo mendicante, povero, ramingo. Non porta la barba, come i poveri, i contadini, la gente comune. È un uomo che si rade tutte le mattine. Come fanno i borghesi, gli aristocratici, gli alti prelati.

Nella basilica di Assisi, Francesco a volte ha la barba; come nel ritratto di Cimabue che è sulla copertina del libro che avete tra le mani, o come negli affreschi di Simone Martini. Ma Giotto, artista vicino al Papa e alla borghesia fiorentina, lo ritrae senza barba. Lo stesso fa Pietro Cavallini a Roma, sulla tomba del cardinale Matteo d'Acquasparta, grande sostenitore dei "conventuali", come a partire dal Trecento verranno definiti i francescani moderati. Il cardinale Matteo d'Acquasparta viene citato da Dante come il grande avversario di Ubertino da Casale, capo degli "spirituali", i francescani radicali, cui era vicina la dinastia francese degli Angiò, che regnava a Napoli. E infatti a Napoli Francesco viene raffigurato con la barba.

Un compromesso sarà trovato da Giovanni Bellini, nel quadro che i critici considerano la più importante opera italiana custodita in America: il "San Francesco nel deserto" della Frick Collection di New York. Un quadro talmente prezioso che quando i curatori dovettero trasferirlo, per consentire i restauri della casa dei Frick su Central Park che ospita questa e altre meraviglie, l'assicurazione rifiutò di farsene carico. Per essere assicurata, negli Stati Uniti ogni opera deve prima essere stimata, deve avere un valore. Incaricata di valutare il capolavoro del Bellini, Sotheby's cercò di sottrarsi al compito, sostenendo che il San Francesco fosse inestimabile. Messa alle strette, la casa d'aste lo quotò 950 milioni di dollari. Al che l'assicuratore rifiutò di firmare la polizza, con la motivazione che non possedeva 950 milioni di dollari da risarcire in caso di furto o danneggiamento.

Nel quadro di Bellini, Francesco ha una barba appena accennata: la barba di chi si è ritirato dal mondo, e non sempre ha tempo e modo di radersi. Il santo è ritratto mentre riceve le stimmate. Le ferite si intravedono appena nelle mani. Sono ombre o cicatrici, più che trafitture. E non ci sono serafini o crocifissi. C'è un vento impetuoso, che piega l'albero in alto a sinistra. Gesù si manifesta sotto forma di "frate vento", di quell'"aere" citata da Francesco nel Cantico delle Creature. Il vento è il soffio di Dio. Torna in mente l'iscrizione che si legge oggi all'ingresso del sacro convento di Assisi: "Il tempo che passa è Dio che viene".

In America, al museo di Hartford, Connecticut, c'è un altro quadro che ritrae Francesco. Lo dipinse un immenso artista italiano: Caravaggio. Il santo ha appena ricevuto le stimmate, anche se le ferite non si vedono; si indovina solo lo squarcio nel saio, all'altezza del costato. Francesco ha gli occhi socchiusi, e viene confortato da un angelo. Nelle intenzioni del committente, il cardinale Francesco Del Monte, il santo è in estasi: ha visto Gesù, ne ha ricevuto i segni della Passione. Ma nella resa di Caravaggio – il pittore degli umili, dei pellegrini dai piedi sporchi per il lungo cammino, della prostituta annegata nel Tevere trasformata nella Madonna morente –, Francesco è semplicemente un uomo provato e ferito che finalmente trova quiete e riposo. E porta la barba.

10

LA MEMORIA NEGATA

Due anni dopo la morte, Francesco è già santo.

Gli vengono attribuiti un gran numero di miracoli, pur di non riconoscere che il vero miracolo di Francesco non è guarire o salvare o arricchire; è indurre gli uomini a cambiare vita, a seguire il Vangelo.

Il Papa ha fretta. Un ordine come i francescani, che possono ricondurre nella Chiesa l'ansia di povertà e di rinnovamento spirituale, può rivelarsi prezioso. Ma presto l'ordine si istituzionalizza. I frati non sono più semplici e sottomessi come al tempo di Francesco. Vanno in cattedra, insegnano all'università, diventano vescovi, consigliano il Papa o l'imperatore. E i predicatori francescani, anziché sorridere, fare professione di umiltà, edificare con l'esempio, stanno diventando a volte arroganti e minacciosi come gli altri.

Il contrasto tra i rigoristi e i loro avversari, tra spirituali e conventuali, durerà per secoli. Sono i due rami del francescanesimo, le due versioni, una più radicale, l'altra più clericale. E sarà la seconda a prevalere.

Frate Elia, capo dei francescani, anche su spinta di Papa Gregorio IX, intende costruire al santo una tomba degna dell'ordine da lui fondato. Forse non è la tomba che Francesco avrebbe voluto; certo è quella che vogliono i suoi eredi. Sorgerà fuori dalle mura di Assisi, sul colle che chiamano Inferno, dove venivano eseguite le condanne a morte, dove trovavano rifugio i diseredati che in città non erano ammessi, i dannati della terra.

La basilica è una meravigliosa chiesa gotica. Tuttavia la tomba di Francesco non assomiglia alle altre. Di solito il corpo del santo è collocato sotto l'altare maggiore, quindi ben visibile. Ad Assisi il corpo del santo è custodito nei sotterranei. Quasi nascosto. Sopra la cripta con l'urna sorge la basilica inferiore. Sopra ancora, quella superiore, che sarà affrescata da Giotto.

Elia ha vita breve. Per quanto colto, dotto, profondo, è comunque un compagno di Francesco. La componente clericale dell'ordine, radicata soprattutto in Lombardia e nel Nord Europa, vuole la sua testa, e il Papa gliela consegna. Elia è costretto a lasciare Assisi. Si avvicina a Federico II. Come l'imperatore, viene scomunicato. Si ritira a Cortona, alle Celle, dov'era stato al fianco del santo.

Sepolto e santificato Francesco, occorre adesso scriverne la storia.

Tutto lascia pensare che i più indicati a farlo siano i suoi compagni. In particolare l'amico più caro, il suo confessore, che da anni custodisce gli scritti di Francesco e prende appunti sulla sua storia: frate Leone. Invece il Papa sceglie Tommaso da Celano, un confratello che non aveva vissuto le origini della comunità, e aveva passato gli ultimi anni in Germania: non aveva visto la conversione di Francesco, e non l'aveva visto morire.

Il motivo della scelta è chiaro. Al Papa non interessa la verità storica. Non vuol sentir parlare troppo del tempo in cui "eravamo sottomessi a tutti". I compagni di Francesco sono gente semplice, di poche letture, accesi di un entusiasmo al limite dell'ossessione. Dopo la morte del santo si sono dispersi in vari conventi, sono stati relegati ai margini, trattati come fanatici fuori tempo. La loro stessa sopravvivenza suonava come un rimprovero o come un fastidio per i nuovi frati. Serviva costruire la biografia di un santo più tradizionale, meno ribelle. Uno che fa miracoli. Un frate taumaturgo.

Tommaso da Celano accetta. Fa un lavoro d'inchiesta – oggi diremmo giornalistico – ammirevole. È vero, liquida un po' troppo sbrigativamente la giovinezza di Francesco, enfatizzandone i difetti e i peccati, per far risplendere la luce della conversione. È uomo di lettere, e tende a raccontare il mondo più attraverso i libri che attraverso i propri occhi. Copia le vite di altri santi, o se ne lascia ispirare. Come nota Chiara Mercuri, "la sua giovinezza depravata è quella di sant'Agostino, il bacio tra Francesco e il lebbroso una trasposizione di quello di Martino di Tours raccontato da Sulpicio Severo, il Francesco che si spoglia davanti al padre è il novizio delle 'Istituzioni cenobitiche' di Giovanni Cassiano".

Ancora una volta torna in mente Il nome della rosa, in particolare le pagine iniziali, quando il protagonista dà prova del suo acume. I monaci, guidati dal cellario, stanno inseguendo il cavallo preferito dell'abate. Guglielmo da Baskerville lo descrive alla perfezione, senza averlo visto: "Nero di pelo, alto cinque piedi, dalla coda sontuosa, dallo zoccolo piccolo e rotondo ma dal galoppo assai regolare; capo minuto, orecchie sottili ma occhi grandi...". E di fronte allo stupore del suo allievo, Adso da Melk, Guglielmo spiega: "Un monaco che considera un cavallo eccellente, al di là delle forme naturali, non può non vederlo così come le auctoritates glielo hanno descritto, specie se è un dotto benedettino…". Forse non ce ne rendiamo conto; ma noi con l'intelligenza artificiale facciamo esattamente la stessa cosa. Se i monaci del Medioevo pensavano attraverso i libri, allo stesso modo i padroni della rivoluzione digitale creano donne immaginarie che hanno tutte le caratteristiche imposte dal gusto medio del tempo: labbra carnose, occhi azzurri, gambe lunghe, seno grande… Non riproducono la natura, nella sua infinita varietà e imprevedibilità; riproducono l'idea astratta – per quanto talora volgare – che l'uomo del nostro tempo se n'è fatta.

Insomma, Tommaso scrive la Vita di san Francesco cadendo a volte nella trappola della vanità letteraria, a volte in quella della retorica agiografica. Eppure il suo è un bel libro. Anzi, i libri sono due: perché, dopo aver ultimato la prima versione, Tommaso ha modo di consultare il materiale raccolto dai compagni e da altri testimoni delle vicende di Francesco, e scrive una seconda versione della Vita del santo. Ne esce una storia davvero straordinaria. Sia pure con pochi miracoli, molti dei quali relegati in fondo al libro, come una sorta di appendice.

I più affascinanti, con spunti quasi da novella di Boccaccio, sono quelli che avvengono in sua assenza. Una partoriente sta rischiando di morire, in un villaggio vicino ad Arezzo. I parenti e i vicini vengono a sapere che Francesco passerà di lì per raggiungere un eremo, e lo attendono lungo la strada. Ma il santo passa da un'altra parte, e arrivato a destinazione affida il cavallo a un frate di nome Pietro, affinché lo riporti al suo padrone, che gliel'aveva prestato. Pietro incontra i parenti della donna, che lo scambiano per Francesco; quando si accorgono dell'errore, ci restano malissimo. “Almeno non hai qualcosa che appartenga al santo?” gli chiedono. Frate Pietro cerca allora freneticamente un oggetto qualsiasi, finché non si ricorda delle redini del cavallo, che Francesco aveva tenuto in mano. Appena la donna viene sfiorata dalle redini, partorisce felicemente. Allo stesso modo, basta prendere un cordone di cui una volta si era cinto Francesco, immergerlo nell'acqua e farla bere ai malati, per risanarli all'istante.

Ovviamente non sono episodi storicamente dimostrabili. Ma trasmettono un messaggio chiaro: il vero miracolo è la venuta di Francesco nel mondo. Quando poi a Città di Castello gli chiedono di guarire un'ossessa, Francesco le manda un altro frate, per capire se la donna è davvero posseduta; e lei schernisce il povero frate, intuendo che non è Francesco. Ma quando arriva il santo, la donna comincia a tremare, lui ordina allo spirito immondo di abbandonarla, e quello “si allontanò indignato”.

Quando Papa Gregorio si ritrova il libro tra le mani, resta deluso. Tommaso da Celano non ha seguito le indicazioni. Francesco non è diventato un taumaturgo. È rimasto Francesco: dolce e ribelle, mite e rivoluzionario, umile e meraviglioso.

Ovviamente Tommaso non è l'unico a scrivere. Così come quando un Papa viene eletto o muore spuntano dal nulla decine di libri su di lui o a sua firma, allo stesso modo i vecchi compagni scrivono di Francesco. Per farlo si ritirano nei luoghi che furono cari al santo, e che ora sono diventati una sorta di rifugio dello spirito originario del suo movimento: Greccio, la Verna, Cortona, oltre ovviamente ad Assisi. A noi sono arrivati diversi manoscritti, frammenti, opere compilate mettendo insieme testi precedenti. E spesso le frasi cominciano con una formula in latino, "nos qui cum eo fuimus", noi che fummo con lui, come a dire: siamo noi i testimoni autentici, i veri custodi dell'insegnamento del santo.

Ma se lo spirito originario di Francesco viene tradito dai frati dotti, anche i radicali, i rigoristi, quelli che verranno chiamati spirituali, peccano a volte di quell'orgoglio da cui il fondatore rifuggiva. Non aveva forse Gioacchino da Fiore predetto l'avvento dell'età dello Spirito Santo, guidata da un nuovo ordine di monaci di assoluta purezza? Quei monaci non potevano che essere i francescani. Uno di loro fece un passo oltre. Nel 1254 Gerardo da Borgo San Donnino (oggi diremmo Fidenza) scrisse un'introduzione al libro di Gioacchino da Fiore, in cui indicava in san Francesco il personaggio centrale dell'età dello Spirito, come Dio e Gesù lo erano stati per le età precedenti, quella del Padre e quella del Figlio.

Si era a un passo dall'eresia, e la reazione del nuovo Papa, Alessandro IV, fu molto dura. Il capo dell'ordine, un sant'uomo di nome Giovanni di Parma, fu costretto a dimettersi, e al suo posto nel 1257 divenne ministro generale un personaggio decisivo nella storia del francescanesimo: Bonaventura da Bagnoregio.

Bagnoregio è uno splendido borgo della Tuscia, ancora oggi uno dei luoghi più belli d'Italia. E Bonaventura era un intellettuale importante, salito in cattedra all'università di Parigi, ormai divenuta il grande centro teologico della cristianità, accanto a un altro frate, non francescano ma domenicano: Tommaso d'Aquino. Bonaventura scriverà un libro dal titolo meraviglioso, "Itinerarium mentis in Deum": il viaggio della mente verso Dio. È un uomo di grande cultura e animato da buone intenzioni. Ma non ha mai conosciuto Francesco. E con quello che oggi consideriamo l'autentico spirito francescano non ha molto a che fare.

Per esempio non crede all'uguaglianza assoluta dei frati. Non crede nel lavoro manuale. Certo, Francesco ha stabilito che tutti debbano lavorare; ma Bonaventura intende quella norma come un rimedio contro l'ozio, quasi una sorta di bricolage; non come un modo per rendere tutti uguali, il dotto e l'illetterato, il nobile e il plebeo. Certo, Francesco ha vietato di possedere libri, ma non di leggerli: la proprietà dei libri resterà della Chiesa, intanto però i frati potranno tenerli con sé per tutto il tempo necessario.

Su questo punto almeno è difficile dare torto a Bonaventura, quando scrive: se i frati "non devono predicare chiacchiere ma parole divine, non possono conoscerle se non leggono; e non possono leggere se non hanno libri". È vero che Francesco aveva un'altra idea della predicazione; ma per predicare in un certo modo bisognava appunto essere Francesco; i tentativi di imitazione potevano riuscire maldestri. Però l'ordine viene amputato di due componenti importanti: i laici e le donne. Già dal 1239, l'anno della deposizione di Elia, i laici non potevano far parte dell'ordine. Che ora sarà composto soltanto da uomini, da cui verrà rigorosamente separata la componente femminile.

Bonaventura non vuole solo cambiare il presente del francescanesimo. Vuole cambiare anche e soprattutto il passato. Riscrivere la storia di Francesco. Ridisegnarne la figura. E dare una severa lezione ai rigoristi, decisi a restare fedeli alla lezione del fondatore, talora inserendola in un contesto millenarista, visionario, apocalittico che non apparteneva a Francesco.

Quando Bonaventura viene eletto, il processo per eresia contro Gerardo da Borgo San Donnino è già iniziato. Il frate rifiuta di abiurare; viene scomunicato e condannato al carcere a vita. Non ci saranno indulti né amnistie; Gerardo morirà dopo diciotto anni di prigionia e sarà sepolto in terra sconsacrata. Poi Bonaventura mette sotto processo persino il suo predecessore, Giovanni di Parma. Stavolta l'accusato ribadisce la propria ortodossia e la propria fedeltà alla Chiesa, ma Bonaventura lo riduce al silenzio e gli impone di rinchiudersi in un convento a sua scelta. Giovanni sceglie non a caso il borgo dove Francesco aveva messo in scena per la prima volta il presepe: Greccio.

Conclude Jacopone da Todi: "Male vedemmo Parisi, che àne destrutt'Ascisi": Parigi ha distrutto Assisi, i dotti hanno trionfato sui semplici. E il Venerabile Jorge, il crudele benedettino del Nome della rosa, può dire al francescano Guglielmo da Baskerville, nel dialogo finale che rappresenta il punto di massima tensione del romanzo: "Vi abbiamo disciplinati. Li hai visti ieri, i tuoi confratelli. Sono rientrati nelle nostre file, non parlano più come i semplici. I semplici non debbono parlare".

Le Vite da distruggere

Messi a tacere i capi dei rigoristi, occorre ora cancellarne le tracce. A costo di censurare, snaturare, negare la memoria di Francesco. Perché ogni francescano cercava di procurarsi appunti, testi, racconti della vita e dei pensieri del fondatore. Bonaventura decide di mettere ordine. Siccome nessuna biografia lo soddisfa, quella definitiva la scriverà lui.

Ma il Francesco di Bonaventura non è più un uomo ribelle e inquieto, a volte gioioso, a volte duro. Il Francesco di Bonaventura, come scrive Chiara Mercuri, "non ha sangue, non ha carne, non ha pensieri e reazioni sue. Non è un personaggio storico, ma una pura forma che lo spirito divino riempie di sé. Egli prende le sue decisioni solo a seguito di visioni e sogni profetici: è Dio a comunicargli di volta in volta la sua volontà... Il Francesco di Bonaventura è un uomo senza dubbi, senza ripensamenti, senza scoraggiamenti: è un puro esecutore della volontà divina".

Il tradimento non potrebbe essere più totale. Sparisce il Cantico delle Creature, sparisce la sua abitudine di cantare o mendicare in francese. Francesco viene presentato come un ignorante, ed è vero che si descriveva come "simplex et idiota", ma perché intendeva vivere come le persone semplici e senza cultura, non perché non avesse una sua visione dell'uomo, del mondo, della storia. Non a caso Francesco, quello vero, si definisce "servus", servo, "rusticus", contadino illetterato, "minister" nel senso di servitore, "alpigena", montanaro, e scrive che i minori devono assimilarsi alla "gente vile e disprezzata, ai poveri e ai deboli, agli infermi, ai lebbrosi, ai sottomessi, ai mendicanti della strada", contrapposti ai ricchi, ai potenti, ai dotti, agli orgogliosi. Bonaventura lo definisce "dux" ("bonus dux exercitus Christi", buon comandante dell'esercito di Cristo); e non mi viene in mente per lui una parola meno appropriata.

Questo nuovo Francesco ufficiale non è più un uomo combattuto, ma una creatura ascetica e soprannaturale, cui le privazioni non costano alcuno sforzo, anzi rappresentano quasi un piacere. Non è più tormentato, ma compiaciuto di sé. E non ama più Chiara e le sorelle, ma diventa misogino.

Bonaventura arriva a scrivere che Francesco distoglieva lo sguardo dagli occhi femminili, "tanto da poter dire a un suo compagno che non conosceva il viso di nessuna donna"; ma il vero Francesco non avrebbe mai pronunciato questa frase, se non altro perché aveva incontrato molte volte e in gran segreto Chiara, per concordare la sua fuga e il suo ingresso nella fraternità, e certo non aveva distolto il proprio sguardo dal suo. Fa notare Chiara Mercuri che Bonaventura enfatizza invece il rapporto del santo con gli animali: "Il Francesco di Bonaventura vive in comunione profonda con lupi, agnelli, cicale e fagiani, ma fugge invece le donne, compresa Chiara e le sorelle".

A completare la sua opera di rimozione della memoria, di reinvenzione del passato, Bonaventura ordina un'operazione di censura totale. Tutte le precedenti opere sulla vita di Francesco devono essere distrutte. La Vita di Tommaso da Celano, gli scritti dei compagni del santo, gli appunti che molti frati portavano con sé come testimonianze dirette della vita del fondatore. Tutto. Financo le note tracciate a mano sui breviari.

I conventi francescani potranno custodire solo il libro di Bonaventura, e dovranno adoperarsi affinché la stessa regola viga nei conventi degli altri ordini.

Non tutti obbediscono. Frate Leone affida i rotoli con la "sua" storia di Francesco alle clarisse, prima di ritirarsi in un romitorio sugli Appennini. È convinto che verranno tempi migliori.

Bonaventura ordina che del suo libro siano scritte molte copie. Il numero non è certo. Alcune fonti parlano di duemila. Per l'epoca, una tiratura clamorosa, più dei milioni di copie di Dan Brown o di Ken Follett. Ogni convento francescano d'Europa dovrà avere il libro di Bonaventura. E dovrà essere l'unico libro su san Francesco. Di quei duemila esemplari, ben quattrocento sono arrivati fino a noi, attraverso quasi otto secoli.

Poi, certo, esistono importanti studiosi di Francesco, a cominciare da Raoul Manselli, che difendono Bonaventura. Fanno notare che il ministro generale non reinventa nulla, anzi, cerca di raccordare i diversi scritti sul santo, così come tenta sempre di mediare tra radicali e moderati. Inoltre, la distruzione dei libri precedenti non era un provvedimento insolito al tempo: pochi anni prima di Bonaventura, Umberto di Romans, maestro generale dei domenicani, aveva ottenuto che venissero distrutte le biografie su san Domenico; ed era una consuetudine nei Comuni, quando emanavano un nuovo statuto, distruggere quelli vecchi. Il capitolo francescano di Parigi, inoltre, non ordina di distruggere, ma di "raschiare" dalle pergamene le versioni precedenti.

Resta il fatto che poi, per fortuna, il tempo ha restituito qualcosa del lavoro dei primi biografi di Francesco. Due copie originali della Seconda Vita di Tommaso da Celano. Una decina della Prima. Compilazioni degli scritti dei compagni. Riproduzioni trecentesche di materiali più antichi. E i rotoli che frate Leone aveva affidato alle clarisse: non gli originali, ma ricostruzioni attendibili.

Alla fine, Bonaventura ha fallito. Se per secoli si è tramandata l'immagine edulcorata, quasi ammaestrata, che ha costruito di Francesco, la modernità ha riscoperto l'autentica figura del santo. E se la verità storica su molte vicende non si saprà mai, adesso possiamo riconoscere con chiarezza, custodire e tramandare la sua eredità. Perché san Francesco, lungi dall'essere relegato nel cielo, oggi è più vivo che mai. Così com'è viva la memoria dei suoi figli. A cominciare dai due santi francescani più noti e amati. Il primo, e l'ultimo. Sant'Antonio, e padre Pio.

11

SANT'ANTONIO E PADRE PIO

Era la sera del 14 febbraio 2010, giorno di san Valentino, una domenica. Ed era la quarta volta in otto secoli che sant'Antonio, primo frutto del grande albero piantato da Francesco, si mostrava ai fedeli.

Il giorno dopo sarebbe cominciata l'ostensione della salma del santo. Prima, però, i frati di Padova volevano salutare il loro padre, e anche controllare come stesse, se fosse sempre al suo posto, e in quali condizioni si trovasse lo scheletro.

Quando l'argano sollevò la lastra di marmo, e fu aperta la cassa di rovere, i frati scoppiarono in un applauso, che risuonò moltiplicato dall'eco della basilica vuota. Sant'Antonio era lì. L'analisi dello scheletro rivelò che era alto un metro e 70, molto per l'epoca. Aveva rotule ampie e appiattite, segno delle tante ore trascorse in ginocchio. Aveva tibie e peroni robusti, segno delle tante ore trascorse in cammino. E non mancava nulla: segno che le innumerevoli reliquie di sant'Antonio sparse in molte chiese tra Italia e Francia sono false. I frati innalzarono l'inno "O gloriosa Domina", l'ultimo che Antonio cantò prima di spirare, sul carro che lo portava da Camposampiero a Padova: "O gloriosa tra le Vergini, splendente più che stella...".

Ero lì grazie alla mia amicizia con i frati del Messaggero di Sant'Antonio, la rivista pubblicata in tutte le lingue della cristianità. Durante la guerra fu diretta da padre Placido Cortese, che salvò molti ebrei e morì sotto le torture naziste nella Risiera di San Sabba, a Trieste. Fuori dalla basilica, che sarebbe stata aperta all'alba del lunedì, si allungava già la coda dei pellegrini che erano lì per vedere, salutare, pregare sant'Antonio. Bambini con la maschera di Carnevale (l'indomani era martedì grasso). Suore arrivate in bicicletta. Portoghesi ansiosi di ricordare che Antonio si chiamava in realtà Fernando Martins de Bulhões ed era di Lisbona. Delegazioni della Gioventù francescana e della Pia confraternita dei macellai. Zingari, molto devoti al santo, che considerano il patrono delle cause impossibili.

Quando, il 10 ottobre 1991, tre uomini mascherati rubarono il reliquiario con la mandibola, le indagini puntarono sui rom, che reagirono indignati: come avrebbero potuto profanare le spoglie del loro santo? Due mesi dopo, la reliquia fu ritrovata in un campo presso l'aeroporto di Fiumicino. Una voce, mai verificata, volle che fossero stati proprio gli zingari a mettere gli inquirenti sulla pista giusta.

La lingua incorrotta di sant'Antonio

Antonio è un santo che fa miracoli. Molti pellegrini avevano con sé ex voto, in particolare fotografie di auto accartocciate in un incidente, con il superstite che vi appoggia la mano in segno di grazia ricevuta. Ma soprattutto molti recavano suppliche, erano alla ricerca di qualcosa: la fede nuziale, un assegno, uno sposo. I frati di Padova custodiscono la lettera giunta nel 1990 dal Sud America e scritta da una signora che, indispettita con il santo che non trovava marito alla figlia, gettò la sua statuetta per strada. Un passante ne fu colpito in testa. Era il futuro genero.

Sant'Antonio, com'è noto, fa trovare le cose. Una credenza nata da un'antica preghiera: "Si quaeris miracula...". "Si quaeris" significa appunto "se cerchi": nella tradizione popolare, diventò il titolo dell'invocazione, "Sequeri", e Antonio divenne il santo delle cose perdute. Soprattutto, è il santo che calma l'ansia e la vergogna per noi stessi che proviamo quando abbiamo perso una cosa importante.

Il giorno in cui la mandibola fu recuperata, i frati considerarono che fosse stato Antonio a ritrovare la sua stessa reliquia. Vent'anni dopo, il boss del Brenta, Felice Maniero, confessò proprio al Messaggero di Sant'Antonio di essere stato lui il mandante del furto, di cui si era amaramente pentito. Il regista Carlo Mazzacurati ne trasse un bel film, "La lingua del santo", in cui Antonio Albanese e Fabrizio Bentivoglio sono due ladri sacrileghi ma non così cattivi.

Quella cui assistetti era appunto la quarta ostensione dei resti del santo. "Ostentazione" disse per sbaglio un tg locale. Un lapsus che i frati trovarono indicativo: "Stanotte" dissero, "sant'Antonio ci mostra la differenza tra farsi vedere ed essere visti". Padova era in festa, al Caffè Pedrocchi offrivano il caffè a tutti gli Antonio e le Antonietta, senza chiedere la carta di identità.

Il primo ad aprire la cassa era stato l'instancabile Bonaventura da Bagnoregio, l'8 aprile 1263. La lingua con cui Antonio, grande oratore, pronunciava i suoi leggendari sermoni, fu trovata incorrotta; da qui il suo grande valore. Nel 1350 il legato pontificio Guy de Boulogne collocò il corpo nella Cappella dell'Arca, e per oltre sei secoli nessuno lo toccò più. Nel 1981, a 750 anni dalla morte, l'ostensione partì in sordina; alla fine arrivarono un milione di persone.

Antonio, uomo di cultura, dottore della Chiesa, è divenuto il santo degli umili, che ne hanno reinventato la figura: sant'Antonio, come lo pensiamo oggi, è una creazione del popolo.

La cappella dove riposa è decorata con marmi e bronzi di straordinaria bellezza, opera di Tullio Lombardo, Sansovino, Donatello. Raccontano i miracoli di Antonio, tra cui due in particolare mi hanno molto colpito. Anche perché, più che miracoli, sono segni di santità e di sapienza.

Al funerale di un uomo avaro, il santo grida: "Non potete seppellirlo in terra consacrata!". Perché? "Perché non ha il cuore". Gli aprirono il petto; e in effetti il cuore non c'era. Il santo suggerì di cercarlo nel forziere del morto, ricordando il Vangelo secondo Luca: "Perché, dov'è il vostro tesoro, là sarà anche il vostro cuore". Il cuore dell'avaro era davvero dentro il forziere. A quanti altri defunti illustri accadrebbe oggi?

L'altra storia è altrettanto terribile. Un padovano, di nome Leonardo, confessa ad Antonio di aver dato un calcio alla madre, in un momento d'ira. Antonio non lo consola affatto, né lo perdona, ma lo rimprovera con parole durissime: "Il piede che colpisce la madre o il padre meriterebbe di essere tagliato all'istante". Leonardo lo prende molto sul serio, va a casa e, straziato dal rimorso, si taglia il piede davvero. Ma Antonio lo viene a sapere, si sente in colpa pure lui, prende il piede mozzato, lo ricongiunge alla gamba, traccia un segno di croce; e come avrete capito il piede miracolosamente rimane attaccato, tanto che Leonardo può saltare dalla felicità.

Ma l'immagine di sant'Antonio più consueta e più cara ai fedeli è quella con Gesù Bambino in braccio. È il ricordo di una visione tenerissima: mentre pregava fino ad andare in estasi, ad Antonio parve di reggere tra le braccia un neonato. La lezione di Francesco e del presepe di Greccio aveva trovato il primo allievo.

Francescani sono stati santi meravigliosi. Giuseppe da Copertino, paese vicino a Lecce, celebre per una sua straordinaria facoltà: volava. O, meglio, levitava. La prima volta accadde in chiesa: Giuseppe si levò in aria e si innalzò all'altezza del pulpito. Il miracolo fu clamoroso, da tutta Italia vennero a vedere il santo che volava. La Chiesa la prese malissimo: per due volte il Sant'Uffizio lo processò per abuso della credulità popolare, ma dovette assolverlo, perché Giuseppe levitava davvero. Non era dotto, ma possedeva la scienza infusa: insomma sapeva un sacco di cose pur non avendo studiato, infatti pure i teologi gli chiedevano opinioni e consigli. Aveva anche il dono della profezia. "Il Papa muore fra tre giorni" disse. Il Papa era Urbano VIII, al secolo Maffeo Vincenzo Barberini, il grande mecenate di Bernini, e stava benissimo. Urbano VIII morì clamorosamente dopo tre giorni.

Anche san Bernardino da Siena, francescano, finì sotto processo davanti al tribunale dell'Inquisizione, con l'accusa di eresia. Contro di lui avevano tramato i finanzieri toscani, indispettiti da un suo libro fondamentale: il Trattato dei contratti e dell'usura, in cui distingueva il lavoro buono dell'imprenditore e del mercante da quello degno di biasimo dell'usuraio che fa soldi con altri soldi sulla pelle della povera gente.

Figura meravigliosa del francescanesimo è Massimiliano Kolbe. Arrestato dai nazisti con la sola colpa di aver aiutato i polacchi vittime della guerra d'aggressione, deportato ad Auschwitz, bastonato più volte, destinato al trasporto dei cadaveri. Un prigioniero riesce a fuggire. Per rappresaglia, i carnefici selezionano dieci persone da far morire nel bunker della fame: molto peggio di una fucilazione. Uno dei prescelti, il polacco Franciszek (Francesco) Gajowniczek, scoppia a piangere, grida che a casa ha una famiglia che lo attende. Padre Kolbe esce dalle file dei prigionieri e offre la sua vita in cambio di quella del padre di famiglia. I nazisti accettano. Dopo due settimane di agonia, senza cibo né acqua, trovano Massimiliano Kolbe e altri tre prigionieri ancora vivi, che pregano e cantano inni a Maria. Le stesse SS restano impressionate. Li uccidono con un'iniezione di acido fenico.

A Hans Bock, il delinquente comune messo a capo dell'infermeria e incaricato dell'esecuzione, padre Kolbe sussurra con le ultime forze: "Lei non ha capito niente della vita. L'odio non serve a niente. Solo l'amore crea". "Solo l'amore crea" ricorderà Paolo VI quando nel 1971 beatificherà Massimiliano Kolbe.

Ma il francescano più celebre del nostro tempo è un italiano.

Il mistero buono di padre Pio

Padre Pio in realtà si chiamava Francesco: Francesco Forgione. Nasce e cresce a Pietrelcina, nella campagna del Sannio:

ulivi, grano, tabacco. Un giorno la madre, Maria Giuseppa, lo porta da un vicino che si diletta di astrologia, che sentenzia: “Il bambino sarà onorato in tutto il mondo”. Proprio quello che, secondo la tradizione, san Francesco diceva di sé, quando ancora credeva che la sua strada sarebbe stata quella di cavaliere.

Francesco Forgione in effetti non è un bambino come gli altri. A volte smette di giocare a bocce o con la fionda e corre in disparte a leggere libri sulle vite dei santi. Poi, nel 1899, quando ha dodici anni, accade un fatto che lo sconvolge.

È il 25 agosto, Francesco va con suo padre alla festa di san Pellegrino, patrono di Altavilla, un paese non lontano da casa. Tra i fedeli che affollano il santuario c'è una giovane madre, che implora la guarigione del figlio deforme. Poi, sconvolta dal dolore, lo scaraventa sull'altare ai piedi della statua del santo, gridando: “Se non vuoi guarirlo, allora te lo devi riprendere!”. Prodigiosamente, il bambino cade sui suoi piedi e comincia a camminare. Francesco vede tutto e scoppia in lacrime. Il mistero lo affascina e lo turba. Il suo animo, all'apparenza semplice, in realtà è in tumulto. Un giorno la madre lo sorprende mentre si flagella la schiena con una catena di ferro: “Devo picchiarmi come fu picchiato Gesù”, spiega.

La figura fondamentale della sua infanzia è frate Camillo da Sant'Elia a Pianisi. È un frate cappuccino, che va spesso a predicare a Pietrelcina. Francesco è incantato dal suo carisma, dai suoi modi umili e gioiosi, in particolare dalla barba nera e folta. Quando comunica la sua vocazione ai genitori, annuncia: “Voglio diventare frate con la barba”.

La sua però sarà sempre una vocazione tormentata. A volte tornando a casa trova sulla soglia un uomo vestito da prete che gli sbarra la strada e non vuole farlo passare. Poi, nei giorni che precedono il suo ingresso in convento, vede un uomo di rara bellezza che lo prende per mano e gli dice: “Vieni con me. Dovrai combattere contro un valoroso guerriero”.

Il guerriero contro cui padre Pio combatte, o crede di combattere, è il diavolo. Anzi, il suo corpo è un campo di battaglia. Di notte sente forze che si affrontano dentro di lui: da una parte Dio, dall’altra il demonio. Si sente slogare le ossa, attraversare le viscere. Quando si riprende è distrutto, a volte sanguina. Nel convento dei frati minori cappuccini di Morcone, a una trentina di chilometri da Pietrelcina, la vita è dura, il cibo è scarso, e ogni lunedì, mercoledì e venerdì ci si flagella per reprimere le tentazioni.

A volte Francesco trova rifugio in una masseria comprata da suo zio, tornato dall’America. Si fa costruire una capanna all’ombra di un olmo. E sotto quell’albero per la prima volta, nel 1910, avverte delle fitte alle palme delle mani e dei piedi: il dolore lascia “un po’ di rosso, quasi quanto la forma di un centesimo” scrive. “Dal giovedì sera fino al sabato, come anche il martedì, è una tragedia dolorosa per me. Il cuore, le mani e i piedi sembrami che siano trapassati da una spada; tanto è il dolore che ne sento”.

Nel 1916 padre Pio, come ormai lo chiamano, si trasferisce sul Gargano, a San Giovanni Rotondo, vicino al santuario di San Michele, scavato nella roccia sino alla profondità della terra, dove l’arcangelo tiene a bada il diavolo. A San Giovanni Rotondo, nella chiesa di Santa Maria delle Grazie, il mattino del 20 settembre 1918 padre Pio celebra la messa. Poi si sposta nel coro, dove cade nel sonno. E nel sonno ha una visione: un personaggio misterioso, con “le mani, i piedi e il costato che sanguinavano abbondantemente. La sua vista mi spaventò. Mi sentii morire, e sarei morto se il Signore non fosse intervenuto per sostenermi il cuore che sentivo sobbalzare nel mio petto". Al risveglio, padre Pio si accorge "che le mie mani, i piedi e il costato erano trafitti e sanguinavano". Sono le stimmate, le ferite di Gesù, le stesse che la tradizione attribuisce a Francesco?

All'inizio padre Pio non ne parla con nessuno. Tenta di curare le ferite con tinture di iodio. Le nasconde con garze di cotone o di lino, che però agli occhi degli scettici, più che celare le piaghe, finiscono per enfatizzarle. I fedeli che assistono alle sue messe se ne accorgono. E spargono la voce: a San Giovanni Rotondo c'è un frate santo.

I malati vanno a cercarlo. Tra loro c'è Michele Salvatore, un contadino che non cammina più per una paralisi alle gambe. Padre Pio lo benedice e lo risana. Il 20 giugno 1919 la notizia finisce sul Mattino, il quotidiano di Napoli, che per primo racconta la storia del frate con le stimmate. A padre Pio vengono attribuite la bilocazione, cioè la capacità di essere in due posti contemporaneamente, e l'ipertermia: il suo corpo è caldissimo, può arrivare a 48 gradi.

Il primo a esaminare le stimmate è stato, nel maggio dello stesso anno, il primario dell'ospedale di Barletta, Luigi Romanelli. Il medico osserva le piaghe, le tocca. Non ne ha mai viste di simili in vita sua: sono dolorose ma non ostacolano i movimenti, non guariscono e non peggiorano. L'origine, conclude il medico, è davvero soprannaturale.

Per i detrattori, padre Pio è un impostore che si ferisce con l'acido fenico. Per altri è uno psicotico, in buona fede ma affetto da autosuggestione. Si scopre che le lettere in cui descrive il suo travaglio fisico e spirituale sono copiate parola per parola dall'epistolario di Gemma Galgani, una donna di Lucca che sostiene di aver ricevuto le stimmate nel 1899. I superiori però lo difendono: ha solo preso in prestito le parole della donna per esprimere un dolore che prova davvero. E per la grande maggioranza dei fedeli è un santo che, sette secoli dopo Francesco, porta nel suo corpo i segni del sacrificio di Gesù Cristo.

Ma a San Giovanni Rotondo arriva anche un sacerdote scienziato. È padre Agostino Gemelli. Anche lui è francescano. Però è anche un illuminista milanese: fonderà l'Università Cattolica, oggi il policlinico dove si curano i Papi porta il suo nome. A un religioso come Gemelli il mondo di padre Pio appare segnato da una fede superstiziosa, antica, quasi medievale. Riesce a incontrare il frate per pochi minuti, ma non gli consentono di esaminare le ferite. E lui scrive al Sant'Uffizio una lettera durissima. Anche in seguito padre Gemelli resterà convinto che padre Pio sia "uno psicopatico", "un povero ammalato" che si è "prodotto in modo inconscio, e per effetto di azione suggestiva, le piaghe simulanti quelle di San Francesco".

Messo sull'avviso, il Vaticano interviene. I fedeli tentano di procurarsi le sue reliquie già da vivo: quando i frati affidano la biancheria sporca alle lavandaie del paese, i suoi vestiti spariscono. La gente dorme per terra fuori dalla chiesa di Santa Maria delle Grazie in attesa di essere confessata da padre Pio, viene istituito un servizio di prenotazioni per incontrarlo. Le sue messe, affollatissime, non finiscono mai: padre Pio fissa l'ostia, cade in estasi, resta a lungo in silenzio. Il Sant'Uffizio manda un visitatore apostolico, che però non trova nulla di male: il frate è un sant'uomo, le piaghe sono vere e di chiara origine divina.

Ma il 22 gennaio 1922 muore Papa Benedetto XV. Il suo successore, Pio XI, è un amico di padre Gemelli. Ed è perplesso per il culto della personalità al limite dell'idolatria che sta crescendo attorno al francescano di San Giovanni Rotondo. Si pensa di trasferirlo, ma i fedeli insorgono, presidiano il convento. Così il Vaticano si limita a togliergli poco per volta la libertà, fino all'isolamento. Padre Pio non può più dire messa in pubblico, ma solo nella cappella privata del convento, da solo. Non gli resta che parlare con Dio: la messa del Natale 1932 dura cinque ore.

Poi qualcosa cambia. Si parla di un'inchiesta sui conventi vicini, condotta dal sindaco di San Giovanni Rotondo, Francesco Morcaldi, grande amico del frate, che avrebbe rivelato una serie di scandali. Il dossier viene portato al Papa, come forma di pressione: se queste cose si venissero a sapere, si capirebbe che padre Pio è l'ultimo dei problemi per il Vaticano. Ma forse il Papa cambia idea per proprio conto. Fatto sta che il Sant'Uffizio stabilisce che il frate può tornare a dire messa e a ricevere i fedeli, pur ribadendo che "il carattere soprannaturale dei fatti attribuiti a padre Pio non è stato provato".

Tra quelli che lo vanno a trovare, nel 1948, c'è un giovane sacerdote polacco: Karol Wojtyła. Non sapremo mai se, come si racconta, padre Pio gli abbia predetto il papato, sia pure presagendo "sangue e violenza", insomma l'attentato in piazza San Pietro del 1981. Certo Wojtyła resta impressionato dalla fede e dal misticismo del frate.

Quando nel 1962 si ammala la sua migliore amica, Wanda Półtawska, con cui da ragazzo ha condiviso la resistenza ai nazisti, Wojtyła scrive una lettera – in latino – a padre Pio, in cui lo implora di guarirla. Per essere certo che il messaggio arrivi a destinazione, lo fa portare a mano da Cracovia alla

Puglia. Quando padre Pio lo legge, Wanda è in punto di morte. Prodigiosamente si riprende. Il tumore che la stava uccidendo è sparito. Wojtyła non lo dimenticherà.

Ma il frate è atteso da un'altra prova terribile.

È il 1960, padre Pio ha settantatré anni. È circondato da donne che lo adorano. Sembra che i suoi nemici siano riusciti a piazzare registratori nella sua cella, e dai nastri emerga che il rapporto con le sue fedelissime non sia soltanto spirituale. La notizia viene riferita a Giovanni XXIII, che non ama padre Pio. Diffida del culto che lo circonda. Teme una gestione poco trasparente delle opere religiose: oltre che un grande centro turistico e di mercato, sta nascendo anche un polo sanitario. E poi Papa Roncalli ha in mente la Chiesa del Concilio, aperta alla modernità, molto diversa da quella arcaica che celebra il suo rito sul Gargano. Sulla sua agenda, il Papa annota parole molto aspre: "Stamane da Mgr Parente informazioni gravissime circa P.P. e quanto lo concerne a S. Giov. Rotondo. L'informatore aveva la faccia e il cuore distrutto. Con la grazia del Signore io mi sento calmo e quasi indifferente, come innanzi ad una dolorosa e vastissima infatuazione religiosa il cui fenomeno preoccupante si avvia ad una soluzione provvidenziale. Mi dispiace di P.P. che ha pur un'anima da salvare, e per cui prego intensamente". Non è una nota ufficiale della Chiesa, sono appunti privati – rivelati dallo storico Sergio Luzzatto nel suo fondamentale saggio "Padre Pio. Miracoli e politica nell'Italia del Novecento", pubblicato da Einaudi –, ma che comunque fa impressione leggere. Papa Giovanni cita "rapporti intimi e scorretti con le femmine che costituiscono la sua guardia pretoriana sin qui infrangibile intorno alla sua persona", che fanno pensare "ad un vastissimo disastro di anime, diabolicamente preparato, a discredito della S. Chiesa nel mondo, e qui in Italia specialmente. Nella calma del mio spirito, io umilmente persisto a ritenere che dall'immenso inganno verrà un insegnamento a chiarezza e a salute di molti".

È uno scontro drammatico, tra due santi uomini amatissimi dagli italiani. Ma tutto è destinato a stemperarsi con il tempo. Secondo alcuni, Papa Giovanni modererà il giudizio su padre Pio. E Giovanni Battista Montini, che diventa Papa nel 1963 con il nome di Paolo VI, avrà sempre un buon rapporto con il frate.

Oggi nel convento sul Gargano vivono ancora frati che hanno conosciuto padre Pio. Il guardiano, frate Rinaldo, ha ricevuto da lui la prima comunione. Il decano, frate Graziano, racconta di essersi confessato una sola volta con padre Pio, che era stato molto duro, e di aver pensato: "Questa è l'ultima volta che mi confesso con lui". Tempo dopo incontrò in corridoio padre Pio, che lo apostrofò: "Hai tenuto fede al tuo proponimento, non sei più venuto a confessarti da me!". Frate Graziano è convinto che padre Pio gli avesse letto nel pensiero.

A volte il santo poteva essere burbero, fino a negare l'assoluzione. Un giorno andarono a trovarlo due giovani promesse del mondo dello spettacolo: Renzo Arbore e Pippo Baudo. Non è uno scherzo: Arbore portò il suo amico a chiedere consiglio a padre Pio. Che però quel giorno non era di buon umore: "Chi vulite?". "Il mio amico" rispose Renzo, "vuole sapere se deve fare l'avvocato o l'artista". "Facisse 'cchi vole!" rispose il frate, e li cacciò in malo modo. Quando però era allegro, amava raccontare storielle e anche barzellette, sempre in dialetto.

Gli ultimi mesi furono duri. Padre Pio girava in carrozzina e non poteva più dire messa. Morì alle due e mezza del mattino del 23 settembre 1968. Nella cella numero 1 sono ancora custoditi la bombola d'ossigeno con cui cercarono di dargli sollievo, la sedia su cui si spense, il rosario che stringeva tra le mani.

Le ferite sparirono. I cappuccini decisero di esporre la salma con le mani e i piedi bendati. Per qualcuno fu l'ultimo inganno. Per altri fu la conferma della sua santità: il Signore aveva posto fine alla sua sofferenza.

Oggi padre Gemelli, il milanese che considerava quel frate che parlava di diavoli in dialetto campano il simbolo della fede medievale del Sud, non fa miracoli. Padre Pio è divenuto invece una sorta di protettore della nazione: dei malati, degli automobilisti, dei superstiziosi. Devotissimi a padre Pio sono gli uomini e le donne dello spettacolo. Albano lo adora. Di Lucio Dalla a Bologna si diceva che fosse figlio di padre Pio. L'unica volta in vita mia in cui andai ad Arcore, vidi infilata nella cornice della grande foto della famiglia Berlusconi appesa nel salotto un'immagine di padre Pio. Alla sua beatificazione, il primo capo del governo postcomunista, Massimo D'Alema, era in prima fila.

Fu una cerimonia indimenticabile. La consacrazione di un mito, il momento fondativo di un culto. Era il 2 maggio 1999, una domenica, e a Roma faceva molto caldo. Almeno 300 mila persone tra il Tevere, via della Conciliazione e piazza San Pietro, stracolma. Qualcuno noleggiò un aereo per passare sulla folla con la scritta: "Padre Pio vi benedice". Grandi applausi. Mendicanti bosniaci scoprivano piaghe come san Rocco. Furono arrestati 25 borseggiatori, molti di più restarono impuniti.

Ero là come cronista. Raccolsi decine di racconti di grazie ricevute. Storie quotidiane, a volte normali: una colica renale sparita d'incanto, un'emicrania cronica guarita all'improvviso. Ricordo un devoto di Bari, Pasquale Di Michele: assicurava che per intercessione di padre Pio ogni 6 dicembre, giorno di san Nicola, vinceva un terno al lotto. Un anno padre Pio gli ha anche guarito la suocera, Wanda, e lui ne sembrava sinceramente rallegrato. Sua moglie Lucia raccontava che il miracolo avvenne nel 1973: una notte le apparve in sogno il frate, di cui lei non aveva mai sentito parlare, e le annunciò la guarigione della mamma. Da allora la signora Lucia ha rivisto padre Pio due volte, nello specchio. Il marito mai, però porta sempre la sua medaglietta sul petto. La frequenza con cui padre Pio compare nei sogni è impressionante. Il primo sognatore fu il generale Cadorna, che – secondo una leggenda smentita dalla famiglia – dopo Caporetto ne fu dissuaso dal suicidio.

I motivi di tanta devozione sono evidenti. Le guarigioni. La speranza di un miracolo. La paura dell'ignoto. Padre Pio appare come una porta sull'aldilà ("Attenderò sulla porta del Paradiso fino a quando l'ultimo dei miei figli spirituali non sarà entrato" amava ripetere). Soprattutto, i suoi fedeli lo considerano il padrone della sorte. Il signore della Fortuna, come la intendevano i latini, una "media vox" che può essere benigna o maligna. Padre Pio è invocato contro la disgrazia più ancora che contro la malattia. Il giorno della beatificazione, per esempio, era prevista pioggia, e il sole africano fu ovviamente attribuito all'intercessione del santo. Il tatuaggio più diffuso in Italia è padre Pio.

La sua fisicità contadina, l'agitazione frenetica del corpo, la parlata popolana, gli occhi spiritati, tutto concorre a farne l'effigie di una religiosità che in altre epoche la Chiesa aveva considerato residuale.

La morte del frate, nel settembre del 1968, parve chiudere una stagione carica di fascino e di mistero ma irrimediabilmente legata a un passato preconciliare e premoderno. Nulla di più sbagliato.

Trasversale, praticato da ricchi e da semplici, dai giovani come dai vecchi, il culto di padre Pio è certo meridionale e di provincia: l'immensa provincia italiana. Ma è anche un pezzo della nostra identità. San Giovanni Rotondo è uno dei più importanti poli turistici: oltre sei milioni di visitatori l'anno, attratti anche dall'indulgenza plenaria concessa da Wojtyła, come ad Assisi, Fatima e Lourdes; e poi l'ospedale Casa sollievo della sofferenza, il poliambulatorio Giovanni Paolo II, i bar, i ristoranti, gli alberghi, la radio, la tv, i negozi, due giornali...

Ma non c'è un'atmosfera da mercato. In alcune ore del giorno, in particolare verso il tramonto, il luogo ha grande fascino. La parte nuova, disegnata da Renzo Piano, è bellissima. Uno dei luoghi in cui l'arte contemporanea incontra il sacro. Piano, l'architetto che non è infastidito dalla moltitudine ma anzi la sa interpretare, ha pensato a una chiesa che sia anche agorà, un posto dove pregare e dove incontrarsi. Nei confessionali ci si siede a parlare con il prete a tu per tu. Fuori, una grande piazza coltivata a ulivi degrada sulla campagna. Le campane – il vero simbolo della cristianità, il più detestato dai turchi che da Costantinopoli a Otranto ovunque entrassero in una città cristiana per prima cosa le distruggevano – si affacciano sulla valle.

La cripta, tutta luccicante, è invece decisamente kitsch. La decorazione a mosaico è pensata non come opera d'arte ma come motivo devozionale. Il corpo del santo - sul volto una maschera di cera - riposa dietro un plexiglas trasparente. Ci si accosta comunque con grande rispetto. Padre Pio è un mistero, ma è anche un conforto. Un mistero buono. Anche i laici un po' lo temono, un po' ci sperano.

Padre Pio è sempre meglio averlo dalla propria parte.

12

L'EREDITÀ DI FRANCESCO

Cosa porta cinque milioni di persone ogni anno sulla tomba di san Francesco? Cosa spinge Robert McNamara, il ministro amerikano della guerra del Vietnam, a venire a sposarsi a ottantotto anni davanti al suo cilicio? Il Dalai Lama a piangere sulla sua tunica? Gli imam ad ascoltare il suono del corno donatogli dal sultano? L'ambasciatore israeliano a ritrovare una stella di David misteriosamente scolpita su un architrave del convento?

Che cosa conduce ad Assisi ex mercanti d'armi, miliardari, giainisti, calciatori, zoroastriani, sceicchi, animisti e un narcotrafficante colombiano pentito che si è fatto frate?

San Francesco non compie miracoli. Ad Assisi non si viene a implorare guarigioni o colpi di fortuna. Si viene nella speranza di cambiare vita, o per chiedere perdono della vita precedente.

Lo spirito di Assisi

Ai frati di Assisi sono negati tranquillità e oblio. Non conoscono il senso di decadenza e l'odore di minestrone di altri luoghi santi un tempo gloriosi.

Qui la storia ha ripreso a passare.

Assisi è tornata un centro di fermento spirituale e di elaborazione culturale, non solo per i 250 studenti degli Istituti di Teologia e Scienze Religiose. Qui Giovanni Paolo II ha riunito per la prima volta nel 1986 i capi delle altre religioni, confuciani e hindu, musulmani e sikh, e naturalmente i buddhisti, e insieme hanno pregato per la pace. Un rito che Papa Wojtyła ha ripetuto ancora nel 2002, quando ormai era molto malato, per scongiurare i venti di guerra che soffiavano sul Medio Oriente dopo l'11 settembre.

Ho trascorso nel sacro convento, con i frati, la notte tra il 20 e il 21 marzo 2003, quella dell'attacco all'Iraq. All'alba – prima alba di primavera, prima alba di guerra – scesi con loro a pregare sulla tomba del santo. "L'ira mite dei frati" fu il titolo dell'articolo. Erano arrabbiati veramente, come se fosse stato fatto un torto a Francesco.

La sepoltura del santo era stata a lungo un mistero. Nel Quattrocento gli assisani, da sempre timorosi di un colpo di mano dei detestati perugini, nascosero il corpo. Solo che lo nascosero talmente bene che poi non lo trovavano più. Nel 1818 Papa Pio VII diede l'ordine di riscoprire la vera tomba di Francesco. Scavarono per cinquantuno giorni e cinquantuno notti. La cinquantaduesima notte, il 2 dicembre, il piccone trovò la roccia dov'era incastonata l'urna.

Per un francescano vegliare sul sepolcro di san Francesco, e quindi risiedere nel sacro convento di Assisi, è come per un calciatore giocare nel Real Madrid, o per un tennista vincere Wimbledon. Infatti c'è un certo turn-over. Di solito i frati sono più di sessanta, provenienti da una quindicina di Paesi: indiani, kenyoti, maltesi, argentini, coreani, australiani... Ho un legame spirituale molto forte con loro, fin da quando ho chiamato il mio primogenito Francesco. In questi anni si sono succeduti vari custodi: padre Vincenzo Coli, toscano; padre Giuseppe Piemontese, che era di Monte Sant'Angelo, dove fu scavato nella roccia il santuario dell'arcangelo Michele; padre Mauro Gambetti, un ingegnere di Imola che per amore di Gesù e di Francesco lasciò la fidanzata e l'azienda di famiglia. Nel 2020 Papa Francesco gli ha affidato la basilica di San Pietro. Ad Assisi al suo posto è arrivato fra Marco Moroni da Cassano Magnago.

Non soltanto qui non ci sono guarigioni miracolose da chiedere. Non c'è nulla da comprare. Non ci sono mercatini o negozi. Dentro le mura del convento non c'è neanche un bar. Per vedere gli affreschi non si pagano biglietti. Non si affittano celle né stanze: qualche ospite può fermarsi a dormire e dividere il refettorio con i frati. In altre mani, la tomba di Francesco sarebbe una macchina per fabbricare denaro. I frati hanno una loro fermezza, una cultura gioiosa ma severa della pace, del dialogo, del confronto. È un prodigio antico, che comincia con Francesco e i suoi compagni e prosegue con i pittori: qui lavorarono i grandi artisti del tempo, maestri divisi da rivalità, Cimabue, Giotto, Simone Martini, Lorenzetti, e trovarono una tale armonia che i critici non distinguono la mano dell'uno da quella dell'altro (Federico Zeri era convinto che la basilica superiore non fosse stata affrescata da Giotto e dalla sua scuola ma da maestri romani). Come se oggi un piccolo borgo vedesse arrivare Anselm Kiefer, Damien Hirst, Michelangelo Pistoletto, Maurizio Cattelan, e prodigiosamente riuscissero a fondere la loro arte in un disegno comune.

Tra i pellegrini ci sono alcuni professionisti, come l'irlandese che si chiama ovviamente Patrick e ha dormito per molto tempo sotto il pronao della chiesa nella piazza del Comune, quella con le colonne dell'antico tempio romano a Minerva che si vede negli affreschi di Giotto. Qui vennero anche Papa Giovanni, a cercare ispirazione alla vigilia del Concilio Vaticano II, e madre Teresa di Calcutta, a pregare davanti al ritratto di Francesco dipinto da Cimabue che vedete sulla copertina di questo libro.

Nella biblioteca è custodito il più antico manoscritto del Cantico delle Creature, nella basilica inferiore il messaggio che Francesco scrisse per frate Leone e che lui portò per quarantasette anni cucito nella tonaca, per preservarlo dalla distruzione e avere sempre con sé qualcosa del suo amico.

La pergamena è uno dei rarissimi autografi di Francesco, ed è una delle altrettanto rare pergamene in cui il "lato pelo" è conservato meglio del "lato carne": questo perché Leone, prima di cucirla nel suo saio, la piegò in modo che la parte con la benedizione rimanesse protetta. Proprio come facciamo noi oggi quando dobbiamo ripiegare un foglio: la parte importante rimane all'interno.

Un'altra benedizione scritta di proprio pugno dal santo è custodita invece nel Duomo di Spoleto: "Fratello Leone, il tuo fratello Francesco ti augura salute e pace. Io ti dico, figlio mio, come una madre, che tutto quello che abbiamo detto strada facendo, lo riassumo in questo consiglio; e se poi occorre che tu venga da me per consiglio, così ti consiglio: in qualunque modo ti sembra meglio piacere al Signore Iddio e seguire le sue orme e la sua povertà, fatelo con la benedizione del Signore Iddio e la mia obbedienza. E se ti è necessario per la tua anima o per altro tuo conforto e vuoi, Leone mio, venire da me, vieni. Che Dio ti benedica".

Grandi italiani e figli di Francesco

Se l'Italia è una superpotenza culturale, il merito è anche di san Francesco.

Sotto certi aspetti, possiamo davvero sostenere che Francesco sia stato il primo italiano. Un Paese che per altri sei secoli e più non sarebbe diventato uno Stato, ma che nel tempo è diventato una patria in senso culturale, artistico, spirituale anche grazie a lui.

Scrive Hermann Hesse che "la vita di un uomo puro e nobile d'animo è sempre una cosa santa e meravigliosa, dalla quale emanano forze inaudite che agiscono fino in lontananza". Lontananza nello spazio e nel tempo. Una forza che vibra nell'opera non solo di altri religiosi, ma di scrittori, poeti, pittori, artigiani, musicisti, esploratori, politici, scienziati e uomini comuni che dall'esempio di Francesco in qualche modo e in qualche forma furono ispirati.

Perché tutti, nei momenti più alti, nella parte più nobile di noi, vorremmo essere come Francesco, o comunque suoi seguaci, suoi allievi, suoi figli.

Forse soltanto questo spiega il fatto che molti grandi italiani - ma verrebbe da dire quasi tutti - sono stati terziari francescani.

Prima di scrivere questo libro non sapevo bene cosa significasse questa espressione. Francesco stesso non aveva in mente una simile categoria. Lui non voleva fondare un ordine, ma una comunità, aperta a tutti. Fu però costretto a inquadrarla nella Chiesa. In seguito l'accesso sarebbe stato vietato ai laici. Il primo ordine quindi sono i frati propriamente detti. Il secondo sono le clarisse. Il terzo è aperto a laici e sacerdoti, che intendono vivere secondo una Regola diversa da quella dei frati, ma fondata comunque sull'insegnamento di Francesco.

Non esistono elenchi sicuri dei terziari francescani. Di alcuni nomi abbiamo la certezza. Di altri abbiamo la ragionevole convinzione che abbiano fatto parte, sia pure da laici e da peccatori, della grande famiglia francescana.

Terziari furono, come ci siamo detti, i più grandi artisti del Trecento, i fondatori della poesia e della pittura moderne, Dante e Giotto, che probabilmente si incontrarono e certo si stimarono ("Credette Cimabue nella pintura/ tener lo campo, e ora ha Giotto il grido,/ sì che la fama di colui è scura": sono versi antichi di settecento anni, e sembrano scritti ieri). Dante, povero non per scelta ma per necessità, profondamente cristiano e profondamente convinto che il Papa dovesse avere un'autorità religiosa e non temporale, spirituale e non materiale, si sentiva fratello minore di Francesco. La sua moralità al limite del moralismo contro il denaro, la finanza, l'usura, i Papi simoniaci è del tutto in sintonia con quella di Francesco. Allo stesso modo l'idea che la poesia cortese e l'amore per le creature siano scale per arrivare all'amore divino, alla luce, alle melodie celestiali del Paradiso è un'idea in sintonia con quella del santo. E anche la scelta del volgare, della lingua del popolo, di quella che sarebbe diventata la lingua degli italiani, accomuna questi due grandi spiriti, che appartengono all'umanità, e infatti non conoscono confini nazionali. Del resto, i terziari francescani hanno fatto la letteratura italiana: lo furono uomini diversissimi come Francesco Petrarca e Giovanni Boccaccio, Torquato Tasso e Alessandro Manzoni, fino a Giovanni Papini.

A Posillipo, in uno degli angoli più belli di Napoli, c'è un monumento ottocentesco che raffigura san Francesco mentre impone le mani e benedice tre grandi italiani, tre suoi fedeli: Dante, Giotto, e Cristoforo Colombo.

Colpisce che pure Colombo fosse legatissimo ai francescani, forse terziario egli stesso, di sicuro devoto al santo e ai suoi frati. Oggi Colombo non è di moda. Del resto noi italiani siamo bravissimi a disprezzarci. Attribuiamo a un uomo del Quattrocento i ragionamenti e la mentalità dell'uomo contemporaneo. Gli attribuiamo colpe, come il genocidio degli indios, che non ricadono sulle sue spalle. Anzi, la monarchia e l'aristocrazia spagnola lo usarono e lo scaricarono: lo riportarono in catene dal Nuovo Mondo che lui aveva scoperto, lo chiusero in carcere, lo lasciarono morire, anche lui, in povertà. I grandi avversari di Colombo furono i domenicani, gli inquisitori, il clero di corte. I suoi grandi alleati furono i francescani.

A Palos, il porto andaluso da cui salpò per il suo viaggio verso l'ignoto, Colombo viveva nel monastero francescano di Santa María de la Rábida. Colombo stesso indica nel frate cosmografo Antonio de Marchena e nel guardiano Juan Pérez le due uniche persone che credettero fermamente in lui. E se fray Antonio aveva qualche dubbio sulla fattibilità dell'impresa – arrivare in Oriente, nelle Indie, salpando per Occidente –, fray Juan non dubitò mai. Fu lui, già confessore della regina Isabella di Castiglia, a convincerla a finanziare la spedizione di Colombo. Ovviamente, aveva ragione il frate cartografo: con le sue tre caravelle, tra cui la Santa María – lo stesso nome del convento francescano di Palos –, il navigatore genovese non sarebbe mai riuscito ad arrivare alle Indie.

Per sua fortuna, in mezzo c'era l'America. E tra i primi evangelizzatori, che spesso tentarono di mitigare le crudeltà dei conquistatori, ci furono decine di francescani.

Non è vero che Colombo sia morto convinto di essere arrivato nelle Indie. Fu lui il primo a chiamare le terre dov'era approdato "Nuovo Mondo". Ma il primo ad affermare con certezza che quello era un continente sconosciuto fu un altro terziario francescano: Amerigo Vespucci, che diede il proprio nome all'America. Colombo resta inimitabile per il coraggio inaudito di andare oltre l'orizzonte, "di retro al sol, nel mondo sanza gente", come l'Ulisse di Dante. Ma Vespucci era un uomo più colto, più equilibrato, veniva da una delle grandi casate fiorentine: nella sua tomba di famiglia a Firenze è sepolto Botticelli, che chiese e ottenne di riposare ai piedi di una cugina di Amerigo, Simonetta Vespucci, la modella ideale delle sue Madonne, della sua Venere, della sua Primavera. Amerigo Vespucci invece riposa a Siviglia, dove morì; e volle essere sepolto vestito del saio francescano. Usanza molto diffusa al tempo, tra uomini anche insospettabili, anche peccatori, anche notoriamente poco devoti, che sceglievano l'abito di Francesco come estrema manifestazione di fede, come anelito all'assoluto, come richiesta di perdono; un po' come Bonconte da Montefeltro, che muore ponendo le braccia in croce e con una "lagrimetta" si salva l'anima. E forse fu terziario francescano anche Vasco da Gama, il primo europeo a raggiungere l'India in nave doppiando il Capo di Buona Speranza, che venne sepolto appunto in India, a Kochi, nella chiesa più antica di tutto il subcontinente: dedicata ovviamente a san Francesco.

Missionari e terziari francescani affrontarono la morte pur di portare al mondo la parola di Gesù e la storia del loro santo. Erano francescani quasi tutti i martiri di Nagasaki: sei frati missionari europei e diciassette terziari giapponesi – con tre gesuiti giapponesi – vennero crocifissi come Gesù, il 5 febbraio 1597, per estirpare la pianta del Vangelo. Ancora oggi al Museo Nazionale di Tokyo si vedono le immagini sacre che i cristiani giapponesi dovevano calpestare, per provare di aver rinunciato alla fede dei gaijin, degli stranieri.

Era terziaria francescana una donna veneratissima, Rosa da Viterbo, oggi celebrata con la Macchina di Santa Rosa – alta trenta metri, pesante cinque tonnellate, trasportata da cento uomini –, un rito che l'Unesco ha riconosciuto patrimonio dell'umanità. A dire il vero, Rosa non è mai stata fatta santa. E non divenne mai suora: fu respinta dalle clarisse per la sua salute malferma, dovette accontentarsi di diventare appunto terziaria, e morì a diciassette anni, dopo aver predicato contro l'imperatore Federico II in difesa del Papa e della Chiesa, con una passione che ai contemporanei parve profetica.

Terziario francescano fu, secondo la tradizione, uno dei padri della Controriforma: san Carlo Borromeo, il Sancarlone (l'enorme statua che troneggia sul Lago Maggiore e sulle Isole Borromee che prendono il nome dalla sua famiglia), lo zio del cardinale Borromeo dei Promessi Sposi. Certamente terziari francescani furono tre sacerdoti piemontesi divenuti santi, cui sono devote milioni di persone in tutti i continenti.

Il segreto dei salesiani

Nella Chiesa gira una vecchia battuta. Ci sono soltanto tre cose che neppure Dio sa con certezza: cosa pensino i gesuiti, quante siano le congregazioni di suore, e quanti soldi abbiano i salesiani.

Ovviamente è uno scherzo. I salesiani operano a fin di bene. È vero che li circondano una tale devozione e una tale fiducia che accade loro di ricevere eredità, donazioni, beneficenza silenziosa.

Il fondatore dei salesiani, don Giovanni Bosco, era un terziario francescano; proprio come il suo maestro, don Giuseppe Cafasso, il prete che confortava i condannati a morte. Da ragazzo, Giovanni voleva diventare frate minore; poi scelse il sacerdozio, ma era comunque devotissimo al santo di Assisi. I salesiani, da lui fondati, prendono il nome da un altro santo chiamato Francesco: san Francesco di Sales, di famiglia savoiarda, vissuto tra il Cinquecento e il Seicento, dedito a opere di beneficenza in particolare con i fanciulli.

Don Bosco era piemontese di Castelnuovo, in provincia di Asti. Visse in un tempo in cui i figli dei poveri erano abbandonati, sfruttati, abusati. Dedicò loro la vita. La grande macchina educativa degli oratori si deve a lui. E il primo luogo in cui riunì i ragazzi torinesi fu la chiesa di san Francesco d'Assisi.

Don Bosco non era solo un santo sociale, un formidabile organizzatore, un uomo d'azione. Era ed è un mito. Un mistico. E un vindice: era considerato un santo potentissimo, e gli si attribuiva il potere di punire i malvagi. Già a nove anni ebbe un sogno premonitore: immaginò di prendere a schiaffi e pugni un gruppo di ragazzacci, per farli smettere di bestemmiare; ma poi arrivava un uomo meraviglioso, Gesù, ad ammonirlo che non con la violenza, bensì con la parola e l'esempio avrebbe riportato i giovani sulla retta via.

Per tutta la vita don Bosco farà sogni premonitori. Celebre il suo scontro con il re che avrebbe unificato l'Italia, Vittorio Emanuele II. Don Bosco preannuncia sventure terribili se il sovrano promulgherà le leggi Siccardi, sgradite alla Chiesa, che aboliscono il foro ecclesiastico facendo dei sacerdoti cittadini come gli altri. Il santo, che ha fama di taumaturgo e veggente non sempre benevolo, scrive al re per raccontargli un sogno. C'è un valletto di corte che grida: "Triste notizia! Grande funerale alla reggia!". Vittorio Emanuele è preoccupato. La regina Maria Adelaide, incinta per la settima volta, sta molto male. Don Bosco scrive ancora: gli è riapparso in sogno il valletto, ma stavolta i funerali alla reggia sono due. Si ammala anche la madre del re, Maria Teresa. È lei la prima a morire, il 12 gennaio 1855. Il fratello del sovrano, Ferdinando, ha uno sbocco di sangue, si mette a letto. Il 20 gennaio muore Maria Adelaide dopo aver dato alla luce il settimo figlio, chiamato Vittorio Emanuele come il padre; il piccolo sopravvivrà solo quattro mesi. Il re è atterrito. Quando, il 10 febbraio, muore anche Ferdinando, si comincia a parlare di maledizione divina. Vittorio Emanuele piange tutto il giorno, consolato da una processione di cortigiani e popolani. Ma le leggi contro il clero non cambieranno.

Quando nel 1988 entrai nel quotidiano di Torino, La Stampa, la categoria dei tipografi era ancora molto potente: bastava un loro sciopero per fermare il giornale. Circolava in redazione una storia, confermatami da Vittorio Messori, che alla Stampa aveva lavorato a lungo. Una sera i tipografi entrarono in sciopero. Ma non era una rivendicazione sindacale. Avevano letto in bozza un articolo di Guido Ceronetti, in cui si sosteneva che don Bosco fosse omosessuale. Quasi tutti i tipografi della Stampa avevano studiato dai salesiani; molti avevano il santino di don Bosco nel portafogli;

e rifiutavano di stampare un giornale dov'era scritta quella che loro interpretavano come un'offesa. Eppure il cattolicissimo Messori si schierò in difesa di Ceronetti, spiegando che la Chiesa condanna la pratica ma non la condizione o i sentimenti; e per passare la vita tra adolescenti poveri e malati, di sentimento bisognava averne molto.

Tra i giovani che frequentano il primo oratorio di don Bosco c'è un ragazzo che a tredici anni era entrato in un convento francescano, ma ne era dovuto uscire per una polmonite che l'aveva ridotto in fin di vita. Si chiama Luigi Orione, e diventerà a sua volta santo, dopo una vita leggendaria.

Il terremoto del 1908 distrugge Messina e Reggio Calabria, e don Luigi si trasferisce là per badare agli orfani. Farà lo stesso dopo il terremoto di Avezzano nel 1915. A Noto apre un santuario per accogliere gli eremiti della zona, tra i quali Cesare Pisano, da lui ribattezzato frate Ave Maria: cieco fin da bambino per un colpo di fucile ricevuto in volto da un compagno di scuola, viene considerato veggente e profeta; Pier Paolo Pasolini vuole incontrarlo e ne esce profondamente colpito. La storia di frate Ave Maria viene raccontata alla radio da un altro francescano: il cappuccino padre Mariano, uno degli italiani più celebri del dopoguerra, grande comunicatore fin dal saluto con cui si rivolgeva ai suoi ascoltatori: "Pace e bene a tutti!". Una delle sue trasmissioni si intitolò francescanamente "Sorella Radio".

L'esorcista e Cottolengo

Ricordo di aver visto una statua di don Bosco in India, a Calcutta, accanto a una statua di madre Teresa. Le aveva fatte erigere padre Rosario Stroscio, salesiano, uno degli uomini più interessanti che abbia conosciuto in vita mia.

Padre Rosario, che intervistai quando era vicino ai cent'anni, era il più anziano missionario cattolico in India. Era arrivato nel 1939, in nave, dal suo paese, Furnari, in provincia di Messina. Lui e i suoi confratelli si sentivano come i compagni di Francesco: "Eravamo poverissimi e allegri", mi ha detto. Siccome convertire gli hindu non era facile, provarono con gli Adivasi, le popolazioni tribali animiste, che vivevano nelle foreste: a decine chiesero di essere battezzati da padre Rosario, che ricordava quel periodo con entusiasmo, nonostante non potesse mai uscire la sera perché c'erano ancora le tigri.

L'anno dopo il Duce dichiarò guerra agli inglesi, che chiusero gli italiani dell'India, missionari compresi, in un campo nel deserto del Rajastan, dove c'erano 50 gradi. Quando i prigionieri cominciarono a morire vennero trasferiti alle pendici dell'Himalaya. Tuttavia padre Stroscio, uomo d'ordine, aveva un ottimo ricordo dell'India governata dai britannici.

Potente esorcista, era il confessore di madre Teresa. Una sera fu chiamato al suo capezzale: l'anziana suora aveva chiesto l'estrema unzione. Padre Rosario mi confidò che madre Teresa – una santa, sicura di andare in Paradiso, che con la morte era in confidenza dopo aver visto spirare migliaia di persone – aveva una gran paura di morire. Strinse le mani di padre Rosario tra le sue, come per prendere congedo. Ma non morì. Prodigiosamente si riprese, e visse ancora qualche anno, prima di spegnersi, sazia di giorni.

Al capezzale di una donna cambiò la vita di un altro terziario francescano, il cui nome è noto in tutto il mondo: don Giuseppe Cottolengo. Era il 2 settembre 1827. Don Cottolengo fu chiamato a confortare una donna francese, Giovanna Maria Gonnet, al sesto mese di gravidanza, che stava morendo di tubercolosi. Il marito l'aveva portata in tutti gli ospedali torinesi, che l'avevano respinta, nel timore che contagiasse le altre pazienti.

Giovanna Maria spirò in una stalla, confortata solo dai figli in lacrime. Il sacerdote si ricordò dello spirito di Francesco, che bacia i lebbrosi. E aprì una casa per tutti coloro che venivano respinti dagli altri. Malati incurabili, deformi, folli, persone colpite nel corpo o nella psiche. Si chiama Piccola Casa della Divina Provvidenza, ma tutti la chiamano con il nome del fondatore: Cottolengo.

Ora ce ne sono trenta in tutto il mondo, Africa compresa, ma il più noto resta quello di Torino. Qui Italo Calvino ambientò uno dei suoi romanzi più belli, "La giornata d'uno scrutatore". È il 1953 (ma il libro uscirà dieci anni dopo). Si vota. Amerigo Ormea, alter ego dell'autore, è un intellettuale comunista che farà lo scrutatore per il partito nel seggio allestito al Cottolengo. Dovrà vigilare che suore, frati, preti non inducano i ricoverati a votare Democrazia cristiana. Quella giornata lo cambierà profondamente. Se l'Ulisse di Dante varca le colonne d'Ercole per diventare esperto del mondo e dell'animo umano, varcare la soglia del Cottolengo può essere persino più utile. "Sono un uomo, nulla che sia umano considero estraneo a me" scriveva Terenzio. Ma quali sono i confini dell'umanità? Cosa c'è di umano in un essere incapace di intendere e di volere, o magari di vedere, di sentire, di parlare? Alla fine, Calvino intuisce che "l'umano arriva dove arriva l'amore; non ha confini se non quelli che gli diamo". Lo stesso Calvino dirà che, dopo aver scritto quel libro, non era più la stessa persona.

Al di là dei nomi celebri, sono milioni i frati, le clarisse, i terziari francescani che attraverso i secoli sono stati un rifugio sicuro, un punto di riferimento. Persone disposte ad ascoltare senza giudicare, accogliere, aiutare ad amare. È così ancora oggi.

Ogni volta che mi è capitato di entrare in una chiesa o in un convento di francescani, in qualsiasi città italiana, in qualsiasi posto all'estero sono stato accolto con un sorriso, con un gesto di calore, con comprensione, con umanità.

Nel mondo oggi sono 46 mila, tra frati e suore. Dai luoghi di Francesco, Assisi, Subiaco, Greccio, Cortona, la Verna – meraviglioso il santuario della Verna –, sino alle missioni in tutti i continenti, ovunque ci siano una clarissa o un francescano, qualunque persona, di qualunque origine, condizione, religione, sa di non essere sola.

Sono certo che Francesco sarebbe, anzi è, molto soddisfatto delle sue figlie e dei suoi figli.

Lucrezia Borgia e Alcide De Gasperi

Terziari francescani sono stati alcuni tra i più grandi artisti del Rinascimento. Antonello da Messina. Raffaello, che raffigurò san Francesco in una predella destinata al convento di sant'Antonio a Perugia, e custodita ora a Londra: il santo ha la barba e la ferita al costato, ma non alle mani e ai piedi.

Forse fu terziario anche Michelangelo, artista dalla fede tormentata, che viveva con un profondo senso di colpa quell'omosessualità che Leonardo sublimava invece nell'eterea leggerezza dei suoi dipinti.

Tra gli scienziati, furono terziari francescani i tre padri dell'elettricità: Luigi Galvani, Alessandro Volta e il francese André-Marie Ampère. Lo fu sicuramente anche Guglielmo Marconi e – forse – anche l'inventore del metodo scientifico, l'uomo che con altri tolse la terra dal centro dell'universo e fu costretto dalla Chiesa all'abiura: Galileo Galilei.

Era forse terziaria Giovanna d'Arco, la vera fondatrice della Francia moderna, arsa viva sul rogo dagli inglesi perché rifiutava di vestirsi da donna e voleva indossare l'armatura per difendere la sua patria e il suo re. Era certo terziaria un'insospettabile, vittima di una leggenda nera: Lucrezia Borgia.

Figlia illegittima di Papa Alessandro VI, Lucrezia non era affatto un'avvelenatrice, una viziosa, una depravata, com'è stata dipinta. Era una donna infelice, usata dalla famiglia come pedina di un disegno ambizioso sin quasi alla follia: impadronirsi dell'Italia. Aveva tredici anni quando le fecero sposare Giovanni Sforza, diciotto quando la costrinsero a risposarsi con Alfonso d'Aragona. Poi, in seguito a un cambio di alleanze, il fratello Cesare Borgia le fece uccidere il marito. Lucrezia perse anche un figlio. Si risposò con Alfonso d'Este, e fu signora di Ferrara, dove ospitò l'Ariosto e il Bembo. Nel 1512, in un momento drammatico per la casata, divenne terziaria francescana, prese il cilicio, e fondò il Monte di Pietà di Ferrara.

In effetti, molti Monti di Pietà furono aperti da francescani. Può sembrare una contraddizione, visto il pessimo rapporto del fondatore con il denaro. Ma proprio per sottrarre all'usura i poveri, i contadini, gli artigiani in disgrazia, i francescani favorirono il credito su pegno. Se è per questo, è un francescano fra Luca Pacioli, l'inventore della partita doppia.

Fu terziario francescano san Tommaso Moro, protettore dei politici, che affrontò la morte pur di non schierarsi con Enrico VIII contro il Papa; e secondo la tradizione fu terziario francescano pure Cola di Rienzo, che in assenza del Papa – trasferitosi ad Avignone – tentò di trasformare Roma in un libero Comune; di sicuro, dopo la disfatta, Cola si rifugiò presso gli eremiti della Maiella, quasi tutti francescani.

Silvio Pellico, eroe laico del nostro Risorgimento, deportato allo Spielberg per amore dell'Italia, si convertì nelle carceri austriache e prima di morire si fece terziario francescano. Lo era anche un presidente della Repubblica oggi quasi scomparso dall'immaginario nazionale, Oscar Luigi Scalfaro. Lo era Robert Schuman, che firmò il trattato che pose le basi dell'Europa con un altro terziario francescano, il vero padre della democrazia italiana: Alcide De Gasperi. Un presidente del Consiglio talmente disinteressato alle cose materiali da donare il suo magro stipendio ai poveri.

C'era in particolare un sacerdote che aveva fondato una comunità per gli orfani di guerra, e veniva tutti i giorni al Viminale, allora sede del capo del governo. De Gasperi tentava legittimamente di evitarlo, ma un giorno se lo trovò davanti con le braccia spalancate. "Cosa posso fare per lei, padre?". "Ho bisogno di soldi". "Io non posso disporre del denaro pubblico, ma ho appena incassato l'assegno del mio salario; potrei girarle questo" rispose De Gasperi. Poi, guardando con complicità la figlia Maria Romana: "E adesso chi glielo dice alla mamma?". La mamma, la moglie di De Gasperi, si chiamava Francesca.

Del tutto disinteressato alle cose materiali era un altro politico cattolico, pure lui terziario francescano: Giorgio La Pira, storico sindaco di Firenze. Non abitava in casa, ma in convento. Qui, nel 1951, ricevette la visita di un altro terziario francescano, Giuseppe Dossetti, vicesegretario della Dc. Dossetti – accompagnato da Ettore Bernabei, cui devo questo racconto – era venuto ad annunciargli che aveva deciso di lasciare la politica. Tutto gli appariva inutile, perché, diceva, i comunisti avrebbero vinto la guerra fredda, costruendo la bomba H e missili in grado di portarla nell'atmosfera. Tutte informazioni vere. Ma La Pira rispose: "No, Pippo. I comunisti non vinceranno la guerra fredda. E sai perché? Perché non hanno Dio". Dossetti non cambiò idea, si ritirò in convento, poi divenne sacerdote. Oggi riposa a Marzabotto, insieme con le vittime della strage nazista.

Che cos'hanno in comune persone così diverse, che in tempi così diversi sono vissute? Non solo la devozione a san Francesco. Una profonda tensione spirituale, un'ansia di rinnovamento.

La volontà di ricerca del navigatore, la curiosità per la natura dello scienziato, l'amore per l'umanità dei santi sociali, la politica vissuta come forma suprema di carità, l'entusiasmo e la sofferenza degli artisti: anche queste attitudini fanno parte dell'eredità di Francesco. Ed è come se il santo avesse non dico banalmente portato fortuna, ma guardato con benevolenza e amore gli italiani e in generale tutti coloro che in suo nome hanno saputo fare qualcosa di bello, di giusto, di grande.

Alla fine, il sogno di Innocenzo III si è realizzato: san Francesco ha davvero salvato la Chiesa. Ha riassorbito e riportato dentro la Chiesa per secoli energie e persone che altrimenti si sarebbero rivolte contro di lei. Ma Jacques Le Goff avverte: "Francesco fu uno degli alibi che la Chiesa invischiata nel secolo periodicamente ritrova".

Quando dalla loggia di San Pietro fu annunciato il nome di Georgium Marium Bergoglio (all'accusativo: "Habemus Papam..."), confesso di aver provato un momento di delusione, come quasi tutti intorno a me. Aspettavamo un Papa italiano, in particolare Angelo Scola. Confesso che, avendo scritto con Scola un libro, avevo un motivo personale in più. Eppure, quando pochi secondi dopo venne scandito il nome del nuovo Papa – Franciscum –, la delusione si dissolse nella consapevolezza che si apriva un'era nuova per la Chiesa.

Per la prima volta avevamo un Papa di nome Francesco.

Non il primo francescano (Bergoglio era semmai il primo gesuita). I francescani hanno avuto cinque Papi. Ma nessuno di loro ha mai pensato di chiamarsi Francesco. Francesco non era considerato un nome da Papa.

Com'è noto, i nomi sono conseguenza delle cose. La scelta del nome Francesco era solo il primo segno dello straordinario cambiamento di stile, di linguaggio, di argomenti che Bergoglio avrebbe impresso alla Chiesa. Rifiutò paramenti che ogni predecessore aveva indossato. Non volle neppure abitare nell'appartamento del Papa, cui preferì un residence. Lo disse fin da subito: "Come vorrei una Chiesa povera, per i poveri!".

Quelle novità mi entusiasmarono e mi commossero, e con me entusiasmarono e commossero tutte le persone che seguirono i primi passi del nuovo Pontefice.

Il 4 ottobre 2013 andò ad Assisi. Era la prima volta che scendeva sulla tomba del santo di cui portava il nome, e pianse. Fu anche la prima volta in cui molti poterono vedere il Papa da vicino; non soltanto il custode del sacro convento, Mauro Gambetti, e il portavoce, Enzo Fortunato, non a caso poi chiamati entrambi a San Pietro. Bergoglio parlava piano, a bassa voce, ma in modo netto, con il tono di chi è abituato a comandare. Non era carismatico, o comunque non come Wojtyła, il cui carisma si poteva quasi toccare. Nel dialogo con la gente era esplosivo e sapiente, all'americana: tendeva il dito, indicava qualcuno nella folla, gli lasciava intendere che si stava rivolgendo proprio a lui, e gli sorrideva. Ma nel privato poteva essere duro, secco, non necessariamente amabile. E non solo nel privato.

Quel giorno tutti si attendevano parole più o meno di circostanza su san Francesco. Ma il giorno prima c'era stato il naufragio di Lampedusa: 368 morti. E il Papa pronunciò un'omelia durissima, che a molti parve quasi urticante. In realtà, stava dicendo le cose che san Francesco avrebbe probabilmente detto al suo posto. Quello che era accaduto, ammonì Bergoglio, era anche colpa nostra, del nostro egoismo, del rifiuto di accogliere i migranti, del disinteresse verso i poveri del mondo.

Lì si comprese che il segno del papato di Francesco sarebbe stato la difesa dei miseri, dei deboli, degli esclusi, e nello stesso tempo la critica dell'Occidente; e non solo dei governi, ma di tutti noi.

Questo piacque meno ai fedeli. Da allora la sintonia

dell'opinione pubblica con Francesco vacillò. Eppure, cos'altro avrebbe potuto dire un nipote di immigrati, l'arcivescovo che a Buenos Aires andava in metropolitana nelle "villas miseria"?

Paradossalmente, il Papa era a volte più apprezzato dai laici che dai credenti. E a lui questo non pareva dispiacere.

La sua idea della "Chiesa in uscita" è un'idea profondamente francescana. Secondo Bergoglio, la Chiesa non deve ripiegarsi su se stessa ma aprirsi al mondo, in particolare alle periferie: sia i Paesi più remoti e poveri, sia i sobborghi delle grandi città. Un'idea che Francesco ha introiettato nel pensiero e nella storia della Chiesa. Già nel 1279 Papa Niccolò III scrive una bolla che comincia con la citazione evangelica "exiit qui seminat", il seminatore uscì.

Qualcuno obietta: ma così la Chiesa diventa una Ong, un'organizzazione non governativa, dedita al bene ma dimentica della salvezza delle anime. In realtà, proprio san Francesco dimostra che prendersi cura dei poveri, dei deboli, dei malati, degli ultimi non è in contrasto con la spiritualità, la fede, la speranza nella resurrezione e nella vita eterna; ne è l'inveramento. E la salvezza si conquista non solo con la fede e la grazia, ma con le opere. Altro che la "teologia della prosperità" cara a Trump.

Non c'è contrasto tra il prendersi cura dei poveri e annunciare il Vangelo. I poveri sono l'essenza del Vangelo. "Gli ultimi saranno i primi" dice Gesù nel sublime discorso della Montagna. Prendersi cura dei poveri – per san Francesco ieri, per Papa Francesco e Papa Leone oggi – è un modo di pronunciare parole di vita eterna. Di annunciare quell'aldilà in cui le ingiustizie saranno sanate. Di promettere una resurrezione che non è un mondo di cadaveri rianimati, ma una nuova creazione, in cui tutti saremo in pace con noi stessi, con gli altri e con Dio.

Poi, certo, non tutto quello che Papa Francesco ha detto o ha fatto è parso convincente. Per esempio quando ha dato l'impressione, se non di giustificare, di comprendere la strage di Charlie Hebdo: "Se il dottor Gasparri, grande amico, mi dice una parolaccia contro la mia mamma, gli aspetta un pugno, è normale...". Ma non un pugno era arrivato: i terroristi islamici avevano assassinato dodici persone inermi, per qualche vignetta considerata blasfema. Allo stesso modo, il Papa ha dato l'impressione di comprendere le ragioni di Putin quando, in un'intervista con il direttore del Corriere della Sera Luciano Fontana, disse che la Russia aveva sentito "l'abbaiare della Nato" alle sue frontiere; dimenticando che la Nato non ha invaso l'Europa dell'Est, semmai ne è stata chiamata.

Ma le perplessità che ogni papato può suscitare si sono dissolte di fronte alla grandiosa uscita di scena di Francesco.

Non voleva morire al Gemelli, ma in San Pietro. Non voleva andarsene da malato, ma da Papa. È riuscito a celebrare la Pasqua. Ha avuto una fine da profeta. Da gigante della storia. E come ultimo segno di distanza dalla curia, dagli orpelli, dalla solennità, ha voluto essere sepolto fuori dal Vaticano, a spese di un benefattore, nella basilica di Santa Maria Maggiore. Nella nuda terra, come il santo di cui aveva scelto il nome. Sotto una lapide su cui è inciso soltanto:

FRANCISCUS.

Il santo al cinema, negli scout, all'anagrafe, al bar, a Sanremo

La storia del nostro santo è talmente affascinante da aver ispirato generazioni di artisti.

Ritratto o immaginato da quasi tutti i grandi pittori di ogni epoca, Francesco non poteva che ispirare l'arte per eccellenza del Novecento, il cinema.

Già nel 1911 il pioniere del cinema muto, Enrico Guazzoni, gli dedica un cortometraggio di sedici minuti: "Il poverello di Assisi". "Frate Sole" è il titolo del primo film vero e proprio che ha come protagonista il santo.

Poi nel 1926, per i settecento anni della morte di Francesco, viene fondata una casa di produzione per girare un kolossal da otto milioni di lire (oggi sarebbero quasi otto milioni di euro): "Frate Francesco", regia di Giulio Antamoro, in arte Gant, che ha già diretto un film su Gesù, "Christus", e ne farà un altro su sant'Antonio. Il Duce ci tiene molto: ha già iniziato la manovra di avvicinamento alla Chiesa, quell'anno ha proclamato il 4 ottobre festa nazionale. La meticolosità del regista è tale che non riesce a rispettare i tempi: il film uscirà solo nella primavera del 1927, e non avrà il successo sperato.

Il vero capolavoro cinematografico sul santo è "Francesco giullare di Dio", del 1950. Il regista è Roberto Rossellini. Alla sceneggiatura collabora anche un giovane di immenso talento: Federico Fellini. La base sono i Fioretti di san Francesco, oltre alle storie di frate Ginepro, figura semplice e buona. Lo zelo dei primi compagni del santo appariva folle e nello stesso tempo meraviglioso non solo agli uomini del Medioevo, ma forse anche a quelli dell'Italia della ricostruzione, impegnata nel lavoro durissimo di far ripartire un Paese ridotto in macerie. Il film diventerà un classico, grazie anche a un episodio particolarmente ispirato: la cena mistica di Chiara e Francesco.

Chiara vorrebbe essere invitata a cenare con Francesco e i suoi compagni alla Porziuncola, ma lui rifiuta. Secondo il racconto dei Fioretti, i frati lo pregano di concedere a Chiara "così piccola cosa"; Francesco si lascia convincere, e fa apparecchiare la tavola al pianoterra. Chiara arriva con una sua compagna, e il santo comincia a parlare di Dio, "sì soavemente e sì altamente e sì meravigliosamente" che tutti i presenti sono rapiti in estasi, gli occhi e le mani "levati al cielo". E qui accade il prodigio.

Gli abitanti di Assisi e del borgo di fronte, Bettona, vedono un incendio e si precipitano alla Porziuncola in aiuto agli amatissimi frati. Ma quando arrivano non ci sono fiamme, soltanto Francesco, Chiara e i suoi compagni, in trance, come diremmo oggi. Gli assisani comprendono allora di aver visto un "fuoco divino e non materiale". E tornano a casa, "consolati nei cuori".

Il film di Rossellini reinterpreta il racconto in chiave dolcemente farsesca. I frati attendono le sorelle con emozione, tagliano frasche d'alberi da donare a loro, ma hanno un problema: frate Ginepro è nudo. Per l'ennesima volta ha donato la sua tunica a un povero. Francesco gliel'aveva vietato, ma lui è ricorso a un escamotage: ha detto al povero che, se l'avesse derubato della veste, non avrebbe opposto resistenza. Alla fine la questione viene risolta spogliando un altro frate, Giovanni detto il Semplice. Poi Ginepro, in ginocchio, racconta a Chiara e a Francesco, che lo ascoltano con divertita indulgenza, il trucco con cui scaccia il diavolo, dicendogli che il suo albergo, cioè il suo cuore, è già impegnato;

"così il demonio sconfitto parte non solo da me ma da tutta la contrada".

La storia si conclude con la voce fuori campo che racconta il miracolo: "La gente di Assisi vide l'orizzonte rosso di fuoco. Corsero a Santa Maria degli Angeli credendo che fosse un incendio. Il cielo era ardente per le parole infiammate d'amor di Dio di Chiara e Francesco".

"Francesco giullare di Dio" sarà di ispirazione per Pier Paolo Pasolini. "Uccellacci e uccellini" resterà sempre il film cui il regista e scrittore sarà più legato. Totò e Ninetto Davoli sono un padre e un figlio che vagano nelle campagne romane con un saccente corvo parlante, e in un flashback raccontato proprio dal corvo diventano i frati minori incaricati di evangelizzare gli uccelli. Premiato a Cannes, apprezzato dalla critica, il film non sarà un successo di pubblico.

Del resto, non è facile girare un film su Francesco. Si rischia di cedere alla tentazione di raccontare una favola. Nel 1961 ci prova un grande regista, un personaggio da romanzo: Michael Curtiz, premio Oscar per Casablanca, che già aveva portato al cinema Robin Hood. Ebreo ungherese, si chiamava in realtà Manó Kaminer, anche se firmò il suo primo film, dedicato a Sodoma e Gomorra, con il nome di Mihály Kertész. Fuggito di casa da ragazzo per lavorare in un circo, ferito nelle trincee della Grande Guerra, esule negli Stati Uniti – il padre, la sorella e i suoi parenti finiranno ad Auschwitz –, tre mogli, tre stuntman morti sul set (con decine di animali), Curtiz si fece ispirare da un romanzo di un altro ungherese, Louis de Wohl, di famiglia ebraica ma convertito al cattolicesimo. Celebre soprattutto come astrologo

– era stato ingaggiato come veggente dall'esercito britannico durante la Seconda guerra mondiale –, dopo un incontro con Papa Pio XII de Wohl si dedicò a scrivere biografie di santi: Ignazio da Loyola, Agostino, e appunto Francesco. Il romanzo, e quindi il film, inventano un nemico di Francesco nel ruolo di cattivo, Paolo, che dopo aver perseguitato il santo si converte in punto di morte.

Fu dedicato a Francesco il primo vero film per la tv realizzato dalla Rai. Andò in onda nel maggio 1966, e segnò l'esordio alla regia di Liliana Cavani. Il successo fu clamoroso: venti milioni di spettatori. Ma quando la stessa Cavani nel 2014 realizzò una miniserie in due puntate su Francesco, il risultato non fu lo stesso: 16,7% di share la prima sera, 14,4 la seconda; dati buoni, non straordinari per RaiUno.

In mezzo, la Cavani portò Francesco al cinema, nel 1989. Il santo però fu interpretato da Mickey Rourke, forse troppo bello, e reduce dal successo internazionale di un film con una forte carica di erotismo, Nove settimane e mezzo; e quando Rourke si getta con il saio nella neve, per vincere le tentazioni, un po' tutti noi spettatori pensammo alla scena del cubetto di ghiaccio con cui Mickey giocava con Kim Basinger bellissima e bendata. (E non avevamo ancora visto Raoul Bova perdere diciassette chili per diventare Francesco in una miniserie tv del 2002.)

Il film su Francesco che tutti ricordiamo è "Fratello sole sorella luna", anche per la canzone cantata da Claudio Baglioni. Il regista è Franco Zeffirelli, le sceneggiatrici Suso Cecchi d'Amico e Lina Wertmüller. Le scene di giubilo sotto il sole dell'Umbria tra Francesco e Chiara sono forse un po' stucchevoli. Resta più impressa la raffigurazione grandiosa e decadente degli agi della corte papale, con sir Alec

Guinness che interpreta un Innocenzo III solenne come un profeta (e un'apparizione di Adolfo Celi, attore straordinario, capace di passare dal perfido lord Brooke nemico di Sandokan al professor Sassaroli di Amici miei).

Francesco continua a ispirare anche il cinema contemporaneo: nel 2016 è stato interpretato da Elio Germano in un film francese, con Alba Rohrwacher nella parte di Chiara; mentre "Chiara" è il titolo del film di Susanna Nicchiarelli, con Luigi Lo Cascio nel ruolo di Papa Gregorio IX, che però ha incassato meno di 200 mila euro a fronte di un budget di cinque milioni.

Grande successo ha avuto invece il musical dedicato a Francesco, "Forza venite gente", messo in scena per la prima volta da Mario Castellacci, autore dell'inno della Repubblica sociale "Le donne non ci vogliono più bene" e fondatore con Pier Francesco Pingitore del Bagaglino.

A me piace semmai ricordare che Francesco è il protettore dei Lupetti e Chiara delle Coccinelle, il primo gradino degli scout, una straordinaria comunità fortissima in Italia e diffusa in tutto il mondo. "Amico di San Francesco" è una delle cosiddette "specialità" - titolo onorifico - dell'Agesci, Associazione Guide e Scouts Cattolici Italiani, il cui distintivo è un tau francescano: quel tau, figura del saio e quindi della croce, che tanti giovani portano al collo con amore. Per diventare "Amico di San Francesco" si deve studiare e meditare la storia del santo, imparare alcune delle sue preghiere, provare ad aiutare chi, in parrocchia, si impegna al servizio di chi soffre, "conoscere la natura che lo circonda e dedicare del tempo a curarla, con gioia e gratitudine al Signore che l'ha creata" e "chiedere alla gente cosa pensa di san Francesco e andare a conoscere i frati che vivono nel convento più vicino".

Qualcuno sorriderà. A me, cresciuto all'oratorio, queste cose ancora commuovono.

Tutto ci dice che nessun italiano ha avuto sul nostro popolo e sulla nostra storia un'influenza paragonabile a quella di Francesco. E lo si vede anche da un dettaglio molto importante: la prima cosa che definisce ognuno di noi, il nome.

In molti anni, anche recenti, Francesco è stato il nome preferito dagli italiani per i loro figli. Tra il 2000 e il 2008 nel nostro Paese sono nati almeno diecimila Francesco ogni anno, come anche nel 2013, l'anno dell'elezione di Papa Francesco, e nel 2014. Poi certo, soprattutto a Roma, pesava anche un altro Francesco: Totti. In effetti, da quando il Capitano si è ritirato, Francesco ha perso il primato del nome più scelto tra gli italiani (nel 2022 era comunque secondo, dietro a Leonardo, e nel 2023 quarto, superato anche da Edoardo e Tommaso).

È andato in crisi invece il bellissimo nome Francesca: nel 1999 fu dato a oltre settemila bambine; nel 2023 a poco più di mille. Anche Chiara è scesa dalle 8.671 del Duemila alle 1.914 del 2023, mentre crescevano Sofia, Aurora, Ludovica, Ginevra (in questi venticinque anni le Ginevra si sono decuplicate: ne sono nate 446 nel 1999, e 4.274 nel 2023).

Non esistono dati ufficiali sui nomi più diffusi in assoluto in Italia, ma in base a classifiche attendibili Francesco sarebbe sesto dietro Giuseppe, Giovanni, Antonio, Mario e Luigi; però tra i nomi tradizionali è quello che regge meglio.

Gli altri sono tutti in crisi (soprattutto Mario, fermo a 647 neonati nel 2023).

Siamo talmente intrisi di francescanesimo che non ci rendiamo neppure conto di quanto ci sia di suo nelle cose che diciamo e facciamo nella nostra vita quotidiana. Per fare solo un esempio, il cappuccino, la nostra vera bevanda nazionale, si chiama così in tutto il mondo; e pochi sanno o ricordano che prende il nome dal colore del saio dei frati cappuccini, un altro ramo spuntato all'inizio del Cinquecento dall'albero del francescanesimo per riscoprirne lo spirito delle origini.

Secondo la tradizione, a inventare il nome della bevanda sarebbe stato proprio un francescano cappuccino, Marco d'Aviano, l'uomo che nel 1683 incoraggiava i difensori di Vienna assediata dai turchi, il che non gli impediva di apprezzare un'abitudine del nemico: il caffè. Frate Marco notò che, versando il caffè nel latte, il liquido assumeva lo stesso colore del suo saio. E fu cappuccino per sempre.

Frati francescani hanno partecipato, sia pure con esiti non indimenticabili, al nostro rito laico per eccellenza, il festival di Sanremo. Ma nell'immaginario è rimasta impressa un'altra presenza: quella dell'artista più interessante della sua generazione, Achille Lauro, che nel 2020 portò sul palco del festival un tableau vivant, una scena che evocava la spoliazione pubblica di Francesco. Lauro De Marinis (questo è il suo vero nome) a differenza del santo non è rimasto nudo, ma in una tutina color carne disegnata da uno stilista geniale, Alessandro Michele. Un omaggio? O una parodia blasfema? Tutto ovviamente può essere criticato. Ma anche una performance tra la musica e il teatro è la conferma di come i gesti dirompenti di Francesco siano vivi e facciano discutere a otto secoli di distanza.

Francesco è indicato da molti storici dell'Ottocento e del Novecento non solo come il primo vero italiano, ma come il primo uomo moderno.

Per Émile Gebhart, studioso francese che amava il nostro Paese, Francesco è il liberatore che affranca l'uomo medievale dall'ossessione del diavolo, dal disprezzo del mondo, dal rifiuto della fisicità, dal terrore dell'Anticristo. Il diavolo esiste; ma non può nulla contro la felicità dell'uomo, che viene dalla "paupertas cum laetitia", la povertà nella gioia, la povertà scelta come suprema forma di libertà. L'originalità del cristianesimo italiano, "così diverso dalla fede farisaica dei bizantini, dal fanatismo degli spagnoli, dal dogmatismo scolastico della Germania e della Francia", è proprio nei caratteri distintivi del francescanesimo: "La libertà di spirito, l'amore, la pietà, la serenità gioconda, la familiarità".

Per lo storico dell'arte tedesco Henry Thode, Francesco e il suo movimento sono alle origini del Rinascimento: l'amore per la natura anziché per le forme astratte, il senso del paesaggio e del ritratto, il gusto dell'aneddoto e quindi del racconto; tutto comincia con lui. I personaggi da stereotipi diventano carne e sangue; i fondi oro diventano panorami; gli animali da creature simboliche e immaginarie diventano veri. E il tramite è ovviamente Giotto.

Certo, Giotto ad Assisi deve tener conto della biografia ufficiale, quella di Bonaventura. Il Papa ha santificato Francesco, e l'ha restituito come corpo politico, etereo, simbolico. All'artista non viene chiesto di rappresentare la tensione al limite del tormento con cui Francesco cercò di uscire dal nostro mondo per crearne un altro. La Chiesa aveva bisogno di un santo bello, classico, financo curato, appunto senza barba.

Ma non per questo Giotto tradisce Francesco. La sua arte è un'eco della voce di Francesco. Ed è Giotto a porre le basi su cui, un secolo dopo, i suoi conterranei fiorentini e toscani costruiranno quel prodigioso edificio artistico, culturale e morale che chiamiamo Rinascimento, e cambierà tutte le arti in ogni Paese del mondo conosciuto.

Poi certo una figura formidabile come san Francesco non nasce dal nulla. Il suo tempo era segnato da grandi fratture – nobili contro borghesi, eretici contro ecclesiastici, guelfi schierati con il Papa e ghibellini con l'imperatore, cristiani contro musulmani –, che lo turbavano profondamente. Nel suo "San Francesco d'Assisi", pubblicato da Laterza, Jacques Le Goff fa notare che Francesco era in mezzo alla linea di frattura che attraversava la società: era nato in una famiglia borghese, aveva consuetudine con l'aristocrazia, aveva scelto di vivere come un uomo del popolo.

Un giorno, mentre attraversa un campo su un asino, si sente apostrofare da un contadino, che lo invita a non tradire la fiducia che molti hanno in lui, e a essere sempre buono come dicono. Una persona normale l'avrebbe tranquillizzato. Magari gli avrebbe detto di farsi gli affari suoi. Francesco scende dall'asino e bacia i piedi del contadino.

Un'altra volta indovina i pensieri di un confratello di nobili origini, Leonardo, che cammina al suo fianco mentre Francesco va a dorso d'asino. Il frate rimugina: "Non si trattavano certo da pari i parenti di costui e i miei, ed ecco che lui cavalca, mentre io a piedi devo condurre il suo asino". Francesco gli legge nell'animo, smonta e dice: "No, fratello, non è conveniente che io cavalchi e tu te ne vada a piedi, poiché nel secolo tu eri più nobile e più importante di me".

Questo episodio viene talora letto come il segno che pure Francesco aveva il senso delle gerarchie sociali. In realtà, è solo l'ennesima conferma che il santo vuole essere "sottomesso a tutti".

Quando, nel settembre 1209, passa vicino ad Assisi l'imperatore Ottone, per andare a incontrare il Papa che in quel momento ancora lo appoggia, tutti gli abitanti si precipitano ad assistere al corteo imperiale; ma il santo vieta ai frati di aggiungersi alla folla dei curiosi, tranne a uno, incaricato di gridare a più non posso all'imperatore che ben poco sarebbe durata la sua gloria (e in effetti presto il Papa lo abbandonerà, per puntare sul giovane Federico II).

Il suo amore universale comincia dalle creature più indifese, che nel Medioevo erano spesso anche tra le più neglette, trascurate, maltrattate: i bambini. Quando elenca le categorie di persone cui i frati devono predicare il Vangelo, per primi cita "tutti i fanciulli e i bambini". Seguono poveri e ricchi, re e principi, operai, agricoltori, servi e padroni, vergini, vedove e maritate, laici maschi e femmine, e poi di nuovo "infanti, adolescenti, giovani" (la lista si conclude grandiosamente con "tutti i popoli, famiglie, tribù e lingue, tutte le nazioni e tutti gli uomini ovunque sulla terra, che sono e saranno"). E il presepe di Greccio introduce nella cultura popolare il culto di Gesù Bambino, che nei secoli a venire sarà per i diritti dell'infanzia l'equivalente del culto della Vergine per i diritti della donna.

Il francescanesimo può essere considerato rivoluzionario. Francesco sovverte l'ordine costituito. Rifiuta gerarchie sociali al tempo rigidissime. Rifiuta la guerra. Si ribella ai rapporti di forza. Rompe con il monachesimo dell'alto Medioevo, segnato dalla separazione dal mondo, scegliendo di stare in mezzo alla società. Porta nel cristianesimo la letteratura cortese dei cavalieri e delle dame, e il folclore popolare degli animali saggi che parlano con gli uomini.

Ma il francescanesimo può anche essere considerato reazionario. Nel tempo delle università, rifiuta i libri. Nel tempo delle banche, della mercatura, della borghesia, all'alba insomma del capitalismo moderno, rifiuta il denaro.

A secoli di distanza, possiamo chiederci quale sia stato l'esito di quella rivoluzione, e di quella reazione. All'apparenza, Francesco ha fallito. Il denaro non è mai stato così importante. La finanza prevale sul lavoro. E fenomeni imponenti come la globalizzazione non hanno posto fine alle guerre, anzi.

Certo, Francesco non era un leader politico. Ma il suo progetto di rinascita spirituale finiva per diventare anche un progetto di trasformazione della società. Del potere politico Francesco diffidava profondamente. Meglio essere governati che governare: "La cura delle anime dovrebbero prenderla soltanto quelli che non cercano nulla per sé", e "non badano all'applauso dei sudditi ma al loro bene"; non coloro che cercano il potere, ma coloro che lo temono; coloro che, se hanno il potere, invece di gloriarsi, si sentono umiliati, e se lo perdono se ne rallegrano.

Francesco credeva in quella che oggi definiremmo non violenza. Più ancora: nella sottomissione volontaria di ogni uomo all'altro. Un'autentica sfida all'ordine sociale di una società fortemente gerarchizzata come quella del suo tempo. E anche oggi la disuguaglianza tra gli uomini aumenta in modo impressionante, tra chi accumula ricchezze che non riusciamo neanche a contare e a immaginare, e chi non ha il necessario per mangiare e curarsi.

Francesco diceva: "Ciascuno riceva la sua mercede non secondo la sua autorità, ma secondo il suo lavoro". Il salario non dovrebbe dipendere dal rango, ma dal merito. Esattamente il contrario di quel che accade oggi. Ho conosciuto manager fallimentari, che hanno fatto perdere un sacco di soldi alla società che amministravano, congedati con decine di milioni di euro, cifre cento volte più alte di quelle incassate in tutta la vita da dipendenti che avevano ben meritato. Non si paga il lavoro; si paga lo status, il rango, l'"auctoritas" per usare il lessico di Francesco.

Eppure non possiamo certo dire che Francesco abbia fallito. Francesco è anzi considerato uno dei più grandi uomini mai esistiti. Una delle guide dell'umanità. Forse perché più siamo diversi dal suo insegnamento, più ci manca. Più ci allontaniamo da lui, più ne sentiamo nostalgia.

Alla fine, il nocciolo del francescanesimo, il "sugo di tutta la storia", non è solo la povertà, non è solo l'amore. È l'idea che nessuno si salva da solo. Ognuno si salva con il resto dell'umanità e della creazione. Ci si salva salvando gli altri e salvando il mondo. E il modello che Francesco indica non è al vertice, è al fondo della scala sociale: sono gli umili, i deboli, i malati, coloro che non hanno nulla. Mentre le fonti di inimicizia, di guerra, di odio tra gli uomini sono proprio il denaro, la proprietà, il potere, le disuguaglianze eccessive.

Per questo, nessuna epoca della storia è più propizia di questa per capire e mettere in pratica il senso della vita di Francesco. Ora che la specie umana è in pericolo, per la proliferazione nucleare, le guerre che infuriano, il cambiamento climatico che solo gli stolti accecati dall'ideologia possono ancora negare.

Ma la visione di Francesco non è punitiva. Francesco ama il prossimo. Ama la creazione. Non considera nemico nessun essere umano, nessuna creatura di Dio. Raccomanda che i suoi frati "non dicano male di nessuno, non mormorino, non calunnino gli altri... E siano modesti, mostrando ognuno la più grande mansuetudine verso tutti gli uomini; non giudichino e non condannino".

Scrive Jacques Le Goff: "Francesco è l'unico personaggio cristiano, sul modello di Gesù e dopo di lui, ad aver giocato un tale ruolo nella cristianità occidentale". Come ci siamo detti all'inizio, un uomo così nasce ogni mille anni. E il culto di Francesco non è il culto di una personalità carismatica, miracolosa, taumaturgica. È la devozione a un uomo che riassume in sé milioni di uomini. Avendo scelto di essere il più povero dei poveri, il più umile degli umili, "sottomesso a tutti", è diventato l'incarnazione di un ideale. Matteo, Marco, Luca, Giovanni hanno scritto il Vangelo; Francesco l'ha portato nella storia.

Che un uomo simile sia nato, vissuto e morto nel nostro Paese, abbia scritto la prima poesia nella nostra lingua, abbia inventato il presepe, abbia accolto le donne trattandole da pari a pari, abbia insegnato il rispetto per i bambini, abbia rifiutato ogni violenza e ogni prepotenza, abbia preparato la strada a Giotto, a Dante, al Rinascimento, abbia ispirato religiosi, esploratori, scienziati, scrittori di ogni epoca e di ogni Paese, dovrebbe renderci, se non migliori, almeno più consapevoli di noi stessi e della responsabilità, oltre che della fortuna, di essere suoi compatrioti. Italiani come lui.

Oggi i luoghi di Francesco sono molto cambiati rispetto al suo tempo. La Porziuncola è inglobata in un'enorme chiesa barocca, frutto certo di fede e di venerazione, che ospita frati devotissimi alla memoria di Francesco, ma con la sua architettura solenne contrasta un po' con lo spirito austero del fondatore, così rigoroso da distruggere gli edifici in muratura costruiti per lui dal Comune. Ai contemporanei, però, dovette fare lo stesso effetto la basilica che frate Elia fece costruire fuori dalle mura, per dare al fondatore un luogo dove riposare. Oggi la basilica di San Francesco ci pare una chiesa sobria, essenziale, elegante, quasi minimale in confronto alle architetture rinascimentali e barocche. Ma all'epoca doveva lasciare a bocca aperta; come secondo Dante accadeva ai contadini che si inoltravano tra le torri di Firenze, come può accadere a noi oggi tra i grattacieli di Manhattan. Tanto più che le basiliche sono due, quella inferiore e quella superiore. Ed entrambe sono coperte da affreschi di commovente bellezza.

L'arte però è solo una parte della grande eredità di Francesco. Che è costituita da molte altre cose, da valori che nel drammatico tempo che ci è dato in sorte sono particolarmente preziosi: l'amore per il creato, il rispetto della donna, la difesa della pace, la protezione di ogni creatura. Siamo alla vigilia di trasformazioni profonde, e non sempre benefiche. La clonazione, le biotecnologie, l'intelligenza artificiale possono costruire una creatura post-umana, un cyborg che avrà come cervello il computer e come memoria la rete; sarà molto più intelligente di noi, saprà molte più cose di noi; e non si capisce perché l'uomo post-umano dovrebbe obbedirci, anziché impartirci ordini. E in un futuro non così lontano si cercherà di salvare su un chip la memoria e la coscienza di un uomo, naturalmente ricchissimo e potentissimo, per trapiantarlo su un cyborg in grado di prolungare la sua vita emotiva se non biologica per sempre.

Di fronte a un simile scenario, la visione del mondo di Francesco, la sua assoluta semplicità, la sua sottomissione volontaria, il suo entusiasmo per gli esseri umani e per ogni creatura rappresentano un antidoto alla disumanizzazione del mondo.

Una volta ho avuto una discussione con l'allora presidente di Confindustria, secondo cui la misura di un uomo era il denaro. Per un imprenditore forse è vero; anche se aggiungerei la creazione di lavoro e di valore aggiunto. Ma in fondo Francesco, Dante, Cristoforo Colombo, Giuseppe Garibaldi, insomma i più grandi italiani mai vissuti, sono morti poveri. Gli altri per necessità, per disinteresse, per sfortuna. Lui, Francesco, per scelta.

Francesco è stato forse il più grande tra gli italiani, proprio perché si è fatto araldo (per usare l'espressione che gli costò un bagno nella neve per mano dei briganti) di un messaggio di amore universale: la cosa più preziosa del cristianesimo. Un richiamo alla dignità dell'uomo. Le fondamenta dell'umanesimo. Il punto più alto dell'identità italiana.

San Francesco è la nostra aspirazione – contraddetta mille volte nella vita, nella storia – al bene.

San Francesco è la parte migliore di noi. Come esseri umani, e come italiani.

BIBLIOGRAFIA E RINGRAZIAMENTI

La bibliografia su san Francesco è ovviamente sterminata. Ho cercato di lavorare sui testi originali, a cominciare dalla Vita di Tommaso da Celano, scritta in latino. Mi assumo la responsabilità della traduzione, a volte libera. Tra le varie versioni, consiglio in particolare quella delle Edizioni Porziuncola, con traduzione di Fausta Casolini.

Tra le fonti medievali, ho lavorato in particolare sulla Compilazione di Assisi, anch'essa pubblicata dalle Edizioni Porziuncola, sulla "Leggenda dei tre compagni" (Edizioni O.R.), e sui Fioretti di san Francesco, Edizioni Paoline.

Per la Legenda Maior di Bonaventura di Bagnoregio ho consultato la versione delle Edizioni San Paolo.

Tra gli storici contemporanei, consiglio di approfondire le opere che ho citato più volte nel libro: Chiara Frugoni: "Francesco e l'invenzione delle stimmate" e "Vita di un uomo. Francesco da Assisi", entrambe pubblicate da Einaudi; Jacques Le Goff, "Francesco d'Assisi", Laterza; e Chiara Mercuri, "Francesco d'Assisi. La storia negata", Laterza.

Le citazioni di "Francesco d'Assisi" di Hermann Hesse sono tratte dall'edizione Mondadori.

Il long seller di Dacia Maraini, la cui amicizia è stata un dono della vita, "Chiara di Assisi. Elogio della disobbedienza" è pubblicato da Rizzoli.

Un bel libro su Francesco si deve a Franco Cardini: "L'avventura di un povero cavaliere del Cristo. Frate Francesco, Dante, madonna Povertà", Laterza.

Il sindaco della Firenze dell'alluvione, Piero Bargellini, ha dedicato numerosi scritti a san Francesco e alla Verna, tra cui "Pellegrino alla Verna", "Le robbiane della Verna" e "San Francesco", di recente ripubblicato da Vallecchi.

Classici fondamentali restano la "Vita di San Francesco d'Assisi" di Paul Sabatier, pubblicata per la prima volta nel 1893, ripubblicata in Italia da Porziuncola nel 2009, e "Francesco d'Assisi" di Gilbert Keith Chesterton, conosciuto come G.K. Chesterton, che si può trovare in libreria nell'edizione di Ts-Terrasanta. Il libro di Chesterton è citato da Javier Cercas nel suo "Il folle di Dio alla fine del mondo": il folle di Dio è Papa Francesco, ma la definizione si deve a san Francesco.

Per Padre Pio, torno a citare e a consigliare il saggio di Sergio Luzzatto "Padre Pio. Miracoli e politica nell'Italia del Novecento", Einaudi.

Ringrazio le persone care che mi hanno aiutato nelle ricerche: Carlo Carabba, Eugenio Murrali, Ilaria Picchi, Nunzia Scala, Alessandro Sortino.

Il testo è stato riletto e corretto dal professor Filippo Forlani, grande studioso delle vite dei santi alla Pontificia Università della Santa Croce. Dal cardinale Mauro Gambetti, per dieci anni custode della tomba di san Francesco, ora arciprete della basilica di San Pietro. Dal cardinale Matteo Maria Zuppi, presidente della Conferenza Episcopale Italiana, che mi è stato vicino come sempre nei momenti importanti della mia vita. La loro cultura e la loro cura mi hanno evitato diversi errori. Se ne sono rimasti, la responsabilità è soltanto mia (ma credo sinceramente che, più che di errori, si possa parlare semmai di diverse interpretazioni).

Voglio ringraziare anche i frati di Assisi, della Verna, di San Giovanni Rotondo, di Greccio (dove mi accompagnò monsignor Domenico Pompili), in particolare fra Rinaldo Todaro, fra Nicola Monopoli, fra Michele Pini e il mio fraterno amico Enzo Fortunato, che in questi anni mi hanno accolto sempre con gioia, e mi hanno trasmesso un frammento di quello spirito di Francesco che spero di aver comunicato a voi lettori.

INDICE

UPLOAD

ELESA ZEHNDORFER

BLACKHEATH
PUBLISHING

Blackheath Publishing is an imprint of Lakeside Partners GmbH

ISBN 978-3-9505170-0-2

Cover design by Najdan Mancic
Interior design by Najdan Mancic

For Henry and Clemens

ACKNOWLEDGEMENTS

I spent many years writing textbooks for a wonderful publisher named Taylor & Francis, to whom I owe my first debt of gratitude. While writing my most recent textbooks—a scientifically-inspired book about politics, and a 2nd edition leadership textbook—I became truly enchanted, concerned, and mesmerised by the incredible, crazy way that neurology, science, and tech were being used to shape and manipulate our daily lives. Upload remains a true reflection of my passion for science, the knowledge gained in my research for those books, and the creativity that I was able to unleash by stepping straight out of academia and into the genre of fiction.

Thanks also to Katie—I'll always remember our Friday early morning meetings at the Ivy over coffee, discussing our manuscripts. You kept me accountable in those early days and I'll always cherish those memories. To Adrian, a great friend and academic, you were the first person to read the manuscript. Your encouragement and insights were invaluable. And to a fellow writer and great friend, Noli, I can't thank you enough for your early endorsement and support!

Many thanks to Clemens, my husband, for your enduring encouragement of all that I do, and for your great enthusiasm for this book.

And finally, to Henry, as always, you remain the inspiration for everything that I do. One day, when you're old enough, I hope that you will read this book and remember the most important thing of all—that character, courage, and hope are all that really matter.

1

Professor Grayling stared at the screen, the color draining from his face. He looked up, panicked, quickly scanning the room. Fumbling in his pockets, he began to sweat.

Come on. Please come on.

He felt despair rising, desperate to download the thousands of datasets that represented the most incredible discovery of his career. It was the kind of once-in-a-lifetime discovery that could have blown apart his field, catapulted him from humble third-tier college professor to New York Times-bestselling ivy leaguer overnight. The kind of discovery that carried the power to indelibly change the way in which humans viewed death itself. To learn their fate.

38% downloaded. Please hurry.

He tried to distract himself. This study could have been so incredibly positive, he reflected.

In the right hands.

He ran his fingers through his thick white hair, feeling the tension in his neck. His head had started to throb.

He tried to relax, just for a moment, allowing himself to consider what might have been. Gazing wistfully up at the night sky, he marveled at the sleek floor-to-ceiling windows that now occupied an entire wall of his state-of-the-art research office. Sinking back into his soft leather armchair, he absent-mindedly ran his fingers along one of the finest antique mahogany tables that he had ever seen, desperate for a distraction from the adrenaline and cortisol flooding his body. It was so hard to wait. He had never felt so much panic.

50%.

His eyes lifted momentarily, and he was struck for the thousandth time by the beauty of the majestic snow-capped mountains that lay across the lake from his office. As part of the biochemistry faculty of Eastern Saffira University, Grayling had never won plaudits for his work. Nor had he ever enjoyed the frisson of prestige that some other academics at top-tier universities must have experienced so regularly. *I work at Princeton* they could say. How must that feel? Dropping the name of an ivy league titan casually into ones' dinner party conversation?

Grayling had wondered that a hundred times. Eastern, his alma mater and employer, remained one of the least-known, smallest universities in the country. A man of his intellect could, realistically, have forged a career at a more prestigious institution but he'd known, even as a boy, that he could never leave Saffira.

There was not a campus in existence that could hope to rival the stunning beauty of Lake Saffira's commanding snow peaked mountains, nothing that could hope to equal the sparkling crystalline blue of its waters. Nowhere else could a man look up into that vast, enveloping sky and casually enjoy the regular flight of eagles and commodores that made their home in the vast surrounding forests. For that beauty, Grayling thought, he would still trade everything. Risk everything.

Gazing around his office, Grayling took in the luxurious claret-red carpets, the pristine wood-and-glass display cabinets and the grand old paintings that now adorned the walls. The gold-plated name plate on his desk and door signaled grandeur and status on par with the opulence of his new office. *Professor Emeritus Randolph Grayling.*

He detested it all. It made him sick.

Despite—maybe because of—the luxury, the walls were now closing in on him. The intended effect of such luxury was not, of course, to make him feel at ease but to impress the revolving door of hedge funders and wealthy investors that constantly flowed in and out of the new Levanter science facility. Grayling smiled bitterly to himself; a couple of years ago only PhD students, a few lab technicians and the occasional cleaner would have ambled down those hallways, perpetually grumbling about the second-rate facilities and lack of funding. Whilst the unlimited spending of Levanter had, he admitted to himself, initially impressed him, it now enlivened nothing within him but bitterness and regret.

He stared at the monitor, tiny white numbers racing across the screen.

I can't let this fall into the wrong hands.

He gazed toward the dark, imposing heavens, momentarily feeling in awe of the incredible implications of his study, suddenly overcome with the astounding beauty and complexity of the stars and the blanket of darkness that lay above him. *What he now knew.* It simultaneously made him feel an indelible, unbreakable bond with nature whilst almost taking his breath away. He had found scientific proof of one of the greatest powers of the natural world.

The destruction that it could cause in the wrong hands frightened him. He felt genuine terror at the prospect of how that misuse might become manifest, desperate to hide what he had discovered. The last piece of the puzzle. Levanter would give everything to find out what, exactly, he had just uncovered.

He began, almost imperceptibly, to shake.

He willed the study data to download so that he could fly into the night unseen, away from this hell. He looked at the screen.

57%.

His mind travelled back to his first conversation with Levanter CEO Trent Calder. A brash, young charismatic guy, Calder had seemingly appeared from nowhere to head up a major new scitech company that promised, for the first time, to unite science and faith in ways that would transform the world. Calder had barreled into his office with no appointment, offering research, investment, status—everything he had wanted to hear. Empty cheque book in hand, Calder had thrown around phenomenal monetary figures, awe struck at the genius of Graylings' modest little sleep study, nodding animatedly as Grayling talked him over the finer points and minutiae of gamma waves, somniloquy and noctambulism. Back then, even the Eastern Board of Directors had declined to commit further faculty funding to Graylings' little study. He had, subsequently, been facing the very real prospect of the study itself being shut down. It had been a true passion for Grayling and the prospect had almost broken his heart.

He remembered earlier that morning, just before that

unexpected meeting, he had been chewed out, humiliated, by the Dean, Chuck Chambers, in front of the Board. Chambers, a pen pushing bean counter, cared nothing for the beauty and power of science. The honor for him had always been in the dollar.

Grayling's study, he thought to himself, had always been fascinating—a sleep study that aimed to improve quality of life for all patients, whether healthy or end-of-life palliative care. It carried the power to revolutionize quality of life but wasn't profitable as a treatment, leaving Dean Chambers and potential investors—pharmaceutical companies for the most part—to dismiss him out of hand. The work had taken an accidental diversion in recent months into post-death neurological and oneirological activity.

Grayling sat back, now immersed in thought. He stared up at the jet-black night sky, silently contemplative. That accidental diversion had, he concluded, formed the basis of Levanter's obsession with acquiring the rights to his work.

Grayling had relished breaking the news to Dean Chambers. It had been a crisp, cold, beautiful autumnal morning, the sky a deep blue, and Grayling had remembered the incredible symphony of golds, oranges, yellows, and browns that greeted him as he accompanied Calder and a couple of other Levanter executives, cheque in hand, to Chamber's office.

He had loved watching Dean Chambers eyes widening as he listened to the CEO of the fastest growing scitech firm in America wax lyrical about Grayling's genius.

I told you so. I knew I had something. You shouldn't have mocked me.

He remembered how Dean Chambers' plump little hands

had been trembling, his shifty eyes flitting back and forth between Calder and Grayling as he picked up a pen and signed the contract that one of the Levanter lawyers had thrust in front of him.

Ten million dollars.

Chambers should have waited to discuss that contract with the Board, but greed and pride had quickly taken precedence. Grayling never did see what was written in it, but he'd learned, pretty fast, that he'd lost all rights to his work.

64%.

Looking back, he hadn't even taken the time to ask Levanter executives *how* they'd even found out about him or why, exactly, a hugely powerful tech giant might be so bothered about his humble little study. Calder had been so incredibly effective at what he'd done, in spinning that deal, in pressuring the university to sign off on the rights and ownership of *everything* before the offer ran out.

70%.

Again, the panic began to rise. He knew now why Levanter needed his study, his labs, his data. It chilled him to the bone.

He stared at the computers again.

74% downloaded. Come on, please. Hurry.

Sinking deep into his exquisitely soft leather armchair, he stared, momentarily transfixed, at the three computers—his little research hub—as thousands of white characters tirelessly whizzed across the screen. The waiting was killing him.

He listened to the humming and whirring of technology as data downloaded with lightning speed to the tiny portable data chip that he would—he hoped—be able to hide before

Levanter could ever access it again. He needed to get that data out of Eastern, fast.

But then what?

His brow furrowed. Getting the data to a safe space was one thing, but he couldn't risk Levanter locating him after they'd realized what he'd done. They'd hunt him down, maybe even engage him as a participant in his own study. *Jesus.* God knows what might happen to him then.

Grayling snapped back into the present, glancing around and wrestling with the reality that maybe—just maybe—he should destroy everything. Levanter hadn't managed to unlock all of the data. *Yet.* But when they did…

He shook his head. He couldn't play God and destroy it all. The implications of what he now knew were profound, maybe powerful enough, even, to unite the age-old divide between religion and science forever.

79%.

Within a month of meeting Trent Calder for the first time, the little mountain village of Saffira had transformed into a bustling building site, diggers, and concrete mixers everywhere. Levanter had already railroaded over their initial promises not to harm the local ecosystem and had already broken ground on the construction of state-of-the-art luxury apartments for Levanter employees alongside plans for a state-of-the-art healthcare complex, spa, restaurants, swimming pool, basketball & squash courts that surrounded the jewel in the crown; a Romanesque amphitheater designed to hold company events, host outdoor movies and generally complement the general feeling of opulence of the place.

Grayling had a bad taste in his mouth every time he glanced over at it. The sheer natural breath-taking beauty of the mountain peaks and the sprawling forests contrasted sharply and uncomfortably with the man-made, louche feel of the new development.

Grayling remembered the good old days when he'd only had the Dean on his back, where he'd spend days poring over results in his modest little office, encouraging his grad students to take risks and innovate, hearing about their love of science and seeing the world through their young, uncynical eyes. Bashing the old tea machine to get it to work. Grumbling over the unwashed cups in the sink. And then the happy, congenial evenings spent hanging out at Max's Bar, especially on Friday nights, when the place would be packed with students, laughter, and music, always an eighties movie playing on the big screen at the back.

I wish I was at Max's now. That none of this had ever happened.

81%.

Grayling felt the beads of sweat forming on his temples and along his hairline. He wiped his palms against his jacket as he waited. It felt like the data had been downloading forever.

The view from the window was particularly incredible that night, a wall of majestic snow-capped mountains lit up by the moonlight dancing across the deep, dark crystal waters of Lake Saffira, all framed by a perfect starry night sky. Candy floss clouds tumbled down the troughs of the vast, sprawling valley, landing gently by the shores of the lake where water lapped softly against pebbly beaches. Reflected stars shimmered like a blanket of diamonds in the water below, their reflection adding such beauty to water that appeared, at that late hour, to be almost pitch black. A solitary boat rocked gently, noiselessly, in the middle of the lake.

Grayling glanced back at the data.

83%.

He sighed and glanced around him again. There seemed to be no signs of human life, but why would there be at almost midnight? Most other people had places to go, families to be with, social lives to play out. He had not dared turn on the light or even close the blinds, concerned that any sign of movement might alert someone, somewhere, to his presence. He remained in almost complete darkness.

The green characters of the screen provided the only dull glow in the room, the gentle hum of the computer his only companion. Even that glow, he figured, could expose him and his unusual activity. He willed the data to complete its download for the hundredth time, shifting in his seat. He glanced around again. He thought he was probably alone. But these days he could never be sure.

95%.

Grayling reflected on the unbelievably fast expansion that Levanter had enjoyed in the weeks after signing that contract and taking over Eastern. At breakneck speed, they had established numerous study centers across America, dedicated to expanding his research. It had been breathtakingly fast. Under-the-radar investigative journalists and investigators had gotten involved almost immediately, questioning how the company seemed to have bypassed the usual FDA and EPA regulations, but always came up with nothing. In the last few days alone, he'd uncovered details that many of the new 'sleep centers' were, in reality, partnerships with high-security penitentiaries, religious programs, care homes and hospitals.

And the money thrown at the company. So much money... *Where the hell was it coming from?* Nobody had been interested in funding so much as a post-doc for his work before.

A few months ago, most young grads had never heard of Levanter. Now they all wanted to work for Trent Calder. Hell, most of them wanted to *be* Trent Calder. He had fast become the wunderkind of the scitech world. He had become the American Dream, manifest.

100%.

Grayling pulled the microchip out of his desktop computer and slipped it into his pocket. Punching a few symbols on the keyboard he watched as a virus began to wipe everything from the machines.

Grabbing his worn brown bag and overcoat, he switched off the computer. The screen went dark. Throwing his scarf over his shoulder he stopped at the door of his office and looked back, one last time. He'd miss those mountains. A lump formed in his throat as he took in the view—the same view he'd seen through those windows a thousand times before—and wondered if he'd ever see them again.

Thirty minutes later, Grayling silently rowed a small boat into the center of Lake Saffira. He appeared to bend over and gaze into the lake. For some time, he seemed to do nothing at all. Then Grayling appeared to simply fall, limp, into the deep, mysterious waters below.

If anyone had been gazing out at the lake at that moment,

they would have seen—for a fleeting second—a small red dot hover at the base of Grayling's skull.

Seconds later, a dark figure quietly exited the forest surrounding the lake, a black M&P22 Compact Smith & Wesson gun held deftly at his side. The moonlight glinted, for a second, against its' cylindrical metal silencer. Slipping soundlessly into a black SUV, he pulled away, disappearing soundlessly into the night.

Light snow began to fall.

2

Whenever Luke Templeton needed to think, he headed to the mountains. Escaping into a world of snow and ice never failed to free his mind from the mundane worries of life—paying the rent or the drudgery of work—and that desire to escape was the reason that he was now sitting on the eastern peak of Soul Drift at 6am in the morning, watching a glorious sunrise light up the sky in a symphony of yellows, pinks, and reds.

Trailing a small branch in the glistening, powdery snow that lay at his feet, he daydreamed about a life spent in the mountains, one that would never require him to descend to the miserable new job waiting for him in the village below.

Luke looked up, his light blue eyes reflecting the piercing brightness of the snow and sky. A light breeze ruffled his dark brown hair. The many hours spent working vacation jobs as a ski and wake board instructor had made him muscular and lean, and everyone he knew always told him how much he looked like his dad. He shared his dads love of nature too, a passion that had led to a deep love of science. He was fascinated with the world around him, charmed by the incredibly precise design of the Fibonacci sequence, mystified by the perfect symbiotic relationship that existed between evolutionary species. Before his dad had died, he'd been set on a place at college to study ecological science. Now everything had changed. If he didn't bring in an income fast, he'd lose the cabin. Which was exactly why today was the first day of his new job at Levanter.

But he needed to hit the slopes first, conquer Soul Drift.

It was amazing up here, he thought, how time stood still. The sweet release of the powder, the peaks, the sweet, sharp air, nature itself—nothing could ever hope to rival it. *I could live exactly, contentedly, in this moment,* he thought, *perfectly at peace, free of any of the worries of day-to-day life.*

Nature, he realized, was addictive. He closed his eyes and drew in a deep breath of crystal clean air, filling his lungs, before exhaling and opening his eyes.

Levanter, he knew, was addictive, too. He'd hung out near a wrap party once, by the lake, close enough to hear the voices of young grads drifting across the water. They'd all been vying for a contract, dreaming of becoming part of the newest, most hyped up scitech firm in the country, enthusiastically trying to impress the recruiters.

He remembered that it had been a particularly beautiful warm wind that late fall evening. Deep pink and orange hues of sunset cast light far across the sky, warming his face. Then Trent Calder, scitech wunderkind, had wandered up to the mic for an impromptu speech and the young attendees had quietened, reverently listening to their guru. It had felt more like a religious event, the audience lighting candles, singing, chanting. When he left, he could swear that a couple of attendees had cried.

Luke had attended a protest the next morning as part of

a group dedicated to stopping the Levanter bulldozers from destroying a protected 10-acre natural reserve. They'd been jubilant when a message from the courts confirmed that their legal injunction had been successful. At 5am the next morning the bulldozers had fired up anyway and destroyed everything.

Then Luke's dad, Nate Templeton, had died, leaving him deep in grief. It had also left him suddenly financially responsible for meeting the mortgage payments of their beloved cabin and he was already three months in arrears. When Levanter had offered him a job, he'd taken it.

He'd had no other choice.

Luke had always been exceptionally close to his dad, partly because his mom had died when he was a baby. His dad had raised him alone, a role he had not only risen to but exceeded. They'd shared a deep bond and an enduring love of nature, his dad taking him on countless skiing, hiking, and snowboarding adventures, always rising the next day to steaming hot coffee on the deck outside the cabin before his dad headed to work and Luke hauled on his backpack to head to school.

They'd spent countless evenings together on that deck, under a blanket of stars, watching the moon rise in the sky in the evening and set in the early mornings. Nursing huge, hot mugs of coffee they would sit and chill, letting the sun's rays beat down on their faces as a light wind gently rocked their swing seat.

Luke loved the fact that his memories of his dad were so positive. He'd recall one exciting, happy adventure after another, memories all cascading one on top of the other, then feel a punch in the gut, a feeling of missing his dad so viscerally that it caused him physical pain. There had been a few dark months when he had traded a vicious hangover for those mornings, drunk his way through the void, doing anything he could to resist facing the empty seat on that deck where his dad should have been.

His dad had reportedly died trying to ski the Soul Drift couloir during an incoming storm, a crazy, risky line even in the most perfect of conditions.

The Saffira alpine region—particularly Soul Drift—was, Luke conceded, an incredibly dangerous place for even the most confident skier. On crystal white snow days, when the powder was soft and the skies blue, the terrain was indescribably tough. At anything below subpar, treacherous didn't begin to describe it. With anything approaching less-than-perfect conditions, you could bet with all certainty on getting into trouble fast. Luke had seen it for himself more than once when he had joined search-and-rescue teams to help comb the forests and mountains for lost out-of-towners.

It was exactly why—alongside Chamonix in France—Saffira had earned the dubious title of 'death-sports capital of the world', courtesy of its infamous collection of stunning couloirs, known as the Soul Drift, that attracted legions of thrill seekers every year. Topped by some of the most outrageously breath-taking scenery in the world, the region had long been regarded as a truly global extreme sports Mecca.

On the day his dad had died, a storm had been rolling in. Nate had simply disappeared into the mist.

The small ski tour that he'd been leading raised the alarm after losing sight of him, and they'd recovered the body weeks later. Max Cooper, the local bar owner, and an old friend of Nate's had stepped in at the last moment to identify the body.

Ravaged by frost and wind, he'd spared Luke the trauma, for which Luke was still thankful. The local sheriff had warned Luke that it'd be too much for him to see his dad like that.

And he'd been right. Max had broken down the moment he saw his friends' body and Luke would remain forever grateful to him for helping him as he did. Luke's only solace lay in the fact that his dad had died in the mountains of Saffira, a place that he had always called home.

Luke shook his head and smiled as he remembered the first time his dad had taken him to Soul Drift. A cavernous, preposterously narrow gully, the Soul Drift couloirs boasted crazily steep gradients that required skiers to zigzag at high speed almost continuously through what looked to the naked eye to be sheer, jagged rock. If a skier made it through the couloir unharmed, he would then be met with a frighteningly steep drop that fell thousands of feet below, requiring him to come to a stop at a perfect pace and angle. In perfect conditions it presented a life-changing challenge, by anyone's standards. In less than perfect windy or icy conditions, you would need a death wish to even consider it.

Nobody but Luke had seen his dad ski the Soul Drift. It had been one of his favorite memories ever of his father. It had taken months for Luke to dare venturing down to Soul Drift, but today had been the day that he would honor his dad and conquer it himself.

His gaze shifted. Still sitting in the powdery snow, he took in the run, visualizing every second if it. He was an excellent skier and had studied the route, poring over videos, calculating angles, imagining exactly how he would tackle the route literally hundreds of times.

Gazing down at Soul Drift, he knew he could conquer it, emerge victorious. He stood up, grabbing his skis, before looking up, determination fixing his gaze. The deep azure blue of the sky and the almost blinding whiteness of the snow momentarily hypnotized him. The world was silent, as if all of nature were pausing itself to meet this moment. He knew that if he didn't move forward now, he'd lose his nerve completely.

Tramping up the 20-foot ridge to the couloir, Luke thanked God for the perfect conditions, the heat of the sun warming his body and raising his spirits. Finally reaching the mouth of the Soul Drift, his heart began to pound in his chest as he looked down into the void.

That's one hell of a drop.

The adrenaline surged through him. Closing his eyes for a split-second, he opened them just before he let his body fall. For a second, nothing but silence, which enveloped him as he dropped into darkness.

Then suddenly the heavy rush of wind filled his ears. It was incredible. Fast. Frightening. Exhilarating. A world speeding past at what felt like a thousand miles an hour, every sense sharpened beyond belief. Luke tried to retain a laser-sharp focus, his gaze fixed forward, meticulous, lightning-quick, scanning and computing the fractions of an inch he needed to move here, there, slightly increasing or decreasing his angle of approach. One nanosecond of lost concentration on a run that precipitous would be fatal.

The planning had paid off. For a few seconds, he was free, as connected with nature as a man could possibly be. He felt at one with the snow, the sky, the air. Pure freedom.

Then, without warning, he suddenly and violently lost control, slamming wildly into rock on his right side. Careering and barreling side to side, he narrowly avoided smashing his head against another, struggling to catch a breath. His leg twisted under him as his skies detached from his feet. His goggles ripped from his face, and he was momentarily blinded by the sun, the cold, dank taste of snow and dirt filling his mouth. Seconds later, tumbling uncontrollably from the mouth of the Soul Drift couloir, Luke's body hurtled fast toward the gaping mountain drop below.

Luke collided hard with a large boulder, his right shoulder taking the brunt of the fall. The collision saved his life, slowing him down just enough to career and smash motionless into a large tree trunk lying sideways, frosted into the ground, only feet from a cavernous drop below.

Everything went black.

Moments later, as Luke lay unconscious, a lone skier in a white snowsuit emerged from the side of the couloir. The pure white of his helmet and ski suit offered an almost perfect camouflage, the snow flying up in an arc as he deftly came to an abrupt and forceful stop only centimeters from Luke's limp, prone body. With lightning speed, the skier in the white ski suit bent down to assess the damage to Luke's head and spine. He was still breathing.

Thank God. He's still alive. The skier pulled Luke's mobile from his ski suit and dialed local mountain rescue. "You'll live, kid." He smiled down at Luke who was still unconscious. Help was on its way.

Mission accomplished.

Before leaving, he glanced up at the mouth of the couloir. A garish, huge Levanter banner fluttered in the breeze. He placed a small fragment of the material that he had ripped off earlier in one of Luke's limp hands before disappearing as fast as he had come.

3

"Jesus, that's a hell of a way to turn up for your first day."

Trent laughed as he flopped down into the visitors' chair by Luke's hospital bed. Draping an arm over the back of the chair, he signaled to an aide to bring over a coffee, then turned his attention back to Luke. "You're really bashed up, kid."

He was right. Luke had been admitted to the Levanter health facility three weeks prior, but he was still a mess. Hooked up to multiple wires and drips, he lurched between feeling wiped out and wired, optimistic and miserable, a steady cocktail of antibiotics and painkillers making him feel fuzzy, as if he were perpetually underwater.

The hospital stay was brutally sapping his spirit, too. For anyone used to winters on the slopes and summers on the lakes, three weeks spent under sterile hospital strip lights in a windowless dormitory virtually constituted a jail sentence. He was desperate to get outside and feel the sun on his face again.

Luke's disdain for Levanter had eased a little when he learned that they'd virtually saved his life. A crash team of world-renowned specialists had worked for hours to restore vital blood flow to his brain, patching up a fractured shoulder and punctured lung along the way. Trent leaned forward, shifting his chair a little toward Luke, templing his fingers together and looking concerned. "I was told that it got a bit dicey back there on the operating table. I hear they lost you for a while."

"Yeah." Luke managed a weak smile. "Back from the dead." He shifted uncomfortably as he felt a dull pain hit his left side.

"Doc Silva told me I was out for a while. There was a lot of blood, complications during the thoracoscopy. A couple of my ribs shattered, punctured my lung. My blood pressure was tanking. They did an amazing job." He stopped for a few seconds. The talking was tiring him out.

A nurse reappeared to take his vitals and rearrange his pillows. Trent took the opportunity to mutter a few instructions to his assistant while she fussed over her patient.

"The banner was awesome, Luke. We got so much free coverage across the board. The local press picked up the story, which got co-opted by the nationals and went viral the next day. Forbes and the WSJ are running human interest pieces on you already, asking if you're crazy or if you embody the true spirit of company loyalty." He flashed Luke a grin. "The board *love* you."

He shook his head as he looked down at the material in his hands, chuckling wryly. "Literally flying the flag for Levanter. Quite something."

Luke was confused. He'd heard a couple of the medical staff mention the banner, caught part of a news report. He let Trent speak.

"The board don't want to waste someone with your profile in a junior role, especially not when there's so much broadsheet interest in you. We have this amazing new position—head of a wellness program called The Initiative—but we were struggling to find someone young, charismatic, someone with real energy to run it. The board loved the idea of you stepping up to the plate. Would you be interested?"

Luke suddenly felt dizzy. Words began to drift in and out. Trent was talking fast and animatedly now. Luke struggled to keep up.

"...a revolution in science and faith...such a great opportunity for you...if you would just sign this contract....".

A doctor came. Then another. He felt the prick of a needle in his arm. Then more words, Trent looming over him, helping him to hold the pen and sign. He winced, the movement hurting his injured shoulder.

"Welcome on board". Trent's smile faded into blackness as everything suddenly slowed down. The blackness receded for a moment as he turned his head to look at the kindly doctor, but the doctor looked different now, and suddenly there was another needle in his arm. Voices blurred into a monotonous hum, and he felt himself falling and falling.

Luke felt as if the synapses in his brain were begging him to fall into a kind of deep copacetic sleep. Then nothing.

A few moments passed before Trent stood up and walked brusquely out of the hospital room, pushing the contract into the hands of an aide as he exited into the corridor, heading for Professor Romano Silva's office. Silva stood up and greeted him, moving briskly.

"Let's go."

The two men exited the room, taking a sharp right to the service elevators. Silva punched one of the buttons and the two men descended in silence to the basement floor. Stepping out, Trent gritted his teeth. It was freezing today. The experimental nature of work undertaken by Levanter—something that needed to happen at breakneck speed—currently required experimentation with temperature. He shivered, wishing that he'd bought a coat. Both men walked up to the wall of glass that separated the vast medical suite from the corridor. Medical staff pored over samples and data readouts whilst nurses frenetically tended to patients, some of whom appeared comatose. Others were clearly distressed.

They watched as Luke was wheeled in motionless on a gurney.

"Ketamine compound again?"

"Yeah." Professor Silva sounded impatient. And he was. Luke wasn't responding the way he was meant to. It angered him. Silva had placed Luke, alongside many other patients, on a cocktail of experimental drugs. The fact that Luke had died on the operating table meant that he wasn't just useful to them as a lucrative PR project. They could test on him, too. Trent turned to Silva. "Run down, please."

Silva nodded. "The ketamine combined with sodium panthenol and GHB is keeping him stable when we run the reverses on him. It's brutal, cycling him over and over, but he's holding up."

Trent smiled, just a little. "He's getting blackouts, though. They're getting worse. Night terrors." He nodded. That was to be expected. Also, he didn't care. Luke, like all of their patients, was expendable.

"We can use the blackouts. Use him as a case study to sell to the investors. If we can show that we've turned him from ecological warrior to the loyal, unquestioning face of the Initiative, that'll be one of our most powerful selling points. And if he messes anything up for us, we'll use the blackouts, set him up, tell him his brain injury made him go crazy. Hurt people. Whatever." Trent waved his hand dismissively.

Professor Silva bristled. "I've explained this before. Luke is a special case; you want me to use him as the perfect case for the Revelation tech, show how easy we can brainwash the toughest of subjects, then show those same investors how we can cycle him through the reverse. So I'm flooding him with cocktail after cocktail of drugs while I have him unconscious, just like these other idiots strapped to their gurneys, to test the reverses, then constantly manipulating his brainwaves while he's awake. Which—okay—I can do, though his body will break down eventually. But the interaction effect, in my view, is too powerful. You're pushing too fast for results."

"I disagree." Trent seemed anxious. "I have a few state legislatures, a couple of the senate guys coming in, real soon. Sooner than scheduled. We need another cash injection. Which means we need fast results. Decisive ones."

Trent seemed anxious, unable to keep still. Silva glanced at him, wondering what he was on today. It was an open secret that Trent enjoyed a little chemical assistance from time to time. Trent was becoming increasingly more animated. "We have some decent test cases, right? We're close, aren't we?"

"Sure, we're close. We have 175 test subjects." The sarcasm dripped from Silva's words. "What we need requires a hell of a lot more time. And bodies."

He frowned and began to massage one of his temples as if in pain. "Also, we're experiencing a lot more... anomalies."

Trent knew what that was code for. A high attrition rate was a problem. A high rate of anomalies—Levanter speak for patients they failed to resuscitate—meant less test subjects, an annoying inconvenience. He smiled. "We have fifty centers open already and from next week, they will all be fully operational and at your disposal."

Silva approved. That would make his work easier. "But we need to find the last part of the process. The part that Grayling stole from us." Both men nodded in silent agreement, before Silva turned to Trent.

"I hear the Levanter app is a success. That data coming out of tests seems impressive. Decisive."

Trent nodded. "Sure. The Levanter app is ready. We're closely monitoring signal frequency, output and effects and the results are amazing. The Christo-Evangelical Party have signed on already. Using Luke as a live case study is going to be engaging, I think, especially when they watch his attitude shift, watch his loyalty—and the effects of that on his leadership of the Initiative."

Silva's gaze remained fixed forward as he spoke. "Anyway, I've run some stats, tested some theoretical models that I've been experimenting with..." He glanced at Calder and realized he was no longer listening. The drugs had kicked in. He'd temporarily lost interest in the conversation, lost his focus. That happened a lot with Calder these days.

Trent dismissively agreed to Silva's request without even hearing him out. "Do it. Whatever it is, do it."

Dr. Silva nodded. "I'll report back."

Trent had often wondered what made Professor Silva tick. How he could be so professionally respected, so smart, so heavily involved in the use of medicine to save lives, yet so ready to engage in experiments and testing that literally killed, then reanimated, people? Ethics didn't seem to bother him. *Who knows*, thought Trent.

Who really cares?

Trent sighed, his focus returning. "We need to focus on both products. The first, the neuropolitical tech that we're hiding, dressing up as our wellness initiative. As the Levanter Initiative. That's what's making us a fortune. It was an easy sell right from the get-go. The Christo-Evangelicals were all over it, right from the start. But the second, the Rapture, that's how we're really seducing the Christo-Evangelists, getting them on our side. We need that sleep study data to come hard and fast, to position ourselves as their bridge between science and faith. To have them *believe* us. *Worship with us.* And it's working. Even in these early days, it's working. Our backer knew from the start. His money and expertise are going to transform everything."

Silva's eyes were steely, fixed forward. He hated Trent Calder, hated Duarte Santé, the wellness guru that they'd thrown a fortune behind. He didn't care about an ideological political battle like Trent did. He just cared about the millions of dollars that he'd been promised for his work.

"Senator Bill Buckley will be here tomorrow morning. You need to give him the VIP treatment. A tour of the place".

Trent Calder turned on his heel and headed back into the elevator, done with the conversation.

Dr. Silva did not reply. Nor did he turn to watch him go. His eyes remained on the glass and on the frenetic medical scene before him as he stood there alone for a long time, his jaw set hard, his eyes cold.

4

Two Years Later

The Alpha Tech lab team—Rex Stanton, Spencer Van Rees and Annalise Taylor—had bonded the second they'd met. Originally Eastern University hires, the trio had been summoned on their first day to what had now been rebranded as the Levanter Medical & SciTech Campus. The new rebrand came at a $15 million price tag, the dusty, collegial corridors and autumnal leafy walkways of campus transformed into stunning new steel and glass walkways, uplit, manicured gardens and small video billboards playing Levanter promotional shorts on a loop.

By the time their first day had rolled around, Rex, Spencer and Annalise had been fully versed in the new company ethos, been blasted with numerous upbeat Levanter corporate internal HR video and pep talks about success, achievement and excellence and waded through an entire self-coaching series created by in-house wellness guru Duarte Santé, a pseudo-religious pastor figure who headed up one of the brands' most ambitious missions—to combine science and faith as a means of transforming the scitech world and forever bridging the gap between right wing science deniers and left wing opponents of the rapidly growing Christo-Evangelical Movement. They all saw him as little more than a snake oil salesman who could charm the pants off of a housewife from a hundred paces—but all were intelligent enough to know that they'd need to keep that particular view to themselves if they valued their job.

Santé's original role had been to spearhead the Levanter Wellness Initiative—a new health-based off-shoot of core scitech activity—but he'd stepped aside at the eleventh hour to make way for Luke Templeton, a local boy turned Levanter devotee—to take the reins. Templeton was the untouchable golden boy of the firm, a young, sporty guy who had risked his life to try to fly the flag—literally—for Levanter. As the story went, Templeton had decided to ski the infamous Soul Drift couloir after erecting a company banner at the mouth of the run. It was crazy, the stuff that corporate loyalty program managers hyperventilated with excitement at. Forbes, the Financial Times and even the Harvard Business Review had run human interest stories on him, interviewing him from his hospital bed, feeding the desperate appetite of corporates everywhere to work out how to emulate that kind of heroism within their own ranks. With his star in the ascendency, it had seemed the perfect PR moment to install him at the helm of Levanter's coolest, freshest new initiative. *The* Initiative.

Luke's involvement had led to a glut of influencers and extreme sports starts coming on board immediately, transforming the company from a faceless corporate to one of the hottest young brands in America overnight.

That had also left Duarte Santé free to pursue and cultivate a powerful symbiotic relationship with the right-wing Christo-Evangelical party, recently agreeing to serve as the spiritual faith-leader of their ultra-religious spin-off Christo-Evangelical Movement. Whilst the political party and religious movement were technically separate entities, political endorsement of any candidate by the Movement itself served as political dynamite. As a result, Santé was rising as fast through the corridors of Washington as he was through the cloisters of the thousands of Christo-Evangelical churches spread across the USA.

Rex, Spencer, and Annalise spent the first six hours of their orientation day networking listening to energetic fist-pumping motivational sales spiels and self-coaching skits by unbelievably peppy corporate trainers. Rankling at their disturbingly cheesy group moniker—Team Alpha—the young scientists finally gave up all attempts at trying to work through the materials when a young male and female sales & marketing duo landed enthusiastically at their table with Myers-Briggs questionnaires and earnestly-delivered Facebook tagline-style advice.

You'll bond like no lab team has ever bonded before!

Remember that everyone is unique, which makes us all the same!

Rex hadn't been able to stand it any longer and had launched into a scientific deconstruction of the intellectual vacuity of each statement, ripping apart the scientific predictability proficiency of the Myers-Briggs test before questioning the scientific validity of the concept of team bonding. The ensuing confusion pasted on the faces of the sales duo who couldn't escape fast enough made Spencer roar with laughter. He slapped Rex on the back.

"I'm calling you whenever the Jehovah's Witnesses come over".

Rex looked puzzled. After that, the small group relaxed, ignoring the bulk of the corporate training seminars to instead get to know each other. One thing that Levanter had managed to achieve was to unite three incredibly compatible friends and colleagues. It would become a friendship that would last a lifetime.

Annalise Taylor, the only child of a teacher and an engineer from upstate New York, had recently graduated from one of the best PhD programs in the country. She had specialized in neuro spatial electroencephalography and had been excited to join Professor Grayling's modest but innovative sleep research team. Rex Stanton, a tall, wiry, dark-haired neuroscience grad was a refugee of an ultra-conservative evangelical family in North Reno. A Fulbright Scholar with a genius IQ and eidetic memory, Rex was also autistic, a condition that his family had no interest in tackling given their vehement anti-science beliefs. He'd caught a bus down country to Saffira the moment his PhD scholarships had come through, entering for the first time into a world of laboratories, logic, reason, and research—a world that accepted him.

Spencer Van Rees, heir to the Van Rees legal dynasty was, on first appearance, as brash and arrogant as anyone might presume him to be. A Stanford grad and former lacrosse captain, the younger Van Rees carried the easy confidence that the wealthy prodigies of powerful American dynasties tended to possess. Worse still, thought Annalise, he was handsome, stocky, and charismatic. *He'll be a nightmare.*

She groaned inwardly as he looked over at her and winked. At one stage, golden boy Luke Templeton and Trent Calder, scitech wunderkind and CEO of Levanter had bounded up on stage, all congenial hugs, cheerleading for each other, talking up the Initiative wellness movement and teasing a historic scitech reveal that the company would announce in six months at the much-lauded Levanter IPO. The growth of the company had been phenomenal, retail and institutional investors scrambling for Levanter stock ahead of the announcement, and Luke had just pulled back a huge pair of red, heavy curtains at the back of the stage to reveal a massive gilt-edged digital clock that provided a company countdown to the big event. It would be wheeled, they promised, into the foyer at the entrance of the main Campus building, a permanent reminder of what they would all be working toward. What they were all a part of.

Chase Matthews, Head of Government Liaison, walked on later to host a sleek, corporate presentation of the company's close links with the current political incumbents—the Christo-Evangelical Party—stressing the close symbiotic bond that the party and the company had enjoyed pursuing over previous months. Annalise remarked that she'd never seen so many hyper-macho, charismatic presenters in one place.

She was right. Levanter pursued a tight policy of engaging only with executives who had undergone intensive company training in the skills of presentation and oratory, in developing their charismatic appeal and in curating a physical image—right down to which side they parted their hair—that would be most effective in charming and appealing to their target image. It seemed to work. Annalise had become increasingly more uncomfortable with the rabid chants of the crowd over the last few hours of the event, the way that some tables of executives, sales folk, HR assistants and even lab staff had engaged in off-the-cuff celebration, fist-pumping, whooping, shouting Trent Calder's name, even standing on their chairs. The energy had gotten, in her view, out of control.

She'd noticed that the canapes and drinks that had been flowing freely a few hours ago had dissipated, too, bathroom breaks slowly become frowned on, with the language situated around Calder himself and the Levanter brand a little more guru-like, a little more faith-based. It was a strange line to tread for a scitech firm. The energy felt too off the charts, more, in her view, like a cult.

Soon after a quick high-energy video about an awesome new Levanter app that they'd all be strongly advised to download, the motivational coaches were back, bounding on stage alongside a pumping soundtrack, replete with a playbook full of self-coaching tricks and peppy advice. The final stroke for Team Alpha was the ubiquitous jewel in the crown of all self-respecting corporate seminars the world over; the 'fall and I'll catch you' partner exercise. At that point, Spencer jerked him chin toward the large oak doors that had just been opened to allow a consignment of coffee and tea to arrive. "Let's go!"

The new friends ran laughing toward the entrance of the huge conference room, almost tumbling out into the fresh air of the foyer of the grand Levanter amphitheater, sunlight hitting their eyes as fresh air filled their lungs. Spencer took a slug of oak-aged whiskey from a monogrammed metal flask that he'd pulled out of his inside jacket pocket, good-naturedly directing them all outside as he passed the flask around. It was a gorgeous sunny day, cold and brisk.

Spencer placed two fingers into his mouth, whistled hard and grinned self-indulgently as a gleaming grey Lamborghini Urus SUV roared into view. "Thanks, my man". Slipping fifty bucks into the valet's front jacket pocket, Spencer patted him on the shoulder as if he were an old friend before jumping into the driving seat and cranking up the volume on the CD player. Annalise slipped into the passenger seat as Rex climbed into the back moving a bunch of magazines, junk food wrappers and Red Bull cans out of the way.

After a couple of miles and well out of sight of the Levanter campus, Spencer hit the brakes, spreading out one arm across the back of the passenger seat and excitedly looked back at Annalise and Rex to ask them where they wanted to go. It struck Annalise that Spencer seemed a bit like a puppy with way too much energy, annoying and loud but impossible to dislike. Annalise couldn't work out if he would drive her nuts or whether he would become her best buddy.

They decided to head up into the mountains, Spencer pulling into Cornice, the local snow sports specialty store to pick up some gear on the way. He had a limitless trust fund which he wasn't afraid to burn through, a hangover from a father who, these days, showed little more than removed disdain for him and his life choices. Their only connection—not Spencer's choice—remained a large monthly stipend that his father continued to pay into his account. That day, the young assistant at Cornice's was a major recipient of Van Rees Sr's generosity, bagging up a large tent, big red ski coats, a top-of-the-range outdoor stove, and a box full of food supplies, amongst many other items.

They ended up as far up on the mountain range as Spender's

SUV had been able to take them, stopping at a viewing station that took their breath away, and had camped out under the stars that entire night, roasting marshmallows, sinking beers, and sharing stories. Rex and Annalise had promised ten times over to pay Spencer back until his theatrical shows of outrage at the mere suggestion eventually made them laugh too much to repeat.

That Friday night in the mountains would mark the start of a new Eastern University tradition that became known, within weeks, as Friday Night Lights. Every week, growing numbers of lab staff, researchers and young scientists would trek up after a hard week of work, shooting the breeze, drinking beer, having fun. Spencer, the consummate host, knew how to lay on a party. It was always the highlight of the week, Spencer stocking up his SUV with food, beverages, and spare equipment to cater for all newcomers, but soon enough everyone insisted on paying their way. He was their friend, and they didn't care if he could afford it or not. They didn't want him feeling as if they were there just for the freebies. They were there for each other, and for him.

A few would always stay behind, late into the night, camping out under the stars, waking up worse for wear every Saturday morning to the aroma of hot Starbucks coffee and freshly baked pastries that Spencer had sent up from Silvertown every week. Those evenings became more and more sacred, a means for the Alpha crew, as they became known, to cope with what was fast becoming an increasingly litigious, domineering, controlling and decidedly cult-like company.

5

For the past few months, Lara Chambers had come to love hanging out with the Alpha crew at the weekly Friday Night Lights event. In truth, she was the only corporate employee that had ever been welcomed, or invited to, the event. Everyone else was a scientist in some form or another.

The divide between corporate and scientific staff had, in truth, always been noticeable at Levanter, right from the outset. Corporates were treated like Gods, paid fat bonuses, gifted free pass cards to the campus wellness spa, always invited to Initiative events. Lab staff, conversely, were looked down on as grunts, receiving no bonuses, starting on far humbler salaries, and receiving no perks. The divide was becoming more brutal, now, with every passing week, especially as the relationship between Levanter and the Christo-Evangelists was becoming stronger. Lara sat somewhere between the two identities, technically a corporate, given her role as Lab Suite Manager, but spiritually, she always felt, a science gal.

She loved the guys she worked with, remaining endlessly fascinated with their work, their intelligent, insightful conversation, and the fact that they seemed to be such a great, generally kind, group of people. They were quite the opposite of the sales executives who only seemed to bother speaking to her to tell her to do something or to hit on her.

Lara had trekked up that evening to Friday Night Lights, now an honorary member of the Alpha crew, and proud of it, with Dr. Jack Montera, or Monty to his friends. Monty was a friendly young neurologist who she'd gotten to know during a particularly uncomfortable motivational exercise at the company orientation week a few months earlier.

They'd bonded over coffee at a 'fall and catch' event that they'd been paired at, immediately falling about laughing as Jack fell and Lara tripped up and fell backwards trying to catch him. They'd both landed on the floor in a heap, laughing their asses off, and had retired for coffee after a frightened-looking Levanter employee had run over with a health & safety form, asking them to both sign a confirmation waiver that neither had been injured and would not, as a result, pursue any form of medical litigation.

The night had been particularly stunning, a blanket of stars covering the valley and lake below, the cold, crisp night air invigorating them after yet another long week spent indoors in windowless air-conditioned medical laboratories. Fatigued by the exertion of their walk, the two friends had turned a corner at the top of a ridge and been welcomed and immediately comforted by the familiar sight of a roaring campfire, cool bags full of beer and snacks and the familiar faces of friendly colleagues already deep in discussion. Small groups of people were dotted around the fire, some kicking back on fold up camping chairs, blankets over their knees, whilst others sat cross-legged on the floor, pushing marshmallows on long twigs into the jumping, flickering flames.

"We're looking through time, you know that, right?" He signaled up to the sky good-naturedly where a blanket of stars hung majestically over them. Lara grinned as she answered Monty. "Nope." She sat back. Monty loved sharing his insights and stories about science with her. His enthusiasm was infectious, and she loved listening to the deep baritone of his voice. It was calming, friendly. Relaxing.

Collapsing onto a thick, old but comfortable picnic blanket bought by Lara, both looked up into the vast reaches of the night sky. Monty popped open a couple of beers as the got comfortable. Clinking their bottles together, she readied herself for another wild explanation of nature, science, space.

Gazing at the stunning night vista above them, shooting stars streaked across the sky, Lara felt so content. Great stories, great beer. What more could she want? Monty's Labrador pup, Buddy, suddenly appeared, yelping at her feet, excitedly jumping in front of his little red ball, willing her to throw it. She obliged, then sat back, feeling the most relaxed she had all week. She was tired, too.

She frowned. "Damn, I feel old today."

She was only 28, but it had been one hell of a week and she wondered if she looked twice her age at that exact moment.

She'd pulled insane hours that week. Luke Templeton had been on her case, constantly. He'd been heading up a major launch that week for the Initiative, which meant major clients, investors, Christo-Evangelist senators, wellness events, and endless meetings, all of which he expected her help with. She'd rushed from taking the minutes of one meeting, to checking up on the food & beverages at a yoga seminar minutes later, to hustling back to her office again to print out much-needed data for another in-house board meeting, to then hotdesking for an hour, scheduling planes, conference rooms, and meeting invitations for attendees, and then double-checking that everyone had their schedule for the next day. It had been madness.

Monty laughed. "Well, you are old. 28 is almost 30. Double that and you have to retire." Lara threw him a mock angry look and took a slug of beer. "I'm positively youthful compared to you, old man."

"Fair." Monty looked over at her and smiled. At the ripe old age of 35, he did have a few years on her, but he was hardly pushing daisies yet.

He loved her company. She was the loveliest girl he'd met for a long time and had been planning for a while now to ask her out on a date, but there hadn't been the right time. Not yet. Maybe tonight, when he walked her home.

"Anyway Lara, technically, we might both be genuinely ancient. Our particles, anyway. Most hydrogen atoms, many of which make up the human body, were formed shortly after the Big Bang. Oxygen, nitrogen, and all that stuff, they turned up later, around 6.5 billion years ago when a distant supernova created most of the circumstances needed for the emergence of life. So, what I'm saying is, some of the particles that make up our bodies could be over 13 billion years old. And Buddy's, too."

Buddy's ears perked up and he wagged his tail before running away happily. Monty smiled at Lara before returning his gaze to the sky. Lara let out a low whistle. She threw the ball ahead of her for Buddy who had returned, little paws rebounding off the earth as he dared her to throw it again for him.

As Monty continued explaining the wonders of the heavens to Lara, Buddy noticed a small red light that looked as if it were dancing at the base of Lara's throat. Feeling playful, he ran back to investigate. Buddy jumped up, feeling against Lara's left leg with his little paws, hoping to be lifted up for a closer look, but Lara just reached down to scratched him behind the ears, thinking that he wanted some attention. He looked over at his master who clearly hadn't noticed it either.

This little dog is so cute, she thought to herself. The red light disappeared. Buddy ran off, distracted.

They moved on to chit chat about the work at the labs, Monty explaining some of the basics of his current work to Lara. "So, Levanter are pushing us pretty brutally to get results these days. We're experimenting with what happens to the human brain after death, but some of the really innovative scitech stuff we're trying to achieve here is going to rest on a breakthrough in extending how far we can push experimental boundaries. Usually, the brain will starve of oxygen after a few minutes, but the plan is to aggressively try to extend that period to little shy of an hour, investigate some incredible anomalies we'd seen in a couple of patients who were real outliers."

"This is part of the remit to push together the science and faith boundaries, right? Levanter's big philosophical dream?"

"Yeah. We've known for years that our brains emit delta wave bursts for more than 10 minutes after we die—usually the time when patients who recall 'near-death experiences' often see a 'bright light'. A delta wave is a high amplitude brain wave with a frequency of oscillation between 05-4hertz. It's what we call infra low, or a wave with a slow cortical potential. It's kinda hard to measure. Our team focuses hard on that, but other teams are looking at the role of other brainwaves—theta, gamma, beta, alpha, to see what they can do there. We're not allowed to discuss our work across teams, so I have no idea how they're getting on. It's kinda interesting stuff."

"What about Luke's team?" Jack frowned. "You mean Nate Templeton's kid?"

"Yeah".

"Luke 'golden boy' Templeton is a pain the ass. He was known locally, apparently, as a real nice kid. Shame he chose to become a Levanter bot. Anyway, Levanter is throwing a fortune at developing Initiative wellness products which seem to be based on manipulating brainwaves to induce powerful effects on emotional states. That's nothing new in the wellness sector—yogi's, meditation experts, even cults—are masters at using dietary interventions, music, chanting, sleep deprivation and so on to quickly adapt theta, gamma, and alpha waves. People become vastly more vulnerable to suggestion in those states and Levanter seem to be the new masters at getting people and their cheque books on board to join their wellness cult."

"Is there any reason why I'm seeing so many senators come in for meetings these days?"

Monty paused, staring into the flames, deep in thought. "Yeah. I think it's heavily related. Must be." He narrowed his eyes. "What made you ask?"

Lara paused, shifting uncomfortably and moved her legs out from under her, cricking her neck side to side. A light, warm breeze ruffled their hair. The wind was becoming a little brisker now, and the cold chill had suddenly begun to cut through Lara's snow jacket. Dark clouds had begun to roll across the sky from the west. The distant sounds of wolves howling across the valleys startled her. Lara pulled her coat closer around herself. She had begun to shiver.

"I saw in the data. It's…it's something you probably wouldn't notice or necessarily piece together unless you've seen data sets from across all of our lab teams. I'm the only person who gets to see all of it as the lab manager. I'm no scientist but…"

"But what?"

"I've been trying to learn what I can at nights, when I get home, about brain waves and encephalograms, somnambulism, night terrors, God, the list is endless. What you guys do is so complex. Originally, I was just trying to learn, because it's just so fascinating, and I see these terms and charts and data over and over, day after day, for my job, and I wanted to just understand a little bit. But then I found what maybe are code names, or maybe product names…spikes in EEG, fMRI statistics, crazy readouts that don't make sense. Maybe they don't make sense to me because I'm such a rookie at trying to read all this stuff…"

"Wait, this is why you had me talk through some academic research articles over lunch the other day, so you could try to read Levanter data better?"

"Yeah. I didn't tell you why I needed help at the time because Levanter is as litigious as hell. I didn't want to get either of us in trouble."

Monty nodded. He'd seen a bunch of people fired already for less.

Lara was speaking more quickly now. "It's been more and more of an avalanche recently, these data sets, and it's scared me, particularly when I piece together the times and dates of some of the senators' visits. I even witnessed some experiment or other earlier this week. It…I just, I feel like…I feel like I'm close to discovering *something*." Her words were coming out a little jumbled, falling over one another.

Suddenly, Buddy jumped up and she paused, glad for the light relief. Buddy looked up. The little red dot was back, dancing across Lara's sweater. He jumped at her, his soft little paws landing on her as she giggled. Every time Buddy thought he had caught it, it darted away, just a little.

Monty looked thoughtful.

"You know what, Lara, I think Levanter are just hunting for profit. I think they've made their fortune and jacked up their share price astronomically by making wild claims about an incredible tech innovation that doesn't even exist. Remember Theranos? They perfected the 'fake it 'til you make it' approach, until a journalist exposed their so-called revolutionary *Edison* machine for little more than worthless junk. The CEO ended up in jail."

Lara nodded. "Makes sense. That'd explain why they have to keep all our labs on lockdown, why nothing is sent out for peer-review, why they have to protect their data. Maybe this is all just one big old house of cards. Maybe they have *nothing*. Well, they have the Initiative. They can at least prove that they know how to run a decent Pilates class."

Monty laughed. "I wouldn't be surprised if any of that were true. It'd destroy their share price, probably bankrupt the company if they are hiding bad data and empty claims. Hell, it'd probably even land them in jail."

He sat up straight in his chair. "Hey, maybe that's why they're cultivating all of these new political friends of theirs. You've seen a lot of senators recently, you said?"

"Yeah, I have. Luke Templeton worked me like a horse this week. I sat in on a bunch of Initiative meetings, scheduled a hell of a lot of meetings with Christo-Evangelists over the next few weeks, then headed back to my desk to collate the usual daily data reports, noticed what could be a weird pattern that has started to always repeat—late meetings with senators—real intense, private stuff, with a group of medics appearing, rushing off, the senators sometimes heading out later looking really out of sorts—then always a batch of reports for me to file the next day with the same, I don't know, either a code name or a product name or something with the *craziest* data. At first none of the data was coded and I read EEGs, brainwave oscillations, drug use, everything, right off the bat. Even with my rookie knowledge the data sets seemed nuts. I asked Dr. Silva a bunch of questions one time, kind of trying to pretend I was asking hypothetically, and he seemed pretty alarmed, shut me down real fast. So I did some digging and..."

Monty noticed her take a deep breath, shifting uncomfortably in her seat. She was clearly unsure about how much she should say. Glancing around, she felt calmed by the sight of her friends immersed in their own animated conversations around the campfire, drinking and laughing, taking in the sights and smells of the crackling, reassuringly warm and lively flames.

Lara shivered. Maybe she was just being paranoid. She was

amongst friends here, after all. Just a regular Friday Night Lights. She decided to continue.

"I think there's another reason why they might be so secretive. Pastor Duarte Santé was here yesterday. He noticed I looked troubled, so he and I sat in the small campus chapel for around an hour, talking things through. He kept talking to me about the need to extend our understanding of the afterlife, about near-death experiences, about why this unity of science and faith at Levanter was so crucial. I felt so comfortable with him. Perhaps *too* comfortable, because then I confided in him about something crazy I'd seen in the data, data that I thought might be linked to the senators late-evening on-campus visits and particularly closely linked to this whole science-faith link he kept talking about. It scared me, what I'd seen, because it seemed to reflect the science of...God, I sound crazy myself. I can't say this to a scientist."

She stopped, laughing wryly at herself, shaking her head.

"I didn't know for sure, but as soon as I'd told him, the link I thought I'd seen, which chilled me, I looked at him and it was like his eyes had gone cold. He wasn't the same friendly, understanding pastor anymore and I knew I'd made one hell of a mistake telling him what I'd seen. He was nasty after that, telling me I clearly wasn't bright enough to understand the complexities of what was going on here at Levanter. He couldn't get rid of me fast enough."

"You're smart, Lara. He's an ass." Monty fished a couple of cans out of his cooler and passed a can of Coors to Lara. His mind was racing. *What did she mean by 'the craziest data'? A code name? 'I can't say this to a scientist'?*

Lara continued. "I've printed out a bunch of files, stuff that caught my eye the most. In case they fire me. Or in case, I don't know, I get to pass it on to someone with a more scientific eye than me."

She shuddered. She'd never seen a change come over a human being as fast as she'd seen Santé change. It had been as if a shadow had descended over him, transforming him from benevolent to sinister in a matter of seconds.

I'm going to tell Monty. I'm going to tell him everything.

"I've locked them away..." Monty was temporarily distracted as Buddy came bounding back over. "Hey, Buddy. Where's your ball, boy?"

Lara looked down, bemused, for a few moments, by the little red dot that was dancing across her sweater. Buddy was bouncing up and down, chasing it around playfully. The dot moved to her forehead. Then Lara tasted something metallic.

She looked up, incredulous.

For the most fleeting of moments, the sweetness of the little pup bought Lara into the most beautiful place, a place where she felt as light as air.

For the last few seconds of her life, Lara felt a happiness so pure as to be inexplicable to a man bound by his physical body.

And then she drifted away.

She didn't see Monty's lightning sharp reactions as he sunk to his knees to take her limp body into his arms.

She didn't hear the screams.

She was already dead by then.

6

Luke woke up as the sun's rays flooded the room, encasing everything in a warm, ambient glow. The sheets of his bed felt reassuringly fresh, crisp, as he stretched out, the smell of coffee beans filtering in from the kitchen. He could hear Doris, his maid, bustling around in the kitchen, preparing his pastries, stacking the toast and jams just so, just the way he liked it. A copy of the Financial Times and Wall Street Journal would be left neatly by his breakfast tray, because he usually liked to enjoy breakfast out on the balcony, but she would be gone by the time he stepped out of the brisk, hot, steaming shower that he enjoyed every morning.

The Levanter penthouse was just one perk of Levanter corporate life, a place where he lived rent free, which would be his if he met his sales targets within the next two years. It was a hell of a place; floor-to-ceiling glass walls offering an incredible panorama of Lake Saffira and the mountains beyond, fully serviced, a 24/7 concierge and maid service with gym, spa, swimming pool and even movie theatre in the basement of the apartment complex. Only a stones' throw from Levanter's Main Street—the run of bars, restaurants, old school barber, tailor and health club that had sprung up around the new Levanter developments—meant that Luke rarely needed to leave the Levanter Campus these days at all.

He reclined lazily on the bed for a few moments, clasping his hands behind his head and feeling a deep sense of satisfaction. It was exactly two years since he'd joined Levanter, shining from day one as the golden boy of the firm. Fortune and the New York Times had run features on him in those early days, kicking off his career with a bang and winning him instant credibility with the other sales guys. He'd felt part of the team straight away, always remembering how he'd walked out of the building after his first day, feeling more pumped than he'd ever felt in his life. His cynicism toward Trent Calder and Levanter had ebbed and waned pretty quickly after that, and he soon embraced the game-changing vision and ethos of Levanter—of a unity between science and faith, of the power of the Initiative, the wellness movement that he had been entrusted to head up—in teaching people to think, feel, live in a united, calmer and more peaceful way.

He felt that the timing of his journey into Levanter might be more than coincidence. *Maybe coming to Levanter was fate.* Pastor Duarte Santé had been on a big spiritual drive recently, focusing on the role of scientific innovation as a possible tool of divine intervention, basing recent Initiative workshops on the idea that maybe fate had driven them to come together, to make history.

Luke's mind wandered, just a little. *Fate.* One couldn't think about fate without thinking about Duarte Santé. He stretched out, yawned, then interlaced his fingers behind his head as his thoughts drifted to Duarte's most recent appearance at CEM-PAC, the Christo-Evangelist Movement Annual Conference. He'd blown everyone away, including Luke, with a thoughtful exposition on how science, an ally of faith, had been gifted to them as a way of furthering religious & faith-based goals. That the juxtaposition of both science and faith had come to him in a dream. It had been an incredible show, chanting, gentle music, a light show, dry ice, beautiful swirling visions on the big screens behind him. The show had ended with the arena darkened, attendees holding lighters and candles above their heads, gently swaying as they sang together. Pastor Santé ended the event with the almost-miraculous sight of a roomful of ideologically hard-right former science deniers chanting softly

Science is the journey, heaven is our destination

Science is the journey, heaven is our destination

Luke shook his head softly. The man was so gifted. He felt grateful that fate had found him at the right time. The blackouts he'd been experiencing over the last few years had been getting worse. The first blackout he had managed to pinpoint must've been the banner incident which had won him great plaudits, shifted the focus of his life, but which he could bear no recollection of. Thank God Levanter had been there to take control of his medical care.

There had been countless other blackouts afterward. They scared him. He'd even blacked out, he remembered now, the first time he'd attended one of Santé's events.

Luke had been impatient for Duarte Santé to really come on board, to have the space and latitude to really work his magic. A striking, well-built man with dark Mediterranean features, Santé had burst onto the mainstream transcendental meditation scene a couple of years ago after spending his youth running a hugely popular commune in Ibiza, then moving over to the American west coast for a few years, where he had hit up the cynical, partied-out ex-Vegas crowd. Chase Matthews, Levanter Head of Government Liaison, had first drawn Luke's attention to Santé, and Luke had been drawn in, amazed at the man, from the first moment he had seen him in action. He'd lobbied for his inclusion in the Initiative ever since, particularly as he rose through the ranks of the powerful Christo-Evangelical Movement. Getting Santé on board had been a real coup, one of the greatest successes of his tenure as Head of the Initiative.

Watching him in action was incredible—they'd flown out on the company jet to the Bellagio for one of his events—*Fate*—a fire and ice, heaven and hell, tribal drum beat spectacular. It had taken seconds for Trent to acquiesce to Luke and bring Santé on board, and even less time for Santé to agree to their terms when they tracked him down backstage.

Fate.

That's what Santé had said, the moment CEO Trent Calder and Head of Government Liaison, Chase Matthews, had walked into his private dressing room with Luke. The moment that he had turned, in his heavy white robe, to greet them, made them feel as if they were the only people on earth. His charisma, his presence, his aura of peace and spirituality, was all-encompassing. Santé had known, even then, what they were there for. What they would say. Luke had been stunned.

They'd raced back to Levanter HQ in time for Luke to host a pre-arranged press conference for the official launch of the Levanter Wellness Institute that same evening. When Pastor

Duarte Santé, darling of the Christo-Evangelical far right stepped forward, stood shoulder to shoulder with Luke, and announced his role as Faith-Leader of Levanter, uniter of faith & science, the room fell silent. It was a message that he'd been counselling on his faith TV channel and at countless Christo-Evangelical events. To see it crossover to a purely scitech environment—to the hottest scitech firm in America—truly made history. The brief, humble speech that he delivered at the press conference subsequently went viral and pushed the company share price up by 34% overnight.

Later that evening, he'd blacked out, been told later by Chase and even Duarte that he'd accompanied them to dinner at the best steak house in the state, enjoyed strategizing and spiritual conversation late into the night. He had remembered nothing.

The blackouts had been coming harder and faster recently. Last week, he'd fallen asleep at his desk during the afternoon and woken up in middle of the night, in his apartment, with no recollection of how he'd gotten there. A week ago, he'd suddenly come to. He had stared down, bewildered, at his hands, which he had turned over and over incredulously. They'd been caked in what looked like dried mud and blood, but he couldn't say for sure. He'd headed to the steaming hot shower, letting rivulets of burning hot water trail down his body for as long as it took to wash the fear and dread from his mind and the evidence of God knows what from his body.

The most recent blackout had occurred only two days ago, when he'd awoken just after dawn, blinking in the sunlight on a small bench outside the Levanter campus science block. Moving his hand reflexively to his neck, he felt a dull, painful ache. When he took a shower later that day, he saw deep purple and blue bruises across one shoulder.

Then the nightmares had come.

No. not nightmares. *Night terrors.* Terrible waking hallucinations that felt *so* real, so terrifying.

He'd told Professor Silva, Head of Medical Experimentation & Design for Levanter, who had, thankfully, wasted no time in scheduling a full battery of fMRI's, EEG's, sleep disorder studies, psych evaluations and experimental medications. It was a miracle, really, that he'd come to Levanter when he had done so. Nobody else could have helped him, cared about him, like they did, in battling the night terrors and the blackouts, finding a cure. For that he was endlessly thankful.

His mind wandered back to Duarte Santé.

Fate.

Rising from the bed, he enjoyed a brief, hot shower, steam rising to fill the chic marble bathroom, before padding over to the balcony, luxuriating in the endless vista of mountains, forest and lakes that lay before him as he enjoyed his first espresso of the morning. Mentally ticking off his tasks for the day, he recalled his 9am—a catch-up with Trent.

He'd been so wrong about Trent Calder, he reflected. He'd mistaken his fire, his vision, for arrogance, when the reality had been little more than a man who truly embodied vision, who held a steadfast belief in a better America. Combining science and faith, he said, was the ultimate end goal, a simple dawning of the realization that day could not exist without night, that God had gifted science to man as a means of driving forward their relationship with Him. It was, he had said, the splitting of a metaphorical faith-atom.

Levanter had made Christo-Evangelical events cool again, rock bands playing at faith events, extreme sports stars stunting on BMX bikes and cliff diving at star-studded fundraising festivals. The scitech world had gone crazy for him, too, running human interest pieces, analyzing his disruptive business model, speculating about Levanter's much-vaunted big reveal scheduled for the IPO later that year. The company was already famously secretive and litigious; rival scitech firms were desperate to get their hands on Levanter data.

In a world saturated by influencers, and gurus, with start-ups and new scitech innovations constantly jostling for space, Trent knew how to set himself apart. Trent was, Luke reflected, an amazing guy to experience this journey with. It had been such an awesome, wild ride. A ride that showed no signs of slowing down.

Checking his watch, he chose an Armani dark blue suit and Ermenegildo Zegna silk light blue tie to accompany the crisp white shirt that Doris had just ironed for him. He'd need to dress sharp—later that morning, he'd be meeting some Christo-Evangelical Party heavy hitters, senators who they'd been courting for a while now. The Party been early investors in the Initiative, particularly enthralled with the wellness scitech Luke had headed up and Trent had taken a hard line, emphasizing how powerfully the senators needed to be prioritized. A seat at the Christo-Evangelical Party table meant accessing a position of unique power. Potential access to lucrative government resources. An incredible lucrative stamp of approval that would ingratiate his company, unquestioningly, to the Christo-Evangelical

Movement, the religious wing of the Party. And the ability to influence the political and spiritual future of the nation.

Today he'd need to secure another round of funding. Luke stared in the mirror as he fixed his tie, feeling a rush of satisfaction. *If I close this deal, I could negotiate final ownership of this penthouse as mine.*

Why not? This was Levanter. Everything always worked out.

7

"It opens up a whole new universe".

Senator Carlson sat back, amazed. He was right. Luke beamed back at him. He'd just played a short promo video to Senator Hunter Carlson, designed to blow the mind of any client that saw it, then handed over a brilliantly persuasive, colorful report that showcased the incredibly powerful and successful nature of I4031, their newest scitech innovation.

Carlson's eyes were fixed on Luke. He was clearly excited by the data, by what Levanter could offer them. He leaned forward excitedly in his chair. "Kid, we've pounded donor contributions over the years, throwing millions of dollars at these focus groups, working out the best way to connect with our voters. With the Movement. And we've never seen results like this."

He shook his head, laughing, as he flipped through page after page.

"Micro-targeting on social media, aggressive local ad's..." he waved his hand as if to illustrate the vast swathe of approaches that his party had invested in as a means of connecting with voters. "They were successful, to a point, but we were hamstrung so bad by the neuro-political laws. And besides, all political consultants on both sides had access to that tech, so the playing field got too levelled. But with this…". He whistled.

Luke nodded. "This is what you asked for. And we've delivered." Carlson nodded. "Yeah. You really have." He looked awestruck. He lowered his voice, then continued. "Is this really legal?"

Luke smiled indulgently. "Yeah. It's completely legal. The neuropolitical laws that flooded the legal system after the insurrections of the 2020's stopped political campaigners in their tracks, which was wonderful at the time. I, personally, was a big fan of the strategy. For a time, we had real peace, real political calm." Senator Hunter Carlson nodded soberly.

"But then the faith movements that replaced the political sparring meant that the political axis—the seat of real political power and money—shifted to these religious organizations, which is, of course, why you guys developed the Christo-Evangelical Movement—the pure faith wing of your Party." Carlson nodded.

"It opened up a legislative loophole. We've developed scitech for you that simply mechanizes the wellness-based approaches that any yogi, meditation expert, health guru, faith healer or the best motivational speakers out there have been using for eons—the amplification and redirection of brainwaves to alter emotions, thoughts, mind states, to promote peaceful thought, transcendence, spiritualism—but via technology rather than human activity. A health guru might, for example, restrict devotees to eating only what they can grow, a simple means of restricting calories, significantly increasing physical work, via tilling the land, and requiring hours of prayer. Scientifically speaking, those restrictive practices appear innocuous at first, but are, in reality, a sublime under-the-radar means of powerfully manipulating mental vulnerability and suggestion, bonding the followers more powerfully to him. Meditation gurus gain similarly powerful results using chanting and binaural beats—shifting brainwaves naturally to a theta-alpha state, again maximizing vulnerability to suggestion. It's amazing how easy it is to use brainwaves to manipulate thoughts and emotions."

Senator Hunter Carlson smiled. "I see that you're offering this tech *only* to *all* members of the Christo-Evangelical Movement, our faith-based organization, and not at any time to the Christo-Evangelical Party, freeing yourself from neuro-political legal restrictions, and placing your innovations firmly under the legal jurisdiction of wellness practitioner laws, correct?"

Luke grinned. "You're a clever man. Yeah, that's exactly what's happened. We've had our Lead Counsel Alexander Van Rees work on this for months. It's legally iron clad."

Senator Carlson was impressed. Van Rees Associates were the hottest legal firm in the country, & now he could see exactly why.

Luke flipped to the final page of the report. "See here. I4031 has a 93% amplification rate during events—during what we'd call local exposure. By that I mean our wellness events, your faith healing events, that kind of thing." Luke pointed to a chart. The results were breath taking.

"We're trialing the Levanter app right now, too, powered by I4031 tech, on CE Movement members and everyone who attends Initiative events—and the results are incredible. See this graph here—74% engagement and rising. That means, essentially, that we can hit anyone with a smartphone with pure I4031 tech while they're just kicking back, say, enjoying a Starbucks at their local coffee shop."

Senator Carlson frowned. "Can we micro-target ad content, fire up I4031 via the Levanter app so that it influences their susceptibility to the next message they see?"

Luke felt pumped. This was his baby. "Yeah we can. So, if we have I4031 running full throttle at a wellness event—a meditation session, say—attendees are being flooded, unknowingly, by dopamine, oxytocin, serotonin, all the beautiful side-effects of a switch to theta or gamma brain wave immersion—whatever we decided to turn the dial to and change their brainwave activity to—and those attendees emerge so calm, happy, free of anxiety free of anger or hostility. We pump out I4031 using ultrasound at these events, at, say, meditation events for political senators from opposing parties or even the leaders of hostile nations at our Initiative summits and hell...can you imagine how much more open to suggestion those leaders would be? How much more open to working together, forging forward with a spirit of conciliation, transcendence, not hostility?"

Senator Hunter Carlson frowned. "I'm not signing this without an exclusivity clause. The national elections are six months away. I want my party and our Movement to have full control over this. We also need a full confidentiality clause. Nobody can know we're using this. After the election..." He waved his hand to signal irrelevance.

Luke understood, grinning. "Sure. It's why Trent has always insisted on no peer-review, no sharing data, no scientific journal publications. We appreciate the need to be...delicate with what we have here."

And to drive up share price for the IPO." Carlson grinned.

"OK. That too." Luke laughed.

"Look Hunter, here's the deal. We're just working with God's natural design here. We're simply taking the best of what nature has provided for us, doing little more than using science to amplify it, using brainwave adaptations—I4031—to create bliss, peace, harmony, vulnerability, susceptibility to suggestions that would move us to a better society that we might otherwise have cynically rejected. That's all. For the first time, politics *could* work in the peoples' best interests. Pastor Duarte Santé has been preaching exactly that line for a while now, that we're living in a spiritual, post-democracy world, where democracy can only take us so far. It's time to make space for faith. For faith leadership. We'll be happier. Healthier. More united."

Carlson's mind was flooded with the potential that I4031 promised, but he wanted to see more than a report. "Luke. I want to see this in effect. Can you set up an event, let me bring down some senators, talk us through the process?"

Luke smiled. He'd anticipated this. "Already done. We have a major Initiative Wellness event running at the Levanter amphitheater next Saturday evening. I've reserved boxes for you and your colleagues. If you'd like to attend, it would be our pleasure to gift you complementary tickets to the show alongside dinner and champagne out our new steak restaurant on campus."

Carlson looked interested. "Sure. What can we expect to see?"

Luke loved this part. "Hell, you'll see a real show. Blissed out attendees with yoga mats, participants in meditation seminars, spiritual workshops with Pastor Duarte, charismatic healing, a streamlined immersion in binaural beats, organically sourced foods, ginger shots laced with ayahuasca elements, natural vitamin supplements, chanting, adaptive lighting and heat, even restful aromas piped through the halls. Everything." His eyes flashed with excitement. He knew he had the senator in the palm of his hand.

"All of those elements are, in my view, simply amplifiers to the pure ultrasound immersion in I4031 that they'll experience, an immersion so powerful that we can statistically significantly moderate behavior, vulnerability and susceptibility to suggestion by around 75%. We'll be monitoring human responses throughout the event, but particularly at the gala show on the final evening which you all will be attending. You'll each receive a report ahead of time predicting spikes in audience activity as we modulate brainwave activity particularly powerfully at various moments."

Senator Carlson nodded. This was amazing.

"I can tell you already what the attendees will say straight after the event. They'll feel blissed out, they'll had the best experience they've ever known. Bliss, transformation, a pure higher state of consciousness with no drugs, no side-effects, no hangover. Just mother nature, packaged and intensified."

"Really? No side effects?"

"We're ironing out a few minor issues but nothing we can't handle."

That wasn't strictly true. Luke was aware that some attendees had reported powerful spikes in anxiety and depression in the days following the event. A couple had even been hospitalized, though they hadn't screened for pre-conditions at the time. Levanter had dismissed the data, ultimately, as unrelated. But nobody needed to know that.

The Senator looked on, rapt. "Years from now, so many people will wish they were in on the ground when all of this started. I'm glad to be here."

Both men looked up as Chase Matthews, Head of Government Liaison entered the room. Chase ambled over, and slapped Luke on the shoulder. "I'll take over from here, kid".

Chase opened his laptop, swiftly turning it around so that it faced the Senator, launching into a discussion of costs and legal commentary. Chase was incredibly charismatic, a real salesman in action and Senator Carlson had all but forgotten about Luke the moment he had sat down. Luke felt irritated, hoping that the contract wouldn't be taken out of his hands.

His mind wandered to the Initiative launch the following week. There were hundreds of moving parts and he tended, these days, to run through the event, visualize it in his mind, whenever he had a spare second. After a while, Chase's voice drifted back into focus. "Naturally, you'll want to see a test run. You'll want to test these babies out, too."

Luke groaned internally. He'd already sold the senator on that. His mind wandered again.

"This, right here, is your amplification effect. *This* is scalability." They were talking, now, about the hugely cost-effective use of ultrasound tech—a real Levanter innovation—to seamlessly host and transmit I4031 tech across huge geographic areas.

Chase looked over at Luke and slapped him well-naturedly on the back, returning Luke to the conversation. "So anyway, this is the guy who is gonna run your exhibition event next week. We've gotten a whole bunch of devotees, employees, a few clients, scientists, execs, who'll be none the wiser, perfect guinea pigs.

You'll see what we can do. You'll see it, feel it." He winked at the senator.

Luke interjected. "We've been working on this wellness brand for months. The innovation that's gone into theta and binaural beat tech, especially for the meditation products, has been incredible."

Chase almost choked on his coffee as he stifled a laugh. Side-eyed by Luke, Chase held up his hands. "Sorry kid, I didn't know that's how you were selling it as some hokey meditation product. But fine, whatever. A little too new-age for me, know what I mean?"

The senator laughed as Luke felt a heat of embarrassment rise into his face.

"Hey Chase, let the kid speak. I love his earnest take on all this". Luke sighed. Chase always treated him like a kid, a junior, though they were technically as senior within the organization as each other. He appealed to both men with his next words.

"Look. All we're really driving at is the ability to rewire people to a happier state of being for their own good, to unite science and faith in the mold of Duarte Santé and Levanters grand vision. We're developing this as a wellness product because that's what it is. Wellness for society, which has become sick over time. Everyone in the Christo-Evangelical Movement would benefit from this…the Christo-Evangelical Party would too. Hell, even the Progressives need it."

The Progressives, formally known as the Progressive American Alliance, had risen out of the center & left of the aisle to form a powerful political force, constantly pushing back against the increasingly far-right politics of his own party.

Luke continued, gaining pace. "Everyone needs it. In a faith-based approach, I4031 would simply offer a post-democracy means of installing faith, spirituality, and a higher state of transcendence to permanently end war, discord, hate. It might fall foul of neuropolitical laws if it had been developed as a hard, cold, political brainwashing product, but in the context of Duarte's Faith-Leader thought experiment and preaching, its's something far more beautiful. A kind of political-religious approach that opens people's minds just enough to persuade them of what they really wanted and needed all along. Is it political brainwashing? No. Will it reshape politics. Yes."

Chase and Hunter Carlson exchanged a knowing smile that Luke mistook for praise and admiration.

The senator smiled inwardly. In truth he'd have signed on the moment he'd sat down, but Chase had invited him to experience Luke's I4031 immersion for himself as definitive proof of the power of the technology. Sitting down with the boy had offered an unbiased, powerful opportunity to see just how brainwashed he'd become. He'd been the flagship experimental I4031 case that the Levanter board had teased to the Christo-Evangelists at the outset, when they'd pursued their first round of funding. It had been a brilliant, exciting, sensational plan and they'd enjoyed watching Luke's fate unfold. It was certainly persuasive.

"Ok well, we're signing on." He nodded amiably at both men as he picked up a pen and signed the contract that Luke had placed before him. "Luke, thank you for your help. I've loved what I've seen." He checked his watch. "Now, Chase, we have another meeting, right? I4031 is ours exclusively—as of a few seconds ago—but we need to nail down the details and deliverables, also receive an update about the status of the new test centers. Then we need a hard focus on P-2015."

Luke recognized that the conversation had shifted to the ultra-secretive Project 2015, a recent innovation even more closely guarded than I4031. It was time for him to go. Shaking hands amiably with the senator, he wondered if he'd done enough at the meeting to secure the penthouse that he so coveted as a well-earned sales bonus.

Wandering off campus, he considered how his involvement at the company had been ringfenced, thus far, to I4031. He hoped desperately that Pastor Duarte Santé would soon grant him access to P-2015, something that only the favored few had ever seen or experienced. All he knew was that P-2015 represented a pure embodiment of Levanter's vision for a perfect unity of faith & science, accessible only by an elite inner circle of Levanter C-suite execs, powerful senators and wealthy investors.

Everyone who experienced it seemed to come away a different man, more devout, more spiritually vulnerable, somehow. Whatever it was, it must be incredibly powerful.

8

Professor Romano Silva stood silently on the top floor of the new Levanter scitech offices, observing the rabbit warren of tiny offices and medical suites below, researchers and scientists scurrying about like worker ants. All for him. All fervently rushing to achieve the goals that he had assigned them.

How satisfying.

Silva silently admired the huge gold and cut-glass chandelier that hung from the central reservation of the ceiling, dripping luxury the length of two entire floors. A gargantuan object, it represented, to him, a triumph of Italian architecture—and an obnoxious nod to decadent consumption to others. He didn't care. Investors needed to see money, luxury, financial dominance. To them, wealth meant success. Ostentatious consumption meant achievement. It was the only language that these people spoke or understood.

The vast glass and gold effects of the chandelier threw out a symphony of light, perpetually reflecting the suns' rays that streamed through the vast glass walls of the building. It bathed the interior of the building in a kind of a warm glow, which worked well with the white Grecian-style vases of fresh lilies that stood regally along corridors, almost as if soldiers on parade. The vases and flowers were designed to create a fresh, breezy feel to the interior, whilst marble floors created an exclusive feel to the place. Glass doors and walls fitted throughout provided an incredible sensation of openness, leveraging the beauty of the snow-topped mountains and valleys to provide a spectacular view for every employee who worked from the building.

Not that the employee's approval or enjoyment meant anything.

Senator Bill Buckley ambled over casually. Their meeting was welcomed by Silva, but not scheduled; Buckley was keen to keep their conversations as under the radar as he could, so they tended to meet in public spaces, affected chance meetings in corridors, that kind of thing, so conversations appeared casual and unplanned. Both knew that Levanter had cameras everywhere.

"How's it going, Doc?"

"Good, thanks."

The men stood in silence a while, gazing over the glass-fronted balcony at the myriad of medical activity below. Doctors in white coats hurried between medical rooms whilst executives in suits hosted investor tours of the medical suites.

Researchers seemed continually engaged in rushing from room to room whilst simultaneously peering at reems of data on clipboards. It impressed Senator Buckley. He glanced at the Professor who wasted no time in updating him.

"Three hundred and fifty researchers, scientists and lab assistants running around, working on I4031 and P-2015. This is the hottest scitech brand on the planet. Soon your party will have its hands on everything."

He turned to look at Senator Buckley. "Feels good, right?" Buckley nodded. "Everything down there. It's all for your Party." Buckley felt smug, reassured. *We'll win the elections with this. Then the real power begins.*

Silva arched his brow. "But not for you eh, Buckley. Not for you. And you need the power for yourself. Don't you?"

Silva kept his gaze levelled at the Senator, who looked uncomfortable. The Senator nodded his head, gently, brow furrowed. "You gotta hook me up. Doc."

Silva continued as if he hadn't heard him. "We've been running a lot of in-house trials recently, powering up I4031 and studying the effects on employees at their medical screenings each week. We're using them as test cases, isolating different brain waves and testing full immersion on different lab teams. It's fascinating".

Senator Buckley murmured his approval. "And the sleep centers?"

"P-2015? The data is phenomenal. We've branched out to juvenile and pediatrics for pure readings, expanded operations to max security jails over the last few weeks and boy, this is getting to be something special. We're particularly pleased with the progress we've seen with the development of the morality algorithm amongst those new groups, but we really need to keep a low profile in case any external agencies come after us on ethical grounds. Naturally, you guys will offer us protection against that kind of thing after you've won the election.

"Naturally."

The Senator fixed his gaze forward, nodding. He took

a deep breath. He needed to hear that the Doc would come through for him.

"I'll be running you guys through the exact science behind it next week. But feel free to report back that the predictive power of the morality algorithm continues to be, frankly, unbelievable. We recently moved to the utilization of truth serum—sodium pentothal—in pre-test case interviews, too, which ironed out some issues. We can report a 94% accuracy of prediction of the morality algorithm now. Which is stunning."

Buckley whistled. His bosses, especially Senator Hunter Carlson, would be pleased when he reported back. "And the Book?"

Silva smiled to himself. This was what Buckley had really come for. "You mean P-2015." Dr. Silva hated the pseudo-religious crap that the Senators used. Duarte Santé had created a beast with his crazy faith-based protestations, full of brimstone and fire and religious sanctimony.

"Uh-huh. P-2015, I guess. The Book. Book of Life. I've walked the Valley and I need my name in the Book."

"You want a Walk of Life." He glanced at the senator and noticed that he was sweating, gripping on to the balcony so hard that his knuckles had turned white. Roberto Silva sighed as his gaze swept Buckley, up and down, taking in the sweating, the pallid complexion. The pathetic fear. The shakes.

He jerked his jaw forward toward Buckley's trembling hands. "That. That's to be expected. A side-effect we're ironing out."

Buckley managed a feeble smile.

"Doc. Please." Buckley looked desperate, his eyes wild. Silva wondered suddenly if Buckley had started hallucinating right there, as they spoke. He felt like these side-effects were getting more out of control, impossible to predict, impossible to even understand. He felt a little alarmed at the thought. Buckley's eyes looked a little wilder now. "Listen. I need to at least run you through it before I take your money. Okay?"

Buckley nodded, swallowing hard. Silva knew that Buckley couldn't care less. He was a desperate man who cared nothing for explanations. He just wanted to be injected in the arm, sent under, and have his problems disappear.

Jesus. What we're doing to people here. Silva grimaced.

"So, here's the deal. When you went under last time, on my operating table, you experienced what Duarte Santé and the Christo-Movement so charmingly refer to as a Valley of Death. Right?"

"Uh-huh. They told me it was to check my sins. How bad it'd be. If what I'd really said I'd done was true. My morality algorithm was fucked. Then again, I knew that already. Guess confessionals every Sunday don't work."

He smirked bitterly.

"Sure. So you want the reversal, the Walk of Life. You even know how we do it? What your body will go through?"

Buckley swallowed hard. It felt like consuming a cricket ball, his mouth was so dry.

Silva offered an explanation even though he knew the senator didn't really care. "It's a simply matter of switching the two physiological reactions we've matched perfectly to post-death outcomes around the 45-minute mark. We stop your heart, longer than any scientist in history has achieved—a real victory for Levanter innovation—then switch off the brain-heart connection, flood your body with extreme levels of dopamine and oxytocin, block your body completely from enacting the physiological reaction you were destined for…"

Buckley shivered, eyes darting around. "Hell."

Silva sighed, closing his eyes, and rubbing his temples. So many certificates on his wall, yet he was consigned to indulging this lunacy. With effort, he continued.

"You know already that our laboratory tests show a perfect match between our morality algorithm scores, so we have full predictive power to know exactly which of the two physiological reactions you'll exhibit—and how powerfully. It's a more perfect correlation than anything I've ever seen. So you know and I know that I'm selling you a reverse. I'm running this exact post-death simulation daily, hundreds of times, across the new sleep centers. It's perfect. Confounds me. Kids, old people, criminals. Even freakin' nuns. I've never seen a theory hold like this." He shook his head.

Senator Buckley nodded. "Yeah, it's crazy. I sat the morality test first doc, failed bad, took the sodium pentothal, too. I knew I'd get the demons."

Silva laughed, looking down and shaking his head bitterly. "Demons. Religious terminology. There's nothing demonic here. But yeah, you were pretty much a perfect test case. And the truth serum—that allowed us to confirm results fantastically well. There was no doubt after that."

Buckley shivered. *I can see them right now, stretching and recoiling in the shadows. Coming for me. Coming for me.* The room suddenly washed out in light red as if blood had covered them all. But Buckley didn't even blink. He was living only halfway to reality these days.

Silva hated all of this hokey religious crap. Yet it was unbelievably profitable. CEO Trent Calder had so brilliantly identified the weakest, most easily manipulated concepts in human history with the highest percentage of grifting opportunists on the planet—religion and politics. And he was going to wring every single goddamned cent out of it.

Silva lowered his voice. "Here's what you can expect with the Walk of Life. We strap you to the gurney, stop your heart like we did in the Valley of Death, inject you with DREADDS—Designer Receptors Activated Only by Designer Drugs—those brain neurons with on-off switches that we can basically control, that I told you about months ago. Then the party really starts."

Silva always enjoyed this part. "Essentially, we shut off a part of your brain—the amygdala—which switches off any physiological reaction at all. That's part one. We've essentially killed you, right there."

God know how that fits into your heaven & hell scenario, thought Silva. *You've given the go ahead for your own life to be taken, and a doctor stands over you, stealing the very breath from your body. There's no God in that little scenario.*

"Then part two. We perform the reverse—flood your body with the right neurotransmitters and neurotransmitters, mimicking the physiological responses of a literal nun with the most perfect morality algo score on the planet—the wait for the massive gamma spike afterward, then bring you out. The reverse. Done."

The Senator stared ahead, as if lost in some other world entirely. Silva wondered if he were even listening. He continued regardless.

"We use a lot of ketamine and xylazine, working real fast to avoid hypoxia. We've lost a few subjects in trials already, over at some of the sleep centers. We lost them but we know where we made mistakes, so we won't lose you. Don't lose sleep over that."

Buckley almost choked on a laugh. As if he'd slept recently.

"Thanks, Doc. When? Tonight? I pray Doc. I pray all the time." He turned to Silva, desperation clouding his face.

"I pray to get rid of them. You see them? You hear them? Jesus doc. They're following me, taunting me. *Right now.* I need the Walk of Life to bring me back, to go where those kids and those teachers and the good guys go. I'll be a good guy doc, I promise. I'll always be a good guy after this. I know I'll be at the pearly gates someday."

Silva looked forward with a steely expression. Working at Levanter was like re-entering the Middle Ages.

"Sure. Whatever. We need to agree on terms. Then, if we do, we can run the Walk of Life tomorrow evening. That's the fastest I can arrange it."

"I'd be in the Book? First place on the list?"

"Yeah, sure. The Book."

The Book of Life was an old leather-bound monstrosity carried round perpetually by Duarte Santé, a surprisingly powerful piece of theatre that appeared intoxicating to the Christo-Evangelists, almost setting a Moses-on-the-Hill kind of tone. It was a preposterous prop, where Christo-Evangelists were forced to write a handwritten statement of confession whilst on sodium pentothal—a truth drug—if they wanted to undergo the Valley of Death and test out their morality algorithm. And they were desperate. Desperate to wipe the slate clean of surprisingly disgusting crimes and sins, excited by Levanters increasingly powerful data that had supported their morality algorithms and reversal concept so powerfully that it had frightened even Roberto Silva. What had started off as a laughable con, a medically-disguised grift—had turned into something medically unbelievable, statistically powerful.

Silva thought back to the last time he'd caught a glimpse of it. That Book was now probably one of the most coveted items in America, carrying as it did the disgusting secrets of America's ruling senators. Along with Duarte Santé's equally preposterous cream, heavy, flowing robes and increasingly straggly Jesus-like hair, the entire image was one of lazy Biblical nods to a stereotypical Christian faith that Levanter used to extract millions of dollars from the Christo-Evangelical Party. Current incumbents, Levanter's sister technology—the brainwashing tech used by the Initiative—would, they knew, deliver the upcoming election into the laps of the Christo-Evangelical Party, cementing Levanter's power and influence over the American Government in a truly irreversible way.

Luke Templeton, as Head of the Initiative, was the only other person who knew about The Book and part of what it stood for, but Templeton was just a stupid kid, a fall guy. He'd been told the Book was a simple 'status' achievement for those who achieved Initiative wellness goals the fastest and most spectacularly. If any legal issues arose from it, any scandals, any kind of medical mismanagement accusations tied to kids dying on a gurney—that kind of thing—they'd throw Luke Templeton at the charges and look the other way.

Dr. Silva sighed. "You don't need to be in The Book. That's

just a prop. You just need to get on to my operating table. But sure, I'll get you in the Book."

Dr. Silva glanced at his watch. He had to be somewhere. Senator Buckley could sense the window of opportunity was closing. He needed to close this deal. He was desperate.

"What are your terms?"

Silva thought for a while. Considered his options. It felt delicious. After a while, a smile played on his lips, a look of deep satisfaction crossing his features, transforming him. He looked almost friendly, kind. It was a mask, of course, and one that he could adapt as needed to get what he wanted, whenever he wanted it.

"You still have the beachfront in East Hampton?"

The senator nodded keenly. "Yeah, Yeah I do."

"How fast can you contact your lawyer and get the deeds transferred?"

Later that afternoon, Silva buzzed his assistant, asking her to cancel all remaining appointments for that day, before swinging out of the Levanter parking lot in a silver Porsche Carrera rental. It was a Friday afternoon, the late sun casting a beautiful deep pink and orange hue across the landscape. It would be a long drive to the Hamptons, but a spectacular one.

It was just past dusk when he arrived at the sublime, elegant beachfront property, nestled far away from the road amongst lush, green landscaped gardens. His feet crunched satisfyingly, for the first time, on the gravel at the front of his new home. Looking up, he took in a breath, and smiled.

Wonderful.

The jewel in the crown of Silva's new property resided most

powerfully at the rear of the property. Walking through the vast open plan living space, he threw open the French windows that opened onto a beautifully manicured garden, lawns tumbling down onto a spectacular shoreline. He stood staring at the sea for a long time, the waves crashing and tumbling against the shore of his private beach, breathing in the fresh, bracing air as stars slowly began to appear, one by one, across the expansive, darkening sky.

It was a long time before Silva sat down on the deck, reached into the breast pocket of his white coat, and emptied a small vial of gamma-hydroxy-butane into his mouth.

He'd sleep well that night.

Miles away, back in Saffira, Senator Bill Buckley had forgotten about his Hamptons home, forgotten about everything but the next few hours in front of him. He prayed the night away, prayed for the Walk of Life. Prayed for the demons to be forced to melt away before they could finally and violently steal his soul.

9

Annalise groaned. "Oh Jeez."

"What?" Rex pushed against his desk, sending him whizzing on his wheeled lab chair across the lab straight to Annalise's side. He did it mostly to annoy her. It did always annoy her, but it also made her laugh.

"Email from the big men, eh. What's it say?" He looked at her expectantly.

Annalise buried her face in her hands in comedy despair. "Oh God". Spencer ambled over, handing out coffees in grim looking Styrofoam cups, waiting for the big reveal whilst simultaneously wondering how the coffee at Levanter could be *so* bad.

Life at Levanter was perpetually boring. So was the work. Even bad news had the effect, by this point, of feeling somehow interesting, simply because it broke up the monotony. Spencer bent over and read the email behind Annalise's shoulder.

"Oh wow, Luke Templeton! We get to hang out with Luke—all weekend!" Spencer made a big comedy gesture of swooning, making Annalise turn a deep red within seconds. It was no secret that Annalise had just the smallest crush on the guy.

"Okay, okay..." She held her hands up in surrender. "At least

I have the benefit of finding the guy cute, which is going to make this hideous team building experience just a little bit better for me. I don't know what you lot will do to cope."

She laughed as Rex slouched in his seat. He knew what was coming. He dropped his head in comedy despair. "Team building. Oh God. The *worst.*"

"At least he's nice to look at." Annalise winked. Spencer balled up a piece of paper and threw it at her. "Can't believe you'd *objectify* the man, you don't even *care* about his personality, or his intellect, just how hot his body is." He rolled his eyes in mock comedy disgust as Rex dissolved into laughter.

Spencer couldn't be bothered to skim read the rest of the message, shooting Annalise a puppy-dog look that made her laugh again. "Read us the schedule, Annalise?"

"Sure". She obliged, smiling at him before turning her attention back to the email.

'Thursday 14:30pm:
Luke Templeton will be leading an awesome offsite for the senior researchers of each lab team as a thank you for their incredible work and to recognize their ongoing commitment to the Levanter company vision. The first offsite takes place Friday October 14th with lab teams scheduled alphabetically. So, enjoy, Team Alpha, you're up first! Pack a bag with indoor and outdoor clothes, enough for a weekend, and be ready for anything!

Uniting science & faith together,
Team Levanter'

"See? It'll be *awesome*" Spencer said grinning. "It says so in the email."

He fixed them with a deadpan stare. "We get to unite science and faith."

Luke Templeton had been responsible for that one—a tagline that had managed to be cringey even for Levanter, which was no mean feat. Rex pushed his chair back across the lab to his own desk as a new data set pinged into his inbox. Scientists had a strict 1-hour turnaround on files received during working hours. He got down to work, reflecting on the culture shift of the place. The new Levanter set up contrasted sadly, he knew, with the way he'd heard it used to be, back in the Eastern days. Before the big takeover.

Eastern had been teeming with scholarly happiness back then. Warmer, happier, a real hot bed of learning & co-operation, the way that academic science labs were meant to be.

Still, Rex thought, there were reasons to be cheerful. He checked his watch. Only a few hours to go before his beloved hockey team, The Steelers, defended their regional title at the local rink. He couldn't wait. He'd been a hockey fan since he was a kid. Hearing the road of the crowd, laughing at the kiss cam, enjoying a hot dog and a beer, having some fun was exactly what he needed. He'd come to rely on those games to offset the monotony of a job he'd now begun to hate. He limped through the last few hours, checking the clock every few minutes.

Finally, 6pm arrived and he didn't miss a beat, grabbing his coat and heading out fast toward the parking lot, alongside the crush of other scientists and researchers who all headed out as soon as the alarm sounded to clock their cards and escape.

It was like being in a factory.

He'd headed out too quick. Cursing, realizing that he'd left his ID card inside, he fought back against the sea of employees trying to fight their way past. He needed that card—without it, he couldn't clock out or drive out of the complex and he wasn't about to pay the $100 fee for a replacement card. For a multi-billion-dollar company, he thought, Levanter could be pretty cheap.

Heading back to his medical office took a remarkably long time. Given Levanter's tight scheduling, every single employee in the building was attempting to leave at the same time. Trying to walk against the flow was tough and he gave up after a while, chilling on a bench by the entrance hallway until most people had left.

Heading back comfortably to the Team Alpha lab fifteen minutes later, he stared at his desk. Nothing. Rex was baffled. He always threw his ID card down by the side of his monitor every morning, the moment he arrived, then headed to the coffee machine for a God-awful hit of caffeine. He never deviated. It was an autopilot move. So where was it?

Cursing, he scrabbled around in the drawer before performing a third cursory look over his desk. He cast his eyes around the room. Nothing. Dropping down to his knees and peering under the desk, he came up empty.

Where the hell else could it be?

Pulling the desk away from the wall, he checked the back of the monitor, dropped to his knees to peer under the desk again, checked the other work surfaces. *Nothing.*

Finally, frustrated but impatient to get to the game, he gave up. Maybe he'd find a way to charm the girls in HR, ask them if they'd be able to waive the replacement fee. Maybe Janie the new lab manager could help. She seemed cool. Anyway, he thought as he checked his watch, sod this. He had a game to get to.

Suddenly, a set of bangs reverberated down the hallway. Trying the door, it wouldn't open. He tried again.

Goddamn it.

His heart sank. The bangs he'd heard had been the sound of automated deadlocks. Levanter had always been hardcore when it came to security, he reflected. By the sounds of it, his office—and the entire medical wing—was now securely closed for the night. He groaned, sliding his back down the door to sit in a heap on the floor. His mobile was in his car. He'd have to wait and hope that a security guard would be doing the rounds soon.

A long two hours later, Rex heard a loud clicking sound reverberating down the hall and through the building once again. He scrambled up, praying it was the automatic deadlock being switched off.

He tried the door. *Bingo.*

Suddenly, commotion, loud voices, then the crackle of radios, two men in suits—security, perhaps?—or secret service, confirming the hallway was clear. Intuitively Rex backed away from the door and held his breath. Dr. Silva turned the corner with a man who he vaguely recognized as one of the senators who often frequented the place.

The lights were still dark. The voices were low, serious, urgent.

A man who he now recognized as Senator Bill Buckley was there. He appeared to be in distress.

Rex's mouth fell open as a priest in a long black gown swung open the doors of the A&E suite opposite to greet them.

Medical personnel followed. Rex could hear snatches of conversation, words here and there, a man who he now recognized to be Senator Bill Buckley rambling wide-eyed, the priest and Dr. Silva calming him.

He heard the name Buckley repeated over and over, heard the man ranting about demons and shadows. Dr. Silva was soothing him, telling him they'd fix him, that the Walk of Life was coming.

What was the Walk of Life?

Rex noticed that Silva was glancing down each direction of the hall constantly. He seemed nervous. Then Rex noticed a couple of suited, well-built men striding down the hall. One had a handgun. His eyes kept swinging to the emergency room.

Something crazy was going on in there. The sound of gurgling, wailing, filled the hall. Weirdly, the small group of men standing outside the suite seemed unfazed—even excited, anticipatory. As if they couldn't wait for it to be their turn.

Buckley was pulling at his clothes now, seemingly desperate to get in and climb on a gurney himself. Desperate to undergo whatever the hell the other patients were going through. The doors swung open, then closed again, and Rex watched, transfixed but horrified as bodies writhed on gurneys, hideous forms of men, grey, pallid skinned, unnaturally flexing and jerking before the doors swung shut again.

Silva was clearly soothing this Buckley guy, handling him like a bewildered child. It was grotesque. "Just a few minutes more. Wait. Wait your turn. It'll come."

I'm in the shit now if I tell anyone I'm here. Rex swallowed hard. *What the hell is going on?*

Buckley was rambling some madness to the priest about angels and heaven. The doors swung open again, then suddenly they were gone, disappearing inside the emergency room, swallowed into a sudden bizarre orange glow.

A few moments later, the large double doors of the operating theatre swung open as another priest entered, offering Rex an unobstructed view inside. Rex saw one man sit bolt upright, eyes wide, rolling back into his head. His face looked other worldly, gripping on to the sides of the bed so hard he thought the man's arms would break, his mouth twisted, screaming silently. Figures loomed over him, attending to him, not panicked, but calm, appearing almost pleased by what they saw, nodding at each other over his grotesque form.

Rex's attention suddenly darted to a pathetic figure in the corner. The cheap white medical gown worn by the man was soaked in urine as he gibbered, cowering in a chair, hunching up in a ball as if protecting himself from something. His eyes betrayed a kind of terror that Rex had never seen before. It felt, to Rex, like what he'd imagine a Victorian mental institution to look like.

Inexplicably, Rex noticed, the sight seemed to calm Buckley down. Extraordinary that something so frightening could offer comfort to any man.

Why the hell could any man want to put themselves through that?

Then suddenly Duarte Santé swept in and the energy in the room shifted somehow. It was as if cold air suddenly hit him, as if the color of the room shifted. He heard thunder rumbling outside.

Strange. The skies were clear a couple of hours ago.

Panic rose, inexplicably, in Rex's throat. He wanted to get out of the building, escape into the cold, fresh night air. He knew, intuitively, that he shouldn't have seen any of this. That he'd need to get out without these men seeing him. The priest had started chanting now, upping his tempo, with Buckley now fallen to his knees, Santé pushing the weight of one hand down on to Buckley's head, the other holding aloft an old leather-bound book.

Some kind of deep monotonous rhythm, a kind of tribal sound, was now arising from somewhere. It carried an other-worldly quality. Rex felt unmoored, bewildered. He had no choice but to remain rooted to the spot, transfixed by the hideous sight of the man on the gurney, wondering what would happen to Senator Buckley, who had become confused and demonstrably frightened.

Then without warning, the man in the corner stood up and pointed right at him, his eyes bulbous, dribbling, gibbering. The priest ran to restrain him, quickly voicing some kind of desperate, rousing prayer.

Rex looked up as lights began to flicker. The smash of thunder overhead startled him again, an even colder sensation suddenly enveloping him, making the hairs on his body stand up. The deep repetitive noise, almost like heartbeat, seemed to suddenly increase in volume, coming from somewhere, almost from the bowels of the earth. He couldn't tell where, exactly, but it began to overwhelm him. The priest started chanting, louder and louder, as Duarte Santé was almost shouting at Buckley now, some kind of fire-and-brimstone proselytizing. The orange light that had emanated from the emergency suite now started to glow harder, the groaning and howling of the men reached a crescendo, frighteningly savage, and animalistic in nature.

The second the emergency doors loudly slammed shut, Rex slipped through the door of the Alpha lab room and ran, as fast as he could, not looking behind him. He'd thrown off his shoes first, emerging into the hallway bare foot. He couldn't afford for anyone to hear him.

It was only when he had gotten back to his apartment that he realized he'd run the entire half-hour route home without shoes. Worn out with fear and exertion, feet bloody, cut and freezing, he collapsed into the hot, steaming water of his shower, lights on full blast, the familiar, friendly sound of the TV pumped up high.

He'd known as soon as he'd arrived home, felt a rush of comfort from the friendly familiarity of his surroundings, that he couldn't face the hockey game. Couldn't face his friends. Couldn't face the night for a second time.

He was shaken up. He had no idea what the hell it was that he'd just experienced.

He didn't step out of that shower until it had eventually run cold, heading to his large, familiar couch afterward to watch movie after movie, prizing his eyes open, trying to force lucidity, then finally, inevitably, submitting to a fitful, broken, nightmarish sleep.

Earlier that day, Rex had been in the lunch hall while a man posing as a janitor had entered his office and taken his ID card.

The janitor hired that day was an agency hire, a last-minute replacement for the usual guy who had called in sick. Pulling his cap low, the interloper had picked up Rex's ID card alongside a couple of others. He knew Team Alpha cards were good for the purposes he'd be using them for. It just happened that Rex's desk was closest to the door and easiest, from an opportunistic standpoint, to swipe.

Within twenty minutes, he'd gotten exactly what he needed and set about returning ID the cards.

The fake janitor had left the building by 1pm. Seemingly fully cognizant of the CCTV cameras, he had known when to dip his head just a little this way or that as he passed by specific corridors and walkways. A few minutes later he was already in front of his TV set, chilling with a beer. Reclining back into his favorite armchair, he switched the game on, and put his feet up, smiling to himself.

A great days' work.

He'd never discover the mistake that he'd made. Returning the ID card for Sofia Rossini, Levanter Junior Programmer, to her desk, he hadn't noticed that two ID cards had gotten stuck together. That was how Rex Stanton's ID card had accidentally ended up in Sofia Rossini's office. She would discover his card the next afternoon. Shrugging off her confusion as to why it was there, she headed out for a meeting, deciding to return it to Rex at the Friday Night Lights get together later that evening.

10

"Does the *Rapture* mean anything to you?"

Sofia Rossini was sitting with Rex, staring up at the stars. Thick, cotton-wool reams of clouds cascaded down the deep troughs of the valley, moonlight bathing the forests and mountains in a pale, ethereal glow as nighthawks cooed and hawked, busying themselves with finding food and shelter. Sofia watched happily as a gentle breeze lifted small piles of leaves into spirals, dropping them down again a few feet across the way, branches rustling in the wind. It was dark now, her favorite time to be out in the valley. She loved these get togethers. They were the perfect panacea to the hustle and bustle of a day stuck indoors at the Levanter campus.

Shooting stars streaked across the night sky as a rapidly darkening night enveloped them in its embrace. She gazed fondly across the campfire, watching the fire light up the faces of her friends and colleagues in a warm, yellowy glow as they chatted and laughed, embers dancing above the flames.

The great thing about nature, Sofia considered, was that it slowed you down, helped you to learn to move with its' rhythms. In a city everything felt out of sync, the same all year, streetlamps drowning out the light from the stars, taxis and buses perpetually trundling through the streets, drug stores open 24/7, scattering their neon light everywhere. Here, in Saffira, one learnt to respect nature, to feel its power. If a squall swept through, you stayed at home. If the snow fell, you spent the morning shoveling snow.

We rise and fall with the seasons, she thought. It was a nice feeling.

Sofia hadn't spoken to Rex much before that night but had been glad of the excuse to get to know him. After dropping off his ID card, they'd fallen into a warm, comfortable chat. The conversation had turned naturally to the loss of Lara a few weeks earlier. Lara had been Sofia's best friend, and her absence—at every Friday Night Lights meet up since—had been painfully felt by everyone. The doctor had attributed her death to an undiagnosed heart murmur, something that her sister had suffered years before. It was a sad loss.

Such a waste.

Sofia felt a lump rise in her throat again. She rubbed her eyes, trying to make sense of it. She never could.

Lara had confided in Sofia about something called the Rapture a few days before her death. Something, she said, that she'd overheard at work, and had clearly troubled her enough to mention. Looking around, she realized that it had been a night just like this one, a balmy wind ambling across the valley, as a stillness enveloped them, the occasional birds swooping and cawing as stars streaked across the night sky. Surprised, she realized they were sitting in almost the exact same spot as she'd been for the last time with Lara. Sofia had forgotten about their conversation, but something about sitting in the same place that Lara had mentioned it to her jogged her memory.

Rex looked into the distance, furrowing his brow. "The Rapture?" It didn't sound familiar. "No, sorry." He was distracted, his mind clearly somewhere else.

"Lara slipped a napkin into my handbag last time we were here with a few words written on it. I knew it was from her as I'd seen her blot her lipstick on it earlier. You can still see the mark from the lipstick, here, see?"

Rex glanced over as she unfolded the napkin.

P-2015; Book of Life
Rapture
I4031

Rex sat up, interested. He remembered seeing these somewhere before.

"Yeah, I've seen these. What do they mean?" He frowned. "Do you think they're important?"

"Yeah. Yeah, I do. Because she died days after giving them to me."

Rex looked at her studiously. She hoped she didn't sound crazy. Sofia wasn't sure how much she should say but she got a good vibe from Rex, felt as if she could trust him, so she kept talking.

"Lara said she'd seen some strange stuff happening. Out of nowhere evening activity at the Campus had ramped up, especially in the medical suites, and she'd been asked to book a hell of a lot of late-night tours for the Christo-Evangelical Movement. One time she said she saw them there and the lights were still off. She felt like they were sneaking around, but they owned the place, so why would they sneak around? Anyway, she said she'd been getting uncomfortable with some of the conversations in the meetings she'd been seconded to take the minutes for, too, but couldn't tell me why. She said she'd downloaded a bunch of data she shouldn't have, on a hunch, and felt like she might be on to something, spoken to Duarte Santé about some of it, but he'd gotten angry. She said she'd backed off after that."

Rex shook his head, thinking that Duarte Santé was the last person he'd go to. The guy seemed unstable to him.

"Hey, maybe keep it quiet for now. I'll ask around for you, okay?"

She nodded and smiled thankfully, fishing a couple more bottles of beer out of her rucksack and handing him one.

"Maybe I can get something out of Luke Templeton. We're headed for the first company off-site next weekend."

Sofia groaned sympathetically. "Hey, I ran into Luke Templeton the other day. We've both been placed on the same company volunteering program—the old peoples' home in Silvertown—The Gables. We met up when we'd gone to see the same old lady, Martha Brewster. Must've been a mix up. The poor woman, getting twice the Levanter kool aid. Anyway, apparently, her name is hilarious. When she introduced herself, she told us her name then showed us an old antique ship that she had on her mantelpiece called the *Mayflower*. Luke dissolved into laughter. They were giggling like schoolkids for ages."

She arched an eyebrow. "I still don't get the joke. Anyway, he was actually a lot nicer than I thought he'd be. Not like the standard Levanter sales asshole. At least he didn't seem to be. What about you? Which volunteer program did you get?"

"I'm on the schools program, heading round the county talking to kids about career in science. It's pretty awesome, actually. Kids are cool."

Sofia nodded. "Cute."

Rex was finding it hard to focus. Sofia's words were drifting in and out of his mind as he raced back to her earlier comments—Levanter booking out medical rooms late at night, the Christo-Evangelical involvement, the lights off…

…just like last night and that horror show he'd seen.

It freaked him out. Those guttural moans, the fear in their eyes...and the lights, the thunder, the sudden cold. He shivered. It felt supernatural, demonic, almost. And he'd checked the weather report that night, an hour or so after running home. There'd been no storm, no thunder that night, yet he'd seen it, felt it, heard the thunderous clap above his head. He shivered suddenly, as if someone had walked over his grave.

"Rex?"

Rex snapped back into consciousness. "Wait. Show me that napkin again." He flipped over the napkin, embossed one side with the logo for Max's Bar, & the other a mix of words & lipstick intermingled.

He stared at the words, suddenly animated.

"We need a Bible."

11

The Levanter Initiative launch was an unmitigated success. Luke had expected it to run smoothly, to impress his audience and the wider markets, but the reception he had garnered from clients and the press still blew his mind. Press junkets had been energetic, positive, stuffed to the rafters with reporters from the best business and scitech publications on the planet. Major newscasters had run with the Initiative launch story as their lead the morning after, tying it to the hugely anticipated Levanter IPO.

Toro24 had dedicated an entire episode of their flagship show *By The Fire* to it. It had pulled in millions of viewers, earning them their highest ever ratings. The few households that hadn't heard of Levanter or the Initiative earlier that day certainly knew about them now. They were now a national phenomenon.

Q3 financial results were leaked early, sending ripples of excitement through the markets. Rumors swirled of what exactly the big scitech announcement would be, what the secret technological breakthrough would reveal. How Levanter had finally broken the faith-science barrier forever. It was a tantalizing, sensational claim.

Everyone wanted in on the story.

The hum of the crowd reminded Luke of a night he'd once spent at the opera in New York during a company client trip. They'd seen *Rigoletto*. The songs had bored him after a while—in truth, his attention span seemed all but dead, these days—but the grandeur, the pomp and ceremony, the reverence of the audience had fascinated him. Looking around from his vantage point of the steps of the main entrance hall of the Levanter amphitheater, he experienced the same feeling that had washed over him so reassuringly at the New York Opera House. Men in dinner suits, their female companions in ballgowns talking and laughing politely with friends and other theatregoers. Concierges helping guests with their coats whilst wait staff with golden trays politely offered champagne.

It was a good feeling. He'd arrived.

He smiled and spun round as he felt a hand on his shoulder. "Congrats, kid".

"Thanks". Chase stood alongside Luke and both men smiled as they surveyed the bustling scene, before Chase got down to business.

"What times the first hit?"

"7:45pm, syncing exactly with the orchestra."

Levanter used code names for most of their scitech. A 'hit' referred to a spike in brainwave stimulation delivered via ultrasound across the auditorium. It was a key part of I4031—the ability to spike gamma, theta, and other brain waves to manipulate emotions. It had been used in military trials for decades with amazing results, demonstrating significantly increased vulnerability and susceptibility to suggestion and, whilst the scientific community had been aware—for years—that altering brainwaves could achieve these affects, nobody had perfected a technology capable of transmitting the waves to achieve high-volume, high-power ultrasonic brainwave stimulation to the level that behavior could be invisibly altered within a set time frame. Until now.

The I4031 experimental results were incredible. Chase whistled. "Hitting them early, hey. Where's the investor program?" Luke handed him a copy. The highly-secretive investor program detailed the timing and nature of 'hits', offering clients the opportunity to see Levanter's tech play out in real time. The glossy program predicted how the audience might react, name-checking a few specific employees who'd received mega doses of I4031 under MRI conditions during the preceding weeks. The predicted effects would, they theorized, be most evident in those individuals. It was a cool, entertaining way of immersing potential investors in a real-time experiment where they could test the power of Levanter's predictions.

Clients were freed of the effects, having been offered drug-based blockers beforehand that mostly negated the effects of the I4031 tech, but some always chose to join in the fun just to feel the powerful effects wash over them.

This time, the whole auditorium would be immersed. It never failed to entertain, or to part investors from their check books.

Chase nodded, his growing impatience just about perceptible. "OK kid. I need you to do me a favor. See that guy over there?"

Luke nodded.

"Keep your eye on him for me".

Luke immediately recognized Senator Bill Buckley from

recent news reports. He was a heavy hitter in the senate and had risen through the ranks with startling rapidity in recent months. He was a classic Christo-Evangelist—third generation American money, a beneficiary of a grandfather who had made his money on the railroads and in the mines, an advocate of Christ, apple pie-baking wives, obedient children, and guns. In public, anyway.

Luke turned to answer, but Chase had already disappeared. He spotted him half-way across the foyer talking to a small, select group of guests—a couple of pharma CEO's and their wives, laughing and glad handing his way around the cream of American society. They had greeted him warmly. Luke felt alone, suddenly. He wondered, vaguely, how he could feel out of place at his own event. Slugging back the last of his champagne and taking a second flute from a suited, smiling waiter, he made his way into the auditorium.

Fifteen minutes later, the crowd had taken their seats, and the lights dimmed into blackness, anticipation filling the air. An audible gasp could be heard as chairs suddenly, yet gently, tilted back so that the entire auditorium found themselves gazing directly upward at what was not just a ceiling, but a perfectly spherical curve of a planetarium style dome. The show had begun. The guests were treated to a heart-stopping opener as Holst's' *The Planets*, which accompanied a lightning-speed visual journey through the vastness of space, through galaxies, past event horizons, whizzing amongst asteroid storms. Their visit to the heaven was designed to perfectly engage every human sense, enveloping the crowd in the sensation of pure beauty, pure wonder, offering an elegant, luxuriant escape from reality that also happened to sync perfectly with the first unseen ultrasonic hit.

It was a relatively long show, one that ended with guests feeling relaxed, full of wonder, open to the experience yet to come. As the planetarium show drew to a close, the lights raised slowly in tandem with the gentle tilting upward of the guest's seats. Their visual attention was drawn naturally to the stage at the front of the auditorium as the heavy, grandiose theatre curtains drew back to reveal a number of dancers posing, stationary, against a breath-taking back drop based on the elements—fire, ice, air, water.

Another hit pumped through them, unseen. Trent Calder, observing the scene from a box, felt testosterone flood his veins as a small readout churned from an ultrasonic reader by his right hand. The hits were working perfectly. His investors would be begging him to take their money by the end of the show.

The orchestra, seated in the pits, remained at rest. The music for this segment would be modern, fast-paced, upbeat.

As a rousing, almost evolutionarily appealing heavy, deep bass trailed languidly into a steadier, faster tempo, almost mimicking the pounding of a heartbeat, the beats began to enmesh themselves into a stunning visual light show. So perfect was the syncing between music and man that dancers appeared to be controlled and directed almost completely by the sounds that filled the auditorium.

A vast screen behind the dancers played host to similar space-themed visuals, quickly morphing into the heady greens and bluish hues of the northern lights, then into swirling patterns enmeshed with Levanter graphics that transformed into a flight through the heavens, shooting through the clouds. Vistas of grand mountainous ranges, glistening, whale-filled oceanic seascapes, and majestic, sandy deserts wowed guests before suddenly barreling down, finally, into a tunnel of light. The dancers performed a heart-stopping visual display based on the use of shadows, an abstract, beautiful, heart-rending performance that appeared to tell the story of a man rejected by the heavens, who was finally given—and took, gladly—a second chance at eternal life.

Another hit. Brutally powerful, this time.

As the dancers left the stage, the lights and colors suddenly arced into a white circle, diminishing, and reducing into a small pinpoint at the middle of the stage, which swept down, then disappeared. Then, for a few moments, nothingness.

The stage remained empty, dark. The crowd held their breath.

Then Trent Calder walked on stage, stopping at a sleek glass and metal podium. The room lit up as the Levanter logo appearing in crystal-clear HD, rotating on the screen behind him.

Another hit. This time, pure alpha waves, combined with a little extra opium-laced air pumped through the air con.

He opened his arms in a welcoming gesture. "Welcome to the Initiative."

The most charismatic man in sci-tech had taken the stage. At least, at that exact moment, that's how most of the auditorium *felt*. They were high. High on Levanter.

The crowd went wild, lifting the room with their rapturous applause.

Over the course of the next couple of hours, Trent—and various other Levanter heavy-hitters—Chase Matthews, Dr. Silva, among others—addressed the crowd with humor, wit, and charm, interspersing overviews of profoundly profitable and successful company research & performance with engaging pop science and anecdotes. The Lost Boys, one of Trent's favorite bands, serenaded the guests, whilst a number of yogi's, meditation specialists, positivity coaches and mind-body-spirituality fitness influencers delivered a mix of performances, talks and demonstrations. All guests received a fabulous gift bag packed full of Initiative products that would be officially launched the following day—vitamin & multi-mineral supplements, an energy drink, a branded sweat towel and hoodie, a Levanter-branded fitness tracker and a glossy flyer detailing how to download the Initiative app, alongside a state-of-the-art Levanter Rolex: white for the ladies, grey anthracite for the men.

Two hours later, the crowds filed out, energized, excited, refreshed, flush with knowledge. That had been one hell of an event.

Op-eds by journalists that had scored invites to the show itself would praise Levanter for weeks, whilst those waiting outside in the foyer ran story after story of rapt guests, heralding the new dawn of a new way of living, working, medicating. Attendees would spend weeks feeling like they were walking on air, yet too energized to sleep.

The seventeen Christo-evangelical senators present at the event joined Trent for talks in the Levanter board room immediately after the event, analyzing real-time data from the event and evaluating it against the Levanter predictions detailed in their client program. Predictions recorded 93% statistical accuracy and senators commented excitedly on the fact that they'd been able to see the interaction effect, in real-time, of the crowd around them. They were blown away, slapping each other on the back, laughing, feeling satiated, entertained. Trent reminded them that the fitness trackers and Levanter smart app would record the temporal effects of the neurological effects of all attendees over time—in other words, telling them how long after a neurologically disruptive event they could expect effects to last. It was important that they felt it, experienced it, for themselves.

Senator Bill Buckley was sitting, sweating, anxiety filling his soul, remaining mostly ignored at the back of the room. His eyes were on Trent and the others, flitting from one man to the other over and over.

Were any of them in the Book?

He was sweating, still haunted, but Trent had reassured him, told him he had to walk through the Valley of Death to look God in the eye. He was hanging on by a threat and he could hang on a little more, but he couldn't make it past more than a couple of treatments with his mind intact. He knew that.

Goddamn it, Trent. Give me the next one. I can't wait.

He was seeing things now, seeing movements in the shadows, dank, deep grey, slimy suggestions of figures that were just shadows, he knew that. Or were they? He didn't know anymore. His grip on reality was slowly slipping through his fingers. Even now, he didn't regret the things that he'd done—the life that had slipped from that hooker's throat last month, the vicious beatings he'd given the others. The fact that no meant yes and to hell with believing different.

No, he still didn't regret any single one of them. He licked his lips. They'd felt delicious.

He didn't regret what he'd done—just regretted their effects, the fact that they made this Walk of Life treatment so brutal, so vicious. So hard. His eyes darted around the room, squinting, little slits from which he surveyed the others.

None of them are in the Book, none of them. Just me. Just me.

He shook his head, feeling bitterly and confusingly jealous of anyone else in that room that might be in the Book of Life, too, indescribably jealous, even though he had already scored an entry for himself.

Suddenly, he realized eyes were on him.

"Bill, you've signed off on this already but we're looking at a nationwide escalation. We could commit to this exclusively before the election. I think it's going to be crucial. Do we have his agreement?"

The lead senators managing the election campaign strategy were eyeballing him now from across the room, silent in expectancy of his response. Bill pulled himself up in his seat, suddenly aware that he was slumping. He felt pallid. He had no idea what they were talking about.

Gazing down in a false show of interest, he winged it, guessing at what they'd probably just asked him. Luckily for him, his guess was a good one. "Yeah. Full sign off. Escalation across all territories, with a doubling of investment in swing states in the first 3 months, with a possible re-routing of campaign finances to the final phase of the campaign dependent on the data we get from phase one."

The others nodded. Trent performed some quick mental math. With a doubling of investment from this election cycle alone, they would almost pull ahead of every other company listed on the NASDAQ in terms of revenue. And after this, the sky was the limit. Every other leading political party across the globe would want a piece of this. But, he reminded himself quickly, shackling the Christo-Evangelicals—and the Christo-Evangelicals only—to his vision, at least at this stage, would give him the power he really needed. He couldn't get too greedy now. Couldn't show his hand too early.

Play the long game, Trent. Play the long game.

The immediate problem, he considered, was to handle the imminent FDA inspection. Levanter regulatory & compliance didn't even have a real idea of what was going on in their own labs, so they were useless to him. Despite heavy pressure, the R&D and finance teams hadn't yet come up with a legitimate blueprint or plan that could explain the massive revenue and political investment predicted to be flowing into Levanter in the coming months, and worse, the Initiative had spent months promising a revolution in sci-tech wellness, yet had developed no innovations at all. Obviously, it was just a front for the neuro-political weapon they'd been selling to the Christo-Evangelists under the auspices of a wellness product, but they needed some kind of front for the wider world. Sports nutrition supplements and a few yoga classes weren't going to cut it.

Without the FDA in their faces, they could sail through the election and early launch stages, buying them enough time to make whatever promises satiated the masses whilst weaponizing their tech. And the Rapture, when that arrived…when that arrived, well, nothing could be reversed. By then, political parties, regulatory agencies, democratic processes…all of that would fall away into nothing. Melt into irrelevance.

It would be a new dawn. Trent closed his eyes, inhaling a deep breath of pure, opium laced, ultrasonically powered theta-boosting air. He felt high, like he was on coke, except more deeply in touch with his spiritual self.

I'm gonna need some K to sleep tonight.

The whole plan was completely preposterous in many ways—hiding neuro-political sci-tech weaponry under a yoga mat was Trent's favorite analogy for the plan itself—yet it remained devastatingly effective. The fact of the matter, the Christo-evangelicals had discussed at an earlier internal strategy meeting, was that nobody would give a shit about whether their senators and members were suddenly interested in meditation, mindfulness and health. Heck, it even fed into their existing 'Healthy Nation, Healthy Mind' initiative that had, according to recent polls, helped to capture an upswing in the suburban mom vote. And with the seductive power of the Book of Life, these senators were his to manipulate however he wanted.

These guys think they are fooling the world, thought Trent smugly. *They are. I'm handing them that power. But they don't know how much power they're handing me.*

"Senator Cooley, West Virginia." Cal Cooley raised his hand. "We're happy with what we've seen here. Naturally, we expect Mr. Matthews to personally oversee all strategic considerations for the remainder of phase 1, possible phase 2 of our campaign if we go for that, too. We need to make sure that we're exploiting this tech as aggressively as we can."

Trent nodded. "Sure. That's why we created the Government Liaison department. We've run some models, and Chase Matthews and his team will walk you through all of that—I'll hand pick his assistants unless you want your own staff. We can train them up."

Cal Cooley nodded in appreciation. Their own staff would be their preference. This stuff was way too sensitive already.

Trent Calder continued. "As you know from our earlier discussions, the way the sci-tech works is to essentially leverage the five natural brain wave frequencies—alpha, gamma, delta, beta and theta—and to weaponize them so that you achieve maximum engagement, loyalty, devotion, from followers at your rallies, all whilst using well-timed amplifiers to maximal effect—music, imagery, rhetoric, hubris, and so on."

The opium laced air piped into the air con system earlier had been one such amplifier although Trent wasn't about to share that particular insight with them. *Let them think they're high on life,* Duarte Santé had sermonized earlier in between mouthfuls of Five Guys and beer.

The senators around the table nodded. Hunter Carlson spoke up. "Look, we all know, especially since the propaganda escalation that led up to the 2024 democracy war, how military warfare techniques, especially psy-op's, took over political campaigns long ago, especially when social media started to be used as a base for operations. Back in those days, especially since 2016, campaigners were scratching the surface of what we're doing now, chasing a dopamine, adrenaline, testosterone response, studying the neurological power of fear & anger, how to use our friends at Toro to spiral in propaganda to escalate those emotional responses, that kind of thing. But we'd be in jail for the next 20 years if we used even half of their rookie campaigns now."

Senator Jeff Blakely interrupted, enjoying a moment of levity that came to him all too rarely these days. "Remember Pizza gate?" They all guffawed. Jeff laughed too, his heavy gut shaking as he laughed.

Senator Carlson continued. "Yea, exactly. Pizza gate. It became too explicit, too ridiculous. Too out of control. Once it landed in the public consciousness, voters became too cynical, jaded, they knew the signs and it no longer drew them in. Plus those neuro-political approaches ended up being two a penny with cheaper scientific products, low barriers to a market, a subsequent grotesquely reshaping the political landscape all over the world. Russia was re-shaping America whilst propaganda farms in Ghana were reshaping Spain. Even Albania emerged out front as a state adaptor at one point. The whole thing was nuts. Then the riots, and the deaths, the lynching. The mobs."

He shook his head. "That's why it was outlawed so goddamned fast."

He sat down, swiveling his chair to face the others. "Gentlemen. We know exactly, now, how to manipulate brain waves at rallies and in person events, through our friends here at Levanter but—more crucially—how to capture ultrasonic & radio wave tech effectively, cheaply, and easily to enable their modulation and disruption without being heard or seen. The only factor missing in previous politico-neural campaigns—how to use Wi-Fi and short-range frequencies via smartphone and tablet apps—is now in our hands. The moment we achieve immersion and engagement of that app, the election is ours. We can jack up anyone's brainwaves, micro-target the news and ad's that we send them to whatever modulated frequency we want…and hit anyone else within a 15 -foot radius. Speaking of which…. only four of you took the blockers at the Initiative launch, right?"

He shook his head, laughing, as he glanced over at Trent Calder and Chase Matthews, whilst sliding four individualized data reports across the table to the four senators in question.

"You'll find the exact reports here. Cal, you had a moment with the yoga display, didn't you?" He laughed. Cal laughed too. "Yeah", Cal conceded, holding his hands up in good-humored submission. "I wasn't sure my blood pressure was gonna hold up there." Everyone laughed.

Trent doubled down. "If you look at Cal's brain wave transmutations within than 300 second period here, and here, you'll see we tripled the escalation of theta frequencies, specifically in the East wing of the amphitheater, almost exactly where you were seated, Senator. Now, we can amplify that frequency across a far larger geographic sphere, but we limit it during these test events for data gathering purposes, to directly compare user responses. Would you be honest, Cal, with how, exactly, you felt?"

Cal was, in truth, a little embarrassed by what he had felt. Fitness, yoga, all that crap, it had never moved him before, but he had felt almost transcendental during that short display. The feeling had hit him hard, coming out of nowhere and he'd tried to shoo it away with a rationale that there were a couple of cute girls on stage. He knew it was far more than that, though, a feeling that he couldn't control, overwhelming, satiating, embracing him. He was excited, too, now, that their rallies—his rallies—could make voters feel exactly that way when they looked at him.

The power in our hands, he thought. *The power in my hands.* It amazed and intoxicated him.

"Yeah, I'll be honest about how I felt."

The room quietened down. Expectant eyes fell upon him. "I

felt…I felt like a spirit had surrounded me, I was so high. But not hyper, high. Just kind of…lifted up. And I wanted more. I want to feel it again. I want to watch the footage of that event, over and over again, and feel that way again. It was like a calm euphoria, a feeling like being in a dream, almost, where I didn't care about anything other than the happiness that was in front of me." He wrinkled his brow. "I don't even like yoga."

They all dissolved into laughter. "Yeah, I don't think anyone here is that into yoga either, Cal". One of the other senators sitting next to Cal slapped him good-humoredly on the back. The senator felt relieved when Trent interjected to explain the science.

"That's an associative effect. The brain connects an experience, whatever it is, with a particularly pleasurable, powerful neurological response that outputs very high levels of dopamine and oxytocin over a short space of time. If we flood the brains of attendees to your events with numerous short, sharp brain wave escalations specifically timed to correspond with specific parts of your event, they'll associate that state with *you*, especially, and with the logo of the Christo-Evangelicals, with the Christo-Evangelical movement, basically, whatever semantic, visual, or auditory cues are reinforced strategically at specific, well-timed moments."

He glanced around the room, checking that he was connecting with the other senators. They were rapt.

"You'll need to work closely with Chase and the Government Liaison team on your rhetorical and design strategy, of course, to ensure that you co-ordinate brain wave disruptions with amplifiers and the right rhetoric." Cal nodded. "Of course. That makes sense."

As Trent continued to discuss the finer points of the science, the room buzzed with questions and discussion. The meeting lasted over three hours, becoming more relaxed around 10pm as a sublime 1787 Chateau Lafite was served by knowledgeable, deferent waiters. Petit fours arrived subtly alongside the almost invisible refilling of glasses. Ties were loosened, jokes were shared, knowledge imparted, stories told.

By the time that the meeting wrapped up and cars arrived to return the senators to their luxury on-campus suites, Trent had agreed a multi-million-dollar investment by the party, with longer-term agreements tied into various multi-level state and federal level grant access and tax exemptions, the exact details of which would be pored over later by much lower-level nameless and faceless civil service employees.

Just before summing up the meeting and thanking the senators for their cooperation and attendance, Trent leaned forward in his seat. Placing his hands together, he interlocked his fingers in a show of gravitas. Peering around the table, he gave them a conspiratorial look before speaking. “What we are doing, gentlemen, is not only a far more sophisticated version of the political detritus that pre-existed us, but re-casting the sci-tech to elevate our nation.” A hum of agreement rose around the table.

“What we are trying to do here, gentlemen, is to elevate humanity, and everyone…” he opened his arms in an inclusive gesture, “…everyone here, is a part of elevating humanity in that great mission. No more will we be blighted by a land of Sodom & Gomorrah, no longer will a failing democratic model hold us back from what we—you—can really achieve.”

Trent felt the fuzzy warmth of the red wine flowing gently through his veins.

I—we -" *Be careful, Trent,* he thought. *Don't let the mask slip. Feed their egos and their plans, not your own. Don't get carried away.* "…you" he continued, correcting himself, "all of you, as the driving forces behind the Christo-Evangelical Movement, are facing down the confines of society, pushing the political model to a new future, acting in the best interests of the electorate before they realize what their best interests *are*, leading them to a brighter future, for which they will then thank you."

The faces of the senators warmed with pride as he addressed them. "Don't forget, gentlemen, that you are making history, for the good of us all". He ended on a note that suggested that he, Levanter, were thanking *them.*

This, thought Cal, as he was standing up to leave, was by the far the most persuasive meeting of his life. He wished, in fact, that he could have stayed in that meeting room longer. He'd sign away anything to Trent and Levanter at that point, Cal thought, with a surprise. He'd sign away his life.

Maybe it was just the drink talking. Maybe it was something else making him feel that way. *Maybe Levanter were manipulating the brain waves of everyone in that meeting room, right now,* thought Cal. *Maybe those drinks they served were just amplifiers and they're using the weaponized tech on us.* He could litigate the shit out of them for that.

He laughed. The irony was, by this point, that he didn't even care. In fact, he almost welcomed it. It just felt so good. And he wanted more of it. In truth, he knew, in that moment, that he'd do anything for Levanter. Anything that they asked of him.

Bill Buckley didn't feel so good. Stumbling out, Trent Calder watched him leave before placing a call.

12

The darkness of the evening hid much of the next few moments. Senator Buckley half tripped down the stone steps that led to the entrance of the Levanter science institute. Pallid, grey, sweating, he started wildly moving his head as he saw demons flying toward him from all directions, demons that surrounded him, trying to pull him downward. He flailed and cried as he fought them, desperate, now running toward where he hoped and thought Dr. Silva might be. He needed the last treatment with a desperation that he had never felt before.

The Walk of Life. Give me another Walk of Life.

But the Chateau Lafite had disoriented and clouded his head, and combined with unequalled fear, loosened his grip on any auspices of rationality that had remained. Half-running into the road, unlit and framed, as it was, by towering forests that loomed high above him, the lorry smashed into him with unmitigating force, instantly buckling and smashing his legs from under him.

Screeching to a halt, the lorry driver, Larry Magnisky, managed, expertly, to swerve to avoid the body after it had been thrown in the air & landed close to the central reserve.

The driver, Larry, proved almost inconsolable. It took three hours to calm him, local police and ambulancemen reassuring the kind father of three, a safe and conscientious driver, that it had not been his fault, that he would not face charges. A couple of men wearing Levanter uniforms arrived at some point, gently telling him that, if he liked, he could bring his family along to the campus over the next few days, receive whatever counselling and support that they'd like, with no charge. That, was he a spiritual man? To which Larry replied yes—to which they duly replied that religion and faith were precious to all of them at the Institute, and would he like to maybe join, with his family, when he came, and receive whatever spiritual guidance he might enjoy and benefit from? That they wanted to help him feel okay again, to make him remember that they were part of the community in Saffira. That the community looked after its own.

And Larry, a religious man, had nodded, nursing a hot cup of coffee, grateful for the blanket that he'd been given that still rested on his shoulders, a blanket that had only slightly abated the shivering that had shaken his body uncontrollably for the first few minutes after the accident.

Shock, they had said.

Larry had been bowled over by the generosity of the offer. He'd take his family along that weekend. He'd tell his drinking buddies that weekend, that maybe they'd judged too quickly when the Levanter circus had rolled into town. After all, these people really were just like him. Good, God-fearing, love thy neighbor folk who cared about community.

Maybe Levanter was, after all, a good place.

After some time when the truck and the ambulance and

police had driven away and all was quiet again, all that remained in the darkness was the sleek illuminated Levanter logo that had, until then, hung proudly at the entrance to the campus. Part of a small-bricked wall, the sign now hung precariously on one hinge, lights smashed, creaking gently in the breeze, knocked out when the lorry had skidded sideways. After a few moments, the light flickered, then disappeared completely.

By morning, a maintenance team would have installed a new one, the carnage already a distant, unseen memory, almost as if it had never happened at all.

A fact that Senator Bill Buckley would never know, or care about, was that he owed his life to Larry Magnisky. Whilst Magnisky may have been driving the truck that left him in hospital, it had been his lightning sharp reactions that had limited Buckley's injuries only to two broken, deeply lacerated legs. Aside from both legs being broken—the left in six places (multiple breaks along the length of the fibula, a fractured tibia, and a complete rupture across the base of the femur), on the right, a shattered patella—he had also suffered a heart attack and died on the table but had been saved by the brilliant medical care of the nearby Silvertown General cardiac arrest team. The Silvertown medical staff had been fully competent in medically explaining the extent of his physical injuries, but remained utterly confused by his ongoing wild-eyed, hysterical reaction after waking from a short, medically induced coma. Senator Buckley, they were told, had been cogent and of sound mind at a meeting that had occurred only minutes before the collision, so just what the hell had they done to him?

Levanter lawyers demanded an immediate escalation of the

problem to a widescale medical malpractice lawsuit. Under the threat of a multi-million-dollar lawsuit, Silvertown General remained confused and alarmed; Levanter, a sci-tech research facility, were demanding an immediate transfer of Bill Buckley to them, although they lacked the explicit technology, expertise and equipment required to manage the complexities of his post-accident traumas. It was not a safe space for a psychotic post-trauma cardiac patient, yet the threat of litigation frightened them.

The hospital board now faced tremendous and unrelenting pressure to make the whole situation go away. Silvertown General was located bang in the middle of a Christo-Evangelical Party stronghold state and the local governors had already taken up Levanter's cause with gusto, threatening to withhold all future funding from them with immediate effect if they didn't keep the matter from the press and somehow make it go away. They demanded that Buckley get back on his feet fast.

How the hell they expected that to happen was anyone's guess.

Junior doctor Manisha Patel checked Buckley's vitals for the fourth time. She checked her wristwatch. 2am. Night shifts sucked.

As she flicked through his medical notes, she reflected on how Senator Buckley, who had been wheeled in screaming and wailing, psychotic, frightened, just 48 hours ago, represented just one more crazy event in the pathology of the Christo-Evangelist Party. A Party whom her own father had loved, had proselytized as the one party who represented the interests of the common man. Which made their descent from one-time decent, right-of-the-aisle party, to outright, radical religious fanaticism particularly chilling. It had felt like it had happened at breakneck speed.

'Breaking the science-faith barrier', she reflected, was just one of their more alarming slogans. The reality was that the Christo-Evangelicals had been pulling scientific funding from all parts of the medical community over the last couple of years, slowly escalating an anti-science, faith-based rhetoric to appeal to its base, all the while posturing as friends of the scientific community. A growing feeling of fear had washed over the medical community in recent months, with whispers that the new scitech revolution promised by Levanter—now the darlings of the Christo Evangelical Party and the Christo Evangelical Movement—was going to wipe out and replace orthodox medicine altogether.

Buckley's eyes opened wide, as he mumbled, casting his eyes around in fear, before slipping back into a fitful sleep.

Manisha returned to her thoughts. The hospital governors were scared at the prospect at becoming a political target, further exacerbating the financial worries that they were facing. They'd already cut staff by 40%. They couldn't afford to lose any more. And she'd witnessed the Party—earlier that very day—order Professor Langley, head of trauma, to literally 'pray for a miracle'. Senator Hunter Carlson had virtually exploded, screaming that Buckley was needed for a photo call the following evening and that Professor Langley had goddamned better deliver. Langley had looked so defeated.

She shook her head. Aside from being a truly ridiculous proposition, reducing her boss—one of the most brilliant, knowledgeable medics on the planet—to 'pray away' a major injury and advanced head trauma was the most demeaning thing she had ever heard.

Manisha Patel had already witnessed Buckley suffering multiple violent, psychotic episodes in the 48 hours that he'd stayed at Silvertown General, some of which had taken up to five nurses to restrain him. He'd made one of his fractures worse, already, by his flailing and his multiple physical attempts to escape from the hospital bed, and they'd needed to schedule another operation only an hour ago, just to deal with that. She shook her head. *No, we can't have him here.* If the press saw any of this, they'd have an absolute field day—and the Christo Evangelists would use them as a scapegoat, blaming them for mistreatment.

This problem wasn't going away anytime soon, she considered. Staring at Senator Buckley for a few moments, she wondered if she had found a viable solution. Gently rapping on the office of surgical lead Henry Thomas-Hanson, she was invited in. She entered, softly closing the door behind her.

Two hours later, a private ambulance commissioned by Levanter had quietly collected Senator Bill Buckley, ridding the hospital of an untreatable medical problem. Manisha had talked with Thomas-Hanson, proposed the sale of all medical data for perpetuity to Levanter if they signed off on full medical responsibility for the Senator. The ethics of the deal unsettled them, yet the sale guaranteed the future of the hospital. In watering the seeds of a flourishing young relationship with Levanter, they had, in one fell swoop, secured a long-term medical grant from the most powerful sci-tech corporation on the planet, all whilst deftly side-stepping the wrath of their political overlords.

When Thomas-Hanson waved off the ambulance later in

the evening, he marveled at how elegantly he had handled the problem, turning a potential catastrophe into a clear benefit. Heading back into the surgical wing, he reflected on how young Manisha Patel would make a great departmental head one day.

13

Luke stood in front of his cabin for the first time in over a year.

Gazing up at his old home, it felt as if he'd never left. As if no time had passed. But at the same time, he felt as if he might also be looking at a relic of another life, a scene from a dream long since passed. The penthouse at the Levanter campus was his home now. Where his new memories had been made. Where his new life was. It hurt him to look back, stirred some memories that he thought he'd neatly packed away.

He glanced over at the porch. The old bench was still there, gently rocking in the breeze. He hadn't put the cushions away, but they had weathered surprisingly well, through the snow and storms of the last couple of years. A couple of urns had fallen over and smashed, and he'd need to do a little replanting, but other than that, he was pleasantly impressed. The old girl had held her own up here.

Jogging up the wooden steps, he felt over the doorframe for the spare key, blowing off a little dust before trying the lock. Stepping inside he headed straight for the log fire. Rubbing his hands together for warmth, he threw some wood on the fire and stood back, hearing the flames lick and spit as they threw a gentle warm glow around the room and bought a homely feel to the cabin. He'd felt some trepidation at heading up here again, but it felt good. It felt good to be home.

Luke's idea to hold an off-site at the cabin had been a win-win. Chase had quickly approved Luke's suggestion with almost no push-back, on the proviso that he provide Levanter with full access to the property to run basic health & safety checks, stock the fridge and deliver company-issue laptops and tablets for the team. Luke had had no problem with that, feeling a sense of relief wash over him instead. In truth, he had wanted to get back to the old cabin for a long time, just not alone. He'd had nightmares about the feeling of solitude washing the color from the place, asphyxiating him, and pulling him downward into some kind of solitary, empty hellscape.

He shivered.

The night terrors had ramped up in recent weeks. *Maybe that's why I've been avoiding it all this time,* he thought.

Maybe that's why heading up here with a bunch of gnarly scientists I don't even know seems preferable to being here alone.

It was Friday, and that weekends'Team Alpha offsite formed just one small part of the company wellness week. The wellness week had almost wrapped up, a week that had seen the campus fill up with Levanter Youth programs and tours, meditation and yoga sessions run by the Initiative, visitor events, whose walks around the complex were complemented by the regular sight of numerous small groups of Levanter employees enjoying guided running sessions, others stretching by the fountain, and Pilates sessions led by encouraging coaches by the side of the lake.

Executives in suits seemed ensconced in innervating team

discussions, sleeves rolled up, ties loosened, laughing, animated. It was an impressive show of corporate health and vitality by anyone's standards. The weather had been perfect, too—cloudless, deep blue, sunny skies, a gentle, light breeze. Luke had felt proud to be part of the Initiative, changing people's lives. Transforming the future.

Hearing voices, Luke headed outside. His guests had arrived.

Annalise, Rex and Spencer had hiked up to the cabin, and were relieved to see Luke standing out front with a cool box of waters and beer. Setting down their rucksacks, Spencer whistled. The place was beautiful and the opposite of everything they'd come to associate with a Levanter exec like Luke—understated, natural, elegant. And weirdly familiar.

"Hey guys. Take a beer." Luke welcomed them, grinning, as he casually sat down on the cabins' steps. They joined him, happily taking in the incredible scenery as Luke talked them through the place. Annalise was immediately disarmed by the joy in Luke's eyes and the earnestness with which he spoke of the place. He wasn't what she had been expecting at all.

Rex glanced around as Luke spoke. He took in the sprawling wooden deck out front of the cabin, and the picturesque balcony that ran the length of the first floor above them. The wood design was old-fashioned, almost reminiscent of a Swiss chalet—a little imposing, but well-crafted, full of old-world charm. A wooden swing seat swung gently close by, where a couple of small, dusty black lanterns sat.

"Hey Luke, you want me to light the fire pit?" Luke paused, mid explanation, and jumped up.

"Awesome idea."

When the fire was lit, the group fell into a comfortable, relaxed chat. Before Team Alpha had arrived, Luke had walked through the weekend in his mind, planning a relatively formal, structured timetable. It didn't work out that way. Straight off the bat, he felt relived and at home with Rex, Spencer, and Annalise—the only people close to his own age that he'd hung out with since his first day at Levanter.

As it turned out, they all loved extreme sports as much as he did. They felt easy to talk to, didn't care about the company line, reminded him of nights at Max's Bar way before everything had changed. Everyone was surprised, that evening, at just how natural and easy conversation flowed. With the exception of Luke's frequent attempts at cheerleading for Levanter, they could've been old college buddies with the same take on pretty much everything.

It had been a long time since he'd just kicked back, been himself. It surprised him. And now, looking down at the old Eastern campus in the valley below, he felt strangely removed from Levanter.

It didn't take long for the off-site to casually switch pace to a 'get to know each other'-style weekend, all attempts at structured learning discarded. Rex almost fell over himself with excitement after he found Nate's old library, full of first editions of old stargazing and meteorology books. *Affairs in the Tides of Men*. He whistled, turning the old first edition over and over in his hands, as if staring at the Holy Grail. He'd been trying to get his hands on that book for a couple of years already.

"Luke, this is a classic. You know that, right?"

Luke nodded. "My pops loved that book. Me, too."

Rex continued to stare animatedly at the book. "The ideas in this book about meteorological patterns, how they influence us. How hidden natural forces wage such unseen power over us. Fascinating." He shook his head, smiling.

Luke grinned. "My dad—Nate Templeton—he loved science and nature, loved drawing complex inferences from disparate fields in a way that no one else could see. It fascinated me, too. Anyway, take your time. The library is yours this weekend. Enjoy."

As Luke headed downstairs from the library mezzanine, Rex felt pleasantly surprised. Luke Templeton, discussing scientific inferences. This was not the empty-headed Levanter fanboy that they saw every day at work. He turned his attention back to the library.

Willard Prices' *Rip Tide in the South Seas* was next. His eyes lit up.

Annalise was chilling contentedly by the log fire, tired from the hike, and relieved at how much nicer the offsite seemed to be going than she had anticipated. Glancing up momentarily, she saw Luke and Spencer heading outside onto the deck, beers in hand.

Unbelievably, she reflected, those guys had really bonded. Twenty-four hours ago, she could never have called it.

"You were close, hey". Spencer looked over at Luke sympathetically as they threw a few more logs onto the fire pit and sat down. "Uh-huh". Luke had shown Spencer around, pausing on the stairwell to talk him through the many photos of him and his dad, before they'd headed outside for a beer. Spencer noticed that Luke had seemed particularly proud of a photo of the two of them on the mountain. It had been seconds before, Luke said, the first time that Nate had skied Soul Drift.

Luke had been proud of the memory. "He's still one of the only people to have done it. It was amazing. I watched the whole run. I must've studied that footage a hundred times over before I tried to make the run myself".

Spencer looked down at his beer. The night was drawing in, now, moonlight twinkling on the water of the lake like a thousand tiny diamonds.

"Luke…. when you showed me that photo of Nate just now—it threw me. I'm pretty sure I knew your dad."

Luke looked up in disbelief. Staring ahead, Spencer explained. "I was here one winter break. Actually, it's why I became a scientist, why I applied to Eastern. I was a real young punk, then, classic asshole trust funder. I'd come out here on a ski break with my buddies, then one night I got stuck in a ski lift not that far from here, almost got hypothermic, drunk out of my face. Your dad found me. He could've taken me to the local jail, but he took me to a place just like—wait…" He looked around in disbelief.

"I *knew* this place was familiar. Holy shit."

Luke couldn't believe it. "Wait, you were the guy?" He furrowed his brow, trying to recall the story that his pops had told him.

"Yeah, that's it. I remember now. About 7 years back, right?"

Spencer nodded. "Yeah, that's it! Late November, I think?"

Luke nodded. "I was out of town for a coupla weeks on a school tour of Europe. Pops was missing me real bad and I didn't want to admit it but I was missing him, too—it was the first time I'd been apart from him, really. We were always so close."

He looked down, wishing he could remember his dad without feeling so bleak.

Glancing over at Spencer, he continued. "I remember one phone call—I think I was in Venice at that point—where he said he'd rescued some crazy kid, taken him home for the night, because he'd gotten himself into some real trouble, then found out the next day—while the kid had the worst hangover ever—that he was actually really smart. Apparently, he'd helped solve some complex problem he was working on without even trying."

"Yeah, I remember. It was an algorithmic formula based on the interaction of ketamine with tracking consciousness. Or something. I remember it was really interesting."

Luke's interest was piqued. "So, he said you had, like, an amazing scientific mind. Real talented. But your plan wasn't to major in science at all, but to drink your way through law school then take some top dollar comfortable job at your dad's law firm."

Spencer scowled, taking a slug of beer. "Yeah. That didn't work out."

Luke laughed. "Actually, he said the kid reminded him of me. Whip sharp, he said."

Spencer arched one eyebrow. "Wow. I remind someone of Luke Templeton." They both laughed.

Spencer nodded. "That's why I came back here. After that trip, what your dad said, it gave me a lot of confidence. I guess I'd just been waiting for that one person to tell me, to confirm to me, that I wasn't made for law. I was made for science. I faced up to my father and admitted I didn't want to be a lawyer—which set off a bomb in my family. As a third generation Van Rees, it was expected of me, especially when my grandad and another founding member were killed in a car crash a few years back. It'd been made painfully clear to me that my role was to carry on the

Van Rees Partners name, first as an Associate, then as a Partner. It was the life that had always been pre-destined for me."

"So, you'd have been comfortably installed in the Van Rees offices in, where, Manhattan?—happily living the country club life, vacationing in the Hamptons every Summer?"

"Yeah. Totally. Such a cliché, right?" Spencer took another slug of beer. He'd grown up in one of the wealthiest families in the US. He was used to the finest of everything but had begun to drink and party himself half to death, dreading a life set out before him that wasn't his. One that, in truth, he had never wanted to be a part of.

"It's funny. Speaking with Nate, I guess…I didn't even spend that much time with him, but it changed me. I guess 'cause Nate spoke about you first—the *way* he spoke about you—it made me feel what it must be like to have a father that didn't make you jump through hoops, didn't push you to captain the lacrosse team, didn't make you take the major he wanted you to take, didn't push you to lift the heaviest in the weights room just for him to like you. You were just enough 'cause you were his son."

Luke felt tears welling in his eyes, emotion flooding over him. It was a genuinely kind act on the part of Spencer to say those words to him.

Spencer bought his hand up to his face, rubbing his neck as he spoke and stretching up his neck, partly lost in thought. "I guess after my trip here all those years ago, I faced up to reality. I went home, told him I was never going to be a lawyer. And that I'd be majoring in neuroscience."

Rex appeared with blankets, taking a seat next to them after throwing a couple more small logs on the fire pit. He'd heard the tail end of their conversation. "Imagine the biggest problem you have is your kid wanting to take a neuroscience PhD. I hope to hell that's the biggest problem I ever have if I'm a dad one day. Your dad sounds like a tough sell."

Spencer cut in. "A tough sell and one of Levanter's biggest donors. Right, Luke?"

Luke nodded. Van Rees was a big name in the Christo Evangelist Party—and at Levanter. The company line was to give him anything he wanted when he wanted. As lead counsel to the company, he also held every single company secret in his palm. A formidable man.

'These days, the extent of our relationship is that he gives me a healthy trust fund, and I use it. He rakes me over the coals every quarter when the bills come in, I listen to him complain about my overspending, then we just carry on doing that same dance again, until the next quarter."

Luke sighed. "Well, it's a small world. And kind of a miracle that you and dad met. And crazy that we're sitting here together, enjoying a beer". Spencer smiled. "I can't believe I'm saying this to golden boy Luke Templeton, but I'm glad to be here."

Annalise had ambled out now, taking a seat next to Spencer, her eyes widening in amazement as they shared their recent realization with her. The group would remain there into the early hours of the morning, solidifying friendships that would last the rest of their lives.

Sitting out in the crisp night air, the gentle crackling and musky aromatic scent of the fire pit drifted across the deck as old memories drifted into Luke's mind. Memories that he wasn't sure, even now, that he wanted to embrace or forget. The unexpected link with Spencer had both touched and enlivened him, however, stirring old feelings of pride and happiness. Sparking old memories.

There's a time for everything, he thought. *There's a reason why I waited to come back.*

Spencer, Rex and Kristen were all surprised at how knowledgeable Luke was when conversations turned to scientific theories and tests that they'd been conducting at Levanter in recent months. They were even more surprised when Luke told them that initially he'd been hired at Levanter as a lab assistant.

Spencer was laughing as he admitted to Luke how much he had been dreading the offsite, and how they'd all thought of Luke, Chase and the rest of the execs as Wall Street-esque wide boys, all charm and charisma, but no substance, and no knowledge of the science that lay behind the lucrative contracts that they seemed to constantly sell and sign.

"What?" Spencer turned to look at Luke, who had creased up laughing. His laugh was infectious, and Spencer couldn't help but laugh, too. Luke explained to Spencer that he looked, at first glance, to be the exact cookie-cutter version of the guy he'd been trashing.

The others laughed, too. The real joke in that moment was that Luke and Spencer, sitting there, beers in hand, both dressed in their peppy outfits, could've been brothers, they looked so alike.

The whole group continued to laugh and joke into the evening, fueled partly by the crate of beers that now sat half empty by their feet.

"Luke, the first night of your off-site was terrible, we didn't get anything done", Annalise admonished. They dissolved into laughter again.

She was right. Luke hadn't even bothered to turn on the Levanter tablets or mobilize the apps, not after that awesome chat about his father on the stairs, hours earlier. They'd bonded fast. Surely that was the whole point of the off-site, anyway? Truth be told, Luke didn't care at all. In fact, he felt like himself, for the first time in over two years. For the first time since the accident.

"Forget Levanter, let's just enjoy the weekend, drink some beer, relax and have some fun." Luke felt surprised hearing the words tumble out of his own mouth, but he felt relieved. He wanted, suddenly, to forget about real life.

Rex, Annalise and Spencer loved what they were hearing, but were surprised, nonetheless. Luke, for all of the relaxed, good-natured talk that evening, was a Levanter exec, obsessed with company goals. Deciding to just roll with the good times while they could, they clinked their bottles together again enthusiastically and talked and drank until just before the sun came up.

14

The next morning was painful. Luke had stumbled out of the bedroom to the delicious aroma of bacon and eggs. Annalise had gotten up a while earlier and was already manning the grill. He marveled at how someone so small could possess the skill of sinking so much alcohol on such little sleep to then rise hardily enough the next day to make everybody breakfast.

He looked over at the clock and groaned. Okay, lunch, then, not breakfast. It was already past midday.

"Best freakin' offsite I've ever been to," Spencer whispered out of the side of his mouth, as he ambled up to Annalise, who immediately handed him a pile of plates and cutlery and indicated to the table. She smiled. He was right. It was shaping up to be a great weekend.

It was a nice place to hang out and cook, she considered. The large, wood-framed kitchen window looked out onto a wide expanse of undulating greenery, forests, and distant white and gray mountain peaks that extended as far as the eye could see. Cows and horses occupied fields in distant neighboring valleys, with tiny church spires dotting the horizon.

Annalise pursed her lips together. A squall looked as if it was coming in, with dark nebulous clouds slowly tracking into view in the distance. She squinted, trying to gain a better view, but the bad weather seemed too far away. It'd probably pass.

Slumping on the sofa in front of the TV, Luke nursed a steaming mug of hot coffee that Rex had bought over to him. Swinging his feet up on to the low table in front of him, he sunk back a little further into the couch as he switched on the TV. The local news came on.

"Shit." He sat bolt upright.

Toro 24, the local TV station, were the first to break the story.

The friends crowded in front of the set fast, eyes wide, speechless.

While they'd been enjoying the most relaxed offsite in history, all hell had broken loose at the Levanter campus.

The Levanter campus was burning.

Laura LaValle, lead reporter for Toro 24, was standing, breathlessly reporting on the seven or eight fire engines that stood behind her, the fire engorging the building, huge hoses pouring out water from powerful jets, as groups of fire fighters braved the flames. The fire seemed to be growing, licking, rising higher and higher with every moment, beating back the firefighter crews. Foul black smoke billowed from a complex of buildings that already appeared half-destroyed. To Luke, the place seemed so severely damaged that it could have been part of a warzone.

Luke looked down at his hands, turning them over. Staring at his palms, he wondered why they were grey. Perhaps from the firepit they'd tended to so well last night? Heading back to his room, he crouched down, picking up a small pile of ashen, ripped clothes that had been discarded in the wash box. He didn't recognize them. Bringing them to his face, he smelled smoke.

He backed away, color draining from his face.

15

Annalise watched Luke walk away before turning to the others. "Did you hear him last night?"

Spencer and Rex nodded. Luke had been wailing, crying, suffering some kind of terrible lucid night terrors. They'd agreed not to mention anything, although Luke had mentioned to Annalise, the night before, that he'd been having black outs and that Dr. Silva was helping him out. Trying to fix him.

Turning back to the news report, the friends noted that part of the grand, sprawling roof of the old science wing had already completely fallen in. Mostly smashed up, it was soaked in water from the hoses and framed with dirty, black smoke. Flames continued to beat back fire fighters who were now apparently focusing most of their efforts on a blaze at the back of the building.

"Is that the library?" Rex peered closer at the screen.

No-one was sure. The whole scene was a mess.

Annalise watched flatly as she imagined what the lab suites must look like right about now. The campus really did look like hell. She shuddered. She hoped everyone had gotten out okay.

The explosion had gone off a little after 7am Saturday

morning, so nobody, mercifully, would likely have been on campus at the time. *Thank God*, thought Annalise. She shivered, hugging herself.

Rex placed his arm around her shoulder. “None of us were hurt. That's all that matters in the end”.

Laura LaValle had bought one hand to her ear, an indication that she was receiving a breaking news update from producers. Turning to the camera, her eyes flashed. “I've just heard from our production team that there are indications of arson. Possibly corporate espionage.”

Meanwhile, Luke had headed outside to the deck to clear his head. His company phone buzzed. It was Chase Matthews.

“Luke, just wanted to catch up, keep you in the loop. I'm speaking with Trent and the board now. The Levanter amphitheater is still in perfect working order. We will move the Initiative operations forward and base them there.”

“Okay, good.” Luke stared down at his own hands as Chase talked.

“Luke, here's what we'll do, turn a problem into an opportunity. We'll leverage this story, rise like a phoenix from the ashes kind of thing, okay?”

“Okay fine.”

“Stay at the cabin for now, okay, while we work this stuff out. We'll send work up to you guys, mostly hardcopies. The servers are burnt out right now, but tech say they should be online again within a couple of days.”

“Ok buddy. Thanks.”

The call ended. It took Luke a few moments to work out why the call had unsettled him so badly, but he realized quickly enough why. Chase hadn't mentioned survivors, had shown no interest in potential casualties. He'd only thought of the PR spin.

Typical Levanter.

The place, weirdly, had started to leave a bad taste in his mouth. He wondered why. He'd only been away 24 hours.

He headed inside and the group talked about how sad it was to see the old Eastern University wings burn. They loved the Eastern campus, the history of the place, the beautiful old buildings. The ancient library. The chapel that dated back to 1750.

Now look at it, thought Spencer, sadly.

Laura LaValle was still making love to the Toro 24 camera, clearly enjoying the prospect of being beamed into the homes of viewers across America for the first networked daytime segment of her career. The Levanter fire had become a *big* story.

LaValle was theatrically touching her earpiece again, eyes flashing, informing the viewers that "I can confirm, and this is a Toro 24 exclusive.... yes, I can confirm that this is now being treated as a potential *crime scene.*"

TV gold, thought Spencer drily.

He noticed from the live TV footage that the new amphitheater still stood, untouched, alongside some other gleaming apartment buildings on the periphery that had also escaped the blast completely. A little farther away, the café's, gym and restaurants of the campuses Main Street also seemed to have emerged unscathed. It was, seemingly, only the original Eastern buildings and the science block and emergency room that had been completely ripped apart, the last vestiges of their original beloved university finally ripped away.

The mood was somber in the cabin, the shock of the fire

having initially thrown them, but after a while, the friends soon thawed out, enjoying the warmth of the fire, the companionship, the feeling of being surprised at how much they were enjoying each-others company. A while later, the sound of wheels on gravel outside alerted them to the fact that the Levanter machine had again whirred into motion. Heading outside, they almost tripped over a pile of Levanter-branded boxes, stacked high with papers. Looking up, Luke saw that the Levanter delivery truck had already pulled out of their driveway, headed back to the valley below. Luke shrugged. Hauling it in, they left the stack of reports by the door. They'd deal with it tomorrow.

Right now, they all just needed to chill.

Heading inside, Luke felt impressed with his own ability to switch off. He'd been so work focused lately, had felt almost super-pumped with energy, all the time. Almost too wired. And the nights…

He shuddered. The night terrors were getting out of control.

They headed back to the comfort of the hearth, nursing new, steaming hot cups of coffee. The TV had been switched off and Spencer began ribbing Luke good-naturedly, which lifted the mood.

"Who'd have imagined a week ago that golden boy Luke Templeton would be knocking back a few beers with us round a fire?"

Luke laughed and looked at Annalise quizzically. "You really all call me golden boy?"

"Not me" said Rex, shaking his head and smiling conspiratorially. "Me either," agreed Spencer, laughing. "but I'm glad you're with us, Luke". They genuinely meant it.

Luke was glad, too. They spent the rest of the day studiously ignoring the pile of company boxes, rejecting work in favor of walks in the forestland nearby, generally hanging out and just shooting the breeze. For Luke, it was particularly enjoyable; he hadn't spent a day that relaxed in over two years.

The idea of heading back into work was suddenly making him feel sick.

16

It was Monday morning & Rex fired up the coffee machine, languidly taking in the stunning mountainous vista that greeted him from the kitchen window as he waited relaxedly to fill up mugs for everybody. They'd taken the weekend to relax, having happily agreed to make the cabin their base for the next couple of weeks, while Levanter sorted out the carnage of the gutted old company buildings that had been destroyed in the fire. The aroma of percolating fine Arabica beans permeated the cabin, mixing with the smoke of the log fire to create a comforting, rustic, cozy scent.

He looked at his wristwatch. 8am. He smiled happily to himself. A perfect way to start a workday.

Spencer helped him take over the trays of hot, steaming coffee, milk, and sugar, accompanied by the most mouth-watering waffles, maple bacon, eggs, and ham they'd ever seen. All courtesy, Luke had explained, of Levanter, who delivered this stuff to his door every morning, just like they would've done if he'd still been in the company penthouse. It had made no difference to Levanter, as he'd swiftly discovered, that he was now residing thousands of feet above his workplace on the side of mountain. He'd received those corporate perks, they'd explained, no matter what.

"Y'all sleep well?" Luke was concerned that his guests were doing well, feeling comfortable. He was starting to feel as if they were his friends, and it'd been a long time since he'd stayed this long in the cabin or enjoyed company this much.

Annalise nodded. "Luke, this place is amazing. Those blankets you gave us are so toasty and that bed I slept on.... wow. I haven't slept that well in months."

Luke was happy. He was glad to hear how well they were all settling in.

Annalise was looking at one of his skiing photos with interest. "I know about your love of skiing, but up to this weekend, I'd never known anything about your interest in science. That genuinely surprises me". She bought the mug of coffee to her lips and took a sip. "Don't you want to get involved in the scitech at Levanter?"

Luke was buttering toast and held the buttery knife momentarily immobile as he considered her words. He looked up at her.

The thought that he had never even considered it jarred him.

"I haven't thought about it, at all. Not for a long time."

He looked thoughtful for a few moments before resuming buttering the toast, seemingly dismissing the thought from his mind. "Pops and I had a particular love of quantum physics actually, not really in-depth expert stuff, but a kind of philosophical love of what makes these mountains, what makes nature, tick. He introduced me to the Golden Ratio when I was six, all that cool stuff you guys probably knew about when you were little, too, and how our circadian rhythms, our dopamine, serotonin, cortisol levels, our evolutionary ability to function was tied innately to the natural world."

Annalise enjoyed watching him talk so passionately, emotionally.

"By the age of 9 I had read everything there was to read on the scientifically observable effects of nature on human emotion and mental health—how we malfunction as human beings without adequate exposure to nature. I found out for myself, for example, that I have high reactive and basal testosterone levels, which is awesome but meant I needed an outlet for all that energy which could've ended up as aggression, untamed—so I discovered mountain sports. Fell in love with them, completely. It was a perfect outlet".

Spencer looked up and smiled. "That's the exact same thing I remember when Nate was counselling me all those years ago, Luke. He told me I had to find an outlet. Y'know, I only knew him a day, but that energy he had.... I'll never forget it. I see it in you now. You're *just* like him."

Luke smiled at Spencer and felt a warmth within him, a glow of pride he hadn't felt in a long while. It surprised him, and it felt far calmer, but stronger, than the high he'd been accustomed to getting at Levanter as he blasted through deals, exceeded sales targets, received awards, and secured big whale investors for Levanter. He'd assumed that feeling had been pride, too, but looking back on it now, it suddenly seemed pointless. He wasn't sure why.

"So, I guess that's why we wouldn't have known about your interest in science, then? I guess it got poured into your general love for sport, for hanging out in the mountains, skiing, all that stuff?" Rex was interested.

Luke wrinkled his brow. "Yeah, in part. But I remember my interest really crystallizing in sleep studies. I remember being fascinated from when I was a kid in sleep. I read once that I would, by the time I died, have spent around 26 years sleeping. That blew my mind. My pops told me that no one could say for exactly what the complete purpose of sleep was and that's why he and Professor Grayling had talked so often about it..."

"Wait." The others were interested now. "You knew Professor Grayling?"

Annalise's eyes opened wide.

"Yeah. That's why I was originally slated to work in the labs. I knew him, pops and I, and he'd been real patient with me and my thousand questions when I was growing up, asking him about this and that. He'd told me about his sleep study. It fascinated me."

Again, that jarring feeling was back. None of this had even registered with him at Levanter. He'd even walked the same halls that Grayling had walked, sat in the same rooms where Grayling had so kindly and patiently explained a million concepts to him as a boy, thinking of nothing but deals, investors, the Initiative.

Why?

He turned back to the others. "He told me one day I could come work for him. Sure enough, he kept his word. But then Levanter rolled into town. I hated the idea at first, hated heading into Eastern knowing it wasn't really Eastern anymore. I felt like someone had stolen my dream. That the place wouldn't be Prof Grayling's anymore—not really—wouldn't be the cozy campus that I'd known as a boy."

He was looking down at his plate now, lost in a world of memories, ideas.

A small smile played on his lips, and he started shaking his head, just perceptibly, before suddenly looking up. "I miss it. I don't know why I've not thought about it in so long."

He felt a mix of confusion, regret, and gratitude. "Thanks guys, for making my first stay back in this cabin so good."

Spencer smiled, slapping him on the back. "No probs, buddy".

Rex and Annalise traded glances, thinking the same thing. Luke seemed to be a completely different guy to the one that they saw striding through the Levanter corporate offices, seducing the press, charming investors. Just a couple of weeks ago, Rex had watched Luke regale young interns with a story of how he'd felt when he'd first travelled by Gulfstream to an Initiative event in Vegas.

He doesn't seem like the kind of guy that would give a crap about that kind of thing now.

Luke's phone rang, and he headed outside to pick up a new consignment of Levanter paperwork. Hauling them inside, he looked at the others sheepishly. "Sorry guys. Back to work."

The group headed to the large oak kitchen table, spreading out papers and assigning tasks into groups. The log fire roared in the background. It was a beautiful place to be.

Because of the fire, which had razed the whole IT server suite to the ground, Luke had been told they'd have to go old school, work with hard copies, then assign some poor lackey the task of uploading all of their data to the company system when it was back online.

Luke couldn't concentrate. For the first time in years, he felt his age again, just a young kid hanging in the mountains with his new friends, where work was that thing you did five days a week to earn enough cash to go hit the slopes all day, before you'd sit in Max's Bar for drinks, Max blasting out the '80's classics late into the night. Saffira nights. The best. Before the Levanter circus rolled into town.

Levanter circus. He vaguely recalled thinking that once before, a long time ago. When had that been?

Now, all he wanted was to go snowboarding, like the old days. Then maybe call Max and ask him if he still ran those movie nights. Suddenly he desperately wanted to go to one of Max's '80's movie classics nights again.

Spencer watched Luke for a few moments as he gazed out of the window. Clearly, he'd lost motivation to work. He didn't seem like a company guy anymore.

This isn't the guy I've seen for the last year on campus, he thought. *It just isn't the same guy.*

17

Trent stared out of the glass-fronted walls of his new office that offered a stunning panoramic view of the far side of Saffira. Registering the sun's descent into the horizon, the breath-taking symphony of reds, pink and orange hues that accompanied it, the light scattered far and wide across the valley, he felt nothing. The beauty was wasted on him.

Nature left him cold.

He continued to stare out until the oranges and pinks had begun to make way to a deeper, dappled black and ink-blue sky. Gazing across the lake that evening, he felt a little like Jay Gatsby, although the difference was that he *knew* what the light emanating out of the mist on the other side of the lake was. It was his campus, burning.

He could not feel the cold, but it still made him shiver, as if it were reaching in through the window with icy talons. He narrowed his eyes, a hint of a self-satisfied smile raising one side of his mouth as he turned to face his guests.

"As I told you, gentlemen, the FDA is in hand". He jerked his head toward the orange flecked, burning pyre in the distance.

His guests, a small, select group of senators and investors,

Chase Matthews, Head of Government Liaison, and Lead Counsel Alexander Van Rees, met his eyes with approval. Setting the campus alight had been the only way to chase away the regulators, buy a few weeks. At least until after the election. Then they'd be no threat.

Most of the attendees in the room were descendants of old, wealthy American lineages. They moved in the same circles, joined the same clubs, ate at the same tables. They had, over generations, shared ideological causes, kept each other's secrets and, in the more recent case of Levanter and the Christo-Evangelical Movement, successfully infiltrated politics to such an extreme degree that their ideological visions were now those that shaped America. Many critics viewed modern political parties as empty vessels, coffers stuffed with the money of SuperPAC's, yet another monetizable, profit-oriented outfit dedicated to serving the wants of the wealthy in the most capitalist nation in the world.

Those critics, for the most part, were right.

Every attendee in that room had made it into the Book, too—a coveted spot offered to only those truest of believers by the revered Pastor Duarte Santé. They were each to hold a defining role in the oncoming Rapture, an intensely powerful reckoning that heralded two distinct outcomes; the first, a spiritual, frighteningly personal process that they would see them change their destiny, shedding their sins and passing to the highest echelons of Godly reward in the afterlife. For that, they had to pay a price; the Valley of Death and Walk of Life. Maybe more than once. Some had cried with relief when deigned truly worthy of a place in the Book of Life. Tonight, their time would come. The Valley of Death was upon them.

The second, a spiritual reckoning for the country, which they knew must now come to pass, not only for their personal eternal salvation, but for the forced salvation of the country. Democracy had had its time and the experiment had failed. The time for a return to scripture and a rule of religious law had come.

They had tried to exact that rule of law for a long time, but it had not come to pass until Levanter had emerged, with an incredible message. *Break the science-faith barrier.* They had not only perfected technology that allowed them to wage neuro-political warfare in an unseen, powerful way, but united all Christo-Evangelicals under a powerful Movement, under the gentle hands of Pastor Duarte Santé and the science-faith barrier message. Some said Santé was a messenger from God, others that he was simply the best salesperson the Christo-Evangelical Movement had even seen. He had come from nowhere and blasted open the evangelical scene, then united with Levanter to give the Christo-Evangelical Party the kind of power they could only ever have dreamed of.

Since the advent of neuro-political laws in 2024 and the vicious hunting down of any politician using neuro-political approaches, the Christo-Evangelicals had, for a time, lost their campaigning power, and with it, their control over a vast swathe of the electorate. Now, thanks to Levanter, that power lay, tantalizingly, within their hands again.

The senators knew that the purpose of this meeting was bound tightly to the outcome of the upcoming American presidential election. Seated expectantly around the wide, glass and metal table, they waited eagerly for Trent Calder's latest update. He never disappointed.

Sitting down at the head of the table, Trent sat silently for a moment. Silence, he always considered, added gravitas.

"As you know, gentlemen", Trent half closed his hands, fingers touching in a spire, "we are approaching the election. We promised you that we would deliver the impossible." He lowered his head theatrically for a second, as if thinking hard.

He snapped his head up.

"We've delivered. On all counts. Init-14031 will revolutionize your Party. The nation. The way in which we live, govern. Worship."

An assistant wordlessly handed out embossed leather folders to every attendee.

Trent leaned back in his chair. "These folders are Venetian hand-crafted leather, monogrammed with your personal initials. You'll also find your Book of Life instructions in the back."

Fumbled hands, guided by wide, eager eyes, couldn't get to those instructions fast enough and Trent almost chuckled as he gave the group some time to take in the details. These were desperate men.

After a few minutes, he coughed, returning them to the first matter in hand. "Gentlemen, as you are aware, Init-4031 is a two-concept vision. The Book of Life comes later. Right now, we need to focus not on your own spiritual journey, but that of the nation. I'm about to show you a small movie of what you can expect. We've tested this on every Levanter sci-tech and corporate employee from the date of their employment until the day before the explosion, as pre-agreed. We have video footage of a minute-by-minute regression based on I4031 'hits'—our use of brainwave manipulation—on Initiative members attending a bunch of our meditation and wellness sessions and of course, the piece de la resistance, our long-term case study. Luke Templeton."

The attendees nodded, as a light hum of agreement and approval rose and fell. It was a few moments before Trent could continue.

"Given that no-one was aware that we were testing on them—we still are, of course—we've achieved something historic—a once-in-a-lifetime opportunity to perform the kind of experimental tests that other corporations could only dream of. Free of the shackles of ethical questions or moral considerations, we've surpassed all other scientific achievements in this field. We've taken the best of neuropolitical tech, combined it with amplifiers, and single-handedly moved the needle so that your party is currently polling an unprecedented 71% in the polls."

The senators exchanged satisfied glances.

He rose out of his seat and stood by the side of the window again. The night appeared now as little more than a pitch- black oil painting, a tiny, distant speck of orange and red—the continued burning of his campus—the only smudge of color. The darkness of the night felt now as if it were forcibly caressing the mountains somehow, an ominous, heavy presence that somehow scared him.

Still staring out of the glass, he spoke more loudly. "We, at Levanter, have united science and faith, for the first time, taken science to the lap of the Gods. And what happens when we cross the science-faith barrier?" He turned around to address the group theatrically, flinging his arms in the air as if a magicians' assistant, almost shouting.

"Miracles!"

He flourished his hand as a stunning vista of light exploded and crashed across the sky. The senators, Van Rees and the others gasped, then cheered and clapped.

Trent waited 2 or 3 minutes for the show to end. After the laughter had died down, he addressed them calmly again with a smile.

"Nothing but cheap fireworks of course."

He shrugged. "But a perfect example of how we use amplifiers—the element of surprise—alongside our brain wave tech. We've studied the phenomenon into the ground"—he jerked his chin over toward the leatherbound wallets—"in those, you'll find all of the data and stats to support every claim I'll make today—"to support the power of brain wave manipulation in brainwashing techniques, in the reshaping of hearts and minds."

His audience browsed their personalized wallets, enjoying the stats, figures and boldly laid out claims. It made for intoxicating reading.

"Radio, EEG and ultrasonic signals, gentlemen. That was our breakthrough. A most elegant way of modulating the brainwaves of every human that comes into contact with them."

Van Rees spoke up. "Trent, I'm loving all of this. But can you walk us non-scientific folk through how exactly you've made this iron clad? Fool proof, you said, right? As a lawyer, I'm particularly interested in how this bypasses neuro-laws." He glanced around shiftily. "We could face 20 years inside if this is made public."

Meeting the eyes of some of the other guests, he knew he wasn't the only one concerned by the prospect of jail time.

Trent lent forward engagingly. "Of course. Anyone want to theorize exactly how we've done this?"

Van Rees cleared his throat. "If I may…?"

The conversation was an act of theatre; Van Rees knew exactly how they'd done it. He'd had his best interns work on it 12 hours a day for weeks, but the message always stuck better when delivered with a little element of the dramatic.

Trent nodded to him, indicating that the room was his.

"My guess"—Van Rees gazed around the room,—"is that every employee undertakes a routine medical on the first day of employment, whereby brain wave testing and whatever else you've cooked up is thrown at them. That medical test was likely to have one real purpose alone—to have everyone sign a standard waiver. And that waiver gave us the green light to undertake any and every future test on a supplied list—which of course no one reads—completely legally bypassing any future need to obtain permissions. Even better, I'd guess they've signed away their lives, pretty much, to our testing anything and everything that we deem necessary at any point during the working day or—for Initiative wellness participants—the wellness events—and to track them after the fact too, without any requirement on our part to divulge results to them."

Trent Calder looked impressed. "Wow. Right on the money."

Opening his folder, he indicated a paragraph on page four, to which everyone else turned. "See here. There's simply no legal requirement falling under neuro-laws that require us to inform consent if they've already essentially signed it away. Now, we wouldn't want some earnest, wet-behind-the-ears journo desperate to make a name for himself getting a hold of this, of course. It's murky, ethically speaking. Not illegal, but murky, and it might hurt our share price and hurt your political cause. We don't need a PR disaster this close to the presidential elections, obviously. Also we don't want to run the risk of anyone connecting the dots, and somehow working out we've used the Initiative wellness launch to hide neuro-political tech. They'd throw away the key if anyone realized. So it should go without saying, gentlemen, that whatever you read, hear or see here *stays in this room.*"

Carlton Brassley, state senator for New Mexico, chuckled. "What happens in Silvertown stays in Silvertown eh, Calder?"

He shifted his formidable bulk in the chair, dabbing his forehead at the temples and glancing around for confirmation that his joke had been a good one. He was sweating.

"Y'all know about the laws about testing on us, too, right?" He turned to face Trent. "Those laws a part of this too?"

That man has done bad things, thought Trent. Else he wouldn't have begged Duarte Santé to enter his name in the Book of Life over and over, without shame. He was sweating because he was desperate to undergo another Valley of Death but frightened at what the hell would be waiting for him when he got there.

"It's true Senator. We test on you guys, too. It's important you feel it. The rush. The power. The intoxication. The reason why voters will flock to you."

Van Rees agreed. "From a legal perspective, what you've done here is so clever. And from a scientific perspective…" He shook his head. "Amazing."

Trent grinned. "Here's the truth. You all know you're being hit with the neuro-tech, with Init-4031 right now—and you don't even care. It's that good. And it's hidden away from the FDA and any other government regulator that might come sniffing around in the most fabulous way. The formation of the Wellness Initiative was priceless. Everyone focuses on the labs, this mysterious scitech launch of ours, and no-one had touched the Initiative."

He snickered. "We've literally bypassed all neuro-political regulation by tying the most powerful and aggressive neuro-tech in history to the world of yoga mats and bearded meditation gurus. And that..."

- he jerked his head over to the small red and amber dot still burning in the distance—"...kept the FDA off our tails long enough to ride out into the election. Burning it all up after taking out the data we needed was a brilliant move on our part. It meant we could stop the FDA bean counters from sniffing around. That old campus was getting in my way as it was."

"Just wait 'til we've passed the Authoritarian Law." Senator Brassley looked satisfied, smug. "That's the whole point of this Rapture, right? The brainwashing of the Senate and the House with Init-4031. Get them onside, force them to vote for what's good for 'em. Get the Autho Bill sorted. Then we're on our way."

A hum of approval rose in the room before Trent spoke again.

"So, anyway gentlemen, that's the *legal* stuff. And the use of Init-4031 for the nations' best interest. Can we agree we've gotten that out the way?" Everyone nodded enthusiastically.

"We're soon headed to the Book ceremonies. But just before we do that, lets enjoy a show. Sit back and enjoy a preview of how this Goddamned election is going to swing so hard in your favor it'll give you whiplash."

A smatter of laughter filled the room. Chase Matthews strolled up to the front of the room, taking the reins. "Before I turn on this little movie of ours, I want to say just a few words as Head of Government Liaison and Investor Relations. Gentlemen, I've had the fine pleasure of working with y'all for a long time. . . ." He looked around at the expectant faces. "How would you feel, if I told you that, right now, we might be manipulating you with Init-4031? Amplified with some drugs in that glass of yours, neuro-brainwashing flooding your bodies right now, opium-laced air pumping through the air vents?"

The senators laughed nervously as they looked at their glasses, whilst simultaneously feeling surprised that actually, no, they couldn't care less. It was, by that point, like asking someone high on cocaine if they minded being high on cocaine.

He paused, thoughtfully, using a few moments of silence to engineer a little gravitas for the words that followed.

"That's the really important thing here, that you can place yourselves in the shoes of the electorate, the Initiative devotees, all of our targets, basically. We want you to feel what they'll feel. To know that they won't care that we're controlling them, creating a reality for them. Be honest, which of you cares if we're running brain wave manipulation on you *right now?*"

The room remained silent. No-one cared and everyone knew it.

"As you know, we've become the first company to recapture the power of pure neurological warfare, or should I say, *wellness. . .* '—a light smatter of chuckles filled the room—'to circumvent legal loopholes brilliantly. And as you'll see from the movie I'm about to play, our tests predict a 96% success rate in winning over swing voters and centrists."

The senators whistled, voicing their approval. Impressive.

"As you know though, you don't ever need to take just our word for it. We use living case studies, our employees, Initiative event attendees….so sit back and enjoy the show. This movie breaks down raw footage, with data, with the science you need to know."

Chase smiled before walking over to Trent and taking a seat next to him. All eyes turned to the screen.

The half-hour movie was life-changing, at least to the viewers in that room. Pumped full of drug-based amplifiers, with opium-laced vanilla scented air piped into the room through air filters, the senators would already have been high. The bombastic, motivating, inspiring pseudo-religious content of the movie blew them away, with rousing music, stunning imagery, and disarming messages of how their work would transform America flooding their brains with dopamine and oxytocin. The movie had been commissioned with a cool $200k budget. It delivered on all counts.

But the real jewel in the crown was the powerful ultrasonically enabled brainwave manipulation that flooded their brains. By the end of that meeting, Init-4031 and the various amplifiers—the movie, fireworks, the delicately opium-laced air—had virtually created a cult.

As the rousing, soft music that ended the movie filled the room, and the lights came back up, the men in the meeting room blinked, looking around at each other, almost fighting back tears. They knew, just as the Founding Fathers had known, that their brave political experiment would re-set the course of history. Now they were founding fathers, too.

Trent opened his arms wide, bowing slightly as if to suggest reverence.

"Gentlemen, I now leave you in the capable hands of our sommelier, flown in for the occasion from Nice"—he motioned to an impossibly elegant man who stood, finely attired in maître d' regalia, by the entrance to the room. The man smiled indulgently at the guests.

"He will be taking you through a wonderful evening, introducing you to some of the finest wines and liquors in this country, before leading you, of course, to the highlight of your night. To our wonderful Pastor, Duarte Santé, who will be performing this evenings' Book of Life ceremonies."

The senators were excited, fearful, all hopeful that it would be their turn that night. They were the chosen few and they all desperately needed redemption.

"Monsieur Felix, they are in your fine hands". Trent nodded to him, as senators and investors filed out slowly, shaking hands and congratulating them pre-emptively on their upcoming national electoral victory.

18

A few hours later, the group had settled for cigars and spirits after the ceremonies. It had been an emotional, frightening, harrowing experience. Attendees were spent, satiated. Some had lost control of their bladders during the process, the distress associated with the Valley of Deaths extreme, with others sat shaking, eyes darting around the room, retreating into themselves. Yet they were grateful. So grateful. A couple were still pacing, seemingly too full of nervous energy to sit.

The cigar room was housed in the lower ground vault of the building, all dark mahogany panels, old paintings, antique, gilt-edged furnishings. The room had been designed to create a feeling of luxury, secrecy…*exclusivity*. Everyone was trying to feel normal again. Shake off some kind of semblance of self-disgust that had intruded into their pious gratitude.

Silence was making everyone feel uncomfortable. Senator McConaughey was the first to speak.

Feeling powerful, like he was presiding over a congregation, high on religion, he motioned with his fingers for the wait staff to scoot away before holding court. He closed his eyes, tilting his chin up, ready to proselytize, before fixing his stare on the other senators in front of him.

"*...those who hope in the Lord will renew their strength. They will soar on wings like eagles; they will run and not grow weary, they will walk and not be faint.*" He opened his eyes, waiting a few moments to speak. "Isaiah 40:31."

The others grinned. That's what I-4031 had always been about. Leading the flock, the electorate to soar like eagles, run without feeling weary. Making them, through their own Valley of Deaths, cast off the shackles of sin to rise again. To soar, unstoppable, into the heavens.

Trent watched from the shadows. He'd never cared much for religion. *I'm happy to believe whatever I need to believe, though, if the payday's good enough.* He grinned.

Chase, who was sitting alongside the group, spoke up now. He'd been witnessing the Valley of Deaths. It had been pathetic, but he had shaken their hands afterward, embraced them as heroes returning from war.

"1 Thessalonians. 4:17". He looked around expectantly. Van Rees watched as a couple of senators spoke the words of the verse that followed with him.

"After that, we who are still alive and are left will be caught up together with them in the clouds to meet the Lord in the air. And so we will be with the Lord forever".

The crowd murmured approval at Chases' sermonizing, feeling a sense of shared belonging, the oxytocin rising in their brains, bonding them, eyes closing, in a state of semi worship. Very faint church music—almost imperceptible—began to pipe into the cigar room.

Suddenly a ray of moonlight shone down through a small window, lighting up Pastor Duarte Santé's face as he stood at the door. The others were taken aback as his voice boomed and reverberated around the room.

"And whosoever was not found written in the Book of Life was case into the lake of fire."

For a few moments, everyone in the room remained silent as Santé held them in his gaze. After a few moments, Trent stepped out of the shadows. Perfectly on cue.

"Revelations 20:15, gentlemen."

They knew exactly what he was referring to. The Book of Life.

"Senator McConaughey almost whispered the words back to himself. *And whosoever was not found written in the Book of Life was cast into the lake of fire.*

They had been promised this moment. Promised by the Pastor that he would draw back the curtain, that he would explain to them exactly how the Valley of Death and the Walk of Life—the Book of Life—worked. How Levanter had smashed the science-faith barrier, how the almost indescribably perfect data they were seeing coming out of the sleep centers could give the powerful and consistent results that it did.

Once they knew this, they would have taken a step further than any other man on the planet in understanding the nature of the afterlife.

The wait was intoxicating, exciting. They sat silent, reverent. The silence that pervaded the room was loaded, hanging like a heavy, expectant cloak. Finally, Santé spoke.

"As you know, we took over the sleep studies at Eastern because of an early anomaly our brilliant researchers picked up.

At first, we were just working with brainwave neurofeedback. Something you can find in medical centers the world over these days, that we used in our prayer events, in our Movement, in our Initiative, to lead people as one flock to our way of thinking. It's what you all will use to win the election and have each side of the House and the Senate cross the floor—in eagerness—to sign the Authoritarian Bill."

The others murmured in agreement. They knew this already, but it was, nevertheless, pleasant to hear from the lips of their pastor. Professor Grayling's sleep studies had encapsulated some of the best brain wave frequency modulation techniques in America, but he'd limited their use to end-of-life care, and improving insomnia caused by degenerative diseases. Most of the Christo-Evangelicals and Levanter execs had reached the same conclusion; he'd wasted it on the sick.

The Pastor was slowly, thoughtfully, pacing as he spoke, hands clasped behind his back, his robe flowing.

"During Graylings' work with end-of-life patients, he spotted an anomaly—that gamma activity fired up in the brain for around 10 minutes before brain activity ceased completely, but that in two comatose patients, he accidentally noted a post-gamma activity that no-one else had witnessed before when their heart rates were so low, they almost flatlined. He began trials, realizing that he was in a unique position to monitor post-death experiences for the first time. Noting either one of two powerful physiologic reactions, either an aggressive beta spike, or a flood of theta wave activity so powerful that his machine was unable to record it, he developed a qualitative study that delved into the lives of patients. He couldn't work out how the post-gamma reactions could be so brutally different. It made no clinical sense, and it was at that point that he started to believe that he was operating in the field of the afterlife. The unknown. He had crossed the science-faith barrier, gentlemen, and it was our great fortune that he came to one of our Christo-Evangelical pastors for counsel."

Trent smiled. He loved a good story.

"Our friends at Levanter bought up those trials within a month, aggressively opening a network of sleep centers around this great nation of ours, simulating comatose and post-death states in children, younger and older adults. That was what our scientists did. And our evangelical priests? They were given the divine responsibility of counselling, questioning, interviewing, using a truth drug, to ascertain the life story of the participant pre-trial, and assign them a morality score. Trent Calder our extremely talented—and, might I be so bold as to say pious, leader"—he turned to Trent and nodded deferently—"had worked on the hunch that those two distinct reactions were the beginning of a man's journey to heaven or hell."

The room was silent. It had gotten a little colder, a chill sweeping through the room. At least it felt like it.

Weird, Trent thought. He hadn't remembered asking maintenance to run down the heating.

"We realized, from the data, gentlemen, that the morality score assigned to a patient correlated powerfully with their post-gamma experience. Most interestingly, upon waking, those with the theta and oxytocin flooding their brains reported bright lights, heaven, angels-for which we could find no scientific rationale. Those who experienced the massive spike in cortisol?

Demons. Fear. Paranoia. So we massively ramped up participant numbers, started churning out as many studies per day as we could, forcibly placed subjects under, over and over, in death simulations, & repeatedly reanimated them to test our theories. And they held firm. That, my friends, was when crossing the science-faith barrier became a reality. Levanter then used the physiological data to engineer reverses; to allow people like you to walk the Valley of Death, to identify if you needed to reverse the direction that you were destined to take in the Afterlife." We ran thousands of forced reverses, too. Both directions. The overwhelmingly significant & powerful correlations were… chilling."

A couple of the men visibly shook as he spoke.

He turned to the senators, his voice becoming perceptibly grave. "None of us are without sin, of course, and you all, as powerful men—men with needs, and wants, and drives different from regular Joe's—different from the voters pounding the pavement out there in their drab, unambitious little lives"—he motioned outside—"and you made some mistakes. And we sold you the cure. The Valley of Death you walked tonight confirmed exactly why you all need the Walk of Life and that we could engineer the reverse that you need. You all experienced the night terrors, the fact we can turn demons into angels. That is the power, my friends, of having been offered the opportunity to sign your name in the Book of Life. That's what you want. What you need."

One of the Senators raised his hand. "When?" His voices cracked with nerves. "When can we do it? How soon?"

The senator had seen the demons, felt the beasts in the

shadows come for him. He was afraid, feeling a fear he had never experienced before.

The pastor smiled. "Soon." Glancing at Trent and Chase, he continued. "PR-2015 is not only about your personal spiritual journey, as you know. It is also about the spiritual journey of our beloved nation. Following your electoral victory—which will come shortly—and the Rapture that will come after the Authoritarian Bill—we will roll out unlimited media campaigns bringing the truth of this technology to the country. Threats of a reverse for those who situate themselves as friends of democracy—who might currently have little to fear in the afterlife—will back down when they understand what we can do to them. Legally, politically, and mentally, the Christo-Evangelicals will become an unstoppable force."

Heaven and hell? Demons and angels? Trent grimaced inwardly. He had been watching the whole scene play out by the door, arms folded.

Trent didn't believe in all of that stuff, of course. There had to be another explanation. He'd jumped at the 'buy your ticket to heaven' line because he and Chase realized that they had found a way to make billions of dollars, buy the kind of influence they had only dreamed of. They'd mocked the senators and investors initially.

Yet even he had been surprised by the alarmingly powerful correlations that were coming out of those sleep centers. And as time went on, as inferences and data became ever more conclusive, as the powerful effects of their biological reversals confirmed their theory over and over and over, as the hugely statistically significant outcomes of their experiments became more and more persuasive, Trent had started to believe a little in the idea himself.

At times, he'd had to admit to himself, uncomfortably, that he'd even considered entering his name in the ledger of The Book himself. But every time he'd stepped back from the precipice, reminded himself that The Book of Life was nothing more than a con, a brilliant marketing strategy that exploited the evil and the weak. The kind of heady mysticism, shadowy pseudo-religious, faith-based crap that man always fell for one way or another.

An entry into the Book required each man to undertake a truth drug-fueled confession of all sins, before being assigned a morality score, and then a post Valley of Death interview. That means that Trent, via Duarte's coveted Book of Life, was now in the unbelievable situation of holding real dirt on the most powerful men in America who had—he shook his head in disbelief as he thought of it—*voluntarily written down confessionals to him.* They were putty in his hands, and he could, in a click of his fingers sell them out to the FBI or SEC or whoever the hell else would like to see the dirt that he had.

And he'd seen them that same evening, laid out on gurneys, sweating, crying, gurning. Begging. The most powerful men in America, laid prone, vulnerable, pathetic, their delicate fate placed so willingly in his hands.

He thought back to Patient Zero. Luke Templeton.

They'd engineered blackouts, partly because their neurological and drug-based experimentations had caused Luke to experience them, and also because it was a good excuse for when he became a fall guy. Soon, he'd be in jail for a long time, not knowing what the hell he'd done during those unconscious hours, wondering for ever if he was evil enough to perform the crimes that he would soon be told he'd committed. He'd been a brilliant, entertaining focus for investors, who had witnessed his brainwashing—using only Init-4031-from local chilled out skier, cynical of all things corporate—to Levanter corporate devotee championing their cause. Trent would be a little sad to see him go.

Checking the time and date on his watch, he thought that right now, Luke would be with Team Alpha in their ridiculous team-building set-up, in that old mountain cabin of his.

Luke the lap dog.

The timing was also perfect, linking with the campus explosion—a necessary event designed to prevent the FDA from sniffing around. The campus could not reasonably be expected to re-open with scientific processes intact within the next 6 months, by which time the election would have taken place. Then, if all went to plan—*which it would*—the FDA could not touch them.

When the bodies of Team Alpha would be found—brutally slaughtered—a few days from today, there will be more than enough DNA evidence to convict Luke in any court in the land.

Trent knew that Luke wouldn't even fight it. The escalating blackouts and night terrors would take care of that—he'd admit that he had no idea, half the time, where he was or what he was doing during any of those lost hours, and they'd taken the time to plant blood and mud, leaves, that kind of detritus, on him sometimes, when he had blacked out in his apartment, to disorient him and plant the idea that he'd been involved in something very dark, bring the terror of the unknown into his life.

He turned his thoughts back to Duarte Santé. "Gentlemen, let us pray."

The sermon that followed lasted a little over an hour. They had chanted, cried, worshiped. They left satisfied, heady in rapture. As the group filed slowly out of the room, Pastor Duarte San Silvo Santé III nodded a goodbye to each man. He stayed silent a while as if praying, the heavy white cotton of his robe creating an ethereal quality. He stood, silent, until every man had left, the corridors & rooms falling silent after which he pulled off his heavy robe, slumping in the nearest seat.

After a short while, Trent and Chase joined him. "Dude you can relax. Shows over. They're all gone."

Duarte got up. "Jesus. Finally".

"So how's being the Messiah suiting you?" Chase's eyes glinted as he grinned.

"I bloody hate being the Messiah."

He sat back, laughing. 'Well I guess it's worth it. You always said this would work Chase. I've got to hand it to you. You were so right."

Chase nodded. "Yeah. That's self-belief, my man. And having a cult leader for a dad." He chuckled darkly, taking a swig of brandy.

Chase's father, Robert Marshall, had spent ten years in a state penitentiary after the Feds had raided his compound. Trent remembered the media circus. The Brotherhood of Hope. Chase had been smuggled out without being identified as biologically related to Robert Marshall, the ubiquity of his family name a saving grace that allowed him easy anonymity. He'd taken on a new identity as a child, a ward of the state, where he'd been dragged through the vile pit of foster homes and run the gamut of disinterested foster parents as long as he could bear.

His dad had founded one of the most powerful media empires in America back then, too, the profits of which he'd carefully siphoned off to overseas banks in the Caymans and Switzerland. He'd not managed to access a penny during his youth, surviving in those stinking houses with miserable, poverty-stricken families. But in recent years, Robert had tracked him down, entrusted him with his plan to re-enter society, and together they'd developed a system whereby Robert Marshall's hidden millions could flow into Levanter, cleansed of crime, laundered beautifully.

In short, Robert Marshall had entirely funded the Levanter dream.

Duarte San Silvo Santé III stared over at him. All pearly white, capped teeth, thick brown flowing locks, colored contact lenses, insane charisma, Duarte had come a long way since the days of cleaning the Toro 24 offices. He'd been sacked after groping some intern's ass one too many times and had been thrown out on the street, unable to pay his rent. Back then he was a nobody—Bradley Ashton—or Bradley Asshat, as he was known in school, a poor kid who flunked out of school and couldn't have claimed a cent to his name.

What he did have was charisma and a hell of a lot of it. He'd managed to con Chase and Trent one day into investing in a new neurofeedback system designed to reprogram brain waves to achieve any mental state possible. He'd marched into their office without an appointment, presentation in hand, and he'd been too entertaining, too ballsy, too persuasive to turn down. He was wearing ostentatiously expensive clothes, a Bud Fox larger-than-life character. Half an hour later, they'd watched him leave, open-mouthed, as he strolled out again—but this time holding a check for $100,000 in his hands.

They'd sent an assistant after him, run some checks, and realized they'd been conned almost immediately. They'd been almost impressed and decided—instead of calling the police—to offer him a job instead, banging on his crappy apartment door a couple of hours later. A friendship had been borne in the strangest of circumstances and soon after, the character of Duarte Santé had been born. When he wasn't snorting a small island's worth of coke up his nose or sinking the better part of a bottle of Jack is a stinking motel with a girl or two, he could be surprisingly smart. When he'd later admitted to Chase and Trent that he'd mugged a guy in an alleyway in the minutes preceding their initial meeting, stealing his clothes, Rolex, and wallet, they were neither surprised, nor bothered.

His ascent to popularity and respectability had been astounding, more than any of them had ever dreamed of. The New York Times had written an article about him earlier that year. *The Pin-Up Messiah*, it had been titled. The cynicism had been lost on the Christo-Evangelist Movement and on the Party who had loved the name, embracing it completely. It had stuck.

The few nationally networked chat shows that Duarte had graced with his presence over the last few months had all run with the name, particularly Toro24 who seemingly couldn't get enough of him.

Bradley furrowed his brow, eying Chase and Trent. 'Do you think they all genuinely believe this stuff?' Trent sighed. "Yeah, they do. We've put the fear of God into them. They were already so susceptible to this fire-and-brimstone crap—that's partly why we chose them, isn't it? Alongside the fact they could let us tap into endless power and money, of course."

"Amazing. And Luke and the Team Alpha scientists. They're being taken care of?"

Chase looked up. "Over the next few days, yeah. The bears will take care of them. Luke, too. We've decided to run with the story that he went crazy and butchered them and that the bears were attracted by the carcasses. That'll work perfectly with the narrative that he started the fire at the Levanter campus, too. It'll take care of the fact that his medicals aren't showing up what they should, too. He performed for a while, but we can't keep showing his flawed data to investors. It's time to dump him as an asset. I'll send the story over to Toro24 immediately after the bodies are found. I project this will be over by the end of the week."

"Good. And the Faith-Leader Bill. That all going to plan?"

Trent nodded. "Yeah. I had word today directly from the Speaker. The Senate is voting on it later tomorrow, and it sounds like we'll win easily. The new Faith-Leader role will be on par with the VP, at least, in terms of power. The Progressives had to go for it to satisfy the religious wave that's swept this country so hard—and the Christo-Evangelicals know it's one step closer to shutting down democracy for good. It's about time we had faith law. Kick the doubters and the radicals into shape."

The others nodded in agreement.

After a short silence, Bradley's eyes darted between his friends. He looked awkward. "Guys. The data we're seeing—it's crazy. It's like...what started as a grift is becoming *real*. It scares me a little bit. Do you think… there's a chance that all this Book of Life crap might have something to it?"

Trent felt relieved. He'd been feeling the same way. Chase looked theatrically non-committal, staring down into his glass. It had obviously been bothering him, too.

"Should we write our names in The Book?"

They sat in uncomfortable contemplative silence for a while. Silence descended again while all men thought exactly the same thought. That they'd all mocked the Walk of Lifers and the Initiative wellness cult for so long, dining out on the ridiculous scenes they'd witnessed at ceremonies, the jaw-dropping criminality of the senators in their confessionals. Yet here they were, almost unbelievably considering imposing the grift—the big con—on *themselves.*

Bradley was the first to find an excuse to speak. To break the excruciatingly uncomfortable silence that had suddenly descended. "Hey…you think I look too much like Jesus in this thing?" He looked at the others inquiringly.

Chase stifled a nervous laugh. Bradley's attempts at using humor to break the awkwardness had worked.

"Yeah dude. A proper Jesus." Everyone laughed nervously.

"One last thing." Bradley looked up. "From here on in, this is the last time you ever refer to me by my real name. It's Duarte Santé now from here on in. We can't slip up anytime—anywhere—this late in the game."

Trent and Chase nodded somberly.

"And Alex Van Rees. He knows too much and tonight I found out we have no kompromat on him. None at all."

Chase leant forward, confused. "Wait, Trent. The guys a

psycho—he killed his brother and best friend when he was a kid, right?"

Trent shook his head. "No. Read the report." He offhandedly threw a slim plastic file over at Chase who began to flick through the pages.

"That's the data from his pre-interview. We slipped him a truth serum, threw in some ketamine, a nice little cocktail—the technician said they thought he had some kind of repressed memory or PTSD or something. Anyway, they got to the bottom of it. He didn't kill anyone. Seems like disabling guilt, nothing more. Like he felt he'd caused his brother and his best friend to die, but that's not what happened at all. He was a kid watching them being butchered as it turns out. Reads like a bloody do-gooder to me, blocking out memories of something he didn't even do. A bloody do-gooder with too much bloody dirt on every single one of us, and our company."

"And the Valley of Death?"

"Nothing. He has nothing to worry about. Unlike the other psychopaths in the room with him."

The senators were a grim, dark bunch. Trent would have been frightened of them if he hadn't been so *like* them himself.

Chase looked somber. "His kid, Spencer. Maybe we can cart him up to a gay conversion camp just like the Christo-Evangelicals run up north. Maybe we should send him away up there. Just let him disappear. Suffer like Alex Van Rees's brother did."

Trent smiled. "Yeah. I like it. Then kill him?"

"Nobody'd ever find him there, Chase. He'd be in no state to bother us again. Use that as a bribe to get Van Rees to keep quiet, then send Spencer and Alex through the Walk of Life for a reverse. We can bring hell on earth and hell in the afterlife to those sonsofbitches. Just watch."

Chases' eyes were almost burning with hate and intoxication. He flung himself back into his seat, draining his tumbler of brandy before shaking the glass to indicate to the private bartender that he should deliver more.

Bradley shuddered. "I wouldn't want a fag for a kid. Jesus. Would you?"

The others nodded in agreement.

They didn't see the figure that had been listening silently by the door or see him shrinking back, noiselessly, into the shadows of the corridor outside.

19

Alexander Van Rees had left with the others but doubled-back fast after one of his buddies at the SEC had alerted him to a surprise inspection at the Levanter offices scheduled for the next day. Following suspected anomalies in the company's returns and a few anonymous tipoffs in the wider markets, the agency had felt that they had little choice. Even with the fire still burning on the campus, Levanter couldn't escape the increasingly watchful eyes of the regulators.

Elated and indescribably relaxed after Duarte Santé's sermon, he'd been desperate to turn in, hit the sack, get some rest. Instead, he retraced his footsteps, excited to offer Trent, Chase, and Duarte his service in working through the night with his legal team to tackle the issue head on and be ready. As Chief Legal Counsel for Levanter, that was his responsibility. To look after the firm. And as an invited member of the Rapture, and a committed Christo-Evangelist, it was his calling.

He headed back fast to the cigar lounge.

Instinct had made him pause briefly at the door before entering.

And from his unseen vantage point there, he'd heard everything, from the mockery of the senators to the real identity of Duarte Santé. The hit they were planning to put out on himself, sooner or later. On his son.

Jesus.

The threat to consign his son to a conversion center. The thought of it stirred memories, raising bile from his gut into his mouth and he had to hold on to the wall to prevent himself from dry retching. The threats to his son's life. The framing of Luke Templeton.

If they thought I knew too much before, God knows what they'd do to me now.

Standing in the shadows of the hallway, he remained immobile for what felt like an eternity. Waiting until the men had descended into a louder, more raucous conversation about company financials and an upcoming scitech launch, he headed out again, as quietly as he was able, pushing open a small side door and exiting into the cold, moonlit night.

He felt shell-shocked, numb. Stepping outside, Alexander was hit first by the clean, ice-cold air of Saffira, then by the majesty of the night sky above him, a vast, cavernous blue. Stars were beginning to emerge, one after the other, right before his eyes.

His mind was racing.

Needing solitude, he headed down to the lake to think, settling by a small enclave of rocks, where shallow waters gently lapped against the shore. He shivered.

It reminded him so much of that night, 30 years ago. Oliver, his little brother, had been two years younger than him. He was the quintessential baby of the family—cheeky, mischievous, always full of laughter and fun, a real risk taker, but with a true heart of gold. Alex had been a protective older brother, always finding ways to hide Oli from the wrath of their aggressive, evangelically orthodox father, their mother always acquiescing to his harsh religious rhetoric, his rules, and his fist.

They'd escape whenever they could. Alex tried to make up for the grey, hopeless life that he and Oli suffered at home, creating a life of adventure for his little brother, full of magic. They'd spend summers throwing themselves from the vast cliffs at Eden Gorge into the crystalline waters below, pot holing, canyoning, hiking, then swapping it all for tobogganing during the long, harsh winters. One summer they'd found an old ramshackle rowboat at the edge of the waters, patched it up then spent the whole summer rowing about in it. It had been their pride and joy, lasting years and years. They'd taken it out every single sunny day. Alex's best friend Albert 'Albie' Jones had joined them on most of their adventures. They'd been a little gang of adventurers, talking at twilight, on the lake, scaring each other with tales of lake beasts and ghouls, then later, as they grew up, swapping anecdotes and secrets about girls they each had a crush on.

Alex had felt something shift one of those summers. When they had hit late teens, Oli and Albi had started hanging out more alone. They were as kind to him as ever, always suggesting lake trips, hoping he'd take the boat out with him, just like the old days, when they were kids. But he'd catch glimpses of them, sometimes, when he'd been driving through town, or spotted them at the edge of the lake together. Times when they'd been hanging out, not telling him, and then lying about it. Sneaking around.

Albi had been his friend first and he'd resented being frozen out, excluded like that, lied to. It made him angry, lost. They had felt like the only real family that he'd ever had. The only people he'd ever really loved, and who had loved him back.

One day, Oli had come to him, frightened, begging him not to tell their parents where he was going. He said he and Albi had been hiding something from him, but they'd explain everything when they could. That they were running away.

He told him he'd meet Albi at the old bandstand that evening at 10pm and they'd go from there. Confused, upset, Alex struck out. How could they leave without him? Abandon him?

He'd run, hot tears streaking his face, to his mom, who had told his father. He'd instantly regretted it, even before his father had arrived with that sweating, drunk, angry mob.

Are you a homo too? they'd shouted. *Are you a sinner? A freak? Why'd you keep their dirty secrets?*

They'd beaten him, forced him to tell them exactly where Oli and Albi were going to be. Then they'd dragged him with them and made him stand, watching, tears rolling down his cheeks helplessly as they waited in the darkness of the trees, staking out the bandstand. How he'd wanted to cry out to Albi as he saw him silently walk up the steps and look around, but he was weak from the beatings, too tired. Too afraid.

As Oli appeared they'd embraced, kissed, and he'd realized, in that moment, that this was something so much bigger than him. Something beautiful.

And he'd understood, that second, why they'd had to hide. And run.

It had all happened so fast. The men had rushed the two boys, laid into Albi so hard, so violently, with their father holding Oli back.

They were just kids.

Alexander held his head in his hands, wretchedly feeling the self-loathing wrack his body. The conversation he'd overheard had unlocked something in him. Memories that he'd blocked out, thought had been lost forever. That were too sickening to ever face again. They'd been faced by debilitating guilt. He'd only known that he was to blame, every day since. If he'd kept their secret, they'd be alive now. Happy. Together.

It was all my fault.

Alex had lived with deep self-loathing for half a century, and it had ruined him, turning him into the kind of cold, dead man that engaged with nobody emotionally. He'd replaced emotion with money, dedicating his life to the pursuit of cold, hard cash. He'd hated himself.

Casting his mind back to that night, he remembered that when they'd finally stopped, sweating, panting, disgusting beasts leering over the lifeless body of his best friend that he could no longer see, Oli had looked over and seen him.

At that moment, it was as if the last tiny sliver of life had left Oli's body.

In that one moment by the bandstand, he reflected, their happy childhood memories had been instantly shattered, their childhoods violently and abruptly wiped away. Their bond destroyed.

He was unworthy of both of them, didn't deserve them. He came to recognize himself as their Judas. Nothing more. And he'd locked away every happy memory he'd ever experienced until now.

Albi was never heard of, seen, or spoken of, again, while Oli was swiftly consigned to a gay conversion therapy camp run by his uncles best friend Benedict Guardine, returning home a few weeks later. When Oli had returned home, he'd been a shell of the lively little brother he once knew. Alex had tried to reach out, but it didn't work. Oli just seemed to stare into space with dead, black eyes. Oli couldn't even look at him.

Forced to live under his fathers' roof, the man who had held him back and forced him to watch as a mob beat the love of his life to death, proved the final nail in the coffin. Alexander could feel hot tears rolling down his face, now. He hadn't cried in years. Hadn't ever let himself acknowledge the memory.

I let him down twice, he thought. *I didn't even embrace him, comfort him, try to break through his trauma and find a way to let him know I'd desperately turn back the clock, any way I could, to give him and Albi the chance of the life they deserved.*

They'd found Oliver, his beloved little brother, hanging in his room, three weeks later.

Almost choking on his tears now, he realized that he'd frozen his son Spencer out all of his life simply because he reminded him so much of Oli. He had seen the signs, that Spencer had been like Oli in spirit, in personality, and in terms of his sexuality. And he was paralyzed with fear. So much fear that the same thing might happen to Spencer and so he couldn't afford to get close, to open himself up to that kind of trauma ever again. He hadn't shared those memories with anyone. Not even his wife.

But looking up at the majestic, beautiful mountains in front of him now, he realized that maybe he had another chance. His greatest fear, that Spencer might experience the same fate, now reared in his mind like a bull, powering him into action.

I didn't need a reverse. I walked the Valley of Death and didn't need a reverse.

Maybe the self-loathing had to end. Maybe he wasn't as evil as he had thought, and that idea strengthened him. And maybe he had another chance to do for Spencer what he hadn't been able to do for Oli and Albi. Protect him.

He'd remembered telling Trent Calder in an initial confessional that he'd killed his brother and his best friend, because he thought he had. And he'd slunk down into the swamp to do business with people he thought were as disgusting as him. Now he didn't have to.

Maybe those cherished childhood memories by the lake… maybe he *could* think of them again. Maybe they still belonged to him. Right now, he thought, he still had a chance to save his son, a chance to save someone that had Oli's blood flowing through his veins—*Oli's nephew*—who was in danger. Right now.

Alex believed in fate. He believed that he was meant to have overheard what he did. And by walking through the shadows for so long, he'd now finally chanced upon a sliver of light. A chance of redemption. And he would follow it, now. Follow it to the ends of the earth.

Wiping away tears with his sleeve, he picked up his 'phone.

"Spencer? I love you. Uh…by the way, it's dad. I'm sorry I don't call you much. Anyway…" Alexander Van Rees tried to swallow, gulp down the sobs that were now rising in him over and over, like waves. "I love you son. I love you so much. And we really need to talk. Call me. Please."

20

The front room of the cabin was stacked high with papers and half-finished mugs of coffee, highlighter pens and rolled up pieces of old paper all evidence of the frenetic work activity that had been taking place over the previous hours. It was only Monday afternoon, and Rex, Spencer, Luke, and Annalise already felt like they'd worked a week.

Some offsite, thought Annalise miserably. *The day had started so well.* Sighing, she stared at the pile of papers that they'd all woken up to. They'd been in great spirits, all nursing huge, steaming mugs of java, and had decided to head outside to take in the beautiful sunrise. It felt like such an escape being there. Then they'd all almost tripped up over a stack of boxes—again—that had been left unceremoniously on the welcome mat by Levanter couriers sometime over the last few hours. Annalise had spilt coffee on herself as she'd stumbled sideways to avoid Rex, who was ungainly at the best of times. The papers had been knocked over and they'd spent the next few minutes lugging them inside and leaving them in a sad looking pile by the doorway until they could face tackling them. Evidently, it had rained the night before and some of the papers were now a bit of a sodden mess, but drying them out, at least, gave them a small window to enjoy a round of coffee and appreciate the view before knuckling down to the monotony of work.

Spencer arrived at the table, grinning, having lugged over the second half of the pile.

"Make way!"

He dumped the stack down onto the table, snapping Annalise out of her thoughts. The papers landed with a thud, knocking an empty coffee mug onto the floor. Everybody groaned. They'd had enough. Luke threw his pen down and pinched between his eyes, closing them, and feeling the onset of a dull headache.

How the hell do these guys look at this stuff day after day?

He opened his eyes and exhaled, staring up at the large wooden fan rotating on the ceiling. The truth was that he'd lost his motivation for work sometime between the explosion and re-acquainting himself with the cabin. And no matter how hard he tried, he just couldn't seem to get it back.

Maybe he was burned out.

Yeah, maybe.

He blinked, trying to wake himself up and force his eyelids to stay open. He hadn't been sleeping well. The blackouts and night terrors had been robbing him of quality sleep for a while now, leaving him groggy. Recently they'd ramped up. Yet by the time he stepped into the Levanter offices, he remembered, he'd always felt pumped to start a brand-new day. No matter how many times he'd had to stumble in bleary-eyed after yet another three hours of sleep, powered by way too much coffee, forced to navigate another 12 hours running on empty, he'd had that exact same sensation. Pumped. He pinched his eyes again. He wasn't pumped now. Far from it.

He gazed out the window at the white peaks in the distance. He hated work. Actually, he didn't hate it. He just felt indifferent to it. Staring at the huge pile of papers in front of him he quietly groaned. Today, tomorrow, and for the foreseeable future, all he wanted was to hit the powder, feel the snow under his feet, the sun on his face. Like he used to. Not waste his days stuck in some godforsaken office. Jumping up and heading upstairs, he grabbed his 'phone. "OK I'm gonna sort this out."

A couple of minutes later, Luke came back, descending the stairs two at a time, a look of relief loosening his features, somehow making him look younger, more alive. "Anyone up for a ski tour on company time?"

He'd placed a call with Trent, who had picked up on the first ring, peppering their chat with countless questions about how well the offsite was going, how well he'd bonded with Team Alpha. He didn't ask about the work so when Luke had suggested a ski trip—a break from work to tighten their fledgling bond—Trent had been full of ideas, barely missing a beat before he'd proposed a team trip to the stunning Laguna Azul, ice caves that stood deep within the heart of the Alpine region around four miles out of Saffira. All on company time. Trent had even thrown in the company helicopter.

"Luke, I know it's probably more or less viewable from the cabin but it's a goddamned hard trek to make on foot. I'll charter the chopper…wait…it's done. I'll send out my best pilot. Camp out for the night, I'll arrange everything, then you can ski back to campus the next day, hit the office in style. Whatd'ya say?"

He's the boss, thought Luke dully. *Of course I'll say thanks boss, awesome.*

"Thanks boss. Awesome."

Nevertheless, he really was thankful. It sounded like one hell of a cool trip.

Trent good-humoredly demanded that Luke use the time to enjoy an epic a tour as possible, all on the company account. Luke had wasted no time in agreeing. *Now that,* thought Luke happily, *is what I call a good day at work.*

Maybe, he reflected, being a Levanter guy wasn't so bad after all. Speaking to Trent had made him feel flush with energy, perked him up a bit. Like he had blood running through his veins again. He hung around a few minutes, waiting for Trent to patch through the details, absent-mindedly watching the red glow of the Levanter app as he waited for a new message notification.

He felt good. Really good.

When the message duly arrived, Luke bounded downstairs, explaining to the team that they needed to be ready at 7am the following morning. The adventure, Trent had mentioned in his email, should provide the perfect motivation to push through and get as much work completed as they could so they'd be free to paperwork by the time they left the cabin.

After a fresh round of coffee and muffins, they ploughed on through, heads down, figuring that if they used the next eight or nine hours efficiently, they could maybe get through the work and then forget about it and have some fun. It wasn't long before Rex—the only person to have already broken into his second pile of papers—alerted everyone to some startling anomalies.

"Guys. Wait. This stuff….this is crazy. This doesn't look like stuff we should be seeing."

They looked up quizzically.

Rex was sitting propped up against the couch, talking fast, alert, and excited. He was holding a small pile of papers one hand and some others on his lap, whilst he quickly and excitedly scanned the data in front of him. "This data, it's not got the blacked out anonymized stuff that we usually get in the labs. It was in the earlier batch we've been handling today, but now, this—it's different."

Luke jumped up, and scanned the papers Rex was holding, then crouched down and took a few papers at random. The others followed suit. Rex was right. "See…this stuff doesn't match the watermark on the paper. You can only just see it."

Spencer bounded over. "Maybe the same person didn't leave both at the same time. Look. This batch is soiled by the rain. The other isn't. It's a small difference but it's obvious when you notice it."

Spencer had a point. The files seemed at first glance to have been left together but on closer inspection it seemed as if they'd clearly been left on the porch at a different time. But why? And by whom?

The team moved aside the first batch of papers and cleared the table completely. Pretty soon, they had sorted out the second batch of printed files into piles based on code names—Init-I4031, sometimes referred to as simply I-4031, and Rapture (1T417). There were a few separate files, too, maybe lists of co-ordinates, alongside what seemed to be random read outs of numerical strings. Rex was getting excited.

"Get your ID cards. I need you to read them out to me." They all did as Rex requested.

"I *knew* it." The others looked on, confused. Luke was hit by the difference in mental acuity between the guys at Team Alpha and the usual braindead chat that passed for invigorating sales meetings up at the Levanter marketing suites. He'd been so impressed by them at the time. He started to feel embarrassed for himself.

Rex was animated now. "Yep. ID numbers. I recognized the formats straight away. This is the Levanter employee ID format." He indicated to the paper. The others nodded. So far, so clear.

"But here's where it gets a little confusing. What we're looking at here in the second columns are employee IDs alongside a bunch of other data. Our medical charts, maybe? I don't know. But you can see that each ID has been given a new code, probably automatically generated for extra secrecy." He looked serious, focused. Scanning through around 20 pages, he found what he'd been looking for. He looked up. "Do you see anything you recognize?"

Everyone looked down with blank faces, trying to recognize something. They were all smart, but Rex was by far the smartest guy in the room, and they all knew it. Whatever he'd deduced at lightning-fast speed completely eluded them.

Rex was genuinely excited, light years ahead of everyone else, but he remained patient. "All the files I've worked on, the summary data that I submitted, must be here. All those dull files we've had to process over these last few months. I think they're all here. Pull up ID 423322. Everything you can find."

Nobody really understood why but did it anyway. Rex was unbelievably smart, a savant. The quickest way to finding out the truth lay in helping Rex gather the data he needed, then having Rex explain it to them. His enthusiasm was infectious, and they were soon all sitting around the floor, piles of data surrounding them. Luke loved the intellectualism, the lightning speed of Rex's mind.

"Can I help?" Rex looked up at Luke, smiling. "Sure."

Luke started scanning files. Rex watched him for a few moments, interested, amused, and pleasantly surprised. Luke was a nice guy. And more than that, really smart. Genuinely different from the Luke Templeton they'd gotten to know through company PR junkets, media clips, and events. He wondered if his hunch would be confirmed. He wondered if Luke had worked any of it out yet.

It took around forty minutes to find out what they had been looking for. Luke was the one who found it, handing it to Rex quizzically. "Guys, 423322. You still don't get it?" He swiveled round the document on the big wooden coffee table as the others crowded round to look.

"It's an ID—a code for an employee, with a code generated next to it. Standard automated basic encryption stuff. What's really interesting is what we can see here in each file—basic acronyms that they've been pretty lazy about hiding or encoding. I guess they thought none of this would be seen by anyone other than the medical team. They're medical records. But…Jesus. If anyone found out about this…"

"I don't get it." Spencer looked confused.

Rex looked up. "You will, in a few seconds. Luke, what happened to you on…the 6th this month, and the 4th, 14th and 22nd last month?"

Luke had jumped up to fix another round of coffee. Now he backed away a little, the color draining from his face.

Rex had been pretty certain about his developing theory, and the look of Luke's face confirmed that he had been dead on.

Luke's mouth went dry. He could feel that familiar fear, his heartbeat rising into his mouth, the sound of blood pounding and rushing through his ears. He felt sick. Those were the days he'd blacked out, woken up disorientated, sometimes with dirt, or scratches, or bruises. Sometimes even blood. After the nights when the blackouts had taken control. He'd remembered them exactly because he'd trawled the local news every single time it had happened, scanned papers, paranoidly listening out for some horrific account of someone being attacked, or some other terrible crime. Yet he'd never found anything. He still had the crazy feeling that he was running out of time, that something terrible had happened already, or would happen if he didn't rein himself in.

Rex's voice was softer now. "Luke, what is it?" Luke exhaled slowly. What the hell did he have to lose?

He told them everything. About the blackouts, the night terrors.

The others swapped glances. They'd heard his screams the first night at the cabin. They knew something bad was happening to him. For Luke, it was a huge relief to offload. He trusted these guys. As the others crowded round him, sympathetic, Rex continued to speak, his eyes dancing as an unfolding moment of realization lit up his mind.

"Luke, this makes so much sense. Look here, and here."

He grabbed his pen, clicked the top of it, then pulled together a couple of pages into the center of the table and began to circle specific numbers. "See, the dates of the blackouts, we have a kind of master data set for you, here"—he pointed to a set of graphs that overset a number of variables across an axis listing a date field—"then lists and lists of data—the summary data, like T tests, correlations, whatever—for each date."

The others crowded round the table to take a closer look.

"See the spikes here, and here"—he indicated to the others—"...any sleep scientist or brain wave analyst knows that this is basic stuff, right? This is brain wave EEG readings that we're seeing here, with five codes which I'd bet everything I have on representing gamma, alpha, beta, theta, and delta. Basic stuff, right? We've all been working on this for months now."

The others nodded. They were all trained in this stuff. It was partly the reason they were all hired in the first place.

"So, these codes? They look like drug interactions of some kind." Annalise looked up at the others who nodded in agreement.

Rex was getting more excited. "Blackouts, night terrors, these are classic symptoms of brain wave alteration intensified by ketamine, a few other compounds—the names of which they haven't even bothered to hide that in the codes, and yeah, the interaction effects would be strongest during these emporal windows...and we're seeing here those exact spikes and troughs."

This could have been Chinese to Luke as he looked on bewildered. Glancing at the others, though, they all seemed to understand. "Wait." Spencer pointed to one spike in the data. "This says CV. Why would you think that was ketamine and not some kind of cardiovascular diagnosis or screening?"

Rex smiled. "Cat Valium. It's a street name for ketamine. Which is a hell of a strange thing to write for a medic. See here as well—LX. That's Liquid X. They coded it. Lazy, but a regular medic isn't going to understand that." Looking around at the blank faces surrounding him, he whistled. "Wow, I'm more streetwise than I thought. Okay, so Liquid X is one of the names dealers use for GHB—Gamma Hydroxy Butane."

"Ohhh." Annalise whistled. The use of GHB in sleep research was pretty much part of the furniture. "Wow. The date rape drug?" Luke listened, wide-eyed. "One and the same."

Rex felt a pang of genuine compassion for Luke. "You had medical procedures on those days, didn't you?"

Luke nodded. "Yeah."

"Luke. These records. These drug interactions. These violent spikes, all correlating to the days of your blackouts. This is your ID."

Luke sat back, stunned. 'Jesus'.

Luke stared up at the ceiling, his mind working overtime. "Dr. Silva treats me regularly for my blackouts. Some of those dates I had procedures—an MRI scan and electro-therapy—with Dr. Silva—and the others—they were days when I volunteered in sleep trials. I always keep retrospective records of my blackouts and…episodes. That way, I can check the news reports, check I hadn't done anything stupid."

A few moments passed. "They weren't sleep trials, were they?"

The group fell silent.

Luke sat back, pushing his fingers through his hair. What the hell was going on?

Rex jumped back into action. "Let's find my files. There's something I need to see." Cross referencing his ID, it took them a half hour this time to wade through the data. Theatrically, he flourished a piece of paper and asked Luke to read out the summary printed on the page.

"Boom. Right on the money. See here. The day after. That's the only spike in my readings and it's massive."

Spencer looked confused. "The day after what?"

"I hadn't told you this before…' Rex opened up about what he'd seen a few weeks ago at the Levanter emergency medical suite. About the priest, the senators, the *fear.* The storm that he'd heard and seen that had never existed and the feeling that the heavens, or the depths of the earth, were rising to the surface in some grotesque, unreal way. The dull, deep, orange glow. It made him feel sick even remembering it.

"Well at least we know why you stiffed us at the hockey."

Spencer smiled awkwardly.

Luke was confused, stunned, a million thoughts suddenly crashing together in his mind. "Run me through these procedures and side-effects. I want to know what the hell has been happening to me".

Rex grimaced. "And me".

Rex had found what he had been looking for. He held up his file which showed major anomalous readings for only one date—the day after the hockey match that he had been too freaked out to attend.

"Spencer, where are yours? And mine?"

Annalise and Spencer trawled through the files as fast as they could, pulling up their own data. There were no spikes, nothing anomalous, but comparing the files allowed them to confirm what they now already knew—that Levanter was experimenting on its own employees, tracking the data. Spencer looked over at Rex. "I don't see any drugs on your file, but you get a real crazy reading the day after the hockey game. How can we account for that?"

Rex mulled it over. "Must've been the exposure from the emergency suite. Whatever brainwave manipulation or air borne drugs they were using probably hit my brain too, real hard. For me to have been exposed so powerfully—from across the corridor—without anything intravenous, behind a closed door—wow. Must be hardcore stuff they're using. Massive doses."

'Okay so here's the deal.' Annalise took the lead. 'Excessive theta wave exposure, alongside ketamine and GHB—if dosed the exact right way for the individual—leads to an absolute switching off of the cognitive powerhouse of the brain. It lets the person achieve a true, bliss like state, where they remain utterly open and vulnerable to suggestion, losing all capacity for rational or critical thought. The emotional side of the brain—the pleasure and reward center—completely dominates. A person can achieve bliss this way, but at the cost of robbing himself of his entire ability to question, so it's a perfect mechanism for brainwashing. Then if you want to introduce frightening night terrors, for example, it isn't hard to tweak the drugs & the brainwave exposure, alongside the power of suggestion. Lights, priests, Bible verses, soundtracks of sudden apocalyptic-size storms—used well, you can easily twist a man's mind toward heaven or hell, especially if you know what drives them. What they're scared of."

Rex shook his head as Annalise continued. "Your results seem off the scale, Luke. Far worse than Rex's, which we'd expect, knowing what we know about Dr. Silva and Levanter pretty much using you as a guinea pig since you've been at the company." He shook his head. "Your file literally goes back to the week you started at Levanter. For you, this has been going on for over two years."

He glanced down at the paper again before continuing. 'Excessive delta over-stimulation could lead to seizures, whereas an excess of alpha had been observed to lead to extreme depressive states and ADHD. I think those were primary targets for them. What they were testing as a baseline on you. Throw in these cocktails of drugs they seem to have been trialing on you, and blackouts and night terrors would be a textbook reaction that we'd literally expect to see. Hell, they could even be scheduling them to order under these conditions, really controlling you".

Luke swallowed hard. The company had been doing this to him?

Spencer spoke up. "We used to call you Golden Boy Luke until a few days ago', Rex said. 'And you were the golden boy, weren't you? I'm betting you loved everything about being at Levanter. I bet you believed everything they told you, bought into the vision completely, never questioned anything, because if we're right about the brain wave manipulation we're seeing here, and what these drugs, are, this has been a pure brainwashing exercise from start to finish."

Luke was nodding dully. "I loved it. I loved being a Levanter guy until last week. Now it's just some sales job that doesn't interest me. It feels like the whole of the last two years happened to someone else."

Rex spoke up animatedly. "I bet you're not feeling any

love for Levanter anymore, though." Luke looked up. "You're right. I'm not."

Rex smiled. The others did, too. Luke sensed hope. "Luke, it's a great thing because it confirms my theory that currently, whatever brainwave tech they're using is mostly limited—at the moment—to the Levanter campus, although if they've been throwing millions of dollars behind this, you can bet they're trying to move it to a wider geographic area as soon as they can. Now you're off campus, whatever was manipulating your brainwaves in between treatments—and there must be something for your unquestioning, amped-up dedication to have never wavered before—well, it can't reach you up here."

Luke nodded. It made sense, but something troubled him.

"Wait. When I was on the phone to Trent just now, I felt pretty amped again, like I was in a Levanter sales meeting. Back with the crew. I figured it was maybe just speaking to Trent. He's a pretty good orator. But maybe..." He slipped his smartphone out of his pocket, powered up the Levanter app and held it up for everyone to see. "Could it be done through this?"

The rest of the group sat silently as the revolving L of the Levanter logo silently glowed red.

"My God. The Levanter app." Luke mouthed to the others, signaling to switch their mobile phones off before they spoke again.

Now he thought about it, Trent and Chase had always been keen to run events on campus. The Michelin starred restaurant, wine cellar, the club, the gym. The swimming pool. Golf course. There had been little reason to venture out. This offsite was the first time in over a year, he realized with alarm, that he'd stepped off the campus, apart from one three-day trip to Vegas on the company jet.

"Could a handheld device—say, in a hotel room—do something like that? Or on a jet?"

"Yeah, sure could. Maybe even via a Wi-Fi or radio signal. Actually, that narrows it down. Tells us where to look."

Spencer raised his hand. 'Uh…okay. So a company doesn't try this hard to brainwash people for a hobby. What do we think is the end game here?"

'It's a cult, maybe?' Annalise frowned. "Maybe your Initiative wellness stuff? That's kinda cult-y, with your Yogi's, and chanting and all that stuff."

Luke shifted uncomfortably in his seat. He had some explaining to do.

"Annalise, you're kind of on the right track. Not completely, though. I can't believe I'm saying this…" He looked over at a photo of his dad. Nate Templeton, he knew, would not have been impressed with the decisions he'd been a part of these last couple of years.

Why hadn't he seen what was happening?

He looked around at his new friends, praying they wouldn't hate him. He knew it was time to speak up. "I guess it is kind of a cult. I've been building the Institute, bending my ethics over and over and over, every time Trent or Chase or one of the board members asked me to. They always had such a great way of explaining how sometimes you had to muddy the waters, work in shades of gray, not black and white to achieve the biggest visions, transform society in the best, most powerful ways, give people what they needed if at first they didn't think they would want it."

He sighed. "And I believed them, every time. Everything they said made so much sense."

The others glanced at each other but didn't speak. They needed to hear this.

"We were discussing a new way of using radio waves—including via the new Levanter app—to transmit and modulate brain wave frequencies. The whole point of the Initiative was to harness this wellness product to allow people to keep a hold of the bliss-like state they experienced at our seminars and events, at the yoga and meditation workshops, all that stuff. It was for their own good. No more war, no more conflict. All that stuff. We didn't tell the people we were experimenting on them, of course, because we wanted what Trent referred to as 'pure data'—data unencumbered by patients realizing that they were being tested on. Investors asked for that, too. We'd started testing it on employees, patients at sleep centers, clients, Initiative members, even at seminars and launch events. I thought I'd be spearheading a project that would literally make you guys the happiest employees on the planet, and save the world, ending war for good."

He groaned, holding his head in his hands, a feeling of stupidity and embarrassment making it tough to look up.

"God this sounds insane, now."

The others were now staring at him, open-mouthed. "Anyway, the plan was to move Initiative wellness members to devotees, to find a way of bathing everyone in a bliss that would prevent all future conflict, which is why the Christo-Evangelists were so involved. Because they wanted to Give Peace a Chance."

Spencer stifled a laugh.

"Sorry."

Luke sighed. "This is the thing, Spencer. It really does sound bloody ridiculous. Quoting John Lennon and getting all giddy-eyed over some far-right religious fanatic political party. For God's sake. Now I'm thinking for myself again, it really does sound stupid. But that isn't even the worst part."

"It gets worse?" Spencer was staring at him now with incredulity in his eyes.

"Yeah. So, we've been picking out a few people and selling on their data to high-net-worth clients. The Christo-evangelicals, basically. They're our exclusive client pretty much, apart from a few others. Your dad included, Spencer."

Spencer nodded. "Yeah, great. Of course my old man would be a part of this." He wasn't surprised.

Annalise spoke up. "Okay so hold up. You've been working with the Christo-Evangelical Party, pre-election, and they're your key client. And your product seems to be—what, basically—brainwashing people?"

Luke nodded, feeling doomed. He looked down ashamedly at his feet.

He got it now. He'd been providing a cover for the development of what now seemed to be some kind of political brainwashing tool. Under the guise of a freaking wellness brand, of all things.

Oh God.

Luke's head was whirling. "And the night terrors and blackouts. Is that what's going on with the—what the hell was it that you saw, Rex?"

Rex looked thoughtful. "I mean, it feels to me like there's

a broad scale pre-election brainwashing tool being developed here, but the data shows that there's also a far smaller subset of people who are undergoing these insane, extreme treatments that I stumbled across the other night. What I saw suggests they were volunteering for it themselves. Enthusiastic, impatient to take part, even. Why? We need to see if we can find that out."

"So, what do we do?" Luke suddenly felt tired. This whole situation was crazy.

It was Spencer's turn to speak. "Turn on your phone, Luke. We don't want to draw any suspicion to ourselves. Right now, the best thing we can do is watch and wait."

The second Luke powered up his handset, it buzzed. Face up, everybody could see that it was an incoming video call from Chase Matthews, Head of Government Liaison.

Spencer mouthed at him '*Play dumb.*'

Luke nodded, placing the call of speaker, and simultaneously motioning to everyone to keep their mouths shut. Luke was relieved to hear that Chase had only called to pass on details of the helicopter booked for their off-site and that Trent had advised for it to be pushed back 24 hours on account of forecast storm activity. Luke did a good job of sounding motivated and relaxed, throwing in some company speak. Chase told him that the servers weren't up yet, laughing at him for the pile of hard copies he'd be wading through round about now. Luke laughed along, telling him how he couldn't wait to get back with the crew on campus, get back to his Institute work. They shot the breeze a little. Chase asking him if he was sleeping any better. Luke replied that no, the goddamned nightmares were still plaguing him, but work kept him upbeat and focused.

After the call Spencer, Luke, Rex, and Annalise agreed that another day hunkering down and working through the data—trying to crack the code—would benefit them hugely, to maybe allow them to strategize. After that, a day on the slopes, a day to try to forget everything, couldn't come too soon.

After speaking with Chase, Luke kept his phone off for the rest of the day.

That night, he slept soundly for the first time in months.

21

The Following Day

"Damn Luke, you have such a sexy amygdala. It's so *big*."

Rex laughed as Annalise ducked, a balled-up wad of paper flying over her head as Luke playfully threw it at her in a bid to shut her up.

"Yeah, thanks, I didn't realize that. Just one of my many attractive features, I guess." He winked at Annalise, whose cheeks suddenly turned pink. She looked down quickly, trying to appear nonchalant. Spencer watched the whole thing, finding it hilarious while muttering under his breath. "Nice one, geek squad."

Luke looked over at Annalise. "So, tell me again, they're profiling us on brain density, or amygdala size, or something?"

Annalise nodded. "They're profiling us with a hell of a lot of things, but one feature they seem to love is a larger, denser amygdala, that makes you more vulnerable to propaganda, emotion-based appeals, fear, that kind of thing. You're an unusual case as your pre-frontal cortex—the part of your brain that manages risk & rationality—is much denser than normal, too. It's unusual to find such density in both. Suggests a high IQ, actually."

Luke raised his eyebrows. "Ok. Cool."

He flicked through the brief notes on his file. Annalise was right. The denser the prefrontal cortex, the more likely the individual would be moved more by logic and new, high-quality data. Luke's file reflected way above average scores for both. Luke felt crushed, not for the first time that day. *I'm an easy target?*

Annalise, almost seeming to read his thoughts, continued. "You're not an easy target, per se, Luke, but you'd be a lot easier to hit than a load of the Levanter scientists, especially the quants. Check out Rex's, for example. Spencer, can you help us out?" Luke tossed the small group of wallets that comprised their individual data files over to Spencer who took seconds to locate the relevant page in Rex's records.

Spencer raised his eyebrows. "Yeah, in a move that surprises no-one, I can confirm that is exactly the case."

Rex's neurological profile demonstrated an almost off-the-charts prefrontal density, with anomalies reflective of what Rex himself knew was an eidetic memory, top 0.1% IQ, and the differences one might expect to see in an autistic mind, although he hadn't disclosed any of that information to Levanter. They hadn't asked, he'd figured, and it wasn't any of their business, so why tell them? Neuronal development in Rex's amygdala was unusually low—25% lower than average, in fact—with 30% more neurons in his prefrontal cortex, representing the higher density that often accompanied prolifically high IQ individuals. In sum, Levanter brainwashing tech would have been wasted on him.

Rex ambled over to join Spencer, collapsing on the couch next to him.

"I know that you'd assume I have a way higher than average density in my prefrontal cortex, partly on account of my high IQ and serious propensity for hunting out new data. But it's more nuanced than that. Actually, see here, I also have a larger cerebellum and a smaller corpus callosum, which is unsurprising as that is what you often find in autistic brains. Plus, here, look"—he indicated to the hippocampus with the tip of his pen—"this region is far more pronounced for me than for the rest of you—something that reflects the fact that I have an eidetic memory."

Rex smiled and got up to stretch his legs. "Coffee all round?"

Everyone nodded as he disappeared into the kitchen. Luke watched Rex walk away, amazed. Annalise elbowed him playfully. "You'll get used to it."

The mountain cabin had come alive with the aroma of fresh roasted arabica coffee beans, and the sound of eggs and bacon sizzling on a heavy old iron skillet sitting atop the old cooker—a necessarily gentle start to what would be a relentlessly work-focused day. The group needed to use the hours that they had to try to unlock the pieces of the puzzle presented to them by the second batch of documents.

Luke had racked his brains trying to work out why Levanter would have made these code names and secret files public, sharing them so willingly with Team Alpha, and could think of nothing. *But if they hadn't shared them, then who had?*

He pushed the thought down as steaming hot mugs of coffee arrived and they got down to work. They focused first on trying to decipher what they thought could be co-ordinates. It didn't take long for Luke to compare the numbers to the addresses of a few new sleep centers that had opened over the last couple of weeks with the co-ordinate data, confirming their hunch quickly by pulling up recent company logs and reports of new center launches. Placing the co-ordinate data aside, Luke headed to the kitchen to fix a fresh round of coffee and hot buttered toast.

Taking a quick break, Rex ambled over to the Nate's library. Flicking through the books on the old shelves confirmed his earlier opinion, formed on a quick tour of the cabin on the night that they had arrived. Nate really had incredible taste.

Annalise called over. "Rex, we need to get started on the three codes. Rapt1T417, PR-2015 and Init14031. Any ideas?"

Rex didn't take his eyes off the books. He loved scanning the titles, loved libraries, loved the old spines of ancient, dusty books, the history, the stories that must have unfolded around each owner who had loved the pages of those books before him, curled up in window seats, or under oak trees, reading for hours during school vacations, or with a torch under blankets at night, way after lights out.

Like stepping through the wardrobe into Narnia, every single time.

Almost as an afterthought he waved his hand at Annalise without lifting his gaze from an old copy of *20, 000 Leagues Under the Sea.* "Oh yeah, they're in the Bible. All cults and charismatic religious folk try to give themselves some gravitas by linking themselves to Bible passages and religious mysticism. I knew that was what we were dealing with. Haven't you looked yet?"

The others stopped what they were doing and looked up. "Er, no." Annalise said. "Have you?'"

"Yeah. By the way it isn't 14031. It's 'I', not a 1."

He turned to the main room and addressed his friends, adopting a grand tone. 'Thessalonians 4:17. *After that, we who are still alive and are left will be caught up together with them in the clouds to meet the Lord in the air….'* He flourished his hands, pausing for effect. "Revelations 20:15—*And whosoever was not found written in the Book of Life was cast into the lake of fire'*—that's my favorite, they're going for dramatic effect there." He paused again before recounting the third.

"This one's a bonus. I saw it referenced in a couple of footnotes on a few files. Including yours, Luke. Isaiah 40:31—*those who hope in the Lord will renew their strength. They will soar on wings like eagles; they will run and not grow weary, they will walk and not be faint. And so we will be with the Lord forever….*"

The others were just gazing at him now in disbelief. Rex was amused. Off-handedly, he waved his hand at them again before returning to *20, 000 Leagues.* "If you don't believe me, look it up."

Luke groaned and slumped back in his seat. The whole thing was getting madder and madder. Scientific studies he could get his head around but secret-society style Bible references? A little too out there even for him. He wondered if it was too early for a beer.

Annalise and Spencer jumped up from their seats and joined him in the library, carefully pulling out an old, dusty copy of the Bible from the lower bookshelf. They took a while to find the right pages.

In each case, Rex had been right, down to the exact words.

Spencer whistled. "You were a good boy at Sunday school, eh."

Rex glanced over at them "Eidetic memory, remember? And

my parents made me go to Sunday school *a lot*". He smiled and returned to flicking through the pages of a well-worn but equally well cared for *Boys Own Annual.* In it, he'd found an original column written by Jules Verne well before he'd been known for *20, 000 Leagues Under the Sea* or any other literary classic. *Literary gold, right* there, considered Rex. Nate had clearly been a Jules Verne fan, too, to own a copy of both.

Spencer pointed out that there were more to the codes—what, for example, did the 'Rapt' in 1T417 refer to?' Luke's mind raced. *The Rapture.* Rex's mind was working overtime, too. Rex spoke first.

"Have you guys ever heard of the Rapture? Sofia Rossini asked me about it once. Might be that. She said that Lara had asked her about it."

Luke nodded thoughtfully. "I've heard of the Rapture too. A lot. I think the Rapt in Rapt1T417 is the Rapture, but I don't know what that means. Some secret project, I guess?"

The reminder of Lara's name had saddened them, but Luke soon shifted their focus.

Luke set down his pen and papers and explained to the group what he knew—that the Initiative was a first phase of development for a movement designed to eventually enable followers—devotees—to transcend the normal parameters of the human consciousness, to lift oneself above war, discord, conflict, anxiety, pain, to reach a permanent state of bliss, and to disperse the sensation amongst the general population to finally put an end to conflict. A kind of political emancipation. What he'd been outlining the day before, but as a systematic process, with a code name.

They'd all stopped what they were doing and were staring at him, now. Not for the first time. He wished the crushing shame would wear off at some point, but it didn't seem to want to let up.

"Okay, so now it sounds to me like a stone-cold authoritarian take-over, but the Rapture—I guess they didn't share too many details with me—essentially they sold it to me as a way of building the coolest wellness brand on the planet, hitting up yoga instructors and spreading a message of healthiness and love, peace & co-operation, all that jazz. All we had to do was pump attendees, some of the more doubtful senators and some investors with some hardcore brainwave treatment—I4031—plus some amplifiers, get them to believe in us, what we were doing, for their own good, you know. Apparently after the election it was going to be rolled out to the entire nation. Not sure how. Damn, I mean, I was about to sign off on Blake Sandford before the explosion…"

Annalise perked up. "The Olympic decathlete? Wow, he's a cool guy."

"Yeah. I guess I'd have brainwashed Blake Sandford too." Luke looked glum. "Anyway, they told me all these delta waves, amplifiers, all that stuff was like pure sunlight for the mind—real healthy stuff. I thought I wasn't harming anyone. Urgh. I feel like such a douche."

Spencer threw one arm around his shoulder and patted him hard. "Dude. You *are* a douche."

Luke had gotten to like Spencer's dry humor more and more in recent days.

"What's an amplifier, anyway?"

Luke shrugged. "Not sure. I feel like it could've been something in the air, or maybe in the Levanter energy drinks or food or something. They were always turning on those fancy air filters and handing out snacks and all that stuff. Drugs of some kind probably. I dunno."

"Hey watch this." Rex had set up a tablet. "Luke, I want to test something out."

Everyone crowded on to the couch. Luke groaned, head in hands as Spencer clicked play on a YouTube clip of a Levanter Initiative fundraiser.

This is so embarrassing.

Luke couldn't believe two things as he watched it—first, the way he was gazing at Trent in that video as if he were the second coming, and second, that Trent *wasn't that good a speaker.* He'd remembered Trent as a one-of-a-kind charismatic, a visionary who had that rare gift of stopping time when he spoke, but in this video? He just seemed a bit...snake-oil salesman.

Luke was momentarily blindsided. The guy had always knocked him sideways with his sheer skill at playing to a crowd.

"Play a few more clips. What about the annual address in March last year, the CNN coverage? I remember watching that and almost flying out of my seat it was so good."

Perhaps Trent had bombed out in that last video. We all get an off day.

Spencer hit the play button. This time, Trent was just hitting average, worn corporate cliches peppering his delivery everywhere which—if Luke was honest—went on way too long. Worse, the footage included images of himself high fiving Chase and a few of the other execs so enthusiastically he could've been celebrating his first Super Bowl win. Spencer genuinely felt for Luke by the time the video ended. By this point he was physically cringing.

"It's not right how they've messed with your brain, man." Spencer looked at him sympathetically. "But at least this is adding some weight to our hypothesis—that you've been brainwashed, and we're all pretty sure by now it's a mix of excessive brainwave manipulation alongside ketamine—a mix of which would have switched off your capability for *any* critical thought and let your amygdala run riot, eating up and soaking in all of those crazy emotional appeals. We need to get you tested and work out what the hell else might be in your system. The amplifiers you've just been talking about—God knows what they were. You were literally believing anything and everything because Levanter systematically targeted you for brainwashing."

"The ketamine would definitely add to the night terrors", Annalise added thoughtfully. "But it looks to me like they were consciously synthesizing those. They wanted you to black out. That's my guess. To lose chunks of time. Why, I don't know."

Luke still couldn't believe that Levanter was doing this to him, treating him like a lab rat. At least he had a few of the sharpest, most analytical, knowledgeable minds he'd ever encountered helping him break it all down and reverse the effects. Those cool, sharp minds, he reflected gratefully, belonged to people that he already considered his friends.

His resolve hardened. They'd all get to the bottom of what Levanter was really doing and stop them, no matter what it took.

The group worked through the morning. Fortified by Michelin-starred take out couriered up by Levanter, the group hunkered down to wade through the final documents. It only took them a few hours to collectively confirm what they already suspected—that the unnamed variables in the documents were almost certainly, based on their analysis, ketamine, and gamma-hydroxy-butane. A minority of files seemed to include SP—sodium pentothal. A truth drug, which made no sense.

I must have this wrong, thought Luke. *This would be way too dangerous.*

The whole situation seemed nuts.

It was past midnight by the time the group threw down their paper and pens and admitted defeat. They'd uncovered key Bible verses that formed the basis of secret company code names, worked out that Levanter was keeping secret medical files on all its employees, probably drugging everybody too, inexplicably feeding them truth serums, and brainwashing Luke, their much-vaunted PR cash cow and golden boy.

They'd also realized that Levanter were clandestinely working on the development of a highly illegal political brainwashing tool in tandem with a hard-right religious political party, months before a national election, using their brainwashing tech on those House and Senate senators who doubted their mission.

Rex looked over at Luke. He thought, darkly, that he knew why they were forcing the blackouts and night terrors on him.

He'd make a great fall guy, if they ever needed one. Rex frowned, worry passing fleetingly over his features, darkening them like a shadow. He didn't want to see Luke rot in jail.

Or worse.

22

Luke, Rex, Annalise, and Spencer were standing bleary-eyed around the cozy warmth of the old kitchen cooker, chatting and knocking back mugs of coffee when the Levanter helicopter arrived. It was 6am. A typically over-enthusiastic early company start. Luke would've been pumped and primed just a couple of weeks ago. Now any mention of Levanter filled him with dread.

The gentle calm of the hillside was disrupted immediately and powerfully by the deafening whir of 'copter blades. Squirrels and raccoons ran for cover as birds swooped and ducked, panicked. The friends grabbed their backpacks and ran outside, braving the strong barrels of air hitting them in the face as the vessel landed.

A pilot descended from the cockpit, jogging across the small meadow to greet them. Tall, muscular, and ruddy cheeked, Patrick O'Reilly was a friendly, instantly likeable man. With his wide American Irish brogue, ruffled, thick blond hair, his countenance was one that set everyone immediately at ease. He looked to Rex as if he had spent a lifetime wrestling bears and jumping out of planes. Keen to head out, he signaled to them to grab their gear. Just before take-off, O'Reilly turned around, mic and headphones strapped across his face, turned back and grinned.

"You're an adventurous bunch taking off in weather like this."

A flash of doubt crossed Luke's mind. Why would a pilot fly into a storm? He pushed the thought to the back of his mind—there were storms, and there were *storms.* Clearly today was rookie stuff to a man like O'Reilly.

Annalise looked toward the horizon. Black clouds had begun to roll ominously across the skyline, still far enough in the distance to be a point of interest rather than alarm. Spencer shrugged. Whatever. The sky above his head was clear and that's all he cared about.

Rex pulled out his 'phone to check the meteorological reports but O'Reilly put his hand out, signaling to him to replace it in his coat. "It'll mess with my signal."

"Fair enough."

"You guys are gonna be fine." O'Reilly winked before he turned around again to initiate take off.

Rex gazed out of the window instead, marveling as the helicopter swiftly gained height and swooped off like a bird in flight across the valley, offering an incredible view of the trees, animals, peaks, and troughs below them. The acceleration and smoothness, thought Luke, were awesome. He was glad of a real adventure, free from work, worries, confusing data, alarmist theories that his employers were attempting to brainwash him. This last week had been hell in a handbasket. Surely it couldn't get much worse.

He sat back and closed his eyes for a little while, his only regret being that the early start had robbed them of breakfast.

Already feeling the early knowing pangs of hunger. Trent had called him ten minutes before the helicopter landed, an hour ahead of schedule. He'd needed the chopper back for some client event or other, so had sent it in early.

He opened his eyes again, remembering the awesome lunches that Levanter always laid on to employees on off-sites. He saw the familiar small, black luncheon boxes, monographed with their initials. The food would be unbelievable. The guys would love that.

The first stop was the Laguna Azul hot springs, for which the Saffira Alpine region was truly renowned. Some devotees regularly made a pilgrimage from as far as the Eurasian continent to experience the breath-taking beauty and utter pleasure of relaxing in the tiered maze of hot spring pools. Forged through millions of years of cooled lava and encased in cream-white travertine, a rare form of limestone, Laguna Azul was currently in the running to be considered as a UNESCO World Heritage site.

The hot springs, each of varying size and shape, cascaded down a slope in a step-by-step pattern that ended close to a precipitous, now safely cordoned off, ravine, offering a sight of rare and stunning natural beauty. Legend had it that the waters carried natural medicinal healing qualities and some locals even said that they possessed divine properties. Unsurprisingly, the enclave had become a site of pilgrimage frequented by local churches and monasteries, Buddhist groups and spiritual organizations the world over. The Instagram crowd had slowly started to catch on, too, much to the dismay of locals who had grumbled about overcrowding, littering and disruption of local flora and fauna. Already one influencer had fallen from the ravine trying to secure a mind-blowing photo. It had taken three local mountain rescuers to bring her back to safety.

Of course, Levanter was never slow to join to the party if there was a buck to be made, and Luke himself had already approved an Initiative retreat at the Laguna for the following summer. Immersion in the waters, they had promised Levanter devotees, would cure all ills. Places on the trip had subsequently sold out in mere hours. A kind of over-priced spiritual camping experience extended to only the most committed. Luke sighed.

He thought back to Nate, about what he'd always taught him about protecting the mountains.

We're just visitors here on Earth, Luke, he'd said. *We have to look after the place.*

He'd signed off on the Laguna Azul retreat personally, just like he'd signed off on a hundred other initiatives without really reading, knowing, or caring about how the event might harm the surrounding eco system and natural resources. His head was clearing now, and he thought back to the protests he'd been a part of, back when he and his friends had railed passionately about the Levanter circus rolling into town, threatening to level miles of natural beauty to break ground and lay concrete to build their proposed Levanter campus. That fight had meant everything to him back then, yet he had rolled over so fast, embraced his status as a Levanter man. Forgot about everything that really mattered.

The springs themselves were stunning—flat, mystical looking pools of dark water surrounded by glistening, marbled rock. Immersing themselves into the bubbling water, the rush of heat and luxuriant beauty of their surroundings overwhelmed them. Ever-present pillars of steam rose and fell, providing a sensation of comfort and relaxation, with breath taking vistas of natural beauty stretched out to the horizon in every direction. A true feast for the senses.

Small birds often dove above and around the pools, playful and interested, whilst deer, raccoons and squirrels hung back a little farther away, cautious yet interested.

The hot springs trip was a divine, relaxing experience, one which the group luxuriated blissfully in, time dissolving fast like ink in water, the world grinding to a temporary stop as their problems slowly melted away into nothingness. In a place like Laguna Azul, it was hard to care about anything but the sky above and the waters below. When O'Reilly appeared and told them that there had been a small mechanical fault and that they'd be held up an hour or two, nobody cared. In fact, everyone was relieved for a little extra time in the beautiful, mineral rich waters.

By the time they had eventually re-emerged, dressed, and hit the skies in a helicopter with what was now a fully functioning fuel gauge, they headed swiftly for the ice caves, where they'd planned on spending a few hours before skiing down the mountain. O'Reilly unpacked their ski gear and backpacks, dumping them good-naturedly at the mouth of the caves, alongside the upscale monogrammed lunch boxes that Luke knew would be a delectable lunch. The group were simultaneously more relaxed and starving than any of them had been for a long, long time.

Rex looked up, wondering how long they could stay. The winter nights were drawing in fast, now, and they were already more than a couple of hours behind their original schedule. With O'Reilly close by, though, did it really matter?

Luke was similarly thoughtful. Looking toward the skyline, he noted that the deep grey, churning clouds that had stuck stubbornly close to the horizon most of the day had now begun to roll across the valleys at a faster speed. He noted the occasional rumblings of thunder.

Entering the ice caves was a stunning and humbling experience. The mouth to the caves offered a mystical entryway into a cavernous landscape of glittering tunnels, ice-mezzanines, jagged, sprawling sheets of ice and fully frozen rivers of water. Grand sparkling icebergs hung majestically from the roof of the central cavern, where a huge, frozen, bright blue waterfall stood proudly, captured in mid-flow, stuck in time for eternity.

"Wow."

The group, for the most part, were stunned and O'Reilly wasted no time in taking them on a tour, as deep into the natural structure as he could. His love for the place was infectious, and the group were enthralled with his stories of allied troops hiding out from the enemy, and monks facing persecution in the Middle Ages finding respite in the place. He even took them to the lowest, deepest part of the caves, a journey that took almost half an hour to view some of the oldest cave drawings in the world. Navigating and negotiating thin, jagged, slippery steps and narrowed passageways, relying on manmade lanterns which regularly lost their flame, the difficult journey had been more than worth it. But by the time they emerged back into the light, the sky outside had turned darker, and grey, rain pelting the opening of the caves with increasing power.

O'Reilly seemed non-plussed. Checking his watch, he brusquely addressed the group.

'So—we have around half an hour here to eat, then we need to head back. We're in bear country and the worst thing you can do here—as you all know—is to hang around when dusk starts to fall.' The others murmured, pulling out the lunchboxes from their backpacks. Maybe the most sensible move would have been to head straight back into the chopper, but they were starving. No-one had eaten since 6am. They figured a few minutes wouldn't make too much difference. "Eat up guys. I'm going outside to take a leak."

The group nodded. They were way too hungry to take on an hours' skiing over heavy terrain on empty stomachs. Sitting down to eat near the mouth of the cave, Annalise fished a few pages from the inside of her jacket.

"Guys, I've had an idea. About the data. I took a few pages with me—look." She fished out a few crumpled pages from the inside pocket of her ski jacket. "This had been gnawing at me, but I couldn't quite place why. Now I think I know."

The friends had begun to open their lunch bags already. "This will be quick, ok, then we can eat."

Rex nodded and sighed. He looked over at his mouth-wateringly tasty deli sandwich. The meat looked so tender, the bread a soft, satisfyingly generous sized doorstop size, the garnish so tempting that he could have almost fallen in love with it. It looked divine. He looked over at Annalise, narrowing his eyes.

This'd better be good.

"I've been thinking back to the guys that we'd seen around the campus recently, the Christo-Evangelical senators mostly—but also your dad, Spencer, someone mentioned the other evening that he was a mega-donor to Levanter, right?"

Spencer nodded. "Just heading out to take a leak, back in a second guys." Annalise sighed, thinking not for the first time that Spencer was often more puppy-dog-with-boundless-energy than scientist, Rex taking the opportunity to finally sink his teeth into the most delectable sandwich he had ever seen. He closed his eyes, savoring the taste. God damn it, he'd been hungry. And this was a great sandwich.

She looked down at one of the pages, deciding to continue. They'd brief Spencer later. "Luke, can you tell us the names of any other mega donors? Wealthy guys?"

Luke rattled off a few names, around fifteen, mostly senators and a few hard-right industrialists, well-known right-wing ideologues, and mega Super PAC donors.

Annalise smiled. "Well how about that? I was right." Annalise turned the page around. She had started circling letters as the others had been talking and now held it up to the light of the fire. Everyone crowded around, except for Rex, who had been surprised and momentarily diverted by a Machiavellian raccoon who had managed to sneak up on him. The raccoon was now wrestling his deli sandwich away from the opening of his bag. "Shoo, you little....!"

Rex clapped and waved his arms and the raccoon scuttled away, grabbing his sandwich. He bit into it as he turned back to listen to Annalise, pulling the rest of the bag disgruntledly into his rucksack to protect it whilst simultaneously pledging to add *raccoon* to his list of predators that should forever more be avoided. Turning his attention to Annalise's notes, he was impressed.

Annalise had worked out that unknown acronyms next to

some smaller, more unusual sub-sets of data, all codenamed *Rapt* were actually the initials of Christo-Evangelical senators and the mega-donors Luke had listed, including Spencer's father. The Rapture. These guys had some kind of involvement in it, and stranger still, it seemed to involve some pretty hardcore medical testing. Luke suddenly recalled Rex's night outside the Levanter emergency medical suite. That must have been what he'd seen. He'd have asked Rex, if he hadn't been alerted to Rex suddenly standing, unsteady on his feet, uttering guttural moans.

Their focus was temporarily disrupted as Spencer sprinted back into the cave. "It's leaving. The helicopter. I shouted to Patrick, but he just grinned and waved."

The others scrambled up and headed to the mouth of the cave, fast. Everyone but Rex.

Moments later, they all looked up as the sleek back Levanter helicopter accelerated away into the distance. Spencer was stunned. "Oh my God. He's left us."

Panic setting in, their collective gaze shifted to the pile of ski gear stacked up against the rocks outside the cave. At least they had a way down. And mercifully, the rain was letting up a little, now.

"Ski gear is all set up over there"—Spencer jerked his head over toward the opening of the caves.

"This is crazy. Okay, let's eat fast, then head out—maybe we can call Trent and have him send the 'copter back. If not we ski down." Luke glanced around. "Hey, where's Rex?"

Half-sprinting back into the cave, Luke halted, panic clouding over his face. "Oh Jesus."

A little animal by Rex, clearly with remnants of food in

and around its mouth, lay convulsing, frothing at the mouth, its eyes rolling up into its sockets. Rex was half slumped next to it. Already feeling dizzy, Rex was already struggling to get his bearings. He'd tried to stand, lost his balance, and collapsed onto the cold stone of the cave floor. Opening his mouth to speak, nothing came out. Panicking, he kicked his bag with his last remaining ability to move, its contents, including the half-eaten sandwich, spilling out at the feet of his friends. Trying to gesticulate toward the food, he lost control of his body.

"Rex!" Annalise instinctively grabbed him, the others rushing to help. Crouching over the bag, Spencer turned around. "Rex and the raccoon ate some of this food. Anyone else?" Everyone shook their heads.

Thank God.

"There's something wrong with this food." He looked at Rex. "Something very wrong."

Luke felt panic rise in his throat. "Someone call 911, quick. Call Levanter too. Now. We need to get the helicopter back. Mountain rescue. Anything."

Everyone began searching for their phones, pulling out their handsets.

No-one could switch on their mobile. Every single one was dead. Luke was dumbfounded.

"We charged all of these this morning. I checked mine. It was 100%. There's no way in hell I'd go out onto a mountain without it." Luke was right. Nate had drilled mountain safety into him. You always needed a means of communication in the mountains because you never knew how quickly your fortunes could change. Nature was a powerful mistress. He knew that.

He shook his head in disbelief. The others were confused. Was there something around them, some electromagnetic force or something, killing their batteries?

Spencer tried to take control of the situation, provide a calming voice. "Okay we can't panic."

Annalise spoke up anyway, panic clearly rising in her throat. 'Uh…guys'. They looked up. The shadow of a bear had suddenly appeared against the back wall of the cave.

Signaling to keep quiet, Luke moved everyone back against the far wall, into a small enclave. They moved quiet, and fast, an incredibly difficult feat given that Luke and Spencer were hauling Rex's body between them. He was clearly conscious but appeared paralyzed, distressed. They watched, immobile, hidden by rock, as the huge might of a black bear padded into view, his heavy, muscular flanks of muscle, stout legs and heavy breath chilling them to the core. Nosing around the food, the bear ate the raccoon in two mouthfuls before ripping up the food out of its containers and devouring everything that he could.

After a time, the bear slumped down, into a kind of sleep. They watched his body rise and fall with every breath until he seemed to have drifted into unconsciousness, before slipping away as quietly and rapidly as they could. Rex saw the pupils of the bears' steely black eyes tracking them, but he wasn't able to speak. Clearly, the same drugs that had paralyzed him had also been powerful enough to knock out a 100-kilogram black bear. He felt panic rise in his chest again, holding him in its' clammy, icy grip. He hoped it would wear off.

Stumbling outside, the group were stunned. The sky had turned a deep grey, lightning and rumbling thunder smashing and lighting up the sky. Rain pelted their faces hard. No sign of O'Reilly. The chopper was long gone. They had no way of communicating with mountain rescue and a paralyzed friend who needed medical help as fast as they could find it. They couldn't stay where they were—if another bear didn't come for them, hypothermia would.

"What the hell are we going to do with Rex, now?" Annalise began to feel the fear rise in her throat.

"I know what to do." Luke looked at the others, confidently.

"Spencer, give me the suspenders from your ski pants." Spencer immediately hacked them off with a Swiss army knife attached to his key chain and handed them to Luke, who grabbed his skis and asked the others to hook Rex's arms around his neck. Using the suspenders, he then tied Rex's wrists together tight, using a second piece of the hacked off suspenders to attach Rex's ankles to his.

His jaw set in a steely expression, Luke continued. "I'm going to ski down with him attached to me. I need you guys to ski close, as there's some pretty advanced off-piste lines on the way down and you need to follow me closely on each route. I've skied these many times with my pops, and we even rescued a couple of tourists close to here once. I've skied them before, no problem, but I'll need you guys to watch out for me because—well, I've done these runs before, just…well, just not with a half-comatose guy strapped to my back."

He smiled grimly, pulling down his ski goggles.

His offhand attempt at black humor was designed to take the edge off his own fear and the fear of his friends. It didn't work for any of them, but they appreciated the gesture, nonetheless.

The others grabbed their skis as fast as they could and began preparing for the downhill journey.

Annalise suddenly grabbed Spencer's arm. "Oh God." He looked up, following her line of vision.

Two black bears had suddenly appeared in plain view, having emerged from the tree line nearby, maybe two hundred meters from them. One raised on to his hind legs, roaring, before landing hard, the massive flanks of his muscular legs shaking and quivering as he ran toward them. A grizzly running at full speed could easily make 30 miles an hour. They needed to get out of there, fast.

"Guys. 3 o'clock!" They swiveled around to see another bear barreling toward them at full speed, emerging from the other side of the gulley from a bank of trees.

Confusion and fear filled Luke's mind as he pushed off, gaining as much ground as he could, thankful for his skis but praying to God that the added weight of Rex wouldn't send them both completely off balance, sending them careering into a tree or worse, into a pile on the snowy ground where they'd make great bear bait.

If they broke or twisted anything, lost a ski, lost the few moments it'd take to outrun those beasts, it'd be game over, for both of them.

He pushed down the fear and focused. The wind screamed past his ears, the cold hitting him square in the face. He hadn't had time to put on his helmet or facemask. His jacket still open, the brutal cold air almost winded him with every passing second. Only the stomach-churning amount of adrenaline pumping through his veins kept him warm enough to keep functioning.

Trees, rocky crevices, mounds of snow whizzed past his line of vision as he kept getting flashes of black clouds and lightning rolling around in the sky above him. The snow had transitioned into rain and was now pounding his face, making his skin smart, making the line more treacherous. He almost fell a couple of times, saving himself at the last second, but had to stop when Rex fell to the side, pulling him down. The others stopped expertly behind him, ready to help lift Rex who, mercifully was still breathing, trying to speak, slurring his words, unable to move his limbs.

Glancing around and behind them Spencer shouted "Faster! They're coming!" The bears were still running, making ground behind them as Luke stared open-mouthed, momentarily immobile with shock, as another grizzly only fifty feet or so away emerged at speed, heading toward them.

What the hell is happening? Where are they all coming from?

Spencer grabbed at Luke's jacket hurriedly as he wrestled with his own, throwing it, together with his backpack, into the snow. "Throw it off Luke. You too, Annalise, leave the bags and jackets. Do it, fast."

Annalise deftly shrugged off her jacket and bag, watching it land in the snow. It took a few more seconds for Luke to wriggle out of his and for them to wrench off Rex's. Annalise smelled her hands.

"You smell it? Musk. Anise."

"Holy shit." Annalise looked up. The others clocked on fast.

The standard-issue Levanter jackets and backpacks were drenched in the most effective natural bear bait on the planet.

With seconds to spare, they pulled away, heading toward a

risky mountain line that only emergency and elite skiers usually attempted. The dumped bags, thought Luke, might be enough to distract the bears, holding their attention enough until they'd skied far enough away. Then all they'd need to worry about was potential hypothermia and injury from skiing dangerous routes in the dark in the middle of a blinding storm without jackets, food, cell phones, or water.

Great.

They also hadn't eaten properly for hours, now, and the light-headedness was starting to affect them all.

Comedically awful conditions, thought Spencer. But hell, they were taking the fastest way down, the quickest way of getting out of the forests, out of bear country, into the safety of the twinkling lights of Saffira far below. They'd committed to the best possible chance of survival, so they needed to embrace it.

They all heard Luke's voice rising just over the screeching wind, alerting them to the most dangerous part of the route, a thin, rocky line with a precipitous fall on either side. They had no choice. They had to do it.

Spencer wasn't a religious guy, but he prayed anyway.

They all did.

Here we go.

23

Forty minutes later after the most treacherous, daring skiing of their lives, they'd made it.

Throwing off their ski jackets and backpacks had kept the bears at bay, with Luke the greatest beneficiary. A lighter load had allowed Rex, who had slowly regained a little functionality, to achieve a gentle grip around Luke's shoulders. Unencumbered by bulky clothing, it had made the journey progressively easier. It had improved balance and speed compared to the first leg of the journey, when Luke had been constantly pushed off center by Rex's uncontrolled paralysis, and he thanked God that the snow drift covering the most dangerous part of the line had been almost pure powder. He turned and gazed up at the mountain, standing in torrential rain, the wind whipping painfully against his skin. One hell of a squall. Even in the few minutes since they'd descended, that route would have become almost impassable. Coming to a stop in a wide arc at the foot of the lower range of the mountain pass, the friends gazed down thankfully at the familiar bright lights of Saffira nestling in the valley, the dark waters of the lake reflecting a waxing gibbous moon like a million tiny diamonds.

Luke looked down at his fingers which were trembling with cold. They needed to get inside, fast.

"Luke…" Rex was murmuring, trying to form words.

The group turned around, a surge of overwhelming relief washing over them. They were so relieved to hear Rex's voice. Luke, in particular, could have fallen to his knees with thanks. He'd just made it through the riskiest hour of his life, an hour when he had also continually fought back the very real fear that he may have been skiing with the still-warm corpse of his friend strapped to his back. And that even if he was still alive, the sheer insanity of descending precipitous mountain runs in a storm could have killed them at any moment.

They looked up as lightning lit up the sky, thunder booming around them seconds later. "Look."

Like a beacon in the dark, they saw the neon lights of Max's Bar flickering. A light to guide them home. Exchanging smiles, they set off again. In a few minutes Max would be there, serving them burgers and beer.

Heaven.

24

Tumbling into Max's Bar, cold and ruddy cheeked, they headed straight for a windowless, back corner booth. The friends felt a sensation that completely transcended relief, an unspoken bond having formed between them after the crazy events of the last few hours. To be part of this regular, warm, safe scene, just a few unassuming locals in a small-town bar, having some fun, ordering some burgers, felt like a million light years away from the events of the last few days.

They were lucky, they realized, to be alive.

Soon enough, relief gave way to concern. Annalise sat with her head in her hands, whilst Spencer slouched back, a little shell-shocked, staring at nothing in particular. Rex, to the vast relief of everybody, was making fast improvements. He'd been able to half-walk into the bar, with help, the feeling returning to his legs, talking a little, too. Annalise suspected a powerful narcoleptic, powerful enough to kill a tiny raccoon and to temporarily drug a bear. She figured the beast would have been conscious minutes after they'd left the caves.

Max came up to take their orders. He seemed over the moon to see Luke.

"Jesus, it's been a year, kid. We've missed you." He stood back, looking proud.

"You know, you're looking more like your old man every day." He playfully ruffled his hair.

Luke grinned, feeling something akin to family, normalcy. Max and his dad went way back, and he'd lost track of the years spent at Max's place, or of long winter nights where Max hung out with them at the cabin, drinking beer, watching the game, shooting the breeze. There'd been so many times, sitting around the fire pit, when Max had made him feel like a grown up, telling him about his life in the Marines—a few lifetimes ago, Max had always said, laughing—and how happy he'd been to achieve his great dream of starting up his own bar. A young life packed with good times, nostalgia, memories. That is, before Nate had died.

Luke was glad to be here.

"Max we've had a rough night and lost my bag with our wallets. Can we put a round of burgers on my tab?"

Max laughed. "You wander in after a year and ask for credit?" Luke looked at him ruefully.

Why did I stay away so long?

Max laughed. "Yeah sure, kid. Beers for everyone, too? They're on the house tonight."

They all nodded and smiled in appreciation. As he walked away, Luke called after him. "Max?" Max turned around, walking backwards so he could move and listen at the same time.

"I've missed this place."

"It's missed you too, kid." He grinned.

Turning back on his heel, Max headed into the kitchen at the back of the bar to throw their burgers onto the grill.

Luke sighed. Pulling his mobile out of his pocket, the others followed suit and tried their 'phones again.

Still nothing.

"Wait." Spencer had noticed something. He flipped his own over. *Somethings not right.* Reaching over to Luke and then Rex's, he turned their handsets around, too, and found the same.

"Someone switched out our batteries. Look. They're all brand new."

He was right. All of the batteries were a uniform anthracite gray, slight off-color for their own handsets, but a color difference subtle enough not to notice unless your attention was specifically drawn to it.

Annalise frowned. "So someone made sure we had no way of reaching mountain rescue. And also covered our ski jackets and bags with potent bear bait."

"Don't forget drugging our food with a narcoleptic. At least it wasn't poison."

Spencer grinned and slapped Rex gently on the back. "Glad to have you back, buddy."

Luke swallowed hard. *Someone set this up. Someone was trying to kill us, make this look like an accident.*

"Hey guys!" Their conversation was interrupted as a pretty, dark-haired woman approached their table. It was Manisha Patel, a doctor based at Silvertown, a regular at Friday Night Lights and one of their closest buddies they'd made outside of Levanter. "Can I join you?"

Spencer jumped right in, sensing an opportunity. "Manisha, we need you."

Manisha was all ears. She'd had the biggest crush on Spencer since meeting him. “I’ll do anything I can.” Her cheeks were already burning red.

“We think someone drugged our buddy Rex, here. And we think we might have bear bait on us. And that Luke has been accidentally taking drugs.”

Manisha’s eyes widened. “What?”

Luke laughed. It was an efficient summary, he’d give Spencer that. He leaned in. “Manisha, I know it’s a big ask, but is there a chance we could run a few basic under-the-radar blood tests tonight at the hospital? We’ll explain everything on the way.”

“Wow. Yeah, sure. Okay. Do you have an idea what drugs we’re looking for? It might make the testing easier.”

Annalise stepped in, and the two got their heads down, voices low, discussing narcoleptics, pharmaceuticals, possible interaction effects.

After a few moments, Max reappeared with burgers, fries, and beers. The friends were starving, and happy to push aside their concerns for a few minutes to enjoy the feast in front of them.

After washing down their ‘burgers and fries with a couple of beers, they stood up to leave. Max already had a spare coat for each of them, tutting as he doled them out, and by the time he locked up a few hours later, had also taken their skis inside, shaking his head.

Jeez, kids of today, they’ll catch their death out there. Where the hell were their coats? He sighed. They’d be back for them soon enough.

Within the hour they were at Manisha’s office at Silvertown General, running bloods, the group filling in Manisha on everything that had happened while the small analyzer machine whirred and spat out results on long reams of paper.

Manisha studied the papers for a few seconds, then looked up at Annalise.

"You're right. With respect to Rex, he clearly has a mix of gamma-hydroxy-butane and ketamine hydrochloride in his system. It would have knocked him out, paralyzed him. And if your thesis about the food was correct, he suffered this level of exposure with just one bite. Thank God none of you ate the food."

Swapping to the second sheet she addressed the others. "And the suspected bear bait. You were right there, too. I expect the aroma gave it away. I detected a high infusion of two substances on your clothes—one is a phenylpropanoid organic compound named Pimpinella Anisum—known as anise by regular folks, especially the hunting community. The other appears to be galaxolide."

"Could it have been O'Reilly? The pilot?" Luke sighed. His head was whirling.

The others were thoughtful, retracing the events of the last few hours.

Rex spoke up. "I don't know. My worry is whether we're safe *now*. If someone had been targeting us—someone with knowledge of pharmaceuticals, access to resources and the ability to plan to this level—then presumably they're going to try again if they find out they weren't successful the first time'. Suddenly he felt panic rise in his throat. Where's Spencer?"

"I think he's still with his dad." Luke frowned. "Why would he be with his dad? He hates his dad."

Annalise looked up. "Yeah, he'd gone over to the payphone and patched a call through to his dad. Real weird. Then he said he had to step out quick to meet him.'"

Luke frowned. That made no sense. Why the hell would he do that?

Manisha yawned. She was halfway through a double shift and had only stepped out to Max's for a half hour break, a change of scenery, and she'd been pulled into this craziness.

"God this is even crazier than that stuff with Senator Buckley." Rex looked down at the floor, despondently remembering the craziness of the night at the hockey game. His words took Manisha by surprise. "Oh my God. You know about that?"

The others looked up, stopped in their tracks. Manisha looked at the others. "You mean when Senator Bill Buckley was bought in, after he walked in front of that truck, got so smashed up?"

"What date was that?" Luke suddenly felt an urgency to confirm the date.

Manisha was dumbfounded. She thought that information was on lockdown. How had it gotten out? She pulled the date up on her screen.

The friends looked at each other. It was the night after Rex had seen the insane scenes unfolding at the Levanter emergency suite. Rex spoke fast. "What happened Manisha? Please, you need to tell us. I think it might be important."

"Okay. So it happened around three weeks ago. Buckley came in, gibbering, crying, hallucinating, a complete lunatic, talking of demons in shadows and that kind of stuff. I've seen a lot of crazy behavior—you get that in medical settings, of course—people don't come in because they're well—but there was something about him—something about that night—that chilled me to the bone. He was screeching about a book and the Rapture, whatever the hell that is. Total psychosis. The usual religious lunacy that we often see in these kinds of cases, but I don't know...something felt off. Different. The weird thing, too, was that I'd seen him on TV a few hours earlier and he's seemed fine then. No symptoms."

"And his bloods? Did you find any drugs?"

Manisha shook her head. "He had a private team from the get-go."

She looked pensive. "I mean, straight away, the day he came in, the Christo-Evangelicals were *all over us*. They threatened to pull our funding at state level and litigate the crap out of us, maybe even open criminal proceedings, if we didn't fix him straight away, make the problem go away. 'Fix him', like he was a second-hand car, or something.

They said that we must have messed him up, drugged him or something. God, it was a ridiculous accusation. The management here knew we hadn't done anything wrong, but they were still scared. I mean, the Christo-Evangelist Party run America right now. They had the power to shut us down overnight. Management had never been legally threatened like that. They were screaming in the end, said they'd haul in Toro24 to do a TV special, uncover fraud and mismanagement, lock up the Head of Surgery and throw away the key. And throughout it all, Buckley was just lying there in the background, a complete mess, screaming about *the Book, the Book*. That's all he'd say. Or maybe...wait, I remember, a Bible verse. Can't remember which one. And he was *begging* to get back to Levanter. It was all a complete circus."

Rex swallowed hard. "That sounds like what I saw at the emergency suite. I'm pretty sure it was Buckley, as well as some Levanter guys, Dr. Silva, I think, a couple of secret service, a couple more senators, and a priest. Which was weird. Come to think of it, that priest looked pretty damn casual, despite the screams and the madness. I was hiding across the corridor and found the whole thing horrific. I have no idea how a person could have physically been in that room and *not* completely freak out."

He looked a little stunned, as if reliving the experience, his eyes focusing on something and nothing. Annalise patted his shoulder in solidarity.

He carried on after a few moments. "The thing that scared me the most was that you could see how out of their minds the patients on the gurneys were, and this one senator who had walked in was looking on in approval, loosening his tie, looking like he couldn't wait to get on a gurney himself and get down to the treatment. He even looked at one point like he was joking around a little bit. Why the hell would you go through that voluntarily?"

Manisha thought hard. "Yeah, I heard Buckley babbling about hell and redemption and a priest did visit him at some point which I found weird as he hardly needed his last rites—and that's the only reason priests generally come round here. But I didn't take much notice—first, he's one of the most hardline christo-evangelists in the party, always banging on about religious stuff, and religious references are two a penny in cases of sudden psychosis. I wouldn't've been surprised if he'd thought he was God, to be honest. I've seen that before, if you can believe it. Most other doctors probably have, too."

Luke frowned. They'd been talking a lot about brainwashing. Had that happened to Senator Buckley?

I've signed up to enough volunteer sleep trials, though, thought Luke. *Could I have been like that when I was under?*

Still, he figured, something else had to be going on. Even during his blackouts, he couldn't imagine feeling motivated to rant about religion. It felt different to what was going on here. He looked up at Manisha. "So what happened? To Buckley, I mean?"

Manisha sighed. "Well, I sorted it out in the end. I got in touch with Dr. Silva directly over at the Eastern Campus, pumping up his ego and saying that we couldn't live without his medical expertise, and could he have some guys come and collect him to work under his expert jurisdiction? That we could all learn a lot from him? That kind of thing. I felt almost like he'd been waiting for us to call, and he agreed straight away. Just like that. We were never threatened again."

She shrugged. "Buckley's doing fine now, apparently. I checked in with Dr. Silva a few days ago. We're out of the woods when it comes to litigation, now, so everyone round here moved on pretty swiftly, couldn't wait to wash their hands of it all to be honest."

"Do you have his notes?"

Manisha shook her head sadly. Levanter had taken everything.

Rex spoke up quickly. "Manisha, you need to take Luke's bloods, too. And a hair test".

Minutes later, Manisha had confirmed their thesis that traces of ketamine and GHB would be found in his blood, alongside traces of a truth drug, sodium pentothal.

Staring down at his results, it took him a few moments to look up and speak. "Manisha, could excessive exposure to theta waves, or other brain waves, brainwash someone?"

Manisha pushed back her chair relaxed back into it. It was getting late—but the hope that Spencer might still turn up was keeping her energized.

The power of a crush, thought Manisha, smiling wryly to herself.

"I don't know. Rex, Annalise, I think you're more clued up on that stuff. What do you think?"

Rex spoke up quickly. "I thought about this actually, when we were speeding down the mountain—I was trying to concentrate on thinking about something logical to push out the feelings of being physically helpless in the face of a significant likelihood of impending death and I think I had a breakthrough..."

Annalise laughed, shaking her head. Rex's version of the power of positive thinking.

"...and I realized we'd missed a trick. We were right that bathing your mind in theta waves on an ongoing basis—would make you extremely open to suggestion, partly because theta waves are a central motivator in hypnosis. That's why you were such a Levanter guy for so long, eating up everything that Levanter threw at you. They'd found a way to shut down beta activity too—maybe simply block it like a radio frequency would do—so you weren't capable of critical thought at any point during your time in the Levanter campus. Beta waves strongly govern the part of the brain that facilitates critical thought, analysis, decision making, that kind of thing."

Manisha nodded. "Makes sense."

Rex stood up, the fingers of one hand pinching his nose as he closed his eyes, concentrating. Annalise had noticed this often happened when Rex was close to realizing some difficult problem or other that he'd been working on. He looked up, eyes bright, smiling.

"When I saw that crazy scene back in the Levanter emergency suite, everything was bathed in a deep orange light, at least for a while, but I also remember the color pulsing, a kind of heartbeat, almost, where deep hued lights were slowly rising and falling. I remember from what I've read about AVE'—he waved his hand—'Audio-Visual Entrainment, a subset of brainwave entrainment—that light flashes and pulses of tones are used to guide the brain into various states of brainwave activity. That's definitely part of what was going on. I'm sure of it. Whatever they're doing must be a kind of hardcore version of what they do to clients, investors, senators, Initiative wellness devotees. The election is coming up in a few months. I think this is neuropolitical brainwashing."

Manisha whistled. "Jeez. And you told me two weeks ago that working at Levanter was the most boring job you've ever had."

The friends swapped glances. "I think we can't technically be employed there anymore. Not when we're dead."

Luke was concerned now. "Manisha, can you take a look at these read outs?" He pulled a couple of pages out of his jeans. "I'd forgotten about them 'til now. See here. We all know that gamma waves spike hugely in the ten minutes after death, right? A kind of electromagnetic response no scientist has been able to explain?"

Manisha nodded.

"Well, I've cross referenced some of the data coming out of the sleep centers here, and here..."—he held the pen in his mouth as he turned the crumpled-up pages over to show her, before ringing specific numbers—"…and it seems as if some of the coded references relate to these gamma spikes. But wouldn't a patient have to be dead to exhibit that?"

"Uh-huh."

Luke looked up to address his friends. "So guys, there's something you don't know. I looked over some of my marketing files when we were in the cabin, and cross referenced the longitude and latitude codes against the addresses of around 50 sleep centers. There's fifty more scheduled to open in the next few months. Anyway, that's what the codes meant—codes for each center. And by far the biggest sales pitch was this set of data that I think correlates to gamma spikes and whatever happens after."

Manisha looked at him quizzically. "Nothing happens after. By that point it's just brain death."

Annalise shook her head. "No. Not according to this data, anyway."

"Can you get me these files?" Manisha looked thoughtful before pulling her chair into her desk and accessing the Levanter website. "Actually, I have a temporary Levanter log-in. We were told to use it just as long as Buckley was at Silvertown. Would these files be public?"

Luke jumped up and stood behind her, looking down at the screen. "No but once you're in, I can show you how to access some of the sales & marketing files anonymously and I remember seeing some of the coded data in the appendices. Let's go."

It only took a few moments before they found what they were looking for. To a Christo-Evangelist politician, mega donor, or client, they were little more than impressive looking spikes in medical data, evidence of some kind that treatments were both dramatic and effective. But Team Alpha knew exactly what was going on. By this point, Rex, Luke, Manisha, and Annalise were all crowded round the table, the low glow of the screen illuminating their faces.

It was getting close to midnight.

Manisha spoke in a considered tone. "Look. We're gonna have to work on this, run some theories, but it looks to me like all these people died on the table before experiencing the gamma response. Then after around thirty minutes—way longer than a heart can continue to beat for after death—the patient seems to experience a kind of extreme euphoric or deep stress reaction. Then these stats suggest some basic EEG reading where the person must be revived, somehow, and their heart rate violently—I don't know—switches back on. And there's talk here of a reverse, and successful reverses. I have no idea what that means."

Manisha intuitively balled up the paper and held it in her lap as a junior doctor rapped on the door, bringing in a fresh round of coffee.

They waited until he'd left before continuing to talk.

The lights flickered. Everyone stopped talking, looking up as the light made a gentle fizzing sound before clicking back on again. Manisha felt cold suddenly and pulled her cardigan around her medical scrubs.

"Guys, this is crazy. And I'm worried about you all. We can look into this over the next few days but right now it's late, and you all need some sleep. Are you going to head back to the cabin or...?"

Annalise, Luke and Rex looked at each other uncomfortably.

None of them wanted to head back up a mountain where they'd been left to die a few hours earlier. God knows who or what could be waiting for them.

Suddenly, the door opened with force, and everyone turned, open mouthed, to see Spencer and his father, far-right evangelical, political mega-donor and super-lawyer Alexander Van Rees, standing, shoulder to shoulder in the doorway.

Manisha felt a rush of heat in her cheeks and hoped she hadn't gone red. Rex's mouth hung open.

Spencer ushered his dad in, before checking up and down the corridor and closing the door quietly behind him. 'Guys. My dad and I talked. I told him everything about today, about someone trying to kill us. *He already knew.* That's why he'd left me a message last night before all of this, asking to see me urgently. I ignored it at the time because it was from my…sorry dad. I didn't really want to speak with you. I thought it'd be the usual awkward conversation'. Spencer looked sheepish as his dad placed his arm around his shoulders, bringing him in for a brief hug.

"It's okay, Spencer. I get it. Actually, I deserve it." Spencer's eyes looked searchingly around the room. "He's got something you all need to hear." It was Alexander Van Rees's turn to look a little sheepish now.

A weak 'Hi everyone' accompanied by a wave was all he could initially manage.

Manisha jumped up and offered them both a seat. "Sit down, sit down". She stuck her head out of the hall and managed to signal to a junior to bring a couple more coffees as she moved the chairs. Alexander wasted no time. He leaned forward, clasping his fingers together so tight that the white of his knuckles bulged out.

"I'm going to give you some instructions and you need to listen to me. And do what I say."

He was clearly jumpy.

The others looked dumbfounded at Spencer who nodded gently to signal it was the right thing to listen.

"Your lives were at risk today. I can confirm that. I can also tell you what the Book of Life is."

Luke spoke up. "I think the Book of Life must be the Book Buckley was screaming about. Part of the Rapture?"

He broke off quickly to address Luke personally.

"Luke, I've seen your file and I can tell you exactly what Levanter has been doing to you, by the way. It was a case study, a real-time test run, to display how easy it is to brainwash and to see how those behaviors manifest."

Luke listened, wide-eyed.

"We need to remove you to a place of safety so that you can't be exposed to any of that again."

Then, he turned his attention back to the rest of the group. "I can't explain everything now because we have very little time. We need to get you guys into a safehouse immediately. I've already called an old Forces buddy of mine who works for the FBI, called in a favor, and he's going to meet you at my place later this evening." He gazed around, fixing his eyes on each of them individually for a few seconds, letting silence fall. He needed their full attention and needed to know they appreciated the gravitas of the moment.

An old habit of his years addressing a jury, thought Spencer. *Very effective.*

Spencer was suddenly glad—for the first time in his

life—that his dad had been such an incredibly talented litigator. Knowing what he now knew, time was of the essence. They had to move fast.

Manisha listened, transfixed. Alexander Van Rees had an extremely commanding baritone and presence, qualities that Spencer had inherited. He was truly magnetic, in possession of a kind of reassuringly masculine aura that, she imagined, translated into great successes in the court room. Whenever he spoke, she considered, people probably *always* listened. His words were like a rapid-fire gun, now, impressing the others with the sheer gravity of the situation. She could see why the Christo-Evangelists had bonded with him so fast.

"This is what we're going to do. Manisha, can we get these guys out without being seen?" She nodded, explaining quickly that she could walk them unseen through a side entrance usually utilized for delivering medical supplies. She didn't ask questions but hoped there'd be time for that later.

Alexander nodded, a look of relief crossing his face like a shadow suddenly falling. Spencer wondered, fleetingly, why Manisha was so red.

Alexander continued. "I'll call a cab, and you'll meet me up the street, so it'll look as if you've been to one of the local bars on Main Street. We'll take the cab together, but I'll order it for the Hotel Grande. While we're in the cab, I'll pretend you guys are students vacationing from Quebec—we'll converse in French and English, I know Spencer at least can speak it well…"

"Me too." Annalise raised her hand. "I taught myself last year", Rex added.

"Jeez, you kids are smart. Okay, so we'll make out that I met you in the taxi queue and offered you a lift to Silvertown rail station, which is on the way to the Grande. You'll all get out there, I'll disembark at the Hotel, pay the fare, then circle back to my apartment which you'll have walked to already—it's a five-minute walk from the station."

They were confused but listened anyway, heartened by Spencer's obvious encouragement and enthusiasm for the plan. He must know what was going on. It seemed like a lot of subterfuge but then again, someone was out to kill them so… their best choice was to pretend to stay dead. Alexander's plan seemed to be moving along those lines.

"Here's my apartment key"—he held it up, placing it in Spencer's hand. "Wait until the night porter does his rounds—the next is in exactly thirty-five minutes and he never deviates from his routine. That way he won't see you. Which means he won't query why he's seeing faces that he won't recognize. Go upstairs and let yourself in. Spencer knows the floor."

I always know the floor, thought Spencer wryly. *Because in every building you've ever lived in, it's always the penthouse.*

"Then approximately 15 minutes later, when the porter completes his rounds, I'll turn up, slip in the front entrance at the exact moment that he arrives, so he doesn't query why I don't have my key."

They all nodded.

At any other time, they'd all have questioned the hell out of Alexander Van Rees, chuckled at the idea of being thrown into what now felt like a crazy crime novel. Yet the events of the day had tired them out, whipped them into an eventual submission. If Alexander's plan offered them even *minor* respite from the crazy events that they seemed to be living through, they were—at that point in time—more than willing to take it.

Alexander's plan worked well. After whispered thanks and goodbyes to Dr. Manisha Patel at the side exit of Silvertown General, the friends disappeared into the night, meeting Alexander and the pre-arranged rendezvous point, playing the part of the Canadian students in the taxi and exiting at the train station before making their way, unseen, to Alexander's penthouse at the gleaming, upscale Manhattan Complex building in the center of town. Alexander rapped on the door quietly a few minutes after they'd arrived.

No-one would sleep that night.

Not after what Alexander Van Rees was about to tell them.

25

Twenty Years Ago

Grant, New Mexico was a hell town in the summer, Gill Mathers thought to himself bitterly. Swinging his battered truck a hard right onto the old country road that led up to Challaca County, Gill sped up along the empty dirt road as the heat bore down on him. Dust threw up everywhere, catching in his throat.

The sound of the truck rattled hard as the familiar, barren road opened out in front of him, a soulless vista of dirt and emptiness. Faceless rock bore down on him from each side of the highway.

He'd driven that road a thousand times. Nothing ever happened out here.

He punched on the radio and the opening riff of *Cadillac Style* broke up his thoughts a little before the signal faded to static. After a while, the crackling noise faded to nothing. Aside from the rattling of the truck, there was little else to see or hear.

Pulling into the side of the road after a half hour of driving, he took out a small spoon, flicking his battered old lighter underneath it, then lifted a small pipe out of the glove compartment. He sat back, inhaling the fumes hard & fast, the sensation of crack cocaine rapidly knocking his head back, heavy, against the head rest. He sat there, eyelids flickering closed.

Then, silence, and he drifted in and out of reality, memories intermingling with the sight of the dusty, barren track that lay in front of him, unfurling almost endlessly into nowhere.

When Gill was a baby, the nurses had said he had been born with brain damage. His birth mom had smoked crack in the first trimester of her pregnancy before kicking the habit, apparently, but enough damage had been done by then. Straight after giving birth, she'd lit up again, and social services had come and taken him away. He had ADD, probably, a bunch of other stuff related to the drugs, too. Sometimes his brain just didn't work right, and there was no one at home to care, or to explain things to him. No-one to be patient or take an interest. Things could've been so different if he'd come from one of those good families over the South side of Grant, the kind with the dad that worked in a shirt and tie and a mom who would've taken him to Little League and baked cookies. He'd dreamed of that so many times. But back in those days people didn't care that he was treated so bad at home, that he was sad, alone. They just saw a bad kid acting up.

He'd ended up drifting from foster home to foster home, perpetually in trouble, before running away, bombing out of school early and getting hooked on crack himself a day before his fourteenth birthday.

He sat there in the truck awhile, not knowing or caring how much time had passed. Suddenly he looked up, feeling more alert, and realized that it had gotten dark.

Shit. Gotta keep going. I've still got time.

Starting up the truck, his thoughts turned as they often did to Sofia. Dark, heart-wrenching thoughts. She'd been unplanned, a result of a short, dysfunctional romance between himself and Sandy Rossini, a waitress at the Java House at the truck stop on Lexington highway around 20 miles outside of Grant. He'd loved her, been transfixed with her beautiful, wide eyes, the miracle that was his beautiful, fragile daughter. But he had been in no state to raise a baby. One night he'd come back one time, drunk and high on his own supply and Sandy had been shooting up, the baby crying, alone, in the crib in the next room. There'd been shouting, they'd had some altercation or other, but Sandy had been holding the baby that time, and he'd pushed her, hard. It had been a blur, happened so fast. She'd spun around with the force of the blow and fallen, landing hard on a metal and glass coffee table, and Sofia had gone down with her. He'd seen the full force of her mom's body landing on top of her, then he'd heard nothing. *Nothing.*

Panic had risen in his throat, and he'd turned on his heel and run, just stumbling out the door, ran for what felt like hours. He'd woken up in some cheap motel, sweating out the alcohol, bought a cheap truck, left town with nothing. He'd checked the local news for a few days, but there'd been no news of a man on the run, or a baby rushed into the emergency room of the local hospital.

It was the first time he'd hit a woman and he knew it'd be the last time, but in the midst of it all, he'd hurt his daughter, too. He'd hurt his beloved Sofia, and he was too shamed to come back. At least not for a while yet.

He gazed at the silhouette of the river and rocks as the truck rattled passed them, on and on, to a place that now promised redemption. Swinging the steering wheel a hard left, he saw the spire of the Challaca church nestled amongst a few sad looking, boarded up buildings, remnants of another time when the town had once been full of life.

That had been a long time ago.

Gill was pumped. He had a meeting with Elliott Asher that night. A meeting that might change the course of his life.

Gill had met Elliott a few months back in a bar, soon after he'd hurt Sofia. He'd been a mess and Elliott had offered to help him out, said he had a sweet gig for him at a local lab, cleaning up, maintenance, that kind of thing. He could get back on his feet, maybe show Sandy he was worth something after all. That he was cleaning up his act.

Asher had made good on his promise, rocking up the next day in a gleaming red convertible to take him to his first day of work. Gill hadn't been able to believe his luck.

It had been Gill's first decent job for years, a job that had handed him back some sense of belonging and self-respect. Even better, Asher and Gill had taken to sneaking back into the lab after hours, Asher working on some revolutionary treatment to help him kick his ADD and his crack habit. Asher was a genius. One of those child prodigies, or that's what Asher had told him once. He sure seemed smart to Gill. And the treatments had worked, at least for a time. Almost daily, after their boss, Nate something-or-other had gone home and the lab had been closed down, they'd slip quietly back in and Asher would run a heavy dopamine and serotonin treatment on him, some kind of brainwave therapy, AVE, he'd remembered, in one of those big brain scan booths. It was incredible. He could flood his brain with a feeling of euphoria almost by clicking his fingers, soak his pleasure pathways so powerfully in happy hormones that he didn't need drugs.

Asher had become a friend first, then, later, something of a guru figure to him.

But then the treatments had gotten less effective, and Asher had needed to run more and more aggressive tests and therapies, experimental stuff, and now they were skimming the edges of nothingness again. He'd felt even worse, like the crack cravings were coming back but like his head was screaming inside without multiple daily sessions in that big brain wave machine. In truth, he'd started coming off the rails even then.

But it was that night that his world had completely fallen apart. Asher had come back from county hall that evening after checking police records for details of Sofia and Sandy's whereabouts. He'd listened to Gill's proud stories about his baby Sofia for what felt like the thousandth time, heard again how Gill had sent so many letters, sent money over and over, yet heard nothing back. How he'd won a little fluffy stuffed toy dog at the local fair, called him Woofy, and dreamt of giving him to his baby.

He had missed her so bad it had physically hurt him these past weeks. All he wanted was to watch her sleep, hear that gentle, soft breathing and feel her sweet breath against his face as he embraced her. The week before, he'd sent a check along with a note, saying that he was sorry, that he was trying to kick the drugs, had a great new job now, that he loved them both, but that he'd keep away. He was ashamed for what he'd done. He'd known it wasn't the time, yet, to come back, but that he hoped they'd forgive him, come to know him as the better man he was trying to be. As gestures went, it wasn't much. But it was something.

He'd felt a glimmer of hope for the first time that day, before it had all come crashing down around him again. Asher had come back that evening before their daily treatment, somber, grey. He'd gone to the local town hall, then the hospital, then diligently checked the police records. He hadn't seen Sofia. Couldn't see her.

"Gill, I'm sorry. But that night, you killed her. It was an accident, but you *killed* her."

Gill had collapsed, stunned, heavy sobs wracking his body as the shock had consumed him. For hours, Asher had sat with him, the silence hanging heavy in the air, almost paralyzing him.

And that was then things had really changed. Asher had confided in him, too, told him about the terrible things that he'd done. Gill had listened, open-mouthed, too deep in his own self-loathing and shock to judge, or care. But reflecting months later, on that moment, he'd been sickened. He hadn't guessed for a moment that Asher could be capable of stuff that bad. That cold.

Still, in those brutal seconds, after every memory of his beloved Sofia had suddenly shattered, cruelly evaporated as he tried to grab on to a last memory, he just felt *relieved*. Relieved that he had found someone who cared, who would listen. Who could get him a *fix*.

You're only human, Asher had said.

We all make mistakes.

And Asher had grinned, talked about his own demons, not with a sense of penitence, thought Gill after a while, but almost pride. Inflections in his voice reflected a sense that the people he'd hurt were, in his eyes, less than him. The homeless, he'd mentioned before, were a blight on the town. Maybe in his own messed up sensibilities, he'd thought he was performing a kind of public service.

Gill was too shaken up, too eaten away by his own grief and loss to really be able to process it.

And Gill was scared. Scared of the reckoning that would be waiting for him, one day, when he took his last breath. Because despite everything, the one decent thing that his poor excuse for a mother and father had ever been able to achieve as parents was to turn up to Sunday school with Gill, week after week, come hail, rain, or shine. He had been a truly God-fearing child then, sitting with eyes as big as saucers as he listened to those fire-and-brimstone sermons.

And he was a God-fearing man now.

Still hadn't missed a Sunday, even when he was high.

For we must all appear before the judgement seat of Christ, so that each one may receive what is due for what he has done in the body, whether good or evil.

Asher was quoting Bible scriptures now and that gave him something to scrabble around and hold on to. His religious studies teacher Mr. Peacock had said that scientists were the enemies of faith, that they wanted to destroy the Bible and mock creationism, and that we all knew that the earth was created in seven days. It said so in Genesis.

But Asher *had* believed. He'd opened Gills' eyes for the first time to the idea that the faith-science barrier could, and should, be broken, moving humanity to a new state of consciousness by valuing each one, understanding how they could work in pure synchronicity. That was why he'd been taking the data from Nate's lab, adapting it, testing it over and over, clandestinely sneaking in after hours to perform these experiments on Gill. They were making history, using what scientists like Nate—who could never understand the importance of faith, had developed—to change the world.

"We can run these tests, these innovations, on ourselves, Gill, don't you see? We develop this power, these insights, we may be *walking the line between our earthly existence and the afterlife* for the first time."

Asher's words were drifting in and out of his head. He was still reeling from the news of Sofia, clutching the little stuffed dog that he'd so lovingly kept for her. The idea that her little hands would never close around it now, that her little eyes could not light up in glee, almost killed him.

It had been two weeks since that day, and Gill had regressed into almost full-time crack use again, filling the gaps in time between hits with sessions in Asher's MRI or AVE machine, or whatever it was. Dull. Broken, but feeling a little stronger each day, and Asher had spent hours a day with him, poring over religious verses, sitting in the broken up old chapel, throwing Gill a lifeline. And they'd come up with a plan.

Asher had explained something to Gill that he had told to no one else—that he'd been able to isolate post-death chemical reactions in the brain using Nate's data, then found a bunch of homeless guys, twenty of them by now, and he'd only killed them because he'd needed to stop their hearts, restart them again and again to test his thesis, wake them up between trials, ask them what they saw. Inject them with truth drugs to get them to open up about how good they'd been, or how bad. How he'd pushed them all to the extremes of how long the human brain could last after death before being regenerated. They'd all died eventually of course but in the service of something so beautiful. So life changing. Something that had allowed Asher a glimmer of hope.

A *reverse.*

And now, he said, he could offer it to Gill. So that when Gill died, he'd be going to Sofia in Heaven, and not to the grotesque dregs of Hell that would await him otherwise.

"Why, Gill, would God have bought this technology to me, bought me to you, if He didn't want us to use science for reverses? So more of us could re-route our final destination to His world?" He was sitting in front of Gill and now bent forward, his eyes blazing with intensity, grabbing both of Gill's eyes in his. "Gill. I could give you a reverse. Then leave you with Sofia. You could be together. Next week. Next week you could be with her again."

Asher's eyes were sparkling, dancing.

And Gill felt like a kid in Sunday school again, eyes wide as saucers, experiencing the miracles of science and faith, intermingled, powerful. So full of promise. And an end to a short, brutal life of misery. No more drugs. No more living. Only the Afterlife, with Sofia, in a good place.

Asher had shown him some video footage of the homeless men, and the data he'd kept. It looked amazing, and Asher had talked him through the process. How he'd be strapped to a gurney, his heart stopped with some drugs or other. Right before that he'd be pumped with a truth drug so he could tell his truth, and Asher could predict whether he'd have a demon-like, frightening, bone-shaking experience—for which he'd need a reverse—or (unlikely in Gill's situation) a bright light, a rush of oxytocin, then nothing but peace. He'd simply be going through what those homeless guys had experienced.

Redemption.

And a ticket out of a brutal, thankless life.

That was how had had found himself driving to the beaten-up old Challaca chapel on this hot, dry evening, the sunset painting the sky a symphony of oranges and yellows, color etched briefly onto the rims of the dark grey mountain ranges far in the distant horizon. A warm breeze caressed his face as he pulled his truck into the parking lot and walked across to the chapel. Asher had said it was important to be in calm surroundings. And surrounded by images of Jesus, that's how he knew he'd feel.

Asher was waiting. This time there was little talking or reassurance, with Asher instead brusquely directing Gill to a gurney, efficiently strapping down his wrists with thick dark green canvas straps. It was obvious Asher had perfected the routine. Gill lay back and closed his eyes. He was ready for whatever the hell would be happening next.

For the first few minutes Gill remained calm as he slipped into unconsciousness, Asher injecting him multiple times with drugs he now couldn't care less about. After a time, his eyes rolled back into their sockets, and small muscular spasms began. It took around ten minutes after Asher stopped his heart for a gamma burst to take place—the last activity one should ever witness in a dying man.

But that wasn't Asher's plan.

The faith-science barrier had begun to break, just as it had with the homeless guys who had lain and died on that gurney before him.

Asher got to work, then stood back to watch the show.

It was horrific, Asher noted, licking his lips. Deliciously so.

After a few moments, Gill was flailing, eyes opening like dark wide pits that sunk into his cheeks, a silent scream etched into his face. His lips curled ghoulishly over his gums, sweat pasting his hair to his temples, his skin pale and clammy. He'd gripped so hard onto the sides of the gurney that his knuckles look like they were about to burst out of his skin.

Asher realized that he was shivering, the air in front of him suddenly forming small clouds of icy breath, the radiators clunking and shaking.

Something must've broken. He felt scared. A deep, brutal fear that almost made him vomit.

He knew what he was doing was bullshit, a cocktail of drugs, and pseudo-religious crap designed to brainwash the idiots of the world, but sometimes...sometimes the extent of the religious imagery and talk had gotten to him, too, even then.

It was almost forty minutes afterward that Gill had emerged from the simulated coma, alert, scared, traumatized. Asher shook his head, his brow furrowed, turning theorizations over and over in his mind. He'd had to inject Gill pretty fast with a cheap cocktail to simulate those horrific nightmares but for Asher, when Asher had gone under one time...Jesus. It had been way worse for him. A pure lucid twisted fantasy of dark souls literally pulling him, dragging him kicking and screaming, into hell, the huge dark sunken holes where their eyes should have been staring into the depths of his being, mocking him, their long spiny grey fingers pulling at him as he'd screamed and screamed, desperate to wake up, desperate to escape. He'd had to admit to himself that he couldn't give up this quest now. Not if there was even a sliver of truth in this idea of a reverse. Because even though he'd designed this as a grift, a tall, lucrative tale to sell to weak minds, he'd need to perform that reverse on himself.

Just in case.

Besides, grift or not, this was a public service. A highly marketable one at that. The gift of reversals—the idea that in someone's miserable, sin-filled little life, they could repent then meet their own demons head on in a—what were they going to call it?—Walk of Death?—yeah, that sounded good. Snappy. Walk of Death. That they could meet their very own demons in their unique Walk of Death, learn their fate, then walk a Valley of Life which was the reverse.

Unbelievably, Trent had found that in his extreme experimentation with the homeless men, he'd been able to observe post-death activity longer than anyone else on earth, where he'd seen the final frontier—the rush of gamma activity that still no scientist could explain—then a period of nothing at all. Then… that men then either experienced a huge, bone-shaking flooding of dopamine and oxytocin—*when the brain was completely, electrically dead,* up to an hour later—or a hard, tidal wave of cortisol, a stress hormone. After complete brain death?

That finding had been something else. Then he had tested over and over again, pumped the men full of truth drugs, and even with the few hundred data sets he'd been able to create, some really scrappy but frighteningly powerful trends had emerged almost instantaneously—that those who were *bad*—the ones who had done some pretty mean, messed up stuff in their lives—always got the bad dreams. The worse the acts, the higher the cortisol spikes and the more extreme the demonic imagery.

One guy was a serial killer. The cops had never found him. The rush of cortisol had been so powerful within his body had bucked and warped so powerfully that he'd actually heard bones breaking, and then nothing. Nothing at all.

He'd lugged the body into the local lake, weighted down with rocks, and been back in the chapel hours later with another guy who'd been promised food and a warm roof over his head on what was a particularly squally night. Asher—Trent's real name back in the day, before he'd changed it by deed poll—an easy way to brush off his sins, he thought wryly—had gotten a lot of reanimations out of him.

It had ultimately required the repeated forced heart stoppages and reanimations of those old, homeless guys, some as many as thirty times, ultimately, brain damage and death for all of them. But what price progress?

And there had been so much progress.

Trent grinned at the thought.

He'd found that injecting his subjects straight through the heart the seconds before the 'assignation phase' as he liked to call it—allowed him to reverse the chemical reactions in the men—causing those who'd experienced countless cortisol floods to instead experience dopamine and oxytocin surges, waking up as if they'd seen and felt God.

He'd package it up so nice, sell it on. Redemption for a few thousand bucks. He'd be rich, start a Movement, and wealthy folk would pray, thanking God for allowing humankind to break the faith-science barrier once and for all, return his flock to Him even if they'd strayed.

Gill had just wanted to see Sofia again. He was tired. He just wanted it all to end. Asher stared over at Gill writhing on the gurney. He was trying something else on him today.

Gill had been a great test subject for his second product—neuro manipulation as a tool of brainwashing. He figured it could be used, maybe in politics, someday, though people were being sent to jail left, right & center these days for neuro-political crimes. One day. One day he'd be able to use it. He'd managed to brainwash Gill pretty fast, replacing his crack addiction with massive SSRI hits (potent depression medication) and constant brainwave remodulation via ultrasound. It had the neat effect of switching off the brainwaves that allowed his brain to undergo critical thought & rational analysis, instead keeping him jacked up on a theta waves that made him feel bliss & kept him beautifully vulnerable to suggestion.

He stared out of the stain glass window, that had cracked a little on one side, the image of the face of an angel partly missing.

Politics. That's where he needed to be.

One day.

He shuddered as suddenly a lightning bolt smashed down into the distant road, a massive thunder bolt juddering across the sky moments later, shaking him to his core. A large black entity formed in the corner of his eye. He knew without having to turn to look. A tornado. The blackness of the dark funnel growing like a tumor in the night.

"We need to leave."

Chase Matthews stepped out of the shadows. They both turned to look at Gill, prostate, pathetic.

Gill's eyes opened, focusing slowly on images of religious frescoes on the ceiling above him. He felt helpless, confused, wondered what the hell he was still doing there. He hadn't seen Sofia. He was still alive. Still in this living hell.

Images of wretched souls on frescoes, falling into the pits of hell, now stared back at him. He suddenly felt desperate, claustrophobic, and pulled urgently on the wrist straps, looking searchingly over at Asher who stood with some other guy, both smug, something evil in their eyes.

The storm was picking up outside, the sounds of branches clacking and smashing against the windows adding a macabre twist to the scene. Shadows lengthened and fell, over and over as the wind whistled underneath the chapel door.

Asher and the other guy were looming over him now and suddenly he felt the sting of the injection, warm fluid flowing through the veins of his arm as he fell, once again, deep into oblivion. The rush of noise filling his eyes and the feeling of being pulled into a deep light tunnel, the rushing sound getting louder…a deep, baritone thumping, a reassuring, all-encompassing sound, and the warmth. Oh, the warmth….

…and then he was rushing back into the world, into the chapel, and the doors were rattling so hard he thought the place would explode. Asher was speaking fast, now, telling him *It worked, it worked,* pulling the straps off of him, and half walking, half dragging him down to the crypt as a monster tornado savaged the scorched earth above and he and some guy called

Chase were suddenly yelling that they had to go, had to get to safety.

Hours later they'd stumbled outside, blinking in the sunlight, disorientated, where smashed up bricks and wooden panels lay in place of the chapel that had stood there the night before. The lab hadn't survived.

Gill had gotten straight into his truck on Asher's insistence.

The analgesic effect of the sodium pentothal had combined, he was told later, with the effects of the crack cocaine that he had taken earlier, and the massive dose of heroin that had been injected directly into his bloodstream by Asher, a man who had promised to help him.

The effects of the ketamine and gamma-hydroxy-benzoate that he'd also been injected with had amplified a delayed reaction response, in which medics at the scene had later remarked had never been seen in such combination or quality in a living mans' body before. The massive stroke that suffered minutes after leaving the chapel had been ruled partly as the cause of the pile up that he'd caused and which had taken the lives of two brothers, Maximillian Sebastian Van Rees, and his brother Miles Van Rees, both billionaire investors and founders of a leading regional Christo-Evangelist Super PAC.

The body of close friend Benedict Guardine was also found alongside them. Gill would be found guilty of first-degree manslaughter one month later, serving four consecutive sentences for which he would never walk free.

Confidential witness statements provided by one Elliott Asher and one Chase Matthews nailed the conviction, with both men testifying that Gill, a known local addict, had broken into Nate Templeton's laboratory that weekend and stolen as much as he could carry, burning down the chapel and pumping himself so full of drugs that they were amazed he was even still walking. They'd testified that he'd been taking homeless men into that chapel over the last few weeks. They didn't know why, they'd said, but perhaps the police should look into it.

Exactly five miles away on the day that Gill Mathers was sentenced, a little girl by the name of Sofia Mathers took her first steps, her mom laughing with pride as she wobbled a few feet across the playground before landing playfully in the sand. Gill never did see her attend her first day at school, or graduate high school. Even though she lived only five miles away from Challaca County penitentiary, neither ever knew that the other existed.

After the trial, Asher and Chase had laughed over the sad letters written by Gill that he'd claimed to have posted for him, chucking each one in the fire pit as they knocked back beers bought with the cash that Gill had so lovingly slipped inside each envelope. Then they'd forgotten about him, too busy looking for their next mark to give him another thought.

A couple of days after the accident, a paramedic, Denny Jackson, had kissed his daughter goodbye and headed to the hospital where'd he'd pull a 12-hour shift, just like he'd done for the last twenty years. He loved the place, his colleagues and, most importantly, the patients. It was the small details, those intricate details and parts of life, those small moments, those flashes of life and love and family that floored him most often in the people that came and went every single day. So many stories. So many lives upturned and ended and saved and begun.

On his way to work he took a brief detour to the address on

the envelope that had been sitting on the front passenger seat of his car for a few days now. He knocked on the door of the small trailer and stepped back as the door opened.

"Ma'am?" A lady opened the door, smiling, an inquiring look on her face. A blonde, pretty little girl appeared, interested but shy, and she looked up at the visitor from behind the folds of her mom's dress as he bent down with the broadest grin on his face. "Well now, I think this little fella might belong to you."

He handed over a small stuffed dog. Sofia clutched it immediately and, in the years that followed, would refuse to go anywhere without it ever again. As she ran off, Denny straightened up, explaining to Sandy that it had been found at the site of an accident, in a small parcel, addressed to Sofia.

She nodded, bemused, and thanked him, turning over the small, ripped up parcel in her hand. Reading the letter inside later on, she'd cried, wondering how everything had gotten into such a mess. She could've used the money that Gill had promised her in the letter. But there wasn't any.

Denny got back into his car, waving goodbye at the happy little girl clutching her toy dog. It was the only gift Sofia would ever receive from her father who believed with all his heart that she was dead because he had murdered her. She called him Woofy, a name she had thought of all by herself.

26

The Present Day

White Lodge Country Club stood atop the rolling hills of Western Virginia, a long-held remnant of the colonial era that had, in another time, played host to generation after generation of conservative senators and legislators. It was a Christo-Evangelist stronghold now, a hyper-exclusive retreat whose members came to drink, relax, laugh, smoke, and hunt, escape the pressures of a world they had long felt was fast slipping away from them. A world littered with new laws and equality regulations and political correctness, where the beauty, tradition, nostalgia, and old-world values of an older America were now routinely discredited, mocked and cast-aside. The Lodge still offered an opportunity for those that treasured those old values to travel back through time.

On a hot, dusky early evening, one could still sit outside on the sprawling, wide terrace to enjoy lemonade and idly look on as farm hands and gardeners toiled the land, just as their ancestors had before them. It was a return, for the Christo-Evangelical Movement, to a simpler time.

Plantation fields still stretched out from the green gardens of the Lodge in all directions, as far as the eye could see, fields that still stood ready to offer a bounty that would be packed up, taken to harvest markets, and transported across the continent. These days, the trade made less and less money, but it had never really been about profit. The Christo-Evangelists were, at heart, a party of colonial revivalists, intent on reliving times of old. And White Lodge offered an oasis. A respite. A world they hoped to recreate after the forthcoming elections, with the help of Levanter. For the first time in a long time, they felt as if that possibility lay genuinely within their grasp.

White Lodge itself represented a stately, magnificent example of Colonialist revival architecture. Constructed in grand antebellum style, the three-storied building stood impeccably proud, its' newly restored white facade gloriously framed by elaborate pillars and columns which stood atop wide marble steps. Palms trees offered a tropical feel whilst rows of decadent red roses and painted trilliums decoratively filled the perfectly manicured flower beds that extended the length of the steps, leading down toward the light green, equally faultlessly manicured lawns afront. A majestic gable roof and decadently sized rows of wood-shuttered windows accompanied elegant white stone and marble topped balconies and terraces that ran the length of the front of the building. Small groups of men sat together around the grounds, enjoying cigars or coffee, enjoying the surroundings, animatedly discussing the day ahead.

It would be a good day. They were sure of that.

A long, winding gravel path led through forested grounds, replete with lakes, muntjac deer, pheasants, and peacocks, ending in a small hidden entrance intentionally set back miles from any main roads. Heavily guarded, the estate was designed to keep unwanted guests out. Local police frequented the Lodge as guests; anything could happen there, and nobody would see, hear, or care. It remained one of the last bastions of freedom in America for a certain moneyed elite, for whom the usual rules of society did not apply.

Grey clouds were slowly rolling in from the horizon. Senator Bill Buckley stood aside the heavy deep red velveted curtains, taking in the beautiful sight of the gardens and vast plantation beyond. The deep blue, orange and pink hues of the sky were giving way to nightfall, now, the last colors of sunset fading fast. Buckley always felt, here at the Lodge, as if the past itself were being laid out before him, as if the farther he looked, the closer to his forefathers he might get. He had always felt a peace at this place. He felt content.

Then he remembered. The speech. He heard voices behind him.

How long have I been standing here?

Turning around, he felt alarmed. The room was already full, yet he hadn't noticed anybody coming in. They were clearly waiting, impatient. How long had they been sitting there?

Clutching his hands behind him and squaring out his shoulders, he cleared his throat, trying to sound masterful. He heard his voice falter, a guttural sound emanating from his throat.

Were they laughing at him? Mocking him?

The room remained silent, expectant.

He squinted. Looking at his colleagues, he saw sudden flashes of grotesqueness, where their eyes and mouth would become ludicrously large, their grins a comical, grotesque slash across their face, before suddenly realizing that their appearance had returned to normal again.

Shadows suddenly jumped then receded again into the corners of the room. Unnaturally, limbs on the bodies of his colleagues seated before him seemed to jerk unnaturally when caught in his peripheral vision, yet nothing seemed amiss when he looked directly at them.

He swallowed, feeling a cold lump in his throat. He had to do this. Had to hold it together long enough to see it through.

Then suddenly, Pastor Duarte Santé came to stand by him, shoulder to shoulder, and his body felt flooded by relief. *Our Savior*, thought Buckley. He felt a calm wash over him. He felt more comfortable speaking, now, with Santé there. The others wouldn't dare speak up or mock him with Santé there by his side.

They were desperate to see Santé, too. Buckley's strange behavior worried a lot of them, made them wonder if it was a preview of what they might suffer. Yet Santé had promised them that the problems ended with Buckley. That he'd been an early anomaly. That they were fixing him.

That night they'd all begin their own journey. Undergo their own transformations.

The Rapture was finally here.

Buckley pulled at the collar of his shirt as he spoke, unbuttoning it a little to allow the feeling of freedom and the sensation of cool air to hit his skin. Taking a few deep breaths, he began, pride and confidence swelling his chest.

"Gentlemen, I was the first to walk through the Valley of Death." He looked at Santé who smiled faintly, nodding deferently to Buckley, signaling that he should continue. Buckley turned to gaze out of the broad French windows as he spoke, a move designed to add gravitas to his words.

"In the midst of the faith-science barrier—breaking that final frontier -I was deigned the most loyal follower. The follower who believed most powerfully in the sacrosanct nature of Duarte Santé's visions. That God had given us the keys to unlock the Afterlife by using science to learn how to reverse our final destinations, reversing our fate. As the greatest sinners, we could also build our own path to Heaven."

Turning back to face the others, he was relieved. They looked interested, engaged. He was affirming their beliefs, building excitement in the promised land. In their incredible reversals of fate that would begin with the medical treatments later that evening in the adjoining room. The Lodge now had a dedicated medical suite, where the sacrosanct Walk of Life would be taking place.

Duarte Santé handed him a glass and signaled that he should drink. Taking a hit of bourbon, Buckley felt good. The liquor warmed his veins, trickled down to his belly, gave him confidence.

"Levanter delivered on everything. First, on the vision of a neuro-political strategy that will set alight the upcoming elections. The Initiative has allowed us to bypass FDA regulations by hiding our brilliant brainwave manipulation tech within a wellness product. We've tested it on loyal Initiative followers and the results—as you all know—are incredible. Just as we had envisioned. Live testing on members has allowed us to all enjoy a real-time analysis of its' effectiveness, month-by-month."

A voice rose from the back of the room. Trent Calder.

Trent stepped out of the shadows into the light as delegates turned in their seats to watch him. “We’ve now gotten 74% engagement with voters using Levanter and Initiative apps, dummy wellness & social media companies & giveaways online that tie users into unknowingly accepting our brainwave modulations via Wi-Fi, radio signals and—if close enough to our centers—ultrasonic waves. And our re-education rate? Take Luke Templeton, our original case study. The anti-Levanter test case, as we liked to call him.”

A smattering of laughter rose from the room.

“We let the data sell itself. You all know already we achieved a 90% assured hit rate for re-education, which means that almost 90% of swing voters that we’ve micro-targeted aggressively are now overwhelmingly likely to vote for the Christo-Evangelists. That’s on top of a projected additional 39% switch rate amongst Progressive voters targeted most heavily over the last twenty-four months. That sets your statistical chances of winning this election at 96.4%. Gentlemen. The election *will* be ours.”

He bowed theatrically.

A round of applause rang out around the crowd as senators raised their whiskey tumblers in mock salute, cries of ‘hear, hear’ filling the room.

Buckley grinned, pleased at the reception he was receiving. *That’s nothing*, thought Buckley, getting into his stride. *Wait until you hear the rest.*

Buckley was sweating, excited. Eager to add to the good news. He desperately wanted the eyes of the room on him, to win their approval. To be the hero.

He spoke up loudly, causing senators to uncomfortably shift

in their seats again. He wasn't the orator that Trent Calder was, not by a long shot. Faces kept shifting in and out of reality, grotesque grins, long red slits for mouths, shadows extending too far from the corners of the room. But he kept talking.

"As you know, I was in charge of managing the impact statistics. Seventeen million unique users have already downloaded the Levanter wellness app. They're all being exposed as we speak to brain wave manipulation. In fact, anyone within a 10-foot radius of their handset or tablet will be exposed too, which is why we targeted the 18-30 age group so powerfully—they're the social, coffee shop generation, most likely to give us a powerful multiplication effect of who we can reach. They're also the most likely to get out there and vote."

A voice from the crowd emerged out of the darkness. "Don't forget they're the easiest to manipulate—especially the teens—due to their immature prefrontal cortical development. We need to always get them when their emotional brains are ruling the show. Older voters can be too rational."

Many attendees murmured in agreement.

Buckley talked louder. He could hear a buzzing in his ears now. "We predict app usage to escalate to around 45 million within one month of the national Presidential, Senate and House elections. But the best thing is that we've been able to install it on the Floor, exposed both sides of the aisle to heavy brainwashing manipulation, some amplifiers too, and we've swayed the voting into 57% positivity ratings for the Authoritarian Bill.'

"Wow." Santé's voice boomed out from the side of him, as he led a clap.

"That came from outright mockery from the PAA. They

laughed in your face. Now almost 60% want it. We expect a rise on those figures too, right, Trent?"

Trend nodded. "Expect a 2-3% increase, week on week. You'll get that Bill."

The others clapped hard on Santé's request. These days, the crowd did anything Santé asked them to.

Santé was on his feet now, placing his hand on Buckley's back and smiling indulgently at him. It was an act of paternalism, gentleness, understanding from a deeply spiritual man. At least that's how it felt to Buckley, who felt pride radiate from deep within him. He recognized the envy that others felt right at that moment, could see it in their eyes.

He suddenly felt sick, bile rising in his throat, a feeling of anxiety strangely intermingling with euphoria, then opprobrium, then euphoria again. He was losing his grasp on something.

He gazed at Santé, hoping for a feeling of stability. Something to mentally grip on to. The reversals had been hard on him. The loss of self-control had made him sin. Worse and worse, over, and over. And each time, Santé had deigned him worthy of saving. Worth of another reversal.

Over and over.

Gazing lovingly at his pastor, he stood back. He suddenly understood that it was Santé's time to speak.

Duarte Santé opened his arms in a welcoming, humble gesture, bowing slightly in a show of deference.

"I see here many faces that I know, men whose brave souls, wisdom, piety and open hearts have allowed us to plan this Rapture and the New Order with confidence and bravery in our hearts. Everyone here has pledged their allegiance to the Cause. All of your names will be written in the Book of Life *tonight.*"

He paused as murmurs swirled around the crowd. It was an exciting admission; one they had all prayed and hoped for. If their names were in the Book, they'd be gifted their one-on-one's with Pastor Duarte Santé himself. He would take their full confessions. It was a kind of magic, many had said, a miracle, that caused senators to tell the truth, only the truth, in his presence, as if they could not control themselves. They were willing to accept it happening to them, no matter how dark their secrets, how vile their sins, for he was the man who had been granted the God-given gift to cross the science-faith barrier and reverse their fates.

No abuse, no murder, no rape, no fraud could stop them from advancing to the highest heights of the Afterlife, the slate of sin wiped well and truly clean. They'd seen the data from the fifty plus sleep centers, seen the video footage. It was real.

Duarte began to speak.

"We are an intelligent group. The people here today are of greater intellect than most of the electorate, which is why we take the patriarchal approach that we do. To make decisions that are in their best interests. Men are implausibly easy to lead, to persuade. We know this. And we have come to understand that God wanted it this way. So that the smartest guys in the room—all of you—could lead them to the decisions that suit us all best, away from the decisions that they *think* are best for them."

Murmurs of agreement rose throughout the room.

"Levanter and the Christo-Evangelists allowed me to straddle science, faith & politics for the first time in American history. In the short time that we have been working together, we have committed to winning the Presidential election, then overtaking Congress, removing the President, and installing a new faith-based order together immediately after Congress have signed off on the Authoritarian Act. Once that has happened, we have a free hand to re-mold this nation. This is not science fiction, gentlemen. This is real. This is the future."

Every man in that room felt full. Alive, experiencing a sensation of excitement and piety, pride and adrenaline mixing and swirling like oil in water. They *felt* Santé's passion and reverence as if it were their own. They were part of something so big. So special. So powerful. It felt as if the Rapture was beginning, right then.

Trent had signaled his assistants to power up their proprietary neuro software. It was working. These guys would be almost foaming at the mouths in excitement in a few minutes. He grinned.

Conning the conmen.

That was what it had always been about.

Duarte Santé turned to Senator Buckley now and told him to kneel, quickly placing his full palm atop Buckley's head as he spoke, his words now tumbling out with a harder tone. It was night now, stars lighting up the sky beyond them in an incredible display, the windows behind them offering an incredible background that framed the power of his words. Buckley soundlessly fell to his knees.

His words were rising in tempo now, the deep baritone of his voice reverberating against the walls of the room as a rapt audience looked on.

He was mesmerizing. Some of the senators felt their bodies swaying. The opening chords of familiar church songs began to pipe from speakers somewhere in the room.

Pastor Duarte Santé's palm remained firm on Buckley's head which was now bowed, his eyes closed. It hurt his neck, but he welcomed it. Welcomed the pain.

Santé pushed down harder, just because he could. Buckley's' fervent subjugation amused and repelled him in equal measure. He felt powerful, adrenaline coursing through his veins. He could humiliate this man, right now, he thought, probably snap his neck in front of this audience, and nobody would do a thing. They'd still love him.

Buckley's neck began to strain hard, his skin becoming mottled, red. He strained against Santé's hand, trying not to collapse, feeling the muscles of his neck bulging.

Duarte was on fire now, raging. His eyes flashed with intent. He lifted his free arm, pointing to senators as he spoke, pushing down even harder on Buckley with the other. 'You all are the chosen ones, the spirit that will lift your party, lift the Senate, lift the House, to breathe life and fire into our faith army, turn the darkness of democracy into the bright light of faith-rule, to enact the Authoritarian Rule of Law within the first days of Office, then, as I stand before you now, I will stand before you again as the new Faith-Rule Leader of the United States of America.'

Trent Calder smirked. He was standing back in the shadows now. They always ate up this fire-and-brimstone crap.

Duarte Santé took a breath, flush, red, as the crowd cheered. This is what they had fought for, waited for, for so long. A way to circumvent the neuropolitical laws, use the best of the best brainwashing manipulation tech to safeguard a return to office, a welcome shift, finally, to outright authoritarianism.

The advent of the Rapture. The legislative storming of the Senate and the House the moment the Authoritarian Bill was won, and democratic laws had been shed. The claiming of power by Pastor Duarte Santé who would by then be the only man with cross-partisan support.

The end of Democracy.

The senators felt humbled, proud. Proud to be named as the key architects of a revolution that would transform their nation and maybe, in the years after, the world.

Duarte Santé had campaigned and worked tirelessly, too, those last two years, relentlessly travelling across the country, attending church services, prayer meetings, then rallies, events, healing sessions, seminars. They'd developed a cult around him, with the Levanter Initiative operating as a spiritual vehicle that bought his vision, his claims, his charisma, and faith mainstream. They'd thrown millions of dollars at YouTube channels, Instagram and Twitter feeds, showcases, events, roadshows. They'd worked with countless marketing agencies learning how to slowly inject a powerful, extreme faith-based message little by little into the public psyche like a hypodermic syringe, so slowly that nobody felt it until the effects of the medicine that they didn't know they'd needed or wanted had hit them so hard. A medicine on which their bodies had come to powerfully depend.

Duarte Santé had been the intended figurehead of the entire movement from the very start. He had a perfectly curated, strategically developed, excessively marketed following of millions and now he would sweep them into the kind of power that every single politician on earth dreamed of.

They wouldn't have followed him so fast, however, without the Book of Life. That had been a work of mastery, a con so clever that even its' key architects were beginning to believe in it.

Buckley was bucking and straining under his splayed-out hand now, Santé flexing his forearm so hard that his veins were protruding and his knuckles white. Santé felt the power of pushing Buckley down, almost tasted it, like a delicious treat that he rolled around his tongue and savored for a long time. Then suddenly, Santé pushed Buckley's head away, sending his large bulk clumsily to the floor.

Chase Matthews watched the whole scene unfold from the CCTV office at Levanter HQ, 500 miles away. Trent could hear Chase sniggering into his mouthpiece.

At that exact moment, Chase and a couple of drinking buddies had their feet up, eating out of pizza boxes. This was a great evenings' entertainment. He figured they'd dine out on moments like these for years after the upcoming Election.

Back at the Lodge, Duarte Santé, resplendent in a heavy, high-quality cream robe, brown hair flowing, had discarded Buckley. He needed a new prey. The crowd demanded it. As he walked slowly over to Senator Carlson, gazing down knowingly at him, the room went quiet. A sense of gravitas rose, weighing down the air, leaving the atmosphere heavy, as if impregnated with silent anticipation.

Buckley was on his hands and knees, looking on in awe. But no-one was looking at Buckley now.

Placing his hand gently on Senator Carlson's shoulder, he

kept his eyes trained on the man in front of his, as he addressed the room. "This evening, gentlemen, we walk the Valley of Death together, after pledging our faith in the Book of Life. Senator Carlson is the first man that I have chosen."

Hunter Carlson's plump lips peeled back into an indulgent smile.

"But first…."—he looked up and gestured around him, arms wide & beckoning. His crystal cold gaze met a sea of expectant eyes as ephedrine pumped through his veins, firing him up more and more, as the pupils of his eyes dilated into tiny, black ink pin pricks.

"First, you must confess."

His eyes moved to the brown-wood confessional booth situated at the edge of the room.

For a split-second, he looked directly at the hidden CCTV camera positioned in the corner of the room. Chase chuckled from across the country. "Truth serum time."

Over the next few hours, every senator in that room spoke their truth, wrote their confessional in Santé's Book of Life. The Book, a large leather-bound black volume that never left Duarte Santé's side, remained replete with the darkest thoughts and confessions of America's most powerful men. Chatter spread quietly through the room at lightning pace.

It was true. We all spoke the truth. We couldn't help it.

They couldn't help it because of the sodium pentothal that had been slipped into their drinks earlier. They didn't know that, of course. They'd attributed it to faith, to religion, to the Lord. That Pastor Duarte simply possessed an otherworldly way of peering into everyone's souls, reaching inside of them and pulling out their twisted truths. He carried the power to reward them or deny them the right to walk through the Valley of Death, to experience the ultimate prize—a reverse. Their chance to traverse the science-faith barrier. To walk through the last frontier between God and man. To cheat the ultimate system.

Buckley stumbled up and ran to Santé, gently tugged on the billowing, cream sleeve of his robe, almost like a child. As Buckley released the material, Santé glanced down, noticing greasy fingerprints that had stained the pristine fabric. Looking up at Buckley he could see he was sweating profusely now, his skin grey and pallid, his eyes darting around the room. His bulky frame looking disheveled.

Disgusting.

Buckley wasn't sure what to say. He'd walked his Valley of Death, experienced his reversal. His words lay there in Santé's revered Book of Life. He'd already experienced the demons and the angels, but afterward, he'd never really come out of the fog, seen things, heard things the way he should have. He'd lost all self-control, never really returning to reality like he should have, and he'd sinned, and sinned, and sinned. He'd had another reversal, then another. He hadn't been able to stop himself *hurting* people and they'd covered it all up for him, delivered him back to Duarte Santé's kind, welcoming hands, letting him undergo the Valley of Death, confirming he had again set himself on the path of all sinners, then allowed him the Walk of Life again. But every time it had made things worse, made him lose control over himself.

Then that last time it had been too much. He'd just walked into traffic in a stupor, smashing up his body. And now he'd done it again, one of the maids in the fields earlier. He couldn't help it. He just needed another reversal. Just one more chance. One more.

Just one more.

The desperation rose in him and caught in his throat, paralyzed him.

Santé spoke softly as if hearing his thoughts. "You too, Buckley, you have a final chance at redemption. Tonight."

Chase chortled, "Buckley that toad, he's going for another spin."

Trent whispered into his mouthpiece. "I'm concerned. What the hell has he done now? More crap for us to clean up. Jeesssus".

Standing in the darkness, Trent closed his eyes, pinching the bridge of his nose as a shooting pain travelled lightning fast through his temples. His head had started to pound. Dr. Silva had created a medicinal cocktail for him, beta blockers, a few SSRI's, some other stuff thrown in that he'd forgotten, to cancel out the effects of the neuro machines and the amplifiers that they were now using so heavily on everyone else. It worked in part, but the side effects were getting harder to bear.

He opened his eyes and looked back at the screen as he simultaneously fished a blister pack out of his jacket pocket and knocked back three painkillers with a slug of whisky.

He watched the room thoughtfully. It was like watching a slow-motion car crash.

But hopefully an insanely profitable one.

Security cameras clicked and whirred away, capturing the transfer of senators from the events room to the new custom-built medical suite. It was an incredible facility, all marbled surfaces and gold lighting fixtures. It was clean yet remained free of the clinical odor of lodoform that blighted most hospitals and treatment areas, because the senator's expected luxury. Instead, for them, the air was pumped full of sandalwood & vanilla extract, an aroma designed to spark memories of spas and upscale health clubs.

Chase peered closer toward the screen, transfixed, his blue eyes sparkling. This had always been his favorite part, ever since he'd stepped out of the shadows to watch his first in that little old chapel down in Grant.

"This part *fascinates me.*" He took a slug of beer between mouthfuls of pizza, moving his chair closer to the video feed.

Chase chewed on his lip. He tapped on one of the small CCTV screens, clearly enjoying the show. "Check this guy out. So willing to get strapped down. And look how they defer to Bra…."—he self-corrected—"Duarte."

Trent sighed. "No slips ups Chase. Remember?" Chase sighed. "Yeah. I remember."

It was a hard habit to break. He remembered Duarte as the little smart ass he'd been when they'd met him. It was hard to treat him like Moses on the Hill. He slouched back into his seat.

Trent issued instructions quietly into the device on his wrist, talking the medics through their act. "Turn the levels up twice as hard. I need this done fast. We need to get used to quicker turnarounds."

One of the medics glanced up at the hidden camera in the medical suite, nodded, and turned his attention to the assortment of important-looking medical equipment located close to the gurneys. Trent knew that, soon, Levanter would need to process hundreds, if not thousands, of patients per day. They needed to get a lot more efficient.

When they had installed Duarte Santé as the new Faith-Leader, they would make all Valley of Death's and reversals public, placing the fear of God—literally—into any dissenters and opponents, threatening them with consignment to the depths of Hell if they dared not fall in line.

He felt smug. Finally, the plan was coming together. It had taken 20 years. But his time had come.

Trent thought back to Grant and what he'd foreseen when he'd first crowbarred open Nate Templeton's filing cabinets, hacked into his computer system. He'd seen the potential for the greatest grift on earth, back then, the chance to blend science and faith in the most powerful way possible to take full advantage of the peculiar vulnerability of man to suggestion. He'd read a saying somewhere—'Grifters are attracted to religion like pigs to shit' and whoever had written that had been right.

The easiest way to manipulate man was to freak him out by injecting the fear of God into him.

Almost an hour later, the first round of senators had staggered, or been carried, away from their gurneys, left resting as a kind of half-conscious pile of bodies with Duarte and a couple of his assistants. Medics were handing out small bottles of mineral water and energy bars.

Senators carried the look of the sanguine, post-orgasmic, spent, content man. Bill Buckley was one of them. He had been immensely grateful—so grateful—to have been strapped down first and had been sitting awhile in a post-treatment reverie with the others. A few of the medics watching the security screens from the second floor of the Lodge had initially expressed concern; zooming in on Buckley, he seemed to be aggravated, his body jerking spasmodically, his eyes shifting and darting perpetually around the room. And that grin.

But he'd been acting strangely a long time. They'd shrugged and carried on discussing the game, periodically checking the feed. Clearly their boss Trent Calder had it all under control.

The second Valley of Deaths had started already, with four more senators laid out, Duarte presiding over it all like a guru. Intense doses of GHB and ketamine had been quickly administered alongside the usual heart-stoppers, lidocaine, and adenosine, designed to turn off the amygdala-heart connection and effectively wipe the post-gamma spike slate clean, so reversals could be enacted.

They're all evil bastards in here, thought Duarte grimly. *They need this more than anyone.*

Then he shrugged, thinking that he, too, was an evil bastard. Perhaps it wouldn't be so bad to try it himself.

Lost in thought, Duarte didn't notice the scene unfolding in front of him.

None of them reacted in time. Until it was too late.

Chase stopped eating, mid-bite, as Trent yelled out incredulously. "Shit. He has a gun."

Trent began to shout instructions into the device on his wrist as Chase picked up a handset and began furiously dialing.

The other senators had already adopted a prayer position, silently willing on their comrades, laid out like turkeys on the gurneys, oblivious to the fact that Buckley had stumbled to the middle of the room, and had sunk to his knees facing Duarte Santé. He lifted the barrel of the gun, accepting it into his own mouth greedily, thankfully. His eyes widened. He grinned.

Blood spattered over everyone, across Duarte Santé's cream robe, landing on the faces and dirtying the shirts of stunned Senators Hawkley and Carlson. Some of it covered the crowing, screeching forms of the half-conscious men laid out on the gurneys. Bill Buckley had stuffed the barrel of a Glock G29 handgun that he'd hidden in his overcoat into his mouth and, still smiling, pulled the trigger, blowing out his own brain.

27

Hard rain had begun to fall since Luke and his friends had exited Alexander Van Rees's taxi. They'd half-jogged the remainder of the journey to his apartment block, cold, miserable, and wet. The adrenaline that had kept them pumped and focused the last few hours had largely dissipated and all that was left now was a collective sensation of displacement and anxiety, stress hormones and fatigue kicking in alongside a latent terror that someone had, really, tried to turn them into bear bait.

Entering unseen into the lobby of the grandly named Manhattan Skyline complex, the friends slowed down as they spilled out of the rotating glass doors to take in the expansive marble flooring, soft uplit lighting and gilt mirrors that ran the length of the entrance hall. The warm air buffered them as they removed scarves and hats, Annalise turning a full circle as she walked, taking it all in. She whistled.

"Woah. This is something else."

Spencer arched his eyebrows, used to the pomp and luxury. He'd been raised between luxury apartments, high-end townhouses, and villas in Verbier, East Hampton, Lausanne, Monaco. Why his dad had invested in Silvertown, of all places, was a mystery to him, but likely reflected nothing more than his involvement in Levanter. He made a mental note to ask him later.

Whatever, the price tag of a skyline mezzanine in a place like this was chump change to a Van Rees. Their ancestral lineage reflected one of the oldest and wealthiest bloodlines in America, a family whose fortune reflected a questionable history of deep involvement with the East India Company, the confederacy and later, in the 1940's, sketchy associations with programs and companies that profiteered from the sale of Jewish art taken by the Nazis during the late 1930's and 1940's. Spencer didn't want to touch any of it, felt now, more than ever, that he wanted to navigate the course of his own future on his own terms.

A chestnut-brown, highly polished porter's desk stood empty, presiding quietly over the lobby of the apartment building. Rex glanced at his watch. They had a little time before the porter came back from his rounds. They picked up their pace a little and headed to a set of four gold-and-glass elevators, punching in the code and using Alexanders' key fob to journey to his penthouse. Gliding up in seconds, the elevator doors slid open onto the mezzanine hallway of the apartment, the elegance of the Manhattan Skyline development immediately enveloping them in a glittering, stunning vista of Silvertown and the distant shimmering waters of Saffira.

The first level of the mezzanine apartment boasted incredible floor-to ceiling glass fronted views, a panoramic alpine view, and a mesmerizing view of Lake Saffira. It was breath taking, a bountiful natural world unfurling before the eyes of whoever deigned to stand and just gaze out upon those majestic windows, as if nature herself had issued an invitation.

The stunning views of the living area parlayed into a gorgeous contemporary open-plan kitchen. Located to the right of the entrance hall, the elegantly designed appliances and units also played host to a mini wine cellar, liquor cabinet and antique humidor. To the left, a wide, elegantly designed fireplace sat deep in an exposed-brick wall edifice that served as a low key but stylish lounge area. Deep floor cushions and generously sized sheepskin rugs sat strategically around a low-slung Moroccan style antique wooden table, replete with editions of black & white photography compendiums and back issues of GQ. An almost-impossibly paper-thin wide screen TV occupied the side wall.

Typical aging bachelor, thought Spencer. He'd seen the same set up in pretty much every one of his dads' other apartments, attributable mostly to the fact that the same interior designer came and sorted out all of his properties.

A stunning wood and glass spiral staircase led to an upper floor that housed various guest bedrooms and a master suite, en suite whirlpool baths and huge walk-in showers. A tailor-made mahogany up-lit walk-in wardrobe occupied the entirety of a fourth room, hosting perfectly folded and hung row upon row of Ermenegildo Zegna, Hugo Boss and Dolce & Gabbana suits, alongside cashmere sweaters in every color. Berluti and Church dress shoes buffed to a high polish lined the floor of each wardrobe.

Spencer ambled over to the fridge and pulled out a chilled bottle of Budweiser. He turned to the others. "Anyone want one?"

At the same moment, Alexander was rushing to his apartment. Turning the corner, he could see the porter in the distance, returning from his rounds.

For the first time in a long time, he felt a mounting desperation to see his son again, an urgency to make things right, to protect the one person that he loved more than anything. No matter what the cost. Right now, he needed to concentrate, leave no stone unturned. The first part of his plan had been to move Spencer and his buddies, unseen, to a safe location—his apartment. That seemed to have worked. An old college buddy, Jack Carlton, would meet him there.

His 'phone pinged, and he swiftly placed a call as he walked.

His contacts on the ground in local law enforcement had promised to get in touch if they heard any official callouts involving Spencer. A call had just come in that four Levanter employees were missing on the mountain, presumed dead, with blood and abandoned equipment located around half-way down the south-eastern side of the Soul Drift face of the Saffira peaks. Clear evidence of multiple bear attacks had been found, with exposed food the likely cause of the attack alongside possible drug use that had slowed the reactions of the employees. Another call had come in moments after, pinning the blame for the explosion at the Levanter campus squarely on Luke Templeton.

Alexander grimaced. He'd have to get Luke and the others out of the country, fast, for their own protection. Right now, an assumption that they were dead was the best chance he had of keeping them alive.

Pulling his coat closer to fight the bitter cold of the wind, Alexander's mind turned briefly to Albi and Oli. He wished they were there with him and, for the first time in decades, felt comforted by their memory. He still felt an all-consuming guilt, a paralyzing loss, but sharing the pain by confiding in his son had transformed his ability to face his feelings. He recalled Trent's account of his Valley of Death. That he had been the only one not to need a reverse.

Albi and Oli mustn't blame him. Maybe he wasn't responsible for it all.

Maybe he had some good in him still.

The idea bought tears of relief to his eyes.

Walking casually up to the entrance of the Manhattan Skyline complex, Alexander exchanged an amiable greeting with the concierge and mentally congratulated himself. He'd timed it perfectly—the concierge, Charlie, had almost bumped into him before good naturedly holding the door open for him to enter. Alexander headed to the elevators after wishing him a pleasant evening.

Perfect.

The first thing he saw as the elevator doors glided open was the welcome sight of his son relaxing in front of the fire with his buddies. He could have cried with relief, but he kept his cool. They'd made it. Part one of the plan was complete.

Throwing off his scarf, he headed into the kitchen, straight to the fridge and pulled out a beer. "You guys not cracked open the Budweiser's yet?"

He was greeted by a sea of friendly smiles and raised bottles. Kicking off his shoes, he padded over to join them in the lounge area, choosing a wide floor cushion next to Spencer. The fire was crackling, and Alexander and the others swapped stories, shot the breeze, avoided the inevitable need to discuss recent events for as long as they were able to.

Luke stole a glance at Spencer from time to time, wondering

what had suddenly happened to make Alexander so relaxed, so welcoming. Alexander didn't seem to be the firebrand, the cold, arrogant man that Spencer had painted him out to be. And Spencer suddenly seemed far more chilled in his company. *Why the change? And why is Alexander Van Rees being so friendly to us?*

Luke was confused, experiencing a troubling mix of relief and suspicion. On the one hand, he was genuinely thankful to Van Rees for giving them a place to hide out, yet he couldn't afford to let his guard down. Alexander Van Rees was a major investor in Levanter, after all, and the likelihood was that Levanter had just tried to have them killed.

This could all be a trick.

Sensing Luke's confusion, Alexander glanced at Spencer, who smiled back. "Guys, there's some stuff you need to know. That my dad needs you to know". He glanced at his dad, who signaled that he should fill them in before he spoke. In truth, Alexander was still overcome with emotion when he thought about Albi and Oli, too choked up to get the words out. He felt humiliated, welling up with hot tears in front of people that he still barely knew, stripping back his soul and laying it before them.

Spencer took the reins quickly and efficiently, explaining the panicked call from his father, who had overheard Duarte Santé, Chase Matthews and Trent Calder discussing a hit on Luke and Team Alpha. Alexander had become panicked, frightened that Spencer, his son, would be killed if he couldn't stop whatever the hell was about to happen. It had been a fear brutally and instantly deepened by a hugely traumatic connection to the past. There had been a time when he had failed to protect the two people that he loved the most, in whose brutal deaths he had been complicit. Now, Spencer was facing the same brutal horrors and he'd shrunk back, horrified that he might, as a member of Levanter's Rapture, be part of the group that was targeting him. He could not let history repeat itself.

He'd broken down soon after leaving the Levanter meeting, called Spencer, and asked to talk urgently, and they'd met up by the lake where Alexander had told him everything, confiding in him about his brother Oli and best friend Albi. It was a deeply personal, wounding story and Spencer felt wounded by it, too. Wounded at the hell his dad had been carrying around with him all of these years, hurt as he looked over at his dad and saw a usually bombastic, domineering man retreating into a shell of himself. Shoulders rounded, lips trembling, he wished, as he talked, he could take the pain away from his shoulders.

The others looked on, stunned and aghast. Spencer placed his arm around his dad as he spoke to comfort him. When the story was done, Alexander could not help but submit once again to the pain of what could not be undone, his overwhelming guilt, his body racked with silent sobs as the others listened and watched on in a respectful silence. Nobody knew what to say.

After some time, Luke spoke softly. "You were just a kid."

Spencer couldn't believe, in that second, how much he reminded him of Nate.

Alexander dried his eyes, and cleared his throat, thanking him. He genuinely appreciated his concern, and the relief that washed over him as he shared, for the first time in his life, the horrific events of his childhood. He felt as if he had shrugged off a blanket of shame, recognizing the blind hate that he now felt for his own father, for the psychopaths who had enabled him and taken part so readily in meting out such brutal, sadistic violence on his cherished best friend.

After the Levanter meeting, Alexander had called Spencer in a panic. Spencer hadn't picked up the call until that night in Max's.

"So that's why you left". Annalise pursed her lips, thinking back to his sudden disappearance.

Spencer nodded. "I thought that dad had freaked out when he found out I was gay, kept me at arm's length for some whacko evangelical religious reason using my choice of career as an excuse. But now I can see it's because of what happened to Oli and Albi."

Alexander nodded. "I see your Uncle Oliver in you so much. You're the spitting image of him so much that it freaks me out sometimes. When I look at you sometimes, I get this jarring feeling, just for a split second, that it's Oli in front of me. Then, when you told me you were gay, I guess those repressed fears and traumatic memories I'd tried to stuff down for so long just started coming to the surface. I couldn't handle it. Couldn't handle it."

He wiped his eyes on his sleeve, trying to hide the emotion that again overwhelmed him.

Spencer looked over at his dad. "Finding out I was gay freaked my dad out. I thought he was being a right-wing religious asshole, and couldn't handle it—no offence, dad." Alexander chuckled ruefully. He waved his hand dismissively. He knew he deserved everything Spencer could have thrown at him, and he was grateful to his son for lightening the mood so expertly. He still thought he'd have made a first-class litigator.

Alex continued to speak. "Anyway, I realize now it touched

a raw nerve, frightened the hell out of him that whatever happened to Albi and Oli would happen to me. I tried to shut down the memory of what happened to both of them, mechanically moving through life and shutting himself off. I didn't tell a soul, didn't process anything, but I couldn't hold it in forever. It finally exploded out when I found out about what Levanter were planning to do to my son—and you all."

Alexander seemed to be a little more composed now. Glancing at his watch, he pulled himself together and looked up sharply at the group. "Anyway, the reason we're telling you all this is that you need to know you can trust me. I have a hell of a lot more to tell you, but we can discuss that on the 'plane."

"The 'plane?" Luke's eyes widened.

As if on cue, the elevator doors slid open.

"Hang on Luke." Alexander scrambled up, jogging over to a serious-looking, suited man and greeting him warmly. Spencer jumped, almost bounded, up, a clear look of surprise on his face.

"Uncle Jack? What the hell are you doing here?" Spencer's face broadened into a grin as he also headed to the door, hugging him in a warm embrace. He'd known Jack since he was a kid. He wasn't a real uncle, but he'd come around so often, working on cases, talking with his father late into the nights, sharing countless late night take outs as they'd burned the midnight oil, trying to get a case wrapped up. He'd been a friendly face, a welcome sounding board about school, girls (before he'd realized girls weren't really his thing), life. As his father had closed off emotionally, rejecting him, he'd slowly lost touch with Jack.

He'd missed him. Jack was one of life's good guys.

Jack Carlton nodded to the small group of young people assembled by the fire. He'd bought Chinese ramen for everyone from the takeout down the street, figuring they'd probably all be hungry. He left the youngsters to dish out the plates of food and snap apart the chopsticks while he and Alex caught up swiftly.

Moving into the corner of the glass-fronted, expansive living room, they spoke in serious, hushed tones. They left the lights off, remaining shrouded in darkness, deep in conference. Periodically they gazed over at the small group. Luke felt as if he were receiving more attention from them than he'd have liked during that short conversation.

Maybe he was being paranoid. It made him feel nervous.

After a few minutes, they re-joined the others, sitting cross-legged as they got down to business. Jack was brusque, friendly, and efficient, addressing everyone in turn with laser sharp focus. Unholstering his Smith & Wesson handgun and setting it down on the low, wooden table, he half-heartedly pushed chicken ramen around the small cardboard takeout box with his chopsticks as he spoke.

"I knew Alex at college, entered Quantico straight after. I work for FBI Witness Protection now, head up a unit. You guys are in big trouble, I know that much. You're staring down the barrel of the gun of some very dark, powerful people."

He spoke quickly, his words coming hard and fast like the rat-tat-tatting of a round being fired as he shoveled in mouthfuls of noodles between words. "The FBI were alerted to seditionist activity a year or so back and the senators we've been watching have started to act erratically, more—how shall I put this—indiscretions, personal and professional. They're taking risks, acting out of character, doing some stuff…" He looked thoughtful as he trailed off, as if unsure of how much he should share.

"Anyway, we've been staking out Trent Calder and the Levanter circus for a while now and they're planning to call in your deaths as a tragic accident tomorrow morning, then"—he turned to face Luke,—"pin the explosion at the Levanter campus—and the death of your friends—on you."

The others gasped, staring over at Luke who looked dumbfounded.

Jack continued brusquely. "I'll have to fill you in on the finer details later. Right now, we run a witness protection unit up in Anchorage, we've got some people there running labs, mirroring the Levanter data our guy on the inside sends us."

"A spy?" Luke was leaning forward now, his cardboard box of food pushed aside and forgotten. "Who is it?" His eyes narrowed. "Chase Matthews?"

Rex cleared his throat. 'Forget the spy. Did you just say Anchorage?'

Jack almost choked, trying to answer both questions at once. "Jesus, no, not Chase. Dr. Silva. And yeah, Anchorage."

"Woah." Luke, Annalise, Rex, and Spencer started talking animatedly amongst themselves, their minds blown. Dr. Silva didn't seem like a spy. He was a class A asshole—but a spy? That's the last thing they'd have guessed. Which was, Spencer, admitted, the point of being a half decent spy—that no one would suspect you.

Jack chuckled. "You guys have good intuition. Yeah, he's no good guy. He thinks we're Russian sci-tech oligarchs paying him to siphon out company secrets. Corporate espionage, basically.

The guy will do anything for money, maybe an award or three. We promised him a Nobel Prize, too."

Luke stifled a laugh. "Oh God. That's such a cliché".

Alexander nodded. "Yeah, a cliché, but Silva is a classic clinically-perfect definition of a narcissist—inordinately driven to the acquisition of symbols of prestige and status—so his judgement tends to be thrown out when you show him a few shiny objects. And a few million dollars."

"Land of the Midnight Sun". Everyone turned to look at Rex who had abruptly inserted himself into the conversation.

Rex suddenly became animated, looking thoughtful. "Makes sense. You don't need passports, it's inhospitable and sparsely populated. It'd be great place to hide for a while. There's even a disproportionately high number of science labs down there per capita as compared to the average American state."

He looked around the room, feeling pleased with himself.

Jack raised an eyebrow before continuing. "This is not protocol, but we need to move damned fast. We've been trying to install undercover cops into Levanter for a while now, but it's been tough. We need your expertise, specifically what you know about a couple of code names."

"Rapt1T417 and Init14031, right?"The friends spoke almost in unison. "Exactly".

Jack and Alexander exchanged animated, hopeful glances.

"Who runs the lab?"

Jack stayed silent for a second, looking thoughtful, then quickly checked his watch. "Look, we don't have time for details. We'll get to that in a while. Most important thing now is we get you on the 'plane. Car's coming in exactly…seventeen minutes, that'll get to the private airfield twenty minutes before take-off. We need to move you out the back entrance, so nobody sees you. Alex, can you do that?" Alex nodded. They could use a fire escape out back.

Jack continued. "We don't need passports, which makes things easier. You'll fly on a supply 'plane that'll be logged for medical and food supplies only. We'll supply you with uniforms in case anyone sees you, pretend you're delivery staff". They nodded, bewildered. He looked at them, held their gaze. This next part was important. "If we don't get you out on this 'plane, there's a good chance you'll be hunted down tomorrow by state police on the Levanter payroll. That place is a goddamned cult—half of the police are taking bribes and the ones that aren't seem to be pledging allegiance to the place for free."

He shook his head in disbelief. He still couldn't make head not tail of what the hell was going on up there.

Alexander spoke up. "I can fill you all in on the 'plane. I've heard a lot from the inside. Almost signed up to some crazy program myself which, sitting here with you all now, seems… kinda embarrassing." He looked a little sheepish. Spencer slapped him on the back. "Dad if you knew the kind of stuff I'd pulled at college, it'd make your hair turn white. We've all been there, don't worry."

The others laughed and agreed, aside from Rex, who remarked that he hadn't done anything crazy. Spencer fixed him with a deadpan look. Rex shrugged his shoulders, nonplussed. With Rex having swiftly killed the conversation, Jack took back the reins.

"Okay, five minutes to get packed, coats on…oh, give me your SIM cards. I know about the switched batteries. We'll reactivate these, if needed, a coupla thousand miles away, if anyone realizes that you're still alive. It'll throw them off the scent for a bit."

The friends silently complied.

Minutes later, the group exited the apartment, somberly heading toward the fire exit where a car was already waiting. The engine of the blacked-out Mercedes purred quietly as it pulled away into the night toward the small airstrip a few miles out of town. The small group made it out of the vehicle unseen and into the cargo hold of the Piper Navajo airplane, bound for Anchorage North, where they changed swiftly into cargo hand uniforms. From there, they were scheduled to travel by seaplane toward Port Valdez, located on a moderately large fjord in north-western Prince William Sound, on one of the 781 seaplanes registered to the region. They'd be there by midnight if all went to plan.

Jack was a registered seaplane pilot, a useful qualification that had enabled him to charter the 'plane himself with no names recorded on the flight log. Like numerous other agents before him, he'd been attracted to the Saffira Alpine region on account of his deep love of the mountains, a love of nature that transcended anything and everything that it touched. He'd kept a beaten-up tiny ski lodge deep in the mountains of Saffira for years now and he found it hard to stay away. But that feeling of freedom that rose in one's soul when the nose of a seaplane lifted and soared above the crystalline waters of Alaska's shores? That rush of adrenaline and the sound of the propellors in his ears beat even the best mountain line, the best snowboard run he'd ever seen, or would ever see.

Soaring like an eagle over the peaks of the coldest place on earth was everything that he lived for. Port Valdez was, to him, a delicious place, as far removed from the choked-up rush hour traffic of New York, Detroit, or even Silvertown, as he could get, away from the blaring streetlights, strip malls and relentless overpopulated human world. Named after the Spanish Navy Minister Antonio Valdés y Fernández Bazàn, it played host to a tiny population of 4,000 residents yet remained a notable hub of scientific activity, owing in large part to the infamous Exxon Valdez oil spill of 1989 and the voluble work that had been directed there since in the field of oil spill modelling. It was a great place to hide this little crew of his, too. He knew from experience that the best witness protection programs were located in areas with multiple escape routes where targets could just *disappear*. The scientists there stuck together, too. He had a strong hunch that they'd rise up to help—yet close ranks to outsiders just as fast—if they ever sent out a distress call.

Those details of Alaskan life were exactly the reason that they'd planted a small but stellar lab facility there dedicated to replicating & analyzing the vast, crazy body of data being continuously pumped out of Levanter at a startling rate. Data readily fed to them, daily, by Dr. Silva.

Jack strapped on the wide, canvas seatbelt that held him tightly into one of the uncomfortable flip-up utility seats that straddled the sides of the planes' hull. He signaled to the others to do the same.

A few minutes later, the craft was cleared for take-off. The nose of the 'plane lifted powerfully into the night, just another of the seventy or so cargo 'planes that serviced the intra-US every day. It was too loud and uncomfortable to sleep but Rex, Luke, Annalise, and Spencer had been running on adrenaline for hours. Sleep still felt way out of their reach, even if the 'plane had been silent. But a half hour later, the ensuing adrenal crash that they all experienced as the vessel cleared American borders was powerful enough to allow them all a few merciful minutes of sleep, despite the juddering and the noise.

The ninety-minute 'plane ride was frigid, bumpy and loud. It wasn't until the 'plane arrived at its destination and the small group found their way through the darkness of the evening to the small but powerful Pilatus PC-12 seaplane that they collectively breathed a sigh of relief. Sitting on one of the small sandbars to the Eastern side of a modest-sized lake around 30 minutes-drive from Anchorage International in the early hours of the morning, they were surprised to see Jack settle quickly into the cockpit, rattling through safety advice as he reached up and to the front of him to prepare for take-off. Relieved at how quickly and seamlessly that made the remainder of the journey, they settled in top the comfortable white leather seats unquestioningly and thankfully.

Jack fixed on his aviation headset expertly as the control panel lit up in a sea of activity and the little craft revved into action. It was a breath-taking flight, far warmer and more comfortable than the first leg, the friends genuinely relaxing and enjoying themselves for the first time in what felt like weeks as they glided low in the sky past the tiny brightly burning yellow lights of the small homes and buildings below them, past the sprawling snow-capped mountains and the deep valleys and ridges that played host to the deep, dark waters of the many lakes below. Clouds cascaded like steam into those waters, the moonlight reflecting a million diamonds below that echoed the voluminous blankets of stars above. It was truly a land of dreams, made hostile only by the brutal cold winds and temperatures that could easily reach -50°C in winter. Temperatures as inhospitable as those were seriously dangerous. Despite their beauty, they could easily kill a man in less than a minute.

After a few minutes into the flight, enjoying perfect flying conditions, Alexander Van Rees leant over to Jack. The rest of the group were relaxed, immersed in their own silent reflections of the last few days, gazing transfixed at the stunning vistas below them. No-one took much notice.

Speaking in hushed, urgent tones, both appeared serious. Finally, Alexander sat back, looking upward, and breathing out hard. After a few moments, he glanced over at Spencer and indicated that he needed to swap seats. Alexander had to talk with Luke before they touched down, persuade him not to come to the lab with the others. Jack had suggested running with the premise that the FBI required a full, urgent briefing on internal Levanter procedures and operations before continuing. Luke had other ideas, desperate to get to their final destination, drop his gear, collapse, get a full undisturbed night's sleep. The crazy events of the last few days were finally, brutally, catching up to him.

Jack had been listening, glancing constantly over at the two men as they talked. Luke could suddenly sense the urgency in their voices. He picked up on the fleeting surreptitious glances that they were exchanging and began to feel a wave of panic wash over him again. They'd done the same in Alexander's penthouse. He felt familiar, uninvited tendrils of fear rise up around him again. He'd seen too many lies and nasty surprises recently. He couldn't take any more.

What the hell is going to happen next?

Alexander looked down, massaging his neck with one hand, deep in thought. He looked up, wiping his hand over his mouth as if resigned to what he had to say, but knowing, at the same time, that he didn't have any choice.

"Luke." He kept his voice quiet.

"We know what happened to your father."

28

Touching down on the shores of Port Valdez, Annalise was immediately stunned by the landscape of bright lights that covered the skyline and extended into the sea. Jack had invited her to sit up front, and talked her through the history of the region, the vast oil-spill research facilities and centers that now characterized the region, and the rich scientific legacy that Valdez already perpetuated. They'd had an opportunity to discuss a little of her work, too, and she'd shared a little of the events of the last few days with him. He'd soaked up every bit of information like a sponge. Clearly, he was an intelligent guy, totally switched on, alert, focused. She wondered if he'd acquired a pilot's license to fly out here simply because it offered the only way he could switch off.

She was right; she had learned from their brief conversation that, in his early years after Quantico, he'd worked in a violent crime unit and had developed a deep disgust for the animalistic, darker tendencies of man. The pure beauty of this place freed him from the memories, the images that were still burned into the backs of his eyelids, jumping into clear view every time he closed his eyes.

She felt comfortable around him, as if she'd known him a long time. He felt the same.

Glancing round, Annalise noted that Luke and Alexander were deep in conversation, while Rex was busy making notes and Spencer dozed. Luke touched her shoulder.

"Annalise, you guys go ahead. There's an FBI team waiting for me when we land. I need to update them urgently on some internal Levanter stuff." She nodded, turning back to Jack.

As the small seaplane taxied toward land, they noticed another car—this time, a shining, black mini-van—parked nearby the shore as they touched down at the edge of Lake Acabi. This time they received another brusque briefing in the car by the driver, another FBI agent, whose walkie talkie seemed to crackle constantly. The place at which they would soon arrive, he explained, would be their home and laboratory—at least for now. They must contact no one and maintain the covers that they'd been given. There'd be a full briefing one hour after they arrived, which would give them time to secure the perimeter of the facility (a nightly routine), and to confirm that their passage to Alaska had passed unnoticed by US authorities or any of the Levanter or Christo-Evangelical goons. The minivan stopped for a few seconds a few doors down from the main entrance to allow Luke to slide out.

As the remainder of the group pulled up outside the main entrance, the agent killed the engine and turned around.

"Look kids. There's something you don't know. This is going to be a shock. There isn't really any way of surprising you. I just need you all to know that you'll get an explanation, fast, that we're on your side. And that we had to take care of Luke."

Rex, Spencer and Annalise looked alarmed.

"No, no…." The agent held his hand up. "Not *taken care* of the way you're thinking." He rolled his eyes. "This isn't a Hollywood movie. We're not that dramatic."

Spencer arched an eyebrow. They'd just been hustled to Alaska in the middle of the night, on a seaplane, flown by an FBI agent who they'd only just met, wearing maintenance uniforms, after being drugged and almost eaten by bears. How much more dramatic could it be?

"Look, let's just get inside. As soon as the briefing starts, you'll…you'll know what I meant."

29

The TV studios of Toro24 were buzzing. Laura LaValle was excited, ready for one of the biggest exposes of her career. Fiddling with her ear mic for the hundredth time, she let her gaze drift back to the uplit dressing room mirror. She loved the way that the lighting was just so, perfect for framing her features. She was excited for today, reveling in the promise of so much attention, so much excitement. The feeling of being on the cusp of something so big. So *powerful.*

She shivered with pleasure and anticipation at the thought of it all. She was now so deeply connected with the Christo-Evangelists, with Levanter, that she was fast coming to enjoy a virtually unrivalled pass into the corridors of power, so long as she offered them a positive, sympathetic mouthpiece. They scratched her back, she scratched theirs.

She smiled broadly at the reflection staring back at her. Her big, brown eyes were set off perfectly by the fake lashes, her mane of deep chestnut locks framing her face as two hair stylists worked in tandem on perfecting her camera-ready look. It had been styled to tumble down her back in big, loose waves, which she loved. It had reminded her of her childhood, when big curls were the best thing a young girl could hope and dream of, alongside party dresses and the horses she had loved to ride. So feminine.

And Duarte loved her with curls.

Toro 24 required her to maintain a permanently glamourous look and she was not about to complain about that. Hell, she lived for it. For people to listen to her, admire her, covet her.

She was smart enough to know that people treated her differently when she was in shape, when she took care of herself. When she wore cute outfits and high heels, gentlemen opened doors for her, and people politely listened when she talked, her playful laugh tinkling and making folk feel amused, her perfectly white capped teeth lighting up her broad smile. She never said anything too smart, always knew to give a complement. She had perfected the art of playing to her audience, whether that was a networked audience of millions or an old Christo-Evangelical senator who loved a pretty woman on his arm.

Flicking through her social media feed as the make-up artist and hairdressers worked their magic, she held up her smartphone, snapping the ubiquitous pre-show glam squad photo. Uploading it to Instagram, Facebook, and Twitter, she continued scrolling through her feed, smug at the likes that were racking up so fast that they almost looked like the wheel on a Vegas slot machine. A couple of requests for endorsements pinged through as she was scrolling—one for a couture brand, another for a young ladies evangelical lunch talk. She'd accept them both, later.

As the make-up assistant momentarily paused to step back and assess her work, Laura LaValle pouted and angled her face this way and that, admiring the way the deep shade of red of her lip gloss complemented her complexion. She closed her eyes as one of the two hair stylists misted her hair with hair spray then opened them again. Glancing perfunctorily at her nails, she confirmed that the red high gloss still looked perfect and unchipped, the color complementing the deep red of her fitted dress. She slipped her stockinged feet into her Louboutin's.

She looked down at her feet, smiling to herself. Duarte loved these heels. He'd said that they were his favorite. She almost giggled like a schoolgirl when she recalled how he loved her to wear those in bed, naked aside from those heels.

She'd been charmed by Duarte the second they'd met. His eyes had flashed, his lips curling into a half smile the moment he'd taken her hand backstage at the new Levanter amphitheater. He'd taken her back to his suite that night, and they'd spend the next twenty-four hours in his bed.

When they'd met, she saw that look in his eyes—that delicious look that all men had when they'd met a girl that *really* charmed them. And she'd been so charming that day. She really had. She'd wowed the crowd. So many women had wanted him that night, would have done anything just to feel the touch of his healing hands. To receive a blessing.

He has healing hands, alright, she snickered to herself.

It had only been six months, but she couldn't wait for him to propose. She was already hoping for a large crystal-cut platinum-and-sapphire Tiffany ring and she'd decided that she'd plaster a coquettish photo of her wearing it all over her social media feeds, with her hand girlishly and modestly covering her face, so everyone could see it, the second that he did.

He was fast becoming the most powerful man in right wing

religious circles—and soon, knowing what she now knew—the most powerful man in politics. That was why he'd persuaded her, so far, to keep quiet about their relationship. She couldn't keep quiet forever, but she got it. It wasn't a good look for a man who they were trying to cast as the de facto second coming of Christ to be simultaneously banging the hottest tabloid reporter in the country before he'd gotten a ring on her finger.

An assistant ran up to her with a clipboard. "You're on in five." She nodded, smiling, ever the professional.

With seconds to spare, Laura LaValle sat down on set, swishing her hair back, and faced the audience.

The Toro 24 jingle played as images of the Levanter campus explosion, Luke Templeton and Trent Calder filled the screen. Laura LaValle opened her segment with a sensational piece centering on Luke Templeton, former golden boy of Levanter, who had purposely started the fire. Facing charges of attempted murder and arson, LaValle reported, Luke Templeton had gone on the run.

She then moved on, sadly and emotionally breaking the story of the Team Alpha researchers who had been savaged by black bears on the eastern side of the Soul Drift range. Speculations ranged from a bizarre suicide pact, through to the simple idiocy of failing to pack away food securely, attracting the animals and inviting their own death.

Trent Calder, Levanter CEO, and Chase Matthews, Levanter Head of Government Liaison, were bought on as talking heads, passing comment on the sad events that had unfolded over the last few days.

Laura cocked her head, adopting a faux-concerned expression.

"Have we confirmed that Luke Templeton and Team Alpha were supporters of the PAA?"

It was a tired old dog whistle, but the Christo-Evangelists loved it when she used it.

The show then moved to the main event—her wildly popular 'On the Couch' segment of *By the Fire*. Today the jewel in the crown was a tête-à-tête with none other than Pastor Duarte Santé himself.

The studio audience had erupted after his introduction. Boys of Worship, a popular Christian soft rock band played the uplifting 'Our Savior' as he had stridden onto set. The studio was bathed in faux-candlelight—a perfect backdrop—with audience members encouraged to light the battery-powered candles that they'd been given before the show. Waving them in the air as the music played, and with Duarte Santé stood smiling out front, the event felt more like a moment of worship than a TV show.

A few women began to cry softly as the charismatic faith-leader stood in front of them. Some of them had waited eight hours out front in a long line, braving wind and rain, just for the chance to breathe the same air as him and see him on Laura's show in the flesh.

Laura glanced over at Duarte. No matter how many times she saw him, no matter how intimate they became, she was always amazed at his charisma, how he held her—held everybody—so powerfully in his thrall. She really would do anything for him. She glanced over at the audience, noted a particularly stunning blonde women, around her age, waving and calling for him, trying to vie for his attention. Flitting her glance back to his, she saw that *look* in his eyes.

He was so good at that, making every woman feel seduced by him, and every man want to be him. He didn't intend to seduce her, of course.

Duarte belonged to her.

Initially, there had been a lot of talk about Duarte taking women home after healing events, shows, prayer events. But she'd shut it down. She'd tell people, you see, when Santé looks at you, he seduces you. It's the way he connects. For a woman, she thought, the world just…*stopped turning* for a few seconds when his gaze happened to fall upon them.

There was no other way to describe it. It's the way that she felt every time he looked at her.

So people had stopped telling her about their suspicions and that had been A-OK with her.

Thousands of miles away in a small strip-lit laboratory in the frozen interior of Alaska, hid underground in a complex patrolled by FBI agents, Team Alpha were among the millions watching the Toro 24 special exposé, dumbfounded. Spencer had stopped eating mid bite, a slice of pizza precariously held mid-air, as he heard the words '…and Spencer Van Rees, sadly savaged by a bear.'

Half the world, including his old college buddies, Jamie, his super cute commitment-phobic ex, and even his old hockey coach would literally now be thinking that he was a dead, politically progressive, stupid researcher who couldn't even pack away a picnic. He sighed, looked at the sad slice of pepperoni pizza drooping in his hand and shrugged. Could today *get* any worse?

Jack had unholstered his gun and laid it on the table, feet up, discussing with Alexander what to do next. Suddenly, his radio crackled, and he jumped up.

A voice crackled over the radio, somewhere in the room. "Visitor incoming." The door to the exterior of the lab room opened, wind howling as a storm picked up outside, but no one turned to look, as Jack picked up the TV remote and signaled to them all to listen. He cranked up the volume.

"We need to see this." The wildly popular, nationally networked Toro24 *By the Fire* show had been interrupted by a breaking alert. It looked like something big was about to happen. Depressingly, the split-screen image included an image of the Levanter fire and Luke Templeton's face.

A blonde, pretty, angry-looking reporter tore through a breaking story about the Levanter fire, reporting that it had, in fact, been reported by local police as an act of arson. Sensationally, she broke the story that Luke Templeton, former golden boy of Levanter, and the handsome, wholesome face of the Initiative, was now on the run after local law enforcement had confirmed evidence clearly linking him to the crime, but that evidence also suggested that the deaths of Team Alpha had been planned by him, too. That he'd drugged their food and essentially left them to die as bear bait.

Touching her ear as if receiving urgent updates, the screen cut to a headshot of Spencer, Rex, and Annalise, all wholesome, smiling, before a grainy unflattering shot of Luke flashed up.

"Where the hell did they get that? Not his best side, my friends." Spencer looked over at the others, trying unsuccessfully to lift the mood with a dark joke or two. It didn't work.

The angry reporter continued. "We can confirm that Templeton worked closely with all three, and that authorities are now urgently investigating links between their—and his—disappearance. We'll be the first to let you know when this stunning breaking story has any updates, but if you see the suspect, do not approach him. There is a warrant out for his arrest, with local politicians now also offering a bounty. Kennedy Karlson, for Toro 24. Back to you, Laura."

She smiled to camera as the shot cut away and panned back to LaValle and Santé, who, immediately on cue, began walking to the front of the stage, holding hands. Duarte Santé beamed benevolently, paternalistically, at her. Her eyes sparkling, she returned his gaze.

How I wish this were an announcement, she thought. *He'll admit he loves me one day, in front of the nation.*

She looked back at the crowd in front of her, her eyes sweeping across the audience. Her wide smile did not falter.

She was desperate to preside over them all someday, not as a reporter but as someone with real power. As Duarte Santé's wife, after the Authoritarian Bill perhaps. After the second term of the Christo-Evangelists had been won by a landslide, after the insurrection, after the scientists and Progressives had been dealt with. Once the Authoritarian Bill had passed everything would be easier.

She looked over at Duarte and, just for a second, their eyes met. And just for a second, she felt a rush of pure spiritual power, like electricity passing through her body. She continued to marvel, almost breathlessly, at the power of their connection.

Be patient, Laura.

Right now, her role was pure support for the Christo-Evangelicals and Levanter, to push any story they wanted to tell, to showcase any propaganda and alternative facts that they wanted to communicate. She'd say anything, do anything, that they wanted. She didn't care about that. But waiting for her man, waiting for him to make their relationship public? That was so frustrating. Waiting meant having to grin and bear it as other women hit on her man, stroked his arm, flirted.

Laura looked into the crowd with resolve, narrowing her eyes. So many women wanted him. She hated them. All of them.

She smiled again, a benevolent sparkle in her eyes cloaking her true feelings. The fake fire crackled as they sat down on the on-set plush leather armchairs. After a folksy chat, some laughing, some anecdotes, Laura turned to the audience. The moment of the big announcement had come. A *By The Fire* exclusive.

"Ladies and gentlemen. You heard it here first. The Christo-Evangelical Party, our beloved Government of the United States of America, passed a bill, today, that respects and makes way for faith, for spirituality, in our government. The Faith-Leader Act of 2032."

A murmur spread through the crowd.

"The USA now has, officially, a new, second Head of State. A Faith-Leader of the USA."

The crowd broke into light chatter, which fast moved to a crescendo of celebration as the crowd began to whoop and cheer. The religious hard right had fought for this for years and it had been a surprise in recent months when the Progressive Alliance of America—the PAA—had acquiesced not only to this, but to the Authoritarian Bill. For years they'd fought it, summarily dismissed it. It felt like the political shock of a generation.

Thousands of miles away in the heartlands of Alaska, FBI

Agent Jack Carlson looked grim as he watched the events unfold. Rex, Annalise, and Spencer watched silently by his side, equally concerned. The Faith-Leader Bill was bad news for everyone, effectively halving the power of the President and installing Creationism in schoolrooms across the country and a hardcore anti-science agenda into the White House on, perhaps, a permanent basis. This, politics scholars opined, would pose the greatest threat to democracy since the democracy wars of the early 2020's. Yet everyone had assumed that there was no way the PAA would ever let it pass.

Today, unbelievably, they'd voted it in.

The USA had just about weathered a violent attack on Congress in 2021, many years ago, when democracy had been bought to its knees. It had survived, that attack, then. Just. It was unlikely to survive another.

Rousing music began—a soft rock riff from the band at the back of the stage in a brilliantly-managed final crescendo to the show's finale. Spotlights lit up and dipped down into the floor dramatically, ushering in calming, elegant mood lighting as the music continued. Audience members were directed to lift up their battery-powered candle lights once again. The place looked like a vigil.

Laura LaValle spoke.

"One of the most powerful positions of office, the Faith-Leader, acknowledges, for the first time, the responsibility of our political leaders to offer spiritual guardianship of this nation. A man who will embrace science *and* Creationism, who doesn't favor elite scientific inquiry over *good old common sense.* Who feels proud to be an American." She emphasized the last word slowly, turning it over deliciously in her mouth, knowing that they all understood what she was really saying.

Soon—after the insurrection—she'd be able to say it out loud, with pride.

Duarte Santé nodded to her, as if to continue. He was smiling, a smugness emanating from him that made Jack want to punch his face in.

It was Duarte's time to speak. Duarte felt high, because he'd knocked back a few 5HTP's moments and a couple of amphetamines before hitting the stage. It occurred to him that he'd have to sink a GHB before hitting the sack that night, else he wouldn't sleep. Not just because of the powerful drugs currently coursing through his blood—*damn, they felt so good*—but also because he reveled in the pure narcissistic high of hearing people chanting his name. And the hardcore theta and beta waves that were currently immersing every single person in that room—including himself, of course. The pleasure of the combination almost blew his head off.

The anticipation of a cute little blonde that he'd already picked out of the audience coming to his hotel suite later would be the cherry on top of the cake. An exceedingly dull physiologist at Levanter HQ had told him, once, that anticipation spiked dopamine more than the event itself. Well, he was damn right. He had a hell of a lot of pleasure to anticipate. He looked at the blonde again. Tight little body. Hot little dress. Big smile. Adoration. She'd do anything he asked.

He grinned.

The music was pumping now, the lights flashing, crowd members hollering. Santé lifted his hand up, palm facing forward in a halt sign, and bowed his head. It was a sign to quieten down.

The audience instantly complied. The place was quiet save for the occasional cough. He looked up, arched an eyebrow, then grinned in a sign of playful camaraderie. He side-eyed Laura playfully. She grinned like a little girl.

“I believe, ladies & gentleman, in the power of science & religion. Breaking the science-faith barrier. But I don’t like to talk about myself. Humility is a power that drives me, to which I will now retreat. Laura, if you would be so kind…please tell these wonderful folks the good news.”

She complied, turning to the audience, swishing her impressive mane, eyes sparkling, a hand elegantly resting on one hip.

“As you all know, Duarte Santé has been our beloved faith-leader of the Christo-Evangelical Movement, the religious arm of the party, for a year, now. Never has a leader been so universally loved. Respected. Valued. And now, now that the Senate and the House have passed the new Faith-Leader Bill, Duarte Santé has, since, oh…”—she theatrically checked her Rolex wristwatch—“…since 30 *seconds* ago, when the Senate vote was finally called… has just been confirmed as the new Faith Leader of the USA!”

Still clasping his hand, she lifted his hand in hers, far above their heads, in a sign of collective celebration and victory.

The crowd went wild.

Duarte silently wondered if he was hallucinating.

Jack pressed the off switch, and the screen went black. He couldn’t stomach anymore of that sycophantic, fascist bullshit.

For a few seconds, nobody moved.

In the excitement of the *By the Fire* announcement, they'd momentarily forgotten that the FBI had radioed in to let them know they had a visitor. The sound of a man with a deep voice, standing just inside the entrance doorway, clearing his throat, reminded them, and they all slowly turned around.

"Holy mother of God."

Annalise grabbed the side of a chair to steady herself as Rex's mouth hung open and Spencer palely mouthed "Does Luke know?"

The stranger was still brushing flecks of snow from his light blue snowsuit, ski goggles hanging around his neck, his boots covered in dried mud. A tall, tan, well-built man with dark features and dark brown hair, he looked just like his photos.

Nate Templeton shrugged off his coat, his eyes rapidly searched the room. Ignoring their confusion and incredulity, the urgency in his voice was clear. He was desperate.

"Where's my son?"

30

"This is stunning."

Luke gazed up at the shimmering green auroras overhead as he stood inside the small igloo shaped brick and glass construction. The small living space had been custom designed to fit a small sleeping space with a separate area for lab analysis equipment and an incredible view of the sky overhead. The upper half was constructed out of clear, curved fiberglass windows, the dome of each small igloo around 64 feet in diameter. The minimalistic design had aimed to blend the tech of lab work with the natural sights and sounds of rural Alaska, with impressive results.

Luke's lay on the small bed, gazing up toward an uninterrupted view of the breath-taking stars and borealis above. It felt to him as if the night sky could almost swallow them whole, its' huge, dark canvas unfurling perpetually above them, enveloping the huge sea of glistening ice crystals that lay below. It reminded him of the countless nights and calmer times that he used to spend under the stars on the porch of his cabin. Those days were gone, now, he thought dully.

Now I can never go back.

Jack smiled, noting the wonder in his eyes.

"Stunning, hey. We've developed this place as a perfect space to live and work, a true oasis in the middle of nowhere."

Jack had left the others a moment after viewing the *By the Fire* segment, to prepare Luke for the surprise of his life.

He turned to face Luke. "Look. I run part of the FBI witness protection, but we do something…different here. This is a kind of…working witness protection set up. We set up a lab here a couple of years back to track Levanter and the Christo's, track their theft of data from a project very familiar to us. We've managed to get Dr. Silva to feed us data since the early days. We're making progress. But its slow. And we're running out of time."

"Because of the elections?"

Jack nodded, his jaw set.

He sighed, handing Luke a hot chocolate, signaling that he should wait for him to pour in a slug of whiskey before he took a sip. Luke smiled in thanks. Raising the mug to his lips, he looked to Jack, arching his eyebrows in a sign to continue.

"The Land of the Midnight Sun—this place—it's beautiful but brutal. It can send you mad if you stay too long. Its disconnected from most of the world, dangerous, and—God help us—seriously low on take-out food."

Luke laughed, appreciating Jack's momentary attempt at levity. "Uh-huh. And you're telling me this, alone, because…?"

Jack scratched his neck, feeling the warmth rise in his neck and cheeks. This part always made him angsty. You never knew how anyone handled this part. One guy had suffered a heart attack and it'd taken almost ten minutes of mouth-to-mouth to bring him back.

"Look, Jack, we want you and the others to stay here for a while, help us, under the uh, tutelage of the lead researcher."

"Okay. Yeah. I mean, it's not as if I have any choice, is it? And the tutelage of who? And…wait…back up a bit. Levanter *stole* their sci-tech?"

Jack nursed his drink, looking down, fixating on the way that the milk formed a little spiral as it settled in the top of his mug. He continued to talk without looking up.

"The guy who developed all this in the first place is the guy who heads everything up here. Actually, we're sitting in his igloo right now. He's the man who Trent and Chase stole from, who they tried to kill a couple of years back."

Making eye contact now, only because it was vital to, he searched Luke's eyes, looking for indications as to how he might react. As if the truth might be slowly dawning on him.

"Luke, if we hadn't almost ambushed him, demand that he left with us, straight from the mountain, if we hadn't told him that we weren't clients, but FBI agents…if we hadn't had to goddamn knock him out to lift him into the helicopter, because he was shouting that he wouldn't ever leave his son...if we left him, he'd be dead now. If he'd contacted anyone, they'd be dead now, and his son would've been killed, too. And if we didn't have his expertise here, God help us all. Luke…."

Luke was quiet, but Jack noticed his hands were shaking, just perceptibly.

"Luke…."

Luke was breathing deep, incredulous, hoping desperately that the subtext he was reading was real and not a desperate figment of his imagination. He hoped, though he knew there was no way that this guy Jack was talking about could be—could—would—be his dad. Of course, it couldn't be. He was already fighting back hot tears, hating how childishly he was reacting. Clinging on to childish, impossible fantasies.

He felt simultaneously embarrassed and upset at how hopeful and ridiculous the sudden rush of emotions had made him feel. His eyes had started to become watery, a huge lump forming in his throat as he looked up at Jack. Crying now, almost sobbing, he felt the hope flood his body, overtaking any rational emotion and he looked up.

"My dad?" He almost choked on those two small words.

The banging on the door came hard and fast, abruptly ending Jack's careful explanation. The shouting that followed immediately preceded a couple of men tumbling into the igloo one after the other, landing in a heap, the first, a large figure in a light blue snowsuit, fighting his way out from beneath the two men above him with an animal urgency that Jack had not seen before and would never see again.

The two agents who had been trying to hold Nate Templeton back had fought a losing battle from the second Spencer had blurted out exactly where he could find Luke.

Unaware of the spectacle unfolding three igloos away, two agents had already seconded Rex and Annalise to meet the hacking expert team. Annalise was an extremely accomplished ethical hacker—a fact that had shone out from the FBI research files almost as soon as they'd started to profile her. Rex had an eidetic memory and an IQ of 170 so they'd situated him as lead analyst and researcher, expecting him to cross-profile systems at a lightning rate. Whilst his tech knowledge currently lagged behind Annalise's, he learnt fast, worked exceptionally well alongside her. Their team would, ultimately, need to move extremely fast with minimal error if their plan was going to work, and Rex and Annalise suited their needs perfectly.

"So what exactly do we need to do here?" Rex made himself at home at his small workstation, rolling up his sleeves, familiarizing himself with the computer system. As the PC kicked into gear, he noted immediately the carefully categorized files of Levanter data they'd become so accustomed to working on daily in the Team Alpha suite.

"Presumably, this is Dr. Silva's work, feeding the last..."—he trailed his finger down the screen—"...6 months—of data to you?" He smiled as the agents nodded and continued without missing a beat. "OK, so we've already worked out the codices, mapped the longitude and latitude readings to the existing fifty sleep centers, worked out that there are distinct codes that reflect distinct goals—one a neuro brainwashing tool they want to use in the upcoming elections, we're guessing...."

He paused. "Are we on the right track so far?"

The agents were listening in stunned silence. They clearly hadn't needed to set aside so much time for the briefing. In fact, it felt almost as if Team Alpha were briefing *them*.

Rex carried on. "We also know that Luke was the poster boy for investors, almost their Truman Show guy, a guy who unwittingly modelled the effectiveness of the neuropolitical brainwashing tech to the Christo-Evangelists and big investors."

The agents were astounded. How the hell did he know all this? They nodded, signaling for him to continue.

Annalise, standing behind Rex, had been looking at the files. "Yep…they're not here." She looked up.

"Someone left us a bunch of Levanter files at the cabin. But we worked out they weren't Levanter files. We still don't know who left them. But we could tell by the rainwater."

The FBI agents exchanged quizzical glances.

Rex waved his hand dismissively. "Doesn't matter. Anyway. When the Levanter system came back online, we had a quick chance to review before we'd headed up to the ice caves, then realized that half of the hardcopies that we'd received hadn't been sent to us officially—because they weren't there as soft copies. We still don't know who the hell sent it to us, or why."

The agents looked grim. "Lara was assassinated, shot with a silencer during your Friday evening meet up. Friday Night Lights, you call them, right?"

A mention of Lara sent shockwaves through Rex and Annalise. The mention of her name had genuinely jolted them.

"I know Lara was your friend. I'm sorry."

The agent sat down, drawing his chair close to Rex and Annalise, sympathy and focus framing his tone. "Look. We can't bring her back. The best route we have now is retribution. That's the best way of getting Lara justice and focusing your anger. Let's hit Levanter where it hurts, break down their company operations. Expose them."

They nodded silently, feeling bewildered. The news had thrown them.

Rex ran his fingers through his hair and massaged his neck, closing his eyes.

Annalise was thinking hard. "Okay, so we can make a virus and we can probably hack into the system. I've been hacking—ethically hacking—since I was a kid. Great hobby. I even once hacked into…"

"…the FBI archives, in 2016. Yeah, we know." The agents cracked a smile.

Annalise half-smiled sheepishly.

"Yeah…in that case, thanks for not arresting me. Anyway, it wouldn't be so hard to replicate the entire data set we have from Dr. Silva, or if you can find a way to get him to pass an access code to you, we can access the entire Intranet pretty easy, replicate the system, then manipulate it all by making small alterations to the data that would profoundly affect test data, make it worthless, so that the statistical significances and correlations just disappear. It's easily done. Then, when Levanter do their big reveal, the big pre-IPO data release, they're toast."

Rex was nodding his head thoughtfully. The plan sounded elegant in its simplicity. Yet there could be complications.

"There'd have to be a caveat though. We need a fully operational virus and a completed replicate set within 4 weeks. I noticed from the blueprints you were using earlier that there are eight separate Levanter routers that each hold specific data. A virus could wipe out each router separately then seconds later we could upload the new data files, maybe also adapt them to clearly show the results of unethical testing, that kind of thing."

Annalise nodded. The FBI agent spoke quietly into his transmitter and a few moments later, another agent appeared, wordlessly handing over the router blueprints before leaving as fast as he had appeared. The small group crowded around the document, spreading it out on the small table at the far side of the room. It was getting dark outside, and Rex clicked on the small desk lamp. The blueprint clearly identified the location and maze-like connections between the routers and a security system, with indications that accessing one router at a time was possible, but any simultaneous upload would set off the alarm, leading to a data lockdown, which would turn the Levanter intranet into a virtual impenetrable fortress.

Annalise knew this already. Looking up at the FBI agents, she outlined the problem.

"Levanter set up the system that was to avoid any breaches; if accesses to encrypted data on more than one router is picked up, the system reports a breach, shuts down, and the employee is investigated immediately. With what happened to Lara, we can't co-opt any existing employee to help us. They're way too at risk. So we have to access this ourselves, one router at a time. Their security is surprisingly poor, but the alarm system is excellent. As long as we don't trip it, we're okay. We have a window of a few minutes every Friday when individual routers are updated. We could upload a virus and replace existing data with our own within that window, which would mean once a week."

The agents nodded. Rex turned to look at them 'Eight servers mean eight weeks. The election is in three months. That leaves us very little time to stop this circus before the wheels come off and it's too late."

Annalise agreed. "Once the national elections take place, it's all over. So this has to work. We also need the Levanter execs to sign off the data, feel confident in these data files, that they'll be releasing out to the most powerful investors, press, sci-tech firms, governments in the world. This virus has to be executed remotely the night before the IPO—a real last second operation so they have no time for another final data check. It's a pain in the ass because it'd be so easy to just literally stick an executable file on a USB, have it autorun the moment its plugged into the Levanter main servers the morning of the IPO, but we can't place anyone in that kind of danger. That's exactly why we need this more convoluted, remote solution. And trust me, they'll have double-checked those servers fifty times over already. A virus has to be timed to run at the last possible second before they open up the servers to the public."

Rex's eyes lit up. The corner of his mouth began to curl into a smile.

"We don't even run a virus. Just a hidden macro that causes all files whose upload happened before a specific time stamp to be deleted. It shouldn't be hard."

"How will we know when to run it?"

Rex laughed. "That's the cool thing. Code a macro or a virus to run whenever the firewall is lifted, right before the public will be granted access to the Levanter servers—when they're wide open, security wise. Too late for them to stop us or even know what we're doing."

The others were impressed. Simple, yet genius.

But Rex wasn't done.

"One more thing. We can't upload any of this from an external location."

Annalise nodded somberly. "That's true. We need someone

on the inside. It's a lot less dangerous for someone with campus access to upload those kinds of macro files over time. We'd need someone on the inside to upload eight data sets—one for each server—and it'd be unlikely to flag up any security systems if they can do it slow enough."

Annalise furrowed her brow thoughtfully.

"I don't know. It'd still be unethical to place anyone at risk by asking them. Not sure we have a choice, though. And even placing those ethical considerations aside, I don't even know who we could trust enough to do this for us."

Rex thought hard for a few moments then asked "Hey, do you have access to all county records? Let me look into local town and county FBI records, see if there's anyone we can think of, or even a company, who has a legitimate pass to the system. We might find an in that way."

The agents nodded. Team Alpha, alongside Luke, had all been granted full FBI security clearances. They were now free to access anything that fell under the jurisdiction of FBI interest—including local, regional, and national databases and records.

In the neighboring igloo, Spencer and Alexander were talking fast, catching up over years gone by. Alexander was, at that moment, offloading everything he could remember about his inside knowledge of Levanter with an agent sitting in, peppering the conversation with questions when he needed to. The FBI had already agreed that Spencer & Alexander, Annalise, Rex, Luke & Nate would each be interviewed separately by agents who would then report their intel at the roundtable that evening. Simply listening to Alexander's recall was fascinating and rich in potential data, so they sat back and just let him talk.

FBI Agent Jackson, a thick-set, swarthy man who never smiled sat by the door, flicking through papers as Alexander recounted every possible detail about his involvement with Levanter to Spencer, right up to their last exchange—the meeting with Duarte, Chase and Trent Calder where he'd overheard a plan to target Team Alpha.

Where'd they'd casually laughed about killing his son.

Alexander went over the basics first. He'd been courted hard by Levanter to invest. He'd flipped them off a few times, finally granting a brief meeting to Chase Matthews at his skyline office, on the understanding that Levanter would throw some financially meaningful contracts their way if he gave them a chance. Right off the bat, the Levanter Initiative had seemed to offer a stunningly good on-the-ground opportunity. The eye-wateringly-select list of investors getting in on the ground floor were incredible—a former President and Secretary of State, a star QB for the New York Giants, two of America's leading investors and a smattering of emeritus professors, industry greats and aristocrats. Even a Saudi prince had made the cut. Only that morning, a story had broken on CNN, Bloomberg BusinessWeek and the Wall Street Journal that profiled Levanter as one of the hottest new scitech starts up in America. Chase had launched into a great presentation, and he'd been stunned, blown away. Thirty minutes later, he watched Chase walk away, pen still poised in his hand, wondering how the hell he had so easy parted with three million bucks as an investment in the fastest growing scitech firm in the country.

Levanter had pulled him further in from that moment, inviting him to gala events, Levanter Initiative workshops and courses. They'd bought in numerous high—value legal clients to him and inveigled him into numerous Christo-Evangelical circles and prayer events under the auspices of introducing potential powerful new clients to him. His billable hours had skyrocketed, and he'd shot the lights out over the next two years, his star eclipsing any other lawyer in the city. He had made the front cover of Forbes and rose to the top of a glittering Manhattan social set, pushing aside old clients in favor of incredibly powerful family contracts and corporate deals.

They'd encouraged him to cut off ties with his son and anyone who got in the way of what was becoming the most meteoric rise of any legal firm in the country, piling on numerous willing and motivated young Levanter Initiative members on the company payroll to help the Van Rees firm whenever it was needed. A crack team of thirty young Levanter lawyers worked around the clock, at his beck and call, learning from him, burning the midnight oil for him, making history and building a watertight legal world around Levanter and the Christo-Evangelicals. Levanter had become a litigious fortress in the process, closely guarding its scitech secrets whilst strangling every employee with the most restrictive NDA's in the business. Their reputation to slap down any inquisitive voices or critical comments had already become legendary.

At some point, he recalled, his view of Levanter as a brilliant revenue stream had fallen away and become replaced with what he could only describe as a kind of blinkered, faultless admiration for the cause. He began to view Calder as a misunderstood visionary, and the Head of Medical Science, Dr. Silva, as a sure-fire future Nobel Prize winner. As time went on, he agreed to personally head up Levanter's legal division and personally represent Trent, Chase, Duarte, and other Levanter luminaries on a purely personal basis—something that transgressed ethical boundaries in a pretty ugly way.

But he hadn't cared.

He soon became one of the most powerful members of Levanter's secretive inner circle, treading a fine ideological line between his belief in the perpetuation of democracy, and the Christo-Evangelists use of Levanters pioneering neuropolitical tech, which was designed to lead voters to a decision they didn't *think* they wanted, but, he came to recognize, so desperately *needed*. He'd reached a point, ultimately, where he fully supported the concept of the new Authoritarian Bill and the deployment of neuropolitical weaponry to get there.

"How do you feel now?" Alexander looked up as FBI Agent Jackson hit him with a piercing, fierce stare.

"Like a frikkin' jackass."

Spencer looked conciliatory at his dad. He'd fallen for the charm, the charisma, the brainwashing tech, the religious fright speeches, and whatever the hell amplifiers they'd given him, hook, line, and sinker.

Agent Jackson raised his eyebrows, leaning back into his chair as he spoke.

"Chase Matthews deployed a small radio frequency transmitter to blast you with brainwave manipulation software throughout that initial meeting and at every other Levanter-sponsored event you ever attended, in addition to amplifiers—drug-laced food, beverages and wellness supplements—wherever you were able to use them. It destroyed, temporarily, your ability to engage in any critical thought and pumped you full of pleasure-focused hormones and neurotransmitters, making you a perfect candidate for falling in line, never questioning anything, and developing a kind of cult-like love of the company."

"Jesus."

"Not Jesus. FBI Agent Jackson."

Alexander grimaced. Bad joke.

Agent Jackson didn't move, his eyes fixed on Alexander, unmoving. Spencer was half-cringing, half-laughing. The whole thing was nuts.

Alexander, looking sheepish, continued. "OK. So, after a while, the Christ-Evangelical Movement events seemed to take over the Levanter Initiative activities. I guess I just transitioned into becoming a key figure in the Movement and for the Party itself as I was Lead Legal Counsel by that time for both, as well as personal legal counsel for most of the top execs. I'll be honest, I was making a goddamn fortune in retainers alone. And anyway, they'd showcase breaking scientific discoveries and investor insights to us before anyone else saw them—I know for sure a few people in that elite little group of ours made a fortune from insider trading. And I really believed. I mean, I thought we were doing real good back there."

The SEC will be all over that, thought Alexander sadly. What the hell had he done?

Alex continued, explaining how military psyops firms had been used in developing neuropolitical strategies to manipulate the electorate, how billion-dollar-net worth ideologists powered the renewed rise of those firms—and the Christo Evangelist Movement—in recent years, as under the radar as they could.

That neurology and brainwave hacking had always lain at the root of emotionally powerful, hyper micro-targeted campaigns that worked more like cult building than political campaigning.

Jack was standing by the door, arms crossed, listening.

He nodded in support of Alexander. Everything he was saying was true.

Spencer whistled. "So—we're dealing with psyops wielding cult specialists, then?"

Jack nodded somberly.

"Not only that, but the data coming out of the Levanter sleep centers. We don't understand why it's so…so damned conclusive. Our intel suggested it was little more than a carefully constructed con to pull in the Christo's, develop a huge following around Duarte Santé…"

He pushed himself up from the side of the igloo and walked over to sit by Spencer. "…but what they're claiming…the data seems to hold. It's genuinely chilling. Insightful. There must be a scientific explanation somewhere but…"

He shook his head as Spencer listened, feeling shell-shocked.

"Look. We can't understand the incredible strong statistical significance and power of correlation we're seeing there. But we're trying to get to the bottom of it, right here in Alaska. We have a crack team of scientists that we hope you'll become a part of. Whatever they're building, we need to discredit it as fast as we can, because right now, for Levanter, it's an easy sell to infer they've found evidence of life after death, of a straightforward cause-and-effect between going to heaven or hell. And their close bond with the Christo's means that the ability to whip up religious fervor with online propaganda, cable TV shows, to win the hearts and minds of the electorate through placing the fear of God in people? It's a real danger."

Simultaneously, Alex and Spencer were discussing the same concept. Alexander spoke up, shifting uncomfortably in his seat. "So I've been to a few redirects, or reverses, whatever the hell those things are called, a few Valley of Deaths and Walk of Life's. Powerful senators willingly got strapped to gurneys, injected, held down as they screamed about devils and demons. The terror in their eyes—Jesus, the terror…then they *thank* Duarte for the opportunity, *beg* him take part in a reconversion, and they…they always work. And it feels…"

He shook his head. "I'm sorry, this sounds so hokey but… it feels so real. You always feel the earth shake, or the weather goes nuts, or lights, so many lights…" He shivered as Spencer put his arm around him.

"It's alright dad."

Despite everything, Alexander thought, Spencer had turned out to be such a good kid. Yet again he caught a flash of Oli in him. They were both so similar.

"I remember Buckley at the emergency suite…"

"Wait, at the Levanter emergency suite?" Spencer interjected, wide-eyed. Alexander nodded. *That's what Rex saw the night of the hockey game.*

Rex looked up, wide with interest. Spencer exhaled, hard. This was all unbelievable. He'd tell his dad about Rex later.

"Dad, did you go under?"

"Yeah. It was a relief. I mean, I didn't remember anything, but after I heard them talking and they said I'd been fine, not needed the reverse. Actually, that's why I became a target. But it meant I could let go…that I wasn't…"

"I know dad."

Jack spoke up. "Do you believe all this Christo-Evangelical cult crap, the Walk of Death, the Book of Life? I mean, really?"

Alexander sighed. "No. Now I don't, anyway. I know now I was being saturated with brainwave manipulation tech, cult programming stuff, God knows what drugs they slipped into the food. Those long meditation sessions, God knows what. It was designed to bring us to our knees without knowing it…the group conformity…the high of listening to that super-charismatic man…it's so powerful."

FBI Agent Jackson's radio crackled. He wordlessly wandered over to the television and flicked on the TV. Toro 24 were hosting a special report, confirming the sensational news, again, that Team Alpha had been found mauled on the eastern run of Soul Drift and that Luke Templeton, former golden boy of Levanter, the hottest scitech company on the continent, was responsible.

He flicked the off switch as soon as the report headlines had flashed off the screen. Laura LaValle's screechy voice was irritating at the best of times.

31

Nate and Luke had been talking for what felt like hours, talking at the speed of light, sharing thoughts, emotions, memories, asking each other questions, repeating over and over how much they'd missed each other. Tripping over words, they'd alternated between stopping to take each other in, embrace for the hundredth time, and strategizing, understanding the urgency of what was at stake. Papers and blueprints, notes & scientific papers surrounded them, with two screens alive with data whizzing at lightning speed across the screen, the tech gently humming. The sky was darkening, and they took time, now and then, to glance up, as the green and black auroras of the Alaskan sky danced and jumped above them as beautiful soundless symphonies. Shooting stars tracked above them, the clear roof of their igloo structure allowing them the luxury of a full view of one of the most beautiful natural landscapes in the world. Yet after a while, they barely lifted their heads.

They had too much work to do. The future of their country—maybe even their souls, thought Luke grimly—was at stake.

After a few hours had passed, Nate signaled to Luke that it was time to go.

"C'mon kid. We've got a show to go to."

Luke noticed that Nate's mouth crinkled into a lopsided smile which always reminded him of Harrison Ford in Indiana Jones. Something was up. He smiled inwardly and did what he always did when he saw that smile—played along.

They ambled outside, picking up the pace fast as a wall of cold night air hit them hard. Making their way to the common room of the main building, everyone was waiting for them. It had been a pre-arranged meeting and an atmosphere of expectancy hung in the air. Kind eyes fell on Luke, his friends relieved to see him relaxed and at ease with Nate. The shock of seeing his dad alive hadn't stopped him in his tracks.

Good.

They needed him now, probably more than ever.

Spencer threw his arm around Luke, while Annalise and Rex threw him a grin. 'You okay buddy?' Luke nodded, relieved and proud to have such a great group of people around him. Making their way to the armchairs and old couches thrown into a makeshift seating area, Nate began.

His monologue was surprisingly somber, full of religious imagery, references to faith, to morality & acceptance of the concept of a Creator. He seemed more troubled as time went on, his rhetoric moving closer and closer toward conceptualizations of an afterlife. While flashes of the easy, friendly Nate that they knew remained here and there, they could tell that Nate knew something that troubled him. Something he hadn't expected to see. And as his rhetoric drew darker, moving away from science and logic toward a more frightening brimstone-laced discourse, they felt a chill descend. As if the room were suddenly colder. Like something had shifted.

Like they shouldn't even be speaking about what they were discussing.

Annalise perceptibly shivered. Spencer felt the hairs on the back of his neck stand up.

Nate explained that they'd been monitoring the sleep centers & Levanter data over a period of months, mostly courtesy of Dr. Silva, who had provided them with every password and access code that they'd needed, even assisted them with data analysis. As it turned out, Dr. Silva despised Trent Calder even more than they did, & seemed to enjoy selling him out, particularly when millions of rubles were on the table.

"Here's the thing." He cleared his throat, looking almost embarrassed. "When we've run the Valley of Deaths and Walk of Life's ourselves…" He looked around searchingly at everyone in the room. "They're right. The Christo-Evangelists are right."

Luke was confused. "What do you mean, they're right? Right about what?"

"The reverse."

The lights suddenly flickered as the beginning of a storm began to rumble outside. The room felt pressured, as if the sky was suddenly bearing down on them.

"I knew there was no point explaining it. Rational logic, words…it just sounds ridiculous. You need to see it for yourselves."

Nate indicated toward the window as aluminum shutters automatically started to rattle open, revealing an incredible vista of mountains, stars and what appeared to be a barren, icy landscape extending in all directions for miles around them. In the distance they saw a yellowish light, the only color breaking up a wide, interminable darkness.

"I'm assuming that's a stable with a donkey?" Rex asked, sarcastically. Rex was the only person in the room not to have been spooked in any way by the religious rhetoric. He'd had enough already after his experience at the Levanter emergency suite and had admonished himself countless times afterward for being taken in by the theatrics. Not that he could explain what he'd seen, but science always had an explanation. Always.

Right?

Nate was still gazing out of the window as he spoke, toward the light. He was a charismatic speaker, and the room remained silent, expectant.

"We're running the Walk of Life on Danny Canton, a local sailor. He admitted to punching out some guy outside a bar near the local marina. It had been a sucker punch, he'd said, one of those crazy drunken fights that should've ended in a few scuffs and bruises. But he just went down, hit his head on the side of the road and that was it. Dead. Danny panicked, threw the body into the water, weighted down. The local police found the body days later bloated, discolored, his corpse looking like a freakish sideshow attraction. Someone messed up and let his wife past the barriers. She had a breakdown, left three kids behind without a dad. He never confessed, and some other dude went down for the murder."

FBI Agent Jack Carlson whistled. "Jeez. What a bastard."

Nate nodded. "Not sure he deserves a Walk of Life but that's not the point. Running these tests, we can see what Levanter sees as they sure as hell aren't running them on the most deserving folk out there."

He checked his watch. "2 minutes and counting."

"What are we counting down to?"

Nate and Jack exchanged troubled glances. A glance that wasn't lost on the others.

"We're counting down to a glance into Hell. Something beyond our world. Something frightening that we don't understand and should never have messed with. The exact moment of the Reverse."

Rex felt a coldness grip him. It was as if the room temperature had suddenly dived ten degrees. They fell silent. Nate's eyes were as big as saucers now. He looked pale.

"I'm scared. I don't mind telling you that. The light. The light extends farther every time."

"What light?" Luke was worried about his dad now, worried for them all. The Reverse wasn't real, surely. It was Christo-Evangelist schtick, crazy pseudo-religious talk. Nothing more.

"Jesus. I mean, *Jesus*. It came so close last time. So close. The first few times, it was just a small luminescent light, a beautiful blue glow that extended maybe one or two feet. Then again, and again, every time we ran the Walk of Life's, it extended further, further, until it was like something suddenly pumping through the veins of the land, streaking toward us like tentacles, lightning fast, but it felt more macabre, darker, like a huge bony, cold hand. The orderlies & nurses who'd been attending suddenly started to have those dreams…"

He shuddered. Something in the way that he had said *dreams* had made Luke's blood run cold.

Nate looked almost like he could cry, but he didn't stop talking. "And we couldn't get them back. We couldn't get them back. They were gibbering, crying, the Valley of Deaths and Walk of Lives were hideous for them, and we were almost seeing the shadows extending and falling out of the corners of the room, too long, too dark, like they were living…"

He was talking fast now.

Annalise was shivering. Spencer felt sick. Luke was genuinely frightened. If his dad had seen something in this, then there was genuine reason to be scared.

The room was completely silent.

"If we see the blue light this time, somebody's soul… somebody's soul….no way back…and we can't stop it…"

Nate was making less sense now.

And suddenly. FBI Agent Jack Carlson started reciting the Lord's Prayer.

Team Alpha were alarmed, more than they'd been at any point before. Something, somehow, felt like it had been unleashed. Something way out of their control. Suddenly, the lights flickered off.

Nate was clearly trying to pull himself together. "We think we've controlled it. Pray for no blue light. Please for the love of God, pray for no blue light."

Rex was trembling, feeling the adrenaline pumping through his veins. The thunder crashed around them, and lightening hit the ground hard in the distance.

Then it happened. An alarm went off on Nate's phone and milliseconds later, a brilliant bright blue luminescence suddenly spreading like wildfire across the ground, lightening the drab blackness below into a glittering light show. Then the smashing sound of thunder again. Annalise screamed. Somebody cried out.

The lights in the room died as a table crashed somewhere, as people were not moving and running, panicked, yet unable to tear their eyes from the crystalline, brilliant blue. The tentacles drew back as fast as they'd extended away from their building and temporary relief gripped them all.

Then thunder crashed again and the lights in the distant room glowed so hard they wondered for a second if the room itself had exploded, and the blue light again extended lightning fast, like blood through arteries, pushing more powerfully now, hunting them down and moving faster toward them than they'd ever seen anything move.

It was the most beautiful, frightening, spectacular, sickest thing that Annalise had ever seen. She was paralyzed by fear, awe, maybe even faith. She didn't really know.

Alexander Van Rees backed away, his mouth open. "Blue represents the healing power of God. I've seen it, read it in the Bible," stammered Alexander.

Spencer remained rooted to the spot, terror and dread enveloping him. "Doesn't look like healing from where I'm standing."

Inside the small room the lights dimmed a little again as lights pulsed up and down and a screen suddenly switched on with a camera close up of the man, who was writhing around now, rapturously reaching out for something, then going limp again, then opening his eyes wide, grimacing, lips peeled back in a maniacal grin.

A preacher was in the room furiously sermonizing, energetically protecting the man from *something*, with every ounce of spiritual force he could muster. The pace seemed to quicken as the ground lit up, over and over, pulsating hard, almost as if a giant heartbeat had awoken in the earth, rhythmically beating, but soundlessly, with the blue spreading, peaking in its luminescence. Alternating between light and dark, then suddenly exploding in a crescendo again and again, the piercing sapphire blue light closer to them each time. And now the shrieks of the man and the chanting of the priest filled the room as the outpost burnt orange, the same orange that Rex had seen in the Levanter emergency suite, and the bright blue luminescence now aggressively coming to them so hard and fast, hunting them down, spreading like oil catching a flame, chasing them down.

"Jesus Christ."

Rex was rooted to the spot.

FBI Agent Jack Carlton and Alex Van Rees had stumbled over each other in panic, crashing to the floor, as Annalise had quietly begun to sob. A fear had gripped Spencer so hard that he seemed, for perhaps the first time anyone had met him, to be genuinely speechless. And then the blue reached them, clamoring at the windows and doors of the building like a virus, the thunder crashing and the man screaming as Nate threw his hands up toward his face to shield him as a column of white-yellow light suddenly shot up deep into the heavens from the small room in the distance. The darkness of the room made the panic and disarray magnify itself, and they wondered, frightened, what the hell was about to happen to them, as a piercing scream suddenly cut through the room.

Then suddenly, the lights came on. The room felt warm again. The blue receded and noises of thunder and sermonizing and panic had drifted away on the air. There was no thunder in the sky anymore and once again, everything was calm.

The man on the gurney on the TV screen suddenly seemed calm, and shook hands with the priest, grinning, both of them giving a thumbs up to the camera.

Nate sat down. Rex began to laugh as the others looked around wide eyed, and shaken, having no clue what the hell had just happened. Rex shook his head, looking over at their host.

Dinoflagellates, right? Bioluminescent little algae that only glow when disturbed. I love those critters."

Nate nodded. "Wow. I'm impressed. Spot on."

Rex shook his head. "Guess you had to show us, not tell us. So we really *felt* it."

The others were confused. As usual Rex had worked something out way before the rest of the room. "Go ahead Nate. Tell the others. I appreciate why you needed to expose us to these crazy theatrics. There's some things you just have to experience for yourself."

Nate cracked open a small fridge at the side of the room and handed out beers. "You've all earned these."

He threw the cans out to each person as he sat down, cracking open his and taking a long mouthful before speaking again.

"You need to appreciate what neuro-manipulation is. No-one thinks they'll be taken in by it, but we're all susceptible. And that was the whole point of my little show. It's exactly what Levanter have weaponized to build the most powerful neurotech company in America—completely under the radar—and simultaneously conned the entire Christo-Evangelist Party—to gain unheard of power for themselves."

"So...what, you just neuro-manipulated us?"

Annalise was still feeling shaken.

"Yeah. I'm sorry. Hell, I even frightened myself a little back there. But it's better to experience it yourself to really get the message. The power of suggestion, especially when you tie it to religious imagery, is unbelievably powerful. If you can whip up people's emotions, particularly people like Christo-Evangelical senators who grew up around fire-and-brimstone schtick, their rational brain shuts off, and they become extremely suggestible. Neuro politics 101."

He gazed out across the icy landscape before looking back at them all, casually sipping from his beer can.

"Then you throw in some special effects and the transfer of fear and panic—or whatever emotion you want to manufacture—spreads through the crowd like wildfire. Then you use some amplifiers—like opiates infused into the room via air conditioning systems—and you have the makings of a cult. Then the real clincher—brain wave modification."

He looked at the others. They were listening, transfixed.

"We used intel from Dr. Silva to build a mock-up of Levanter's innovative tech that uses ultrasound and radio waves to modulate brain wave frequencies *en masse*, and we switched your brain wave frequencies to theta. Theta is known as 'suggestible waves' because it is so easy to move people to a trancey, hypnotic state when they're on that frequency. You were all unbelievably suggestible to my ridiculous fire-and-brimstone act and if you lot, the most rational, intelligent scientists I know, can fall for the act, you can see how dangerous it is for Levanter, with their Toro 24 and powerful political connections, to unleash this beast on the country. Which they're rolling out right now, by the way."

"Via the Wellness Initiative." Luke groaned again.

"Yeah." Nate looked at Luke sympathetically.

Annalise was still confused. "Sure, but you didn't just use the power of suggestion. I mean, some crazy stuff was happening out there. Are you saying we hallucinated or something?"

Nate grinned again, a little more sheepishly this time. He leaned back in his chair and flicked a couple of switches which turned on the outside lights. A few maintenance staff in blue boiler suits waved amiably at them. They waved back.

"Rex, I think you worked it out already. Care to put your friends out of their misery?"

Rex, smiling, complied.

"OK so clearly we're all sitting right on top of one of the largest dinoflagellate clusters in the north American continent. Dinoflagellates, for those of you not in the know, which is all of you, is basically a bioluminescent, bright-blue tiny plankton that glow a brilliant blue when you disturb them. It's easy to create an amazing light show by just stamping on, or near, them, really. You just need to know where to stand, how hard to stamp, and how often. Nate positioned a few of those maintenance guys around the place, standing quietly in the dark until they were asked to work their magic. Presumably, the light at the end was just a powerful flashlight."

Agent Jack Carlson nodded, joining Nate at the front. "Sorry kids, I played a part in all of this, too, with my Lord's Prayer schtick. Weirdly even I got carried away by the panic and I was in on it."

Rex laughed.

Nate became serious again. "Look, I wanted you to understand every part of what we're up against here. Not just the power of their tech, or their financial power, or their political connections. But the emotional power. The most potent weapon in the hands of the oppressor has always been the mind of the oppressed and that's been Levanters modus operandi from the word go. Trent Calder, as a private citizen, is poised to become one of the most influential human beings on the planet as soon as the next Presidential Election has happened. We need to stop him, and fast, before the Election. After that, it's game over. We won't win against him. This is our only shot."

The others nodded grimly. It was time to get to work, to streamline the plan.

Alexander Van Rees spoke up. "I think you guys already know this if you've been working covertly with Dr. Silva. The plan as far as I understand it is for Levanter to install Pastor Duarte Santé as the new Faith-Leader-we saw that on the Toro 24 special earlier today—then push forward with the Authoritarian Bill straight after the Election, which the Christo-Evangelists will win after such heavy exposure of the electorate—and the House and Senate senators—to Levanter neuro-manipulation tech. They'll win by a landslide. And around Election Day, Levanter are syncing their big release—it's been hyped up for months. A major data drop from the sleep centers and HQ, detailing the cast iron clarity of the Walk of Life's and Valley of Deaths, showing how they've broken the faith-science barrier. How they can tell believers where they're destined for in the Afterlife and give them a Reverse—if they do what they're told here on Earth—if they need one."

"And if they don't do what they're told?" Annalise shook her head. "What then?"

Jack spoke up. "Then they're told their kids will get a reverse. That they'll be consigned to Hell."

"Jeez." Luke shook his head. "It's easy to believe. I mean, with the neuro tech, the brain wave manipulation, the constant religious rhetoric."

He looked up at Nate and Jack. "So what the hell do we do?"

Nate looked down at a wide unfolded document in front of him that looked like a blueprint. He'd been ready for the question.

"There's three things. First, you guys need to create a computer virus, or some kind of macro that will almost replicate all data on the Levanter servers, then, a few minutes before the major data release, the virus wipes the original files and replaces them with yours. We need to find a person on the inside to upload them one server at a time—eight in all in a way that won't set off any internal alarms—then take down the entire system and delete the data."

He glanced at Jack, raising his eyebrows as a sign for him to continue the explanations. Jack complied.

"The replicas that you guys will write here should be almost exact copies but with messed up figures that make the data worthless, nonsensical, with no statistical significance, correlations or anything that makes the company tech look anything but worthless. The FBI will go after them with warrants the second they see what the hell is going on in those sleep centers, the SEC and FDA will be right on their asses, the neurolaws will crank into gear and they'll be hounded by every police force in the country. The best thing is that every business, scitech and mainstream journo on the planet will be primed and ready for that data access and they'll have the biggest scoop of their lives. A complete expose."

Nate nodded along. "Thanks Jack."

He looked around at the small group in the room in front of him. "Second, we need you to crack the data coming out of the sleep centers. There are some incredible correlations there that we just can't understand. I know we just put on this little crazy show but I'm being serious now when I say that there are...some correlations. Ones that we wouldn't expect, mainly between the morality algo's and the experiences of subjects when they've undergone the Walk of Life and Valley of Death. Clearly there's a scientific rationale for it...we just don't know what, yet."

Annalise and Jack exchanged glances.

"Third, we need to get our hands on Duarte Santé's Book of Life for irrefutable proof of what the hell the senators have done to force their hand at signing up for the Rapture and the Book of Life. We can use that info for warrants, to tail them and take them down before the day of the electoral college confirmation, maybe buy their vote in exchange for cutting a deal, or even just throw them in jail."

Someone in the room spoke up. "How long do we have?"

"Twelve weeks. Four to create the data sets and the virus, eight weeks to upload them, one server a week. Pretty much until the Election."

"One more thing." Nate turned to Jack.

"I'm sorry dude, but this is my last example of the day. How'd you feel about Annalise?"

"She's the most amazing girl I've ever met."

He surprised himself with his answer, red flooding his face as Annalise turned a similar shade of crimson. "And you Annalise? How'd you like Jack?"

"The most handsome man I've ever met."

Rex grinned. "Sodium pentothal. Like the senators get so that they sign off confessions so readily in the Book of Life."

Nate nodded. Nothing got past Rex.

Nate looked sheepishly at Jack and Annalise. "I slipped it to you both half an hour ago. Sorry, guys."

In truth, he'd seen their connection the first second they'd met, and figured they needed a little help because—he figured—knowing Jack, he'd never have admitted how he felt. It had been a useful example in Levanter manipulation strategy, but, he hoped, would lead to a greater goal—true happiness for one of his oldest, best friends.

The group looked around as the main door to the common room opened and Agent Jackson stepped in out of the shadows of the corridor outside.

"Sorry to break up the party. Alexander Van Rees needs to come with us. You need to be back in Silvertown tonight."

Agent Jackson explained that Van Rees needed to return to Silvertown urgently. Trent had found him a place in the Book. He'd walk his Valley of Death that night and they couldn't risk a no show. His connection to Team Alpha via Spencer was already too close and they couldn't afford to have anyone asking questions.

A half hour later, Alexander's heart was thumping as the plane sidled onto the runway to take him out of Alaska, back into what had been, a few days ago, just another lucrative, ego-boosting project. Now, he realized dully, it felt like flying directly into the belly of the beast. The idea of seeing anyone at Levanter again made his blood run cold.

Spencer watched the plane take off from the tarmac, a sick feeling rising in the pit of his stomach.

32

It took days to create a virus. Rex and Annalise, tasked with the challenge, worked day and night, triumphantly handing over a data stick to the FBI well ahead of schedule. A small team of junior researchers were primed and ready to help them create the eight batches of duplicate replacement files that they'd need to upload to the eight dedicated Levanter servers, but they'd need someone on the inside to download one batch of server files per week, at the same time the virus was uploaded.

The plan was simple. A plant on the inside needed to upload the virus at the exact same time every week alongside a duplicate file. While the plan *could* be devastating if the simultaneous virus upload and data download could be executed at exactly the right second every week, one slip up and the Levanter security system would be alerted, and the plan would be over.

They'd taken some time out the morning after they'd completed the work to hike a mountain trail recommended to them by Nate. The trail was particularly spectacular and led to an amazing waterfall that tipped over an incredible 700-foot drop below. The waterfall was famous for an almost perpetual appearance of rainbows that arced elegantly from the top of the frothy water to the freezing waters below, from after sunrise to almost sunset each day. While it looked like a miracle carved by the brush strokes of God himself, it was in fact little more than the basic laws of physics at play—simple light refraction in the almost permanent presence of sunlight and water droplets. They'd chosen that spot to stop for coffee and sandwiches. The conversation quickly turned to Levanter.

Rex pulled a small laptop out of his bag. It was vintage IBM, with a souped-up operating system that he'd installed himself and a cute little open-out butterfly keyboard.

With half a bite of sandwich in his mouth, Rex enthusiastically explained to Annalise what he'd discovered. "So this is weird. I've been looking for potential uploaders who can help up us on the inside. I'd been running the profiles of a few of the people we know there first then widening the search and I've come up with something. This is wild."

He turned the laptop around so Annalise could see for herself.

"See here. Now we're working with the FBI I've been running everything through their DNA files, crime files, everything. I mean, why not? One of ours friends, Sofia, remember, she was a good friend of Lara too?"

Annalise blanched slightly at the reminder of Lara, nodding. Lara's death still hadn't sat right with her and with everything she had learned about Levanter since, now stunk even more. She nodded.

"Sofia said she lost her dad. I remember Luke telling me that. But she didn't. Her dad's alive. Gill Mathers, prosecuted for murder on account of dangerous driving. He's currently serving three consecutive murder charges, mostly because of the damning testimony of a couple of local guys—both from pretty powerful local families. This is where it gets even weirder. Annalise, two young witnesses at the time testified that he burned down a local church before threatening that he was going to go mow down the first people he could find for sport. They said he was a lunatic, off his head on drugs and they'd had to cower in the vaults of the little chapel else they'd have been burned alive. Their testimony was pretty consistent to what they found in his bloodstream—massive amounts of ketamine and GHB. It says here in the interview files that he was ranting about the afterlife, that the two kids that ratted on him had strapped him down and had performed some crazy experiment on him. Standard lunatic stuff. Obviously made up. But was it?"

"How old were the witnesses that ratted him out?"

"Twenty-five. We've run the names in the system. Turns out one had a sealed file. We've ordered the files. Hopefully we'll have something soon".

Annalise looked thoughtful, silently chowing down on her sandwich.

"I think we need to head back and share this with the others. Could be a way in, somehow. I dunno. Just a hunch."

By the time they got back it was early afternoon, and they headed directly to Nate's office. Luke was in the room with Spencer. Nate had taken some time out to consult with the FBI to try to get an update on Alex.

Explaining what they'd found, Spencer immediately looked pale.

"Grant?"

The others turned to look at him. "Yeah. Why?"

"Oh Jesus."

Spencer pulled the laptop closer to him, then punched in some details to the search engine on Nate's computer system. They all stared back at the two large monitor screens. A photograph of Spencer Van Rees's grandfather and great uncle Maximilian and Miles Van Rees were staring back at them. They'd both been killed by the madman, Gill Mathers, in the accident.

"Bloody hell."

They all turned to look at Nate who had just entered the room. He was transfixed by the screens and looking as if he'd been simultaneously punched in the gut and seen a ghost.

"I know him."

The room was silent for a while. Nate sat down, unable to take his eyes off the screen.

"That guy, Gill Mathers, was some local maintenance contractor. Or something. Can't remember how I found him now, He just did odd jobs at my lab. Anyway, he disappeared after a while. Then I just never saw him again—I closed the lab and packed up right after the tornado trashed the place. The lab had gotten completely destroyed to the point of being unsavable, and it was time to leave and start over. I had a really dark feeling that Trent was trying to steal lab secrets, too. I never heard from him again after we packed up and left which was, at the time, a relief."

He peered closer at the screen, then punched in the name of a local library, pulling up some online local records and news reports, squinting as he speed-read small lines of type from old news articles over and over until he found what he was looking for.

"Oh my God. The names of these witnesses—Elliott Asher and Chase Matthews. Elliott Asher was the name that Trent operated under when he came to work for me, all those years ago. I didn't know they were witnesses. Hell, I didn't even know about the trial. Or the accident."

Rex rubbed his chin thoughtfully. "Jack, did Gill Mathers have any kids?"

Jack nodded. "Yeah, he told me once. A kid, named Sandra, Sophie...wait…Sofia. Sofia Rossini."

Rex and Annalise's mouths hung open.

"We know her. She worked at Levanter."

Spencer still looked shell-shocked. He had hated his grandfather, hated his uncle. Angry religious zealots. And he'd recently found out about their role in ruining his dad's life, killing Albi and Oli. And now, that Sofia's drugged up father had been the one who had killed them. It was a lot to take in.

Rex frowned. "We're going to have to handle this gently. It's a long shot, but we may have found our insider".

Luke jumped up. "Wait, Sofia Rossini, we really did bond over missing our dads. She told me how she grew up without a dad. She didn't mention he was in jail. The way she talked it's as if he had died a long time ago. I wonder if that's what she was told? I remember we spoke about it a long time during one of our Friday Night Lights."

He furrowed his brow, trying to remember details. "She was a Grant girl. How did she end up in Saffira?"

Rex looked thoughtful. "I know that one. She mentioned Levanter had contacted her directly, talking up her work and said they'd create a post for her. We'd talked about it because I'd come from Reno and we'd been speaking about coming from these crazy out of the way places & wasn't it funny we'd all ended up here, in Saffira, of all places?"

Nate was deep in thought. "If they'd gotten their hands on my scitech data, some of it at least, maybe they tested it on Gill. Sounds by the profile of drugs found in Gill's system that they'd tried to replicate certain parts of my findings, to use drugs to get the same results as I did—but they didn't *really* understand the whole picture. There's still clearly some black holes in their understanding at Levanter given the volume of drugs they seem to be using". He called over to Jack who was at a small worksta-tion on the other side of the room. "Jack would the FBI have those interview transcripts on file, the court dockets, from Gill Mathers trial and testimonies?"

"Sure."

Jack was flipping through some papers that had been faxed over. "I have the interview transcript here. You can see he falls apart when they talk about the deaths, maintains he ran those guys over accidentally, but rants and raves about this crazy experiment, about the guys who testified against him strapped him to a gurney and injected him with God knows what. Unfortunately for him, he admitted to smoking crack earlier that night. Nobody believed the word of a crackhead after that. He was also ranting about needing a 'reverse' because he killed his daughter and there were records on file that social services had been called out following an altercation at their family home, but records indicate that she didn't die. On the contrary. If he hadn't gotten himself tied up in this mess, all that he'd have likely faced was a temporary restraining order.

Nobody knew what the hell a reverse was back then, and they didn't ask, either."

He paused. "Photos of the witnesses at trial are coming through now."

Everyone stopped talking and stared at the fax machine as photos of the two witnesses in the Gill Mathers trial chugged out excruciatingly slowly, line by line. No-one was surprised when the images of younger, less polished but undeniably the same individuals—Chase Matthews and Trent Calder—fell out on to the table.

"This is crazy."

Spencer sat back in his chair, running his hands through his hair, struggling to take it all in. He looked up to the sky. "Grandpops was killed by Sofia's dad who was only drugged up and driving crazily because of Trent and Chase? Is that what you're saying?"

Jack was somber. "Rex, you're thinking Sofia could be the contact on the inside, right? Maybe we could use this information to win her over, gain her trust to help us in all this, but it's one hell of a shock, for a start, and it all sounds pretty unbelievable, even if she gets that far."

Rex nodded. "Yeah. It's a long shot. Saying that, she has the upload access we need. To be honest, most people at Levanter could do it, if they're willing to, at the right time, with the right intranet access."

Luke spoke up. "I'm betting she was headhunted because Trent knew who she was and wanted to keep an eye on her, which was ultimately luckier for us than it was for him—that's if we can persuade her to help us. But this could all really blow up."

Rex perked up. “I have a great idea. Luke, you volunteer at the Silvertown Old Peoples Home, The Gables, right?”

Luke nodded. “Well, I used to anyway, before I was mauled by a bear, became Americas most wanted, and fled to Alaska.”

“Uh-huh.” Spencer looked amused. “Before that.”

“Yeah, it was part of my Levanter volunteer hours. They loved their community outreach stuff. Loved the PR, anyway.”

Rex nodded enthusiastically. “OK well, I remember now Sofia was assigned there too. She was seeing an old lady there—a real character, revolutionary type—who she met up with sometimes…she was kinda excited because she said you’d been assigned her too and she kinda had a crush on you…”

Luke laughed. “Oh my God. You mean Martha Brewster? The *Arsenic and Old Lace* lady? She told me once…”

Rex finished his sentence. “Yeah, yeah, the laxatives on primetime story. Brilliant.”

He ignored the perplexed look on the faces of everyone else in the room and continued without breaking his stride. “I think she’s our link. I mean, whose going to be watching old lady Brewster?”

Luke thought about it.

Jack walked over. “Tell us about Martha.”

Luke’s complied. “She was a real political revolutionary in her time, actually, but she doesn’t like to share than information. I’ve heard a few stories. She’s not your average little old lady, put it that way.” His eyes twinkled. Jack looked thoughtful. “Maybe there’s a way that we could use Martha Brewster—her existing weekly meetup’s with Sofia as an opportunity for them to exchange data chips and information without Levanter noticing. That could protect Sofia.”

The others nodded. Rex spoke up. "Luke, you know Martha and Sofia, right? What's the easiest way to approach this?"

Forty-eight hours later, an elderly priest entered Grant County Jail. A priest from one of the local churches usually visited every week to counsel prisoners and deliver confession. Oftentimes priests chose to sit and speak a little longer with Gill Mathers, a prisoner who had become ordained in the Catholic faith after four years of college seminary studying philosophy and four further years of major seminary, studying theology. His commitment had been exemplary and entering the faith had been the making of him. He'd been a very different prisoner from anyone that the prison wardens had ever known before.

Very different.

Aside from his enduringly catastrophic levels of self-control & the hopelessness of his early years of incarceration, his experience in jail had, at some point, suddenly given way to enlightenment, wisdom, and a feeling of peace. To an outsider looking in on that humid summer day, these kindred men of the cloth, praying together, deep in their discussion of other worldly, spiritual matters, seemed engaged in usual spiritual matters.

Those outsiders knew little of the real conversation, the ripple effect of which would grow, in the years to come, into a veritable tsunami. Neither man would ever know quite how significant the effects of their conversation would grow to be.

By the time Father Smith had departed, inmate 20395 of the Grant Correctional Facility, who had spent 20 years in jail for a crime that he did not commit, found out that his beloved daughter had never really died, and that his two false accusers who had stolen his life and most hope from his soul were now fast becoming two of the most powerful men in American scitech. Soon, they were to gain irreversible power in the American political and religious landscape.

That is, if there was no one to stop them.

Two days later, a young woman named Sofia visited him. Both were deeply moved but hid their feelings. An unbreakable bond was forged the moment that they met, built on blood, on regret, on a deep, enduring relief to have finally been in each other's presence. It was a bond that they would come to learn could never be broken. Now, finally, they were together again.

As Father Gill Mathers and Sofia Rossini spoke, with Gill telling her everything that Team Alpha needed her to do, the urgency in his voice hidden by the gentleness of his poise so as not to alert any undue attention, he marveled at what a wonderful young lady she had come to be. Ambitious, intelligent, and fiercely brave. Later that evening, praying away his hatred for that lying bastard Elliott, or Trent, or whoever he was pretending to be these days, Gill Mathers was the happiest he'd ever been.

As the exact moment he prayed his thanks for the miracle that had happened that day, the FBI Agent posing as Father Jakob Smith was already entering the front entrance of Silvertown Old Peoples Home across the other side of the country, kindly greeting old Martha Brewster, who welcomed the handsome silver haired man with a smile on her face, and a cheeky glint in her eye.

33

Laura LaValle was on a high. Her adrenaline was still pumping as she'd stepped off stage, fresh from her incredible exclusive where the nation had watched as man of the moment Pastor Duarte Santé, the hottest man in politics, in faith, hell, in entertainment—had stood proudly by her side as she had anointed him the new Faith Leader of the Christo-Evangelical Party. That had been a hell of a big deal. For all intents and purposes, her man was now as powerful as the President himself.

Her show *By the Fire* had enjoyed killer ratings that evening—her producer had burst into her dressing room moments after the credits had rolled, coming to hug her, brandishing an iPad with real-time ratings that just screamed success. She'd kicked off her heels and flung herself happily onto her plush velvet couch, flush with joy. Duarte would be around any moment, she thought indulgently, and they'd celebrate together. Two champagne flutes were already standing by, his favorite champagne on ice. She looked up expectantly as the door opened, but it wasn't who she'd expected.

"Darling!"

Her plump, ruddy-faced producer, Patrick 'Peacock'

Simpson popped his head around the door. His nickname perfectly captured his colorful flamboyance. "Just came to congratulate you, darling. You were *sublime.* Listen to the applause!" They both looked up, straining to hear the distant but still audible echoes of an ebullient, cheering crowd. Laura wiggled her stockinged toes, getting comfortable. She was happy but also petulant. Where was Duarte?

She didn't want to betray her insecurity and plastered a megawatt smile across her face. "Darling, is Duarte on his way?" Her smile was even wider than usual, the insincerity making it almost painful looking. Her eyes were fixed inquisitively on Patrick who felt uncomfortable. Bloody Duarte again. He knew where Duarte probably was.

Laura felt impatient to begin the celebrations. He'd promised to take her somewhere special that evening, and she wondered if tonight would be *the* night.

Patrick shifted a little uncomfortably. "He's still wowing the crowds, darling, he's a busy man. An important man." He widened his eyes, then leaned in. "Maybe a *married* man, soon, do we think?" He smiled suggestively, nudging her playfully, and she smiled back, conspiratorially.

"Maybe. You'll be the first to know, Patrick, I always say so, don't I?"

She winked, as Patrick, permanently energetic, turned on his heel and left, waving goodbye. Laura closed her eyes and reclined back into the thick folds of the couch. She'd gotten a plum reporter role because of her…connections. No experience but plenty of ambition. The others had hated her, slogged their way through journalist degrees and internships and God knows what else, called her a bimbo when she'd been given *By The Fire*, ousting a host who'd been on air for twelve years because of a smear campaign that had ultimately blackened her name too severely for the truth—that cleared her name—to have saved her. Laura smiled. Money well spent. You could twist the truth about anyone, anytime, if you really wanted to. Her daddy had taught her that.

They said she wouldn't last six weeks.

Well, I showed them. Didn't I?

She'd taken that show, run with it, and smashed the ratings, transforming what was a bland social engagement segment into the now famous *By the Fire* feature, replaced the sober local community features with politically themed sensational stories and entertainment skits. She'd bought a live audience back in place of the canned laughter and cheers and literally doubled the ratings. Liberal commentators constantly savaged her in their reviews but who the hell cared? She'd even turned that into an opportunity, crafting herself as the more and more daring, outspoken voice of the far right, increasing conservative advertising revenue by 64% over the last two years.

Her star was in the stratosphere but as a TV host there was only so far that she could go. But soon…soon, she'd truly be unstoppable, as the First Lady of Faith. As the lady on Duarte's arm. She'd probably can the show, run his perfect home instead, always at his right hand, the quintessential, perfect vision of a Christo-Evangelist wife. Give them what they wanted.

She opened her eyes and glanced around the room.

Yes…the day after the Presidential Election, she reckoned, her father wouldn't just be out of jail. He'd be in control of Toro24 again. And the nation. Her father would run the media that controlled the hearts and minds of America, and her soon-to-be husband would control their souls.

Nobody realized, yet, what was coming.

Apart from her. She knew.

Impatiently checking her 'phone, she was about to call Duarte when a text message from a number that she didn't recognize popped up.

Look inside the envelope. What envelope? She felt confused.

Intuitively casting her eyes around the room, she suddenly saw a light brown manila envelope sitting by the door. It hadn't been there a few moments earlier, when Patrick had visited her. Weird.

Frowning, she picked it up and ripped it open.

Her eyes opened wide. Photograph after photograph. A different woman each time. Sometimes two. And a small USB stick in a tiny plastic wallet.

Shaking, she pulled out the USB, inserting it into her laptop. It was a grainy but indisputably real video of Duarte trash-talking her to a couple of hookers, strippers, whatever, who were laughing at her.

Irrefutable proof.

That dirty, lying…

She flung open the door and screamed for Patrick who came running. Her blood was boiling, the anger rising in her like fire. "Where the fuck is he?"

Patrick was taken aback. He looked stunned and started going pale. "I-I-I'm not sure, I…"

"Don't give me that bullshit Patrick! I know he's been

screwing these…these…..” She pushed the glossy black and white photos at him, and they cascaded through his arms and onto the floor as he tried to collect them up before anyone in the audience who might be walking backstage might see.

Patrick knew. She realized in that split second that he knew already.

They all knew.

Laura LaValle stormed back into her room, slamming the door so hard it almost fell off its hinges. Patrick waited a few seconds.

Hearing nothing, he slowly peeked his head round the door, which he closed again quickly, as a bottle of champagne smashed close to his head. Laura was screaming.

Sighing, he called estates immediately and asked for a cleaning team. Looking to his left down the long corridor that ran the entire length from the backstage to all principal dressing rooms, he saw Duarte laughing and smiling as he chatted with a young blonde fan, her back resting against the wall while he stood close in front of her, leaning in for a kiss. He was, as usual, completely oblivious to the disaster that he'd created.

Patrick signaled to one of his assistants to subtly guide Duarte into an empty dressing room nearby. The girl continued giggling, Duarte slapping her ass as he followed her inside. The door shut.

Patrick hurried down the hallway to check on the set, already mentally moved on from the drama. He had another show to prep for and an old, male anchor with a penchant for brandy currently propping up the station bar. He'd have to drag him away to hair and make-up, get some coffee down him and wheel him out for his show without anyone noticing that he was—as usual—three sheets to the wind.

Meanwhile, Laura paced her room, crying with anger. What the hell? Then she picked up her phone, hands trembling, furiously punching a number that took her three times to get right. The adrenaline was surging through her. "Yeah, governor, its Laura. Put him on now. *Now.*" She waited a couple of minutes, pacing the room, until she heard a man's voice. The relief almost felled her.

She dissolved into sobs. "That bastard...he's cheating on me."

A deep voice on the other end of the line seemed to calm her, sober her up. She'd knocked back a couple of glasses of champagne already.

"Okay, okay." After listening for a while, she felt more relaxed, placated.

"Yes, I'll do that. I'll come see you soon. Me too, I miss you. Thank you...thank you."

Patrick knocked on the door again softly and this time she let him in. He gave her a hug as estates arrived to clean up. He was relieved to find her calmer, again.

Romance...always good for ratings, thought Patrick as he hugged her. *Mind you,* he reflected later, *a little break up and make up isn't too bad either.*

Laura felt calm now. She already had the making of a plan. She'd make him pay.

She called Duarte.

"Baby, I don't feel so good. Patrick here just ran over to tell me not to eat the sushi on ice that'd been prepared for me. It was just sitting here in my dressing room after the show and I was so hungry…yes, yes, thank you baby…yes, I just ate it and oh my goodness, my stomach—I can feel it already. Dixon down the hall has gone down with food poisoning too—I just think it's so good you weren't with me, else we'd both be sick. I don't want you to see me looking a mess, baby". Her laugh was girlish, tinkling. "Okay baby, sure, let's take a rain check tonight? Yes, yes, you go celebrate. Of course…and thank you, sweetheart, for being so understanding."

A steely look crossed her face. She'd almost enjoy this.

"Give me back the photos, Patrick."

"Here you go, darling."

He hurried off, glancing smugly at the closed door he knew Duarte had just been bundled into. He'd get his reckoning.

He remembered who Duarte used to be. What he'd done.

Not many people knew, but Patrick did. *Oh yes,* Patrick said to himself smugly, *I remember you, Duarte Santé.*

I remember everybody.

34

When Team Alpha and the small group at the Alaskan science facility woke up early the next morning, Agent Jackson had disappeared, alongside half of their computers. Nate had suspected a leak, he'd explained, and he'd created a dummy lab to try to smoke out the plant. Jack still didn't know, he explained, whether Agent Jackson had been a Levanter or Christo-Evangelical plant, or even an FBI insider who'd turned bad, but they were relieved to have found their spy on the inside.

"The great news is", Jack explained, "that they think what we had here were the original missing scientific links that Trent had always tried to get his hands on, even back in Grant. It's junk science that we threw into the dummy files which'll hold them back a fair few weeks."

Nate slapped him on the back. "Well done. You smoked out the rat and hamstrung Levanter a while."

"Yeah." Jack slipped a glance to Annalise, hoping that she'd be impressed. She smiled at him, and he returned her gaze with a wink.

"Good going guys", said Spencer.

"Cheers", Nate said, sipping hot coffee, which he was grateful for, as the news of the lab burglary had caused them to wake up two hours early.

"I wasn't talking to you." Spencer grinned playfully at Annalise and raised his eyebrows, gesturing at Jack, who had snuck out of Annalise's igloo earlier that morning. She rolled her eyes and sighed.

Rex suddenly burst through the door holding a wad of printouts.

"Guys I know how we're all connected. How we all got to Levanter."

No-one moved, too interested in their steaming hot croissants and coffees to bother getting up. They'd all reached a point of such perpetual confusion and surprise over the last few days that very little could now realistically move them. Rex continued anyway, spreading out the papers on the table in the center of the room.

"Ok, Team Alpha wasn't a random coming together of a few of us. Levanter planned it all. Annalise, you logged on to the intranet of Schuster, Duke & Sellers last night…"

"How did you know that?" Annalise looked incredulous as Agent Jack Carlson shot her over an interested glance.

"Not relevant right now." Rex waved his hand. "I did a little digging. That's your grandfathers' legal firm, right? A quick search of census bureau records revealed to me that Duke is your mothers' maiden name."

"Yeah." Annalise took a bite of her croissant, not entirely sure of the relevance.

Rex returned to the court docket, shaking his head. "This is exactly why Luke and all of us in Team Alpha are connected to each other. Us ending up together isn't a coincidence."

Nate looked confused. "I don't get it." Luke raised his eyebrows. "Join the club. He's always like this."

Jack sat back. "Tell us, Rex."

"So I spent a few hours looking through your grandpa's legal records and one of his biggest cases was around 20 years ago. He personally prosecuted Robert Matthews. I remembered the name straight away. I was a cult kid too, well, kind of."

Everyone had stopped eating, coffees paused midway in the air.

"A cult kid?" Nate sounded incredulous.

Rex set his eyes on the others. "Oh man, you guys really do tend to laser focus in on the irrelevant details, don't you?" He waved his had again in a dismissive motion, picking up a court docket with the other hand and brandishing it.

"Check the name of the defendant on this case. Robert Matthews. Matthews, people. Sound familiar?"

"As in, Chase Matthews?"

He banged the papers down on the table victoriously and everyone crowded round to look.

"Exactly. Robert Matthews is Chase Matthews' father. Chase lost everything when his father was sent down for the biggest Ponzi scheme in history and Annalise, your grandfather—with your father on the prosecutor team—bought him down. He was ten times bigger than Madoff. He used to own Toro24."

Jack jumped up to look at the docket, reflexively checking his pistol. "We've been receiving intel over the last few months that he's working with the Christo-Evangelists, maybe some kind of plan to control the network somehow from jail. There's a lot of whispers that he hid millions and millions of dollars stashed away and that he's been using it to fund the Christo party, maybe even Levanter. But we don't know for sure. He'd built Toro24 well before the FBI came crashing down on him, too—it became one of the biggest mouthpieces for his cult. He obviously doesn't control it anymore though we think he still has a lot of sympathizers there—and God knows where the money went."

Jack scratched his head, lost in thought, looking down at the court papers. He was clearly deeply troubled by the idea.

Rex spoke up again. "I think they wanted to use us, then kill us all. Spencer, you were useful because of your dad, but also expendable—probably a test on Alex's side of loyalty somewhere down the line, that he'd sell you out. Annalise, they might have been targeting you because of what your grandfather did to Chase's dad. Like, a revenge fantasy played out one generation down because they couldn't get to him. Luke, you're an obvious target."

Jack nodded in agreement. "Makes sense. Like, the ultimate revenge show. But what about you? That theory only works if you somehow have a link to all of this, too."

Rex smiled, reclining in his seat. He was clearly pleased with his deductive abilities. "I worked that out, too."

He directed them to a paragraph buried deep in the middle of the same court docket that profiled one of numerous other small fraudulent investigations that Richard Matthews had been linked to. One linked to a court case surrounding Matthews' involvement in a small pseudo-Christo-Evangelist cult in the outskirts of Reno that had defrauded numerous older members years earlier. That case had ultimately allowed the FBI to trace Matthews to a couple of key Mafia fixers who, in turn, ratted out an accountant who fixed the books and had set up some of Matthews' Ponzi offshore investing vehicles for him to hide funds in. It was ultimately a dollar bill-style investigation that had started the ball rolling to the ultimate prosecution years later.

Spencer looked blank. "Still not getting it."

"Guys. Reno. Remember where I come from?"

He looked thoughtful, clearly reminiscing, and strangely chilled about the memories given that he was talking about little else than crime and cults.

"I was a kid back then. My parents got pulled into it. I managed to escape, ran to the local police but went to the local news station first. Maybe I'd seen too many cop shows, but I wanted insurance that the story would break real fast and nobody would send me back or not believe me. There was a camera crew out there, watching the police raid the place, hours later."

"Woah." Spencer was impressed. "What happened to your folks?"

"They're still ultra-religious, never forgave me really. They run a big Christo-Evangelist group up in Reno now. In fact, I think they like me even less now I'm an atheist scientist". His eyes sparkled and he grinned. "I really do fit in here. I didn't back in Reno. They love me really, they just don't understand me. At all."

"Their loss is our gain, buddy." Spencer pulled Rex over to him in a hug, then pulled his head down playfully and rubbed his hair. Rex pushed him off, laughing. Rex explained how his personal testimony remained key in taking down the cult, the case setting the key precedent on which Matthews was eventually indicted.

Alexander Van Rees had been watching from the door. He'd been held back a day, the call back to Silvertown a dummy call to smoke out Agent Jackson. It had worked.

He felt relief and happiness wash over him for the thousandth time. Seeing his son happy with people around him who cared, normal people who didn't make messed up judgements about who he was, or how that fit into some religious code or other, meant everything.

The relief was fleeting. He turned around as he heard Jack speaking urgently into his radio. He relayed later to the group that there'd been a confirmed sighting of Agent Jackson leaving on a small charter flight. He'd alerted the FBI in the US and at Anchorage International Airport already and told them to intercept Jackson and hold him there until advised further. They couldn't risk Alexander Van Rees's position as an ally being given away.

Jack placed a hand on Alexander Van Rees's shoulder, speaking urgently but softly. "Alex, I'm sorry but our informants tell us that Trent's been trying to get in touch with you, that he's panicking about where you are. It's a real call out this time."

Spencer looked up, panicked. Alex recognized the look of fear that crossed his sons face. It was a look that he'd seen in Oli's face. And Albi's. A long time ago. His heart hurt. He wanted to tell his son that everything would be ok.

Feigning calm, he swallowed down the fear and looked to Jack who explained the plan. "We've bought you some time. We've said you went down to one of the sleep facilities by the border with the new kids center attached to it—we said there were some legal concerns that needed handling quickly. We've printed out a few random receipts and the necessary travel documents to prove you've been there, and your smashed up handset gives you some cover as to why you've not been able to get in touch."

Alexander turned the messed-up handset over in his hands appreciatively as Spencer walked over to listen.

Jack continued. "I'll brief you on the 'plane, but you should know that a great guy, a social worker named Jason is one of our insiders as the center. He's going to give you cover, say he spent time with you. The script will be that he hates you, views you as one of the Levanter goons, you were throwing your weight about and he made a complain direct to Levanter HQ about you."

"Clever." Alexander looked up. "Okay. Let's do it. I appreciate you doing this for me. Let's video chat with Jason on the way back so we're working off the same script."

Jack nodded in agreement.

Alexander asked if he could hang out with Spencer for a couple of hours. He'd only just reconnected and didn't like being torn away so fast.

Jack looked pained. "I'm sorry Alex. We need to leave right away. But patch into your phone. We've diverted the settings to make it look as if you're in Silvertown now."

Alex glanced up after powering up his phone, the handset immediately vibrating as a few work emails hit his inbox.

He looked more positive.

"Wow." He bought his hand up to his head reflexively, trying to process what he was reading. "I've just received an email from one of the partners. They've just gotten some interesting news. Richard Matthews has just applied to the Office of the Pardon Attorney of the United States of America. The sitting President is not willing to grant it, currently, but a bunch of the senators—all Book of Lifers, I think, if I remember who I've seen in Santé's sermons—have placed a hold on it with the right to re-visit it in the weeks after the upcoming Presidential elections. In legal terms, in constitutional terms, that's pretty unheard of."

He glanced around the room. "I think they're confident that they can get Richard Matthews—Chase Matthews' father—a pardon. Not only that…"—he glanced down at the email again—"…Richard Matthews seems to have been bumped up 423 places to the top of the Presidential pardon list."

35

Sofia Rossini had been about to leave Silvertown Gables, the old peoples home located deep in a leafy, well-to-do suburb that sat adjacent to the border between Saffira and Silvertown. It had been a crisp, sunny Tuesday morning, one of those light, airy days where everything just seemed so easy and bright and happy. The birds had been chirping, her steps light and fast. Sitting outside in the quaint little walled garden of the Gables with a few of the old folk had been fun. They'd shared stories and memories with her, and she'd kept them topped up with tea and biscuits. She loved those slow mornings with the old folk. It was always a great excuse to get out of the office for a few hours and just power down from the frenetic pace of life for a bit.

She'd almost been sad to leave when she bumped into Father Smith, an Irish priest she'd met a couple of times before, on her way out.

He'd requested that they have a brief chat about a couple of the old ladies, so they'd retreated to a small sunny alcove at the side of the building, close to a small library and overlooking an enchantingly colorful flowerbed. It was in the ensuing moment that things had gotten pretty crazy.

Father Smith had confessed that before becoming a priest, he had served with the FBI for thirty years. A deeply spiritual man with an equally vociferous need for justice, he'd initially left his old life behind, throwing himself into theological study, committing to the cloth, but had reconnected over time with his old colleagues as a sometime-operative. He missed the action.

He'd decided, in the end, that there was more than one way to fight evil, and his two worlds had ended up working pretty well together. Plus the priesthood was a damned good cover.

Sofia learned three stunning pieces of information that day.

That Luke and Team Alpha were still alive.

That she'd been right about Lara all along.

And that her father was still alive.

She realized that the news about her father did not come as a complete surprise to her—she'd noted inconsistencies in her mother's story over the years and paid a local PI to track him down. But when the PI had told her that her father, a violent murderer, was very much alive—and rotting in jail—she'd sadly wished she'd never bothered looking in the first place. She figured that he hadn't ever bothered to reach out to her, ever, either—not that it would be such a great thing for a violent murderer to reach out to you anyway—so Sofia had ultimately decided to move on, make her peace with it and forget about him.

Father Smith had told her a very different story, however, one that piqued her interest and made her re-evaluate her earlier assumptions. Gill Mathers wasn't a deadbeat after all, according to very-well informed FBI Agent Father Smith. He had almost collapsed yesterday, when Smith had visited him and told him that his daughter Sofia Rossini was not only alive, but thriving and happy.

Father Smith had told her happily that during his time in jail, Gill had retrained as a priest and had become a cherished member of the facility, providing sermons and blessings to inmates and staff alike. They all loved him, he had said. It warmed Sofia Rossini's heart in a way she hadn't experienced in years and suddenly she felt an urgent, almost violent need to see him. Wild horses, she had decided right then, in that moment, would not keep her away.

The story surrounding the car accident was very different from what she had imagined. Far from being a drugged-up maniac bent on mowing down some poor unsuspecting members of the public, Gill had, instead, been grieving for her. The same person, she had learned, who had broken the savage news to him had lied at trial, providing the chilling testimony that would send him to jail for life, robbing him of his freedom and robbing her of a father. The same testimony that had led to him being handed down three consecutive life sentences.

That man was her boss, Trent Calder. Aided and abetted by their Head of Government Liaison, Chase Matthews.

It was a lot to take in, but Father Smith knew steely resolve when he saw it. Giving her a little time to collect her thoughts, he gently took her hands in his.

"Sofia. There's more."

He explained how Luke Templeton had been used by Levanter, framed for murders that he hadn't committed, too, and was now helping them in an undisclosed location. That Team Alpha were very much alive, working with him, and that potentially the future of the United States of America and perhaps even the very souls of every citizen in the nation were in her hands. If she decided to help them, she could save them all.

In truth, Sofia would have done anything to bring down Trent Calder and Chase Matthews from the moment Father Smith had disclosed the truth about her father. The fire that burned behind her eyes was raging now. Whatever they needed, she told him, she would deliver.

Father Smith moved swiftly, explaining Martha Brewster's role as a conduit. That she and Martha would continue to enjoy their weekly Tuesday afternoon meet-up's. Every Wednesday morning at 7.13am, Sofia would upload a virus to a new Levanter server whilst simultaneously downloading a copy of the data files sitting on that server—a virus handed to her on a data chip by Martha, which she'd then swap with Martha the following Wednesday, collecting a new data chip. She'd run the same upload and download pattern for all eight Levanter servers—one a week at the exact time as the weekly company security reboot to avoid setting off security alarms. Father Smith would then collect it from Martha during his weekly rounds.

Sofia exhaled. "Okay. Done. Starting next week. I guess the last question is how we persuade Martha Brewster to get involved in all of this?"

Father Jack's eyes danced. "I know about Social Con. I knew she'd sign off on this instantly. Quite a lady, that Martha Brewster." He leant in toward Sofia conspiratorially. "I'm an FBI agent and you know something? Even I've never been able to find out her real name."

Sofia laughed.

Father Smith stood up. “In all seriousness, I have a feeling that old Martha Brewster was made for a moment like this. She gets it. She knows what’s at stake.”

After they said their goodbyes, and before heading out, Sofia popped her head around Martha’s door.

“You’ll be bringing my Turkish delight with you next week, won’t you dear?” Martha winked. “I like the box. It’s nice to fit all of my little trinkets in.”

“I sure will,” Sofia responded, as she smiled and turned to leave.

When Sofia had left, Martha turned her gaze back to the window and out to the beautiful little walled garden beyond. A couple of bees buzzed happily by the hydrangeas as the sun shone. She closed her eyes happily, drifting into a contented sleep.

Martha Brewster had been dreaming of something like this all her life.

36

Nate had scored an excellent interim solution to relocating Team Alpha. He'd commissioned a small marine vessel to house the group for the next six weeks—a decision based on his paranoia that Levanter, the Christo Evangelists or God knows who else might succeed in hunting them down. Now Agent Jackson had been smoked out, they knew there was a very high chance that he'd already betrayed their location. A new temporary home on the water was harder for any potential hit men or corrupt cops to locate.

Currently anchored just off the coast of Valdez, a remote border town that had sprung up originally during the American Gold Rush, the location had been chosen mostly because of its proximity to a close-knit scientific community where Nate had lots of friends, and the relative remoteness of the place. Majestic mountain peaks soared into the skies, towering over the small boats and marinas below, almost reminiscent of his beloved Saffira, from which he'd been away far too long, were it not for the huge, expanding sea that opened out endlessly in front of his eyes, the swooping seabirds, and the crashing of the waves an ever-present reminder of the wild, humbling power of a dominant, untamed sea.

Cruising across the beautiful deep fjord that constituted Prince William Sound, taking in the incredible sights of orca whales, seals, sea lions and humpback whales, mountains, endless vistas of ice and water and friendly little colorful houses and fishing boats, the friends felt a million miles removed from the intensity, fear and adrenaline-fueled madness that had characterized the last few days.

Their position within the Inside Passage of Alaska was a well-chosen one, given that it protected them from the wilder Alaskan Sea. However, Nate and Jack had agreed to charter a course into wilder waters if he felt their location had been compromised and they had to make a run for it. It would take a foolhardy sailor to power into those waters, particularly in stormy conditions, but there could be a scenario where they had no other choice.

Nate felt emboldened by the presence of an exceptional crew—all locals of many generations standing—who knew how to expertly navigate the waters. If Levanter sent up a covert team to hunt them down and tried to commission a local crew, their crew would hear about it in minutes. Nobody in Valdez would help Levanter and nobody would talk. He was sure of that. Small communities closed ranks and protected their own whenever they needed to.

The vessel was well equipped with scientific labs, updated tech, and everything the group needed to work on simulations of Levanter servers. The hook up with Sofia Rossini and Martha Brewster had just been established and seemed to have kicked off smoothly, and the team were already working away productively on the first batch of adapted data. Looking at the originals, Nate was stunned. All sets showed incredibly high levels of statistical significance and correlations between morality algo's and the biochemical responses of patients who had been forced to undergo the Walk of Life and Valley of Death in those godforsaken sleep centers.

He still couldn't work out why.

He didn't care at this point. Right now, all he cared about right now was that they could make the dud replacement files and have them uploaded to stop Levanter. There'd be time enough after their plan had been successful—and he prayed to God that it would be successful—to work out exactly how the hell those powerful correlations could exist.

He grimaced, staring out to the wild sea that rose and fell in wild, grey crests in front of him. God knows what was happening inside those sleep centers.

He was thinking about God a lot more these days.

There were so many things that still troubled him.

He noted with interest that none of the scientists had found the real link—the science that would blow everyone's minds, that would still hit the religious inferences out of the ballpark. The link that only he, and Professor Grayling, had known and that they would now both die to protect.

Perhaps, he thought sadly, Professor Grayling had already done exactly that.

Agent Jack Carlson had shipped Team Alpha's 'phones and other devices, such as tablets, to Teller, a larger Alaskan port city that straddled the Russian-Alaskan marine border. The devices had been left, intermittently turned on and off by contacts in the field, in a regional area dotted with hotels and bars, to mimic a normal work-sleep cycle. He'd asked a local Russian agent to mail and mail back the devices intermittently into Nicolaevsk within Russian territory, to suggest an increasingly habitual movement of Team Alpha into the bordering country. Hopefully that would throw them off just enough to keep their current location undetected.

News continued to ramp up from the Levanter press department, with Chase Matthews now an almost permanently installed fixture on Toro 24 within his capacity as Head of Government Liaison. He was a great looking guy, charismatic, confident, the kind of man that numerous young women and housewives could crush on, and the kind of man that other men wanted to be.

With the Presidential Elections imminent, Toro24 had now dispensed completely with any vestige of impartiality. One or two Christo-Evangelical senators generally split-screened with Matthews—or, sometimes, CEO Trent Calder—to sing each other's praises, blackball PAA opponents, rail aggressively about any idiot standing in the way of the patriotic Authoritarian Bill and encourage viewers to stand behind Pastor Santé and the beloved Christo-Evangelical Movement.

Nate's hunch was that while the Rapture and the Book of Life had initially been used as a wildly successful means of building a tight-knit cult of the most powerful politicians and evangelical heavyweights in the country, it would now be rolled out across the Christo-Evangelical Movement, and the Levanter Initiative, maybe billed as a reward for only those who were the most devoted.

He was antsy—Jack too—to hear from Alexander Van Rees. The men had all bonded in the short time they'd spent together in the Alaska and in truth, Nate was worried for his safety since he'd had to return to Silvertown. He also knew that Alex was deeply involved in the Book of Lifers movement now—and remained at the core of all Levanter legal machinations—offering him a unique ability to gain intel. It also made him a target. If anyone at Levanter suspected his involvement with them, he'd be almost immediately killed.

A few hours after leaving his son, Alexander checked in with Trent, citing a messed-up handset as his reason for his radio silence over the last couple of days. Jack had clandestinely fed a second set of intel to Levanter insiders, suggesting that Alex Van Rees had been seen leaving a strip club with a couple of girls before heading to a Triple 8, not for the first time, where he'd been holed up for a couple of days, and when the hell would they have to stop covering up for him? Trent had laughed when he heard that Van Rees hadn't even paid his own bill. The strippers had been forced to, else the proprietor had threatened them with the cops. They'd woken up in the morning and found that Van Rees had literally upped and left in the night. He'd stiffed them, thought Trent, literally and figuratively. He snorted with laughter.

Jack hadn't told Alex about the second set of intel—an old trick that meant that the person they were trying to protect would be more believable if put on the spot, reacting with fiery indignance at a ridiculous accusation. Consequently, Alexander Van Rees had reacted with confusion but relief when Trent had winked at him conspiratorially when he entered the newly refurbished Prohibition restaurant & bar on the Levanter campus soon after arriving back in Silvertown.

Trent had loved it.

Dirty dog.

Prohibition, the Levanter campuses latest luxury venue, was breath taking. Consciously reminiscent of the speakeasys of the American 1920's, deep mahogany floors and wall panels lined the intimate exterior, with large mirrors running the length of the paneled walls. Bartenders dressed smartly in white jackets and black bow ties served the well-turned-out clientele, while a jazz band played on a small, central stage.

Library shelves adorned with old books and plush, deep claret red velvet sofas adorned the place, with one area at the back reserved for fine dining. Alexander Van Rees had taken his seat amongst Duarte Santé, Calder, Matthews, and a handful of the most powerful Christo-Evangelical senators in the party. The men were laughing and joking, with the buzz of the upcoming elections and frequent legal questions jockeyed across the table. As the Lead Counsel for Levanter and for most of the individuals at that table, Van Rees was trusted, relied on, & regarded as the fount of all legal knowledge, a station that commanded him the attention and interest of some of the most powerful men in his country. He enjoyed the fraternalism of the moment, even if he didn't trust any of these guys as far as he could throw them.

After a first course, Calder stood to make a toast to what was, he noted, a historic moment. It was a moment that enabled them to pledge allegiance to Duarte Santé as their new Faith-Leader. They'd done so before, but in small, whispered circles, at a time where their intentions had once been too fringe to dare to utter out loud.

Now their beliefs, their visions, their dreams, were all out in the open, loud, and proud. The Rapture was close at hand. No longer a conversation of extreme politics spoken in hushed tones, their conversations were now those of confident spiritual people, good members of the Initiative and the Christo-Evangelical Faith Movement who simply shared the newfound beliefs of millions of Americans—and the new Faith-Leader Bill—that they simply wanted a government that held faith in as high a regard as politics.

Wasn't it time for that?

The group raised their glasses and drank, amongst much merriment. The tide was turning in their favor, finally, and they welcomed it, turning the taste of anticipated success over and over in their mouths like sweet plums or fine cognac. The group enjoyed a meal of pan-roasted duck served with winter greens, white truffles and Almas caviar washed down with a fine red. Compliments were sent to the chef before retiring to a back room for blackjack, cigars, and bourbon.

Alexander stayed late into the evening, finding himself after midnight with a small group that included Senator Hunter Carlson, Duarte, Chase, and Trent. The inner circle.

Senator Carlson dominated the discussion initially, pulling Alexander into an intense exchange that focused on the legal specifics of the Authoritarian Bill. Alexander, in a move that he now bitterly regretted, had been a key architect of it, and was consequently comfortable walking him through the finer points of legalese. Alex's expert knowledge of the complex legal concepts surrounding the Bill had made him indispensable, a fact that he was now grateful for. The longer he could remain at the epicenter of Levanter, the more intel he could collect, and the safer he could keep Spencer.

The next hour was spent poring over the fine details of what they now referred to in shorthand as the Rapture—the moment when Duarte and the small core of committed Christo-Evangelists—now all evangelized Walk of Lifers—would use the exquisitely watertight & sophisticated wording of the Authoritarian Bill to enact an unstoppable, authoritarian takeover of an American democratic government. All at the willing hands of voters.

Voters who really had no idea what was coming for them.

Hunter Carlson looked anxious, his eyes darting around. Alexander noticed that he'd been unable to concentrate for much of the evening, but he'd suddenly seemed to deteriorate. He seemed amped up, too, a vein in his neck throbbing intermittently. Alex was no doctor, not a medical one, at least, but he knew it looked alarming.

Trent noticed it too, his eyes darting over to Alexander Van Rees, who—so far—seemed not to have experienced any side-effects.

Clearly, Alexander had experienced *some* effects—he'd headed for a strip club straight after they'd run the Valley of Death over at that border sleep facility and then spent a couple of days holed up with some cheap strippers—but on the scale of things that was pretty tame. They all experienced a complete loss of self-control at some point. That they'd not managed to iron out at all, but in the scheme of things, it hadn't felt like much. He'd wanted to run Alex Van Rees through a Valley of Death but had it on good authority he'd forced the hand of a few operatives down there to push him to the top of the list. He'd said nothing about it—clearly, he'd been scared out of his mind or too ashamed. Maybe pissed himself or something.

Trent smiled as he relaxed back into his seat, listening to Van Rees run through legalities. He had some incredible, committed minds on his team. He knew their secrets. And he had so much power over their sad little minds and bodies that they'd willingly succumb to the most insane experiences, strapped pathetically to gurneys, injected in the arm, wailing, screaming, voiding themselves, all so he could preside over them and give them the assurances that they needed that no, they weren't destined to Hell itself. Not if they came to him, anyway.

Trent's thoughts snapped back to the present moment as he heard raised voices. Hunter Carlson was hyper-focused now, his voice higher, faster, louder. Trent watched him through narrowed eyes, relieved to have such committed foot soldiers. Carlson was almost out-of-control—they were having to perform a reversal on him almost weekly now and if his crimes became any more extreme, they might have to think about cutting him loose. But not before the elections. He was so dedicated. They were willing to clean up his mess, over and over, because he was like an unrelenting attack dog for them. Every time they ran a new Walk of Life whatever slivers of self-control that remained were completely eviscerated. The last time it had gotten so bad that after walking out of a ceremony he had beaten up a fellow senator within minutes of leaving of the building. The beating had been so bad the poor guy had needed to be almost peeled off the floor and had spent 24 hours in intensive care. They'd needed to turn Carlson around and walk him right back to the building and to Pastor Duarte Santé for another reverse.

"Here's my concern." Hunter Carlson was looking at Alexander with laser like precision.

"The Autho Law passes a week after the Levanter roll-out and data drop. Right?" He sniffed. "Two weeks after the Autho Law is passed, the Rapture happens. After some pure, beautiful sermonizing by our wonderful Faith-Leader here"—he slapped Duarte on the back—"we bring the Rapture into Congress. Correct? Cameras rolling, Toro24, the world's most awesome media station capturing it all, we bring a motion that's now allowed as a unilateral vote to be held instantly, proposing our beloved Pastor as President *and* Faith-Leader. Because you've built this is so smartly in the way you've crafted this Bill. And then the President is removed, under Faith Laws. Yeah?"

Alexander nodded. "Yeah. That's always been the plan. It took weeks to work those small sub-clauses exactly right, so they work perfectly only under *that exact* scenario. Nobody will guess it's coming—and even if they do, what are they going to do about it?"

Alex sensed the Senator was still antsy, although he wasn't sure if that was just the drugs he's been snorting in the men's room a few minutes earlier.

Chase Matthews took over. "The Bill is watertight, Hunter, and it'll be passed without any of the other senators understanding the real meaning behind some of the tiny sub-clauses buried in the document. We've logged insane man-hours writing in legislative points that appear innocuous but explode with relevance the moment the President is pushed aside, and Duarte can rise to the fore in proposing the new votes when that happens. It'll be a beautiful new era. Man, the power that we will have at our fingertips will be historic."

He sat back arrogantly.

"You, Hunter. Guys like you. You have to step up now and do your part."

Hunter nodded somberly.

Alex leaned forward. Time to gather some intel. "Gentlemen. I need to know the exact timeline, the exact individuals involved in this—whose vote you have tied up, any stragglers—and, critically, an assurance that no-one—and I mean *no-one*—outside this group knows of the strategy behind the Rapture. Anyone finds out and they'll attack this Bill and reject it outright, probably even shy off from the No Confidence vote. Then you all open yourselves to vulnerability to investigation. At minimum you'd be looking at a delay of the Authoritarian Vote, perhaps even impeachment or prosecution."

Alexander paused, setting his jaw, and looking at the others in silence. It was an old courtroom trick he'd honed over the years—the use of silence—and it was usually an easy way to add gravitas to whatever statement that followed.

Hunter Carlson looked at the others sharply. Van Rees was right. The group settled down and concentrated on imparting exactly the information that Van Rees needed to know.

Almost an hours later the group had dispersed, with Van Rees accompanying Calder and Matthews to the Levanter executive board suites on the penthouse floor of the stunning, newly completed Levanter HQ building. It was hard to imagine, thought Alexander sadly, that such a sparkling, huge complex could now sit so dominantly amongst what had been, only a couple of years ago, such a quaint, mostly unheard of, tiny mountain village.

An elegantly suited doorman tipped his hat deferently as they walked through the marbled entrance to the gold elevators, Trent placing a gentle guiding hand on Alexander's back. "Alex, you're about to enter the real inner circle, learn something that very few people know." He smiled indulgently. As Trent strode toward a side room, an unnamed assistant appeared from nowhere to open the doors for him and hand him a Levanter branded bottle, then melting away to nowhere as anonymously and quickly as he had appeared. The servitude unnerved Alex.

As they entered the room the small crowd turned around to greet them. Alexander faltered in disbelief.

The man in the middle of the crowd who turned to greet them looked tanned, healthier, and more well-rested than anyone else in the room, almost as if he'd stepped off his superyacht in the south of France the day before.

Alex tried to hide his fear. It wasn't possible. This man had been in a high-security jail for the last ten years. And he should be there right now.

Alexander Van Rees stared back as Richard Matthews cold, sparkling blue eyes met his. "Nice to see you again, Alexander."

37

While Richard Matthews spoke, a small circle of acolytes tended to his every need. A private nurse dispensed a platelet rich plasma treatment at various points of his body—a $2000 a pop progressive rejuvenative therapy that promised fountain-of-youth style anti-aging effects—while a pretty, young masseuse worked on his shoulders. A drip stood nearby, quietly pumping a personalized cocktail of vitamins and minerals into his wrinkled body.

Holding court, Matthews explained that the Toro24 media empire that had once been his was about to be turned into the hands of its rightful owner. That it would be a willing and devoted mouthpiece of the new Authoritarian government when the appropriate bills had been passed—a symbiotic relationship that he was sure would please both partners in the deal.

Amazingly, he said, a story that he delighted in telling, the highest viewing figures on the Toro24 network this year had come from his own flesh and blood. His beautiful daughter, borne through an affair, had subsequently never held his own name although he had handsomely paid off the girl who had sired her. It had been a twist of fate he and his offspring had used to their advantage over the years. Laura LaValle had risen fast through the ranks of Toro24. Richard Matthews still had loyalists at the network desperate to see his return—and become its biggest star. He was so proud of her. And his son, his son who still bore his name but had managed to avoid direct association with him over the years, taking the reins at Levanter, sowing his vision, siphoning off his hidden millions of dollars to build the company and the Party that would finally return him to freedom and power.

In recent weeks, Richard, had scored a partial commutation of his sentence from maximum security jail to a notoriously lax day-release center, the first act of Duarte Santé, as official Faith-Leader of the America. Such a commutation would normally have hit the headlines of every respectable news outlet around the country but stunningly, no news outlets had reported on it. He knew why, of course.

He controlled the government now. They'd do as he asked. And the only news network who did know—Toro 24—was on his side. Soon it would, once again, belong to him.

Van Rees was handed a sheath of legal documents, papers placed before him one after the other, which he was expected to unquestioningly sign. All eyes were on him. He signed them all, feigning pride. Pride of what, he wasn't sure. Pride to be there, amongst these village idiots? Pride to be the man who was spearheading an American project to dismantle democracy? Proud to be sitting in the middle of the night listening to an old media hack?

Some of the papers named him as lead counsel for Robert Matthews. Nobody had even asked him. When he looked over the contract, Matthews eyed him paternalistically, as if he had endowed him with a wonderful fatherly gift for which Alex would be endlessly grateful. He tried to look suitably thankful. Other papers centered on the Authoritarian Bill and on the legalities on wresting the sitting President from power in a myriad of complicated legal ways. Yet more focused on powerful, complex regulations that immediately revoked state access to key government funding in the event that specific states or senators refused to engage in adhering to new faith-laws.

In the avalanche of papers set before him, Van Rees speed-read a law banning the teaching of science without a concomitant prioritization of Creationism as a competing theory. Mandatory morning prayer in workplace settings. Mandatory reversals for those who spoke out against the Government, whose morality scores were high. Damning them to Hell, in other words.

Alexander felt beads of sweat form on his brow. This was all madness.

He didn't know if he believed anymore in the veracity of the Reversals, especially after Nate's awesome blue lit show. But he was still an Evangelical at heart, still a man who had been raised with the fear of fire-and-brimstone beaten into him—literally—from an early age.

All he could do was continually remind himself that Jack's plan was working. If he was sitting there, gaining intel, he was moving them one step closer each day to foiling Levanters growth and protecting his boy. He tried to consider this immersion into the Matthews' inner sanctum as a win but for him it felt as if he were getting too close to the wire.

After contracts had been signed, Alex felt relieved that the focus shifted away from him to Laura LaValle. She had always been an attention seeking shrill, he considered, but now, with the Richard Matthews connection, she'd be insufferable. Every lackey in that room wanted to get close to her. He wished he'd had a big glass of whiskey right about now to calm his nerves.

She smiled conspiratorially, then handed out a slim promotional wallet to everyone seated at the table. "We're running fun, kid friendly slots about polar bears and whales, starting next week, that will profile how wildlife will *love* a new Artic landscape-see this great Disney-style line up? And boy oh boy is there a lot more like this to follow. It's a way of promoting more Arctic drilling, but ecologically friendly. You know?" She swished her hair and beamed a megawatt smile.

Alex Van Rees was thankful, suddenly, that he didn't have that tumbler of whiskey after all, because he would have choked on it.

Laura looked gratefully over to Richard Matthews. "Richard, you deserve this dream. You are making *all* of our dreams come true. A new dream. For a new America."

Misty-eyed, she stood up, the fire of patriotism burning in her veins. They were making a new America. "Gentleman, a toast. To the man behind the curtain. To the greatest patriot we know. Richard Matthews."

Everybody raised their glass, with a smattering of 'hear hears' and positive murmurs sweeping the room as a man in dark suit and glasses stepped over to Matthews and whispered in his ear. He stood up, smoothing his suit jacket.

"Thank you. Thank you." He gestured palms down to quiet the applause.

Looking over at the men in suits, he shrugged his shoulders.

"I'm afraid it's my time to leave. Back to my new open house home. Good enough for now. We'll meet at the Ritz Carlton as soon as my appeal goes through. In the meantime…same time next week, gentlemen?"

The room rose with a swell of agreement. Soon he'd be one of the most powerful human beings on the planet, the mouthpiece for the most powerful authoritarian government in the world. They'd be anywhere Robert Matthews asked them to be.

Matthews feigned relaxed happiness, hiding the bitter anger swell in his throat as he left the room. He was bankrolling these people, throwing tens of millions of offshored, hidden funds into their political campaign, ideologically re-routing a religiously debased nation that didn't know what it needed in a way that no one else could possibly have the intelligence to do, yet he was still being forced back to a dirty stinking jail while they went home to their comfortable beds in their pedestrian little homes. He'd need to be back in minutes, else a warrant would pop up for his arrest on the crappy little screens of every cop shop in the state. Then his bid for release would be made a little more complicated.

And he wasn't having that.

Soon, he would be the most powerful man in America.

Then they'd be sorry. He started laughing, knowing exactly what he'd be able to do to each and every one them.

38

FBI Head Miles Langley was beginning to relax, just a little. One of his field operatives had managed to install Alexander Van Rees, Lead Counsel for Levanter—of all people—as his inside man. Van Rees had already fed back a bombshell—that disgraced Ponzi scheme and fervent right-wing ideologue Richard Matthews had bankrolled Levanter from the ground up. If they could trace the pay outs to Levanter from specific offshore accounts, they'd be able to close Levanter down immediately pending a full criminal investigation with charges of fraud, embezzlement, wire fraud and money laundering all on the table.

It was an unbelievable Godsend, almost too good to be true, but he was already getting push back from his bosses upstairs. Someone didn't want them to look into the link.

Miles had easily confirmed Van Rees's intel that Matthews name was included in the long list of individuals who had applied for a Presidential pardon. What had stunned him was that the request—automatically rejected by the sitting President—had been kept on file anyway, signed off by twenty-three Christo-Evangelical senators in an unprecedented move. A new review was earmarked for the day after the upcoming presidential elections, in three weeks' time.

He'd confirmed Van Rees's intel that Matthews sentence had been downgraded to a day-release prison, something that the FBI had not been notified of. It was too risky to ask Van Rees to wear a wire—Levanter now kept him under constant surveillance—so frustratingly, they had to wait for updates from Van Rees to contact them. But it was better than nothing.

Langley and his team had informed the sitting President and scrambled teams of agents who were now aggressively monitoring each of the fifty sleep centers, amassing data on what Van Rees, Nate Templeton and a couple of other inside agents had confirmed to be unregulated medical experimentation. If their concerns were proven correct, this would lead to the trial of the century, with anything from medical neglect to outright multiple murder charges levelled at some of the most powerful names in business and politics.

Yet they still lacked the evidence, and it was becoming clearer by the day that the Christo-Evangelists were installing more and more of their own people at the FBI. Time was running out. Miles Langley had a hunch that if the Christo's won the Election, that particular investigation and anything linked to it would be eviscerated.

The most concerning factor to Langley, however, was the Rapture cult. Nate Templeton had walked them through the crazy history of it all, and they'd even clandestinely visited Gill Mathers, an old con who'd withered in jail for God-knows-how-long—to testify against Trent Calder and Chase Matthews. He'd insisted on a lie detector test, and he'd passed. Not only that, it appeared as if he had been the first to suffer through a Rapture procedure—a Valley of Death, as it was now known—but a much more primitive version. It hadn't ended well for him. For anybody.

They realized now that their best bet might be in getting hold of the so-called Book of Life, a large, black, leather-bound voluminous journal perpetually held by Duarte Santé, which famously never left his side. Van Rees had confirmed in snatched, coded conversations, that the signed confessions of all senators—the book of Lifers as they were now colloquially known—offered the most explosive evidence of crime in a generation. The kind of crimes that would bring down the Party. Bring down the Christo-Evangelist Movement. Destroy Levanter.

Another operative, Dr. Silva, who believed he was being paid off by the Russians, had confirmed the frequent use of a common truth agent, sodium pentothal, before Valley of Death ceremonies, which is how Levanter managed to extricate such brilliant blackmail potential from the senators. Each one had been recorded. Those admissions of guilt promised to be political gold dust and they needed to see them.

Agent Langley had provisionally hoped that Alexander Van Rees might be able to steal the Book or gain access to some of the recorded video files, but surveillance over recent days had made clear that Van Rees wouldn't have a hope of wresting it from Duarte Santé. There were CCTV and Levanter operatives everywhere, now. The Christo's and Trent Calder were paranoid.

Van Rees wouldn't have a hope, not without placing him at grave risk, which Langley was not willing to do.

Dr. Silva had been another possibility, though, and he felt

as if they were closing in on his cooperation. He dialed Nate Templeton's number and was pleased to receive a promising update from his side—everything was running perfectly there, too.

Cautiously he hoped that they were making the right kind of progress.

Agent Langley had every right to dare to imagine that his campaign might be a success. Team Alpha, Luke and Nate had been successfully relocated again that morning from Valdez to Nome, a small coastal Alaskan town located almost 800 miles from their previous location on the southern Seward Peninsula coast on Norton Sound on the Bering Sea. Nome carried the benefit of being only 85km from the Russian border—a notoriously close but illegal crossing flanked by Large and Little Diomede Islands. Little Diomede, an American territory, was tiny, offering a fast, anonymous second base for the group, if needed.

His Russian contacts at the KGB—sometime friends, more often foes—had furnished the group with Russian visas, new identities and a much sought-after Raspoyazheniye—a special landing document only provided to foreigners who were able to find a Chukotkan resident to sponsor them alongside a registration. Such a resident had to be already registered with a special division of the Russian government and agreement for their visit had to be okayed by the Russian military. The point was that a Raspoyazheniye was like gold dust, and it was extremely likely that Levanter and the CE's would discount the presence of Team Alpha within the Bering region for that exact reason. Even if they came after them, they wouldn't have a hope in hell of entering Russian waters.

To add an extra layer of complexity, the Raspoyazheniye document was not only required, but could then only be used by American ships passing through the Bering Strait if they docked at the closest official port—in this case, Providenia, a 400km trip away—and that they would be welcome for up to 48 hours as a reciprocal agreement if they fed information about Levanter and the Christo-Evangelicals to the KGB. Jack and Miles were treading on the thinnest ice they'd ever experienced, as they'd literally become de factor KGB informants by this point. They still figured they were doing so for patriotic reasons. But still. It wasn't a good look.

The agreement allowed Langley to charter a plane to take the group, travelling on false passports, to leave Russia immediately after they'd entered and transition on three separate flights from Russian to Japan, then on to Dubai, stopping in London, then to the US. It was the worst mash up of red-eye flights available but also the best possible means of hiding the groups whereabouts completely. Langley's eventual plan was to relocate the group back to Santa Irene, a small church on the outskirts of Saffira nestled in the rolling hills of the valley where another of their operatives, Father Smith, had set up a small resistance outpost. Many years of field operation had told him that sometimes, hiding in almost plain sight offered the best protection of all and their insane return journey guaranteed them complete anonymity. Levanter would be scrabbling about in Alaska for weeks, chasing dead end unlikely sounding Russian leads that would get them nowhere whilst Team Alpha would work industriously—he hoped—to secure the virus and data uploads and be present when Levanter's big data drop took place.

They had also recently become aware that Professor Grayling had visited the pastor of that small church on the night that he had disappeared. Father Smith was a trusted friend. The small group would be safe there.

Back in Nome, Rex, Spencer, Annalise, and Luke were listening hard to Nate's explanation of the next stages of the plan. He was outlining the rationale for the choice of location and voicing his safety concerns, which they were all taking seriously.

"The Bering Sea is bloody dangerous—perhaps the most dangerous body of water in the world. It's shallow, around 35 fathoms, on average, which means shorter, more power packed waves. There are exceptionally strong currents here, too. The weather is volatile, and the sea temperature is extremely low. Politically, you'll get yourself shot at or imprisoned if you try to land on the Siberian side—and physiologically, you'll die if you fall in the water. So be careful."

Spencer sighed and slumped his shoulders.

Rex smiled. He didn't care so much about the danger associated with the plan. Instead, he appreciated the elegance of it, feeling safer than he had done in weeks.

Nate continued. "We'll be stationed here for the foreseeable future." Jack coughed and they turned to face him and Langley as they entered the ships' mess. "In the event that we need to scramble and get you out fast, we'll inform you immediately and the crew will set sail for Little Diomede or Providenia."

They all nodded.

The next few days were uneventful, if hiding out, presumed dead on a ship close to Russian waters, whilst in contact with the

KGB, counted as uneventful, anyway. It was, Nate considered, at least less eventful than the few weeks before it.

Sofia and Martha had proved to be an incredible team, running virus uploads and dummy data swaps like old field operatives. Team Alpha settled into a temporary new rhythm. Sea life was growing on them.

Time moved fast and with only a week to go before the huge Levanter IPO, the group felt positive that they were moving in the right direction. From a small boat off the coast of Alaska it was tough to feel anything but detached from the crazy high-tech events unfolding thousands of miles away across the world. They hadn't even switched on a television set in weeks and felt refreshingly removed from the outside world.

Levanter no longer felt like a threat—at least while they were in Alaska. They needed Sofia to execute the virus activation at the right time, the morning of the IPO. But that was out of their hands. Out of their control. They'd have to cede control to her for that.

She'd have one shot. But she'd performed so well so far. Martha, too.

The plan was designed to run like clockwork and would only falter if and when someone deviated from it.

And that someone was Gill Mathers.

39

Back at Challaca County, Gill Mathers sat with Sofia Rossini.

Gill Mathers, whom Sofia knew to be her father, was also a happy, contented man. Happy because a combination of a fierce desperation for retribution and revenge and the promise of cold hard cash—and lots of it—had caused the virulent glint in his eye to shine harder than she'd ever seen those eyes shine before.

He was contented because his beautiful little Sofia now sat before him. He squeezed her hands.

She squeezed his hands back.

She was angry—so angry—that he'd been taken from her all of these years, denying them both a relationship that should have been rightfully theirs. Hell, she was sitting here with a fake name, even now, to try to fool those Levanter goons. The FBI had told her to stay away or risk blowing cover.

But she hadn't been able to stop herself.

Forcing my father to rot in jail when Trent and Chase experimented on him, then lying at trial to force him to rot in this hell hole. When she thought of Trent and Chase, she wanted to make them suffer.

She had already decided that she would stand behind Gill's plan every step of the way, asking him what they could do to fight back. That's why she was there.

Gill fixed his eyes on hers. "Blackmail."

Silence hung in the air.

He narrowed his eyes, the beginnings of a smile lifting one side of his mouth. Her eyes possessed a steely glint.

"We'll make those bastards pay."

When one of the older prison guards looked in on Gill he smiled. The old guy was a good guy now—he'd spent hours counselling him after becoming a man of the cloth—and his heart lifted when he saw him with his daughter, holding hands, deep in discussions, catching up on a million memories, by the looks of it. He smiled, turning away. He'd give them extra time. It couldn't hurt.

That was the exact moment when Gill and Sofia set a new plan in motion. The exact moment when the FBI's original plan could no longer succeed.

40

What a difference a day makes, twenty-four little hours....

Luke lifted his head, the strains of Dinah Washington's classic lyrics drift across the deck, before dropping it again languidly on soft bench he'd taken a nap on. He'd been enjoying the calm before the storm, quite literally, having noted reports on an incoming squall over the Bering Strait. A distant blue hazy glow had appeared and had begun to swell against the horizon, eerily lighting up the sky. Yet it was too far away to bother him, and he reclined back again, lazy, and unbothered. Life was good here.

Rex suddenly appeared next to him. Both men sat in silence, staring out at the sea. After a while, Rex spoke.

"That blue haze. It's beautiful, but it's also natures' way of alerting us to something deadly. It's called St. Elmo's Fire."

Luke nodded. He loved how Rex always had an explanation for everything. Somehow knowing what he was looking at didn't take away from its mystery. Rex continued.

"It's a luminous kind of plasma that indicates a strong electric field in the atmosphere. In fact, it's the most powerful indicator a sailor can have of a huge incoming squall. There must be one hell of a thunderstorm coming."

A distant rumble, then darkness seemed to suddenly descend, running down the small vessel.

"Remember the light show dad tricked us with, with the dinoflagellate?" Rex didn't smile, looking as if he were a thousand miles away. "Noctiluca. Sea sparkle, some people call it. That iridescent beautiful blue—I'll never forget it. But none of this'—he motioned to the St. Elmo's Fire beyond—"is theatrics. Not this time."

Suddenly rocking and moving violently on the waters, the small vessel lurched fiercely, forcing the friends inside. The wind had picked up swiftly such as it was wont to do on wide, open waters, and it sent an icy blast across deck. The boat lurched again.

They'd move the crew inland, head back to shore to a small guest house on the seafront for a night or two. They'd be safe there. Nate, Luke, Rex, Annalise, and Spencer had slung their backpacks on, ready to disembark, looking toward the small port where they could already see Jack and Langley briskly walking toward port to meet them.

They could just make out a black SUV appear so suddenly that it could have almost mowed them down. Nate just managed to make out Jack lifting his wrist to his mouth in the distance, just for a split second, as he simultaneously heard his words over the radio. The desperation in his voice was clear.

"Turn around. Turn around. *Now.*"

It was an order spoken so fast he almost couldn't decipher it at first, but when the bullets hit and the two FBI agents fell to the floor, he didn't wait. He'd gotten the message. The captain had seen it, too, pulling the steering wheel starboard in an almighty U-turn, driving the small vessel back into the sea on full power.

Under any other circumstances it would have been madness to head into a storm. But death faced them if they were to head back to shore. Staring out in front of them, almighty waves crashing down, the eerie light of St. Elmo's in the distance, death might face them if they headed forward, too. Yet they pushed ahead with force, everyone holding on, praying to God that they'd make it across the Bering Strait.

It was madness. But they would fight.

The captain set his jaw, eyes ahead. "We'll make it. I've been in these waters for forty years. We'll head to Yesterday, dock there if we can, or head straight toward Providenia if we've no other choice."

Spencer and Luke were puzzled. "Head to yesterday?"

"It's the nickname for Little Diomedes Island." The boat lurched violently.

The *Epitaph,* their hardly little vessel, slammed into a wave, the captain ordering everyone to hunker down below deck. Only Nate remained at the bridge on captains orders. He was scared to death for all of them, especially for his son.

He was leading them into a storm in the Bering Strait of all places, so that they wouldn't face a bullet to the brain if they headed back.

He felt ill.

The captain looked over at Nate. He looked green to the gills. Taking pity on him, he tried to calm him down.

"My grandpa was in the Alaska seas in 1958 and drove through a rogue wave. 530 meters, largest in history, so I'm told. This is nothing."

He stole a look over at his deck mate. It wasn't nothing. It was the worst bloody storm he'd ever seen. If they got out alive, he'd admit it.

"Take deep breaths, Nate. We're all good. So, see this wave we're driving into? You learn to read them. We're gonna head into this one, lift up then slam down, hard, then recover. Basically, we want the bow to lift with the waves. Understand?"

Nate looked as if he'd seen a ghost.

"Understand?" The captain shouted gruffly now, snapping Nate back to consciousness.

"Sure. Sure."

He set his eyes dead ahead. His hands gripped the handrail, skin so taught he thought his knuckles might break through.

Right on cue the front of the boat lifted up, before slamming down, giving him the same sensation as he remembered on roller-coasters when he was a kid, right before the big drop. The drop came with brutal force, then the vessel began rising again, rolling and turning side to side violently. He trusted the captain, who kept talking, kept the calming narrative running, was thankful to have someone so in control by his side, explaining how he was steering the boat at a slight angle into the waves, adapting the speed to handle the force of the waves better providing a perpetual narrated logic that somehow calmed him.

In truth the constant narrative was helping the captain as much as Nate. If he hadn't been on the waters for forty years this would have been a suicide mission.

They navigated the vessel through wild waters for over three hours, through violent waves and strong winds, the black water swirling and pounding them, the vessel rising and slamming down over and over. He expertly handled the vessel, the boat riding over peaks and troughs of the waves, until a brief calmer respite gave him hope. Maybe the worst was over.

And then an approaching wall of water was barreling toward him, the swell of the wave rising higher and higher as it loomed, huge and dark down on them.

"Goddamn."

Nates eyes widened like saucers. Nate looked down at the captains hands. He was silent now. His knuckles were pure white as he gripped the wheel, eyes fixed resolutely ahead.

The captain had nothing in the tank for Nate, now. He needed every bit of courage he'd ever had.

Invoking the bravest man he'd ever known, he gave it his best shot.

"My granddaddy would love this one."

He scowled, knowing that the only way through would be to embrace the challenge. "Hold on, Nate. Hold on."

He hammered the throttle, silently praying, trying to head for the smaller shoulder of the wave. Winds were hammering them, now, probably around 100 miles per hour, the captain thought. The only way to handle a beast this size, he knew, would be climb the bow high enough to ride out as much of the height of the huge wave as he could. He lay off the throttle, letting the bow lurch upward, until the angle became too tight, then at the exact split-second that mattered, pushed down hard to power through near the top of the wave.

Nate heard a man screaming. It took him a little time to realize, disoriented, that those choked up sounds of fear were emanating from his own mouth. The Captain didn't seem to care. He wasn't conscious of anything but battling the waves in front of him.

The craft felt to Nate as if it were almost vertical at one point, before a frightening lurch forward, and the roar of water then surrounding them, entering the deck, half flooding them, surf blinding him, the salt and power of the sea in his eyes, whipping his face, knocking him down. The roar of water or engine or what it was, he didn't know, deafened him, salt blinding him, fear paralyzing him as he feared for his boy and the others below deck. What the hell was happening down there?

Then suddenly, they emerged from the water, and it was as if the skies parted a little, and they saw blue sky. The wind and rain continued to pound them, but the huge grey waves had fallen away. The intermittent cloudy blue of the sky was, at that moment, the most beautiful thing he had ever seen. Then surf rose, again, a violent turning and lurching side to side throwing his body about, the sickening drop on the other side of the massive wave, as the grey rose again.

Waves were crashing over bow now, covering the deck and sending white surf smashing up against the sides of the boat. The captain was like a statue, Nate thought, in the glimpses that he saw of him, resolute in his fixation with driving that boat forward, no matter what, as Nate stumbled, fought to hold on, dread rising like vomit from the pit of his stomach. He'd never been so scared.

It would be around half an hour more before the captain could find his voice again, when the winds had died down, the waves had become smaller again.

"I can see Providenia. Look. We're gonna make it, Nate. Told you."

Nate nodded weakly. He looked down at his hands.

Covered in salty water, they were already red, bleeding, cracked. Loosening his grip just a little, he realized just how tight he'd been holding on.

They'd made it.

"Better check on your team down below." The captain was still gripping the wheel. Nate nodded, smiling feebly.

"Thank you."

Stumbling off the ship in Providenia minutes later, the motley crue of scientists were processed quickly. Seasick, fearing for Jack and Langley, tired and shellshocked, yet truly thankful to be alive, the group headed to a pre-arranged hotel, driven by a polite Russian man who did not provide his name, but reassured them that Jack and Langley had overseen and arranged every detail of their stay. They were to remain in their rooms where room service would be provided and leave at 5am the next morning on a flight to Osaka, from where they would receive further instruction.

They all collapsed into a deep, exhausted sleep soon after arriving at the hotel, a mixture of fear and sea air knocking the life out of them. A few hours later they would be up again, at the airport, bound for Japan.

Their FBI contacts had been gunned down in front of them. Their cover had been blown. They'd almost died at sea, had no idea what had happened to Alex, and were now in some random hotel room in Russia with fake passports. Things had started to feel as if they were spiraling out of control but by that point, they were almost too tired to even care.

Thousands of miles away in Silvertown, Alexander Van Rees struggled as two men held him down on a gurney, strapping down his head and forcing his gaze upward. A fresco of Dante's Seven Circles of Hell stared down at him from the ceiling of the chapel.

Trent and Duarte Santé leered over Alexander as they injected him in the arm, multiple times, watching his eyes roll back in his head.

They'd tracked him over the last few days and had eventually found out exactly where he'd been, courtesy of Agent Jackson who they'd rescued from a temporary enforced hold at Anchorage. Agent Jack Carson hadn't had as much authority as he thought he did. They'd let that information lead them to his son, to Luke, Nate, Rex and Annalise. Sodium pentothal forced him to spill out the truth, share every little detail, filling in the gaps of what Agent Jackson hadn't been able to find out. They'd dispatched operatives to Alaska as soon as the needle had hit Alexander's skin and they'd received reports a few hours later that FBI agents Jack and Langley had been equalized. They were now closing in on Team Alpha.

In the meantime, Alexander would get his payback, give them all some entertainment.

He'd face the Valley of Death as they all watched, while a roomful of senators bayed for his deliverance. It'd be a great show.

Everything went dark.

At that exact moment across town, Matron Jackie Magnisky, the Head Nurse at Silvertown Gables giggled happily into her tea as the lovely young man Chase Matthews—Head of Government Liaison—no less, took her hand and kissed it, charming her, making her feel like the only person in the room. Her heart fluttered a little. She felt important and beautiful.

"Charmed, I'm sure." His blue eyes flashed at her, reminding her of Clark Gable, making her feel like Scarlett O'Hara.

She giggled again, her cheeks flushed.

"It's quite the beautiful place you have here." Chase peered around appreciatively. "I wouldn't mind staying here myself a while." He smiled and winked at Jackie who beamed back at him, trying to stop herself from giggling again.

Jackie had heard, just that morning, that the Gables had won a national award for quality of care, which carried full membership to the Levanter Institute wellness program. Jackie had signed up every single resident there without missing a beat, and then and Chase told her that, because it was her, and because she was so charming, he'd bump the Gables up the therapy list and begin their first special treatments *that weekend.*

She had been thrilled. Her husband Larry had been in a truck accident outside the Levanter campus a few months prior and had been so warmly welcomed back then, deep into the arms of the Levanter Movement. They'd been so generous then, and so generous now.

She couldn't wait to get home and tell him everything. He'd be thrilled.

Chase Matthews asked her one little favor before leaving—could she keep this a secret, just for now? He wanted to make a big splash in the local press when they were ready and when the program was running effectively, and it'd be wonderful if she'd be their cover girl when the time came. Could she do that?

Jackie smiled warmly. "Sure. Our secret." She tapped the side of her nose with one finger.

Imagine that. In on a secret with Chase Matthews, Head of Government Liaison. Soon to be a cover girl.

He winked again and thanked her, waving goodbye as he left the room. Jackie Magnisky watched him exit the building, feeling like the most special girl on earth. She ambled over to the office, busying herself happily with signing and scanning all the patient waivers and consent forms that she said she'd had submit to Levanter within the hour, her head full of daydreams of awards and photo sessions and happiness.

Martha Brewster had been sitting silently, head bowed, in the TV room outside Nurse Magnisky's office, doing her best sleeping old lady impression and listening to everything.

They hadn't noticed her sitting there-or if they had, they hadn't cared. *Just an old lady. I might as well be invisible.*

She was desperate to get out of the Gables now, desperate to see Sofia and tell her everything.

But that day, for the first time, Sofia didn't come.

Later that evening, Martha would watch the local news, shocked to see Sofia Rossini's face, grim and resolute, as she was hustled, handcuffed, into the back of a police car, charged with the murder of former Levanter employees Spencer Van Rees, Rex, and Annalise. Toro24 ran a sensational hit piece on how DNA evidence clearly placed Sofia at the scene, running photos of blood smeared backpacks and ski jackets on the eastern side of Soul Drift.

Martha left the TV room after a few minutes, her heart sinking. Sofia was no killer. Levanter was closing in on them all.

She needed to get the hell out of the Gables.

41

Twenty-four hours earlier, Gill Mathers had placed a call to Trent Calder from the Challaca County jail. He had used Trent's real name—Elliott. He'd asked him how Asher was, and that he had enough dirt on them to bring them down before the next election and their fancy big IPO. That he knew his daughter was alive and they'd framed him, that he had been speaking to the FBI, knew a lot more, knew even that Nate Templeton was alive, and that he needed a presidential pardon and a bank account to get him back on his feet. If they agreed to his conditions, he'd keep quiet.

"If you're generous enough with that bank account, I might even have a few more FBI secrets to share." Gill rasped into the receiver. "Oh, and one more thing. I know exactly who Duarte Santé is. Or, should I say, Bradley."

He waited for a response, jaw set. Steely. Resolute. He had them where he wanted them. He heard Trent breathing down the line.

For a while, all he could hear was Trent's breath, then some movement in the background. Then quiet discussion. He thought he recognized Asher's voice, then a third that he couldn't place.

"We'll be there this afternoon. We'll talk terms then."

Trent hung up bluntly, leaving Gill surprised, blinking at the receiver.

That worked even better than I'd hoped.

Trent was already gathering his jacket and papers. "Call the airfield and fire up the jet." A young receptionist nodded, looking panicked. She knew that Trent didn't like to wait.

He swiveled around to find someone else. "You. Organize a car, now." Another assistant ran off, nodding.

He continued to bark out orders at his assistants to call ahead to the jail and secure a pass, maybe place a call with the state governor first who was a staunch Christo-Evangelist. He'd organize whatever they wanted. Gill Mathers would be sorry he'd ever dared to utter his name, let alone blackmail him, before the day would be out.

Within three hours, Duarte Santé, Trent Calder and Chase Matthews were stepping onto the tarmac of the small Grant private airfield, hit with dry, hot air and a burning sun.

"Jeeezus. This craphole again. I never thought I'd be back." Chase threw his sunglasses on, rolling up the sleeves of his shirt. He felt disgusted. He hated the place. Trent slapped him on the shoulder. "We won't be here long. And believe me, we won't be visiting again. When we get back on this baby"—he jerked his chin over to their private jet—"that's the last time we'll see the place."

They'd worked out a plan on the jet, rough Gill up, scare him. Hurt him, just enough to shut him up permanently. Gill was a stupid, foolish old man, trying to blackmail them. They were fast becoming the most powerful men in America. Didn't the idiot know that? You don't try to blackmail the most powerful men in America. He needed to learn his place and shut his mouth, fast. Duarte was already looking forward to it. This is how they handled problems in the old days.

Heading into the jail, Gill was waiting for them, a smug look on his face. They had half an hour. They'd make the most of it.

The head warden was pleased to see them, couldn't do enough to welcome them, offer them a nice cold soda, explain that he was a huge Christo-Evangelical fan. He couldn't help but apologize for the basic weapons checks and the usual security regulations, talking nervously and constantly throughout.

"You're not our usual kind of guests…I'm so sorry, you've got to understand, we trust *you*…it's the animals in here we can't trust. They get their hands on *anything*, you see…they'll stab you with a tie pin, unpick a lock with a hair grip, even smash you over the head with a book. *Everything* in here can be a weapon…"

His guests nodded understandingly, willing more than anything that he would just shut his mouth. The wardens' eyes flitted nervously between the men. He was sweating, desperately uncomfortable and having to preside over such petty treatment of such powerful men, desperate to fill the silence, life the mood.

"I've watched all of you wonderful sermonizing on TV, every single week, Pastor Santé. Oh, me and the wife, we love you, we really do. And the Faith-Leader, to know the Faith-Leader is *with me right now*…" The chubby, red-faced man was getting more excited, happy, his chubby, round cheeks filling with color.

Santé did what he always did. He stopped the search, gently holding his hand, palm up. The guard stood back. He took the warden's hands in his. Then, he bowed his head and thanked him for his service to God.

The warden looked flushed, a look of pure joy crossing his face. Then he did the same to the junior warden who decided that the search had been good enough. This simple act had made a feeling of contentment and love rise in him. He'd been raised a staunch Christo-Evangelist and his folks would not believe it when he'd go home that evening and tell them what had just happened.

Duarte loved the power he had over people.

A couple of minutes later, they had reached Gill's cell. Before entering the dirty, windowless room, Trent took the warden aside and explained that, if he were to hear a disturbance, could he please look the other way?

The warden winked. "Okay. I see. I tell you what." He peered around, lowering his voice. "I'll turn the cameras off, and I'll not come back for forty-five minutes—double the visiting time. Then, whatever I find, I'll ask no questions. That okay with you?"

Trent smirked. "Yeah. That's okay with me." He flexed his knuckles and stretched his neck to the left and right, hearing a satisfying crack.

As the door closed, Gill's expression shifted to one of panic.

The head warden half jogged away, his key chain jangling, two sets of security doors slamming, and locking shut behind him.

Perfect.

Forty-five minutes later, on the dot, he opened the door to the cell. Trent and Chase were calmly seated at the table, chatting to one other good naturedly. Duarte was crouching over Gill Mathers who lay slumped and bloody in the corner, his hand on his head, eyes closed, deep in gentle prayer. Gill's eyes were glazed, unfocused. There was blood by his temples and at one corner of his mouth, scuff marks covering one side of his face, both eyes bloodshot, one eye already starting to become black and swollen. Trent and Chase looked up toward the warden, concerned looks crossing their faces.

"We're sorry, Gill was in such a state, hearing about his daughters' arrest. He went crazy, smashing his head against the wall, over and over. Even with the power of all three of us, we couldn't stop him. Maybe…maybe we shouldn't have told him? It just felt like the right thing to do. To come here and deliver the news in person so he didn't have the indignity of hearing about it in the press."

The warden nodded solemnly. "You're good men, telling him the truth, giving him your time when you must have so many more important things to do."

They all looked over at Gill sadly. "What a waste."

Duarte Santé lifted his hand from Gill's head. As he lifted his palm, the head warden noticed, for a split second, that blood covered his palm, and that his knuckles were red.

The warden sighed. He'd have to run some paperwork to send Mathers to the infirmary. He'd wanted to get home for his neighbor Ron's BBQ. He checked his watch. If he was quick, he could make it and just miss the first half hour. He was happy though. What a day.

As they walked out, Trent slapped him on the shoulder. "Thanks warden." The warden smiled gently and nodded his head.

As they headed back through security, the warden good naturedly handed an antiseptic wipe to Duarte. "Father, you might need this. For your hand." He bowed his head, not knowing exactly how one should address a national Faith-Leader, especially one who was on Toro24 every Sunday sermonizing to the nation. Duarte turned his palm over, seeing blood. He blinked as he looked down and saw faint red smears on his cream smock.

I bloody hate these clothes.

A shudder ran through him. For the hundredth time, he'd begun to freak himself out, his constant fire-and-brimstone sermonizing scaring himself, especially when the brainwave tech was fired up, hitting a fear deep within him that he shouldn't be flouncing around pretending to be Jesus. At first, he'd laughed about the ridiculous nature of it all, feeling more Monty Python than Messiah, but it had taken on a life of its own as literally millions of Americans had fallen for it. Toro24 had spun a mysticism around him that had made a belief of his powers infallible. And now, here he was, having just punched the crap out of a priest.

Just another day at the office.

He sighed. He'd done a lot of bad things, lately. Laura LaValle had almost discovered him banging a cute audience groupie after *By the Fire* a couple of nights ago—a cute groupie who he'd been meeting up with for a few weeks, now. She'd been a nice girl, but he'd ended up having to smash a vase over her head when she'd gotten emotional after he'd tried to end it, explaining that Laura LaValle was too powerful to lose. That her father was too powerful a man to make an enemy of. The stupid girl had gotten angry and threatened to post their messages and photos all over social media. What else could he have done? After all, the phone had been literally *in* her hands. *Ready to hit send.*

He had no idea what had happened to her. Patrick had cleared up the mess. He'd met a cute redhead after the show that same evening, so it had all worked out pretty smoothly.

He held the Book of Life close to his chest, cradling it.

As the nose of the private jet lifted off the tarmac into the bright blue sky and Gill nursed a bloodied, broken nose and fat lip in his small, dusty jail cell, Trent was patched through to Levanter HQ. Richard Matthews, he was told, would be there again that evening. Another day release. Trent started working over details in his mind. He'd need to make sure that everything was in order.

Gill watched their silver BMW pull away as medics helped him limp down the corridor to the medical facility. Both of Gills eyes were closing up, now. Duarte sure packed one hell of a punch. Sure, Trent and Chase had been ready to deliver a few kicks, but it had been Duarte who had the real glint in his eye. Who had really *enjoyed* hurting him.

The blackmail plot had been poorly thought through, Gill reflected. It hadn't worked. And now Sofia was in jail. He winced as pain shot through his torso. He reckoned on a couple of broken ribs, at least.

The head warden watched Father Gill Mathers disappear slowly around the corner to the medical facility. He shook his head.

Father Mathers. A good man. A really good man.

42

Alexander had woken up after the Valley of Death, wide-eyed and agitated. His heart beating so powerfully that he genuinely thought for a split-second that it would burst completely from his chest. His panicked eyes had sought out the medic overseeing his treatment and he'd simply stared at her for a few seconds. Then the screaming had begun. And he'd screamed, howled like an animal, not stopping until she'd roughly sedated him again. Screaming and screaming, out of his mind, still strapped down to the gurney.

They'd visited his room afterward and he'd been speaking a thousand miles an hour in his medical de-brief. The junior doctor had confirmed his vitals and EEG recordings, explained that his experience had been one of the darkest on record, one of the most physiologically powerful, psychically terrifying that they'd ever seen. She'd explained, somberly, that she'd seen early signs of this in Senator Bill Buckley. This guy might shoot himself in the face, too, if they couldn't schedule the reverse in time.

Duarte laughed. "He isn't getting a reverse. He gets to exist, for the rest of his life, knowing what fresh hell awaits him when he dies."

His young doctor spoke up, concerned. “Pastor Santé, we know that after a Valley of Death, these violent reactions leave the patient in a half-lucid state. He’ll never shake off the demons, the shadows, the inability to control himself in his waking hours. Just like Senator Buckley.”

She checked herself, remembering who she was talking to. She bowed her head. “I’m sorry, Pastor, of course you know best. It’s just that we haven’t ironed out these glitches yet. What he might suffer…”

Duarte remembered he was playing a part. Switching to a more conciliatory tone, he sat down next to her and leaned in. “I’m sorry, too. Sometimes we must attest for our sins, here on earth. I feel it might be God’s way of punishing him, here on earth, to mete out these sufferings, so at the moment of Judgement in his afterlife, he might be forgiven.”

The doctor nodded gently.

“That makes sense. I guess there are some things that medicine and science simply can’t tell us.” She smiled meekly.

Duarte decided that she was quite attractive and asked for her number before he left, in case, he suggested, she might enjoy some spiritual guidance.

Leaving Silvertown General, his car sped toward Levanter HQ, passing a black SUV with blacked out windows that was headed for Santa Irene on the western side of Saffira.

Inside that black SUV, Nate was sitting deep in thought, shaking his head as the others listened silently. “I don’t know. Radio silence from Alex. I’ve just heard that Gill Mathers went completely off script and tried to blackmail Trent. Sofia Rossini has now been indicted for murder after visiting Gill—we told her on no circumstances was she to do that, but she did it anyway. God knows where Martha is."

Spencer spoke up. "It's all falling apart. But at least we all look pretty good for dead guys. Remember that we were mauled to death by a bear a while ago?"

The agent driving the SUV looked in the rear-view mirror at Spencer, frowned, and continued driving. Luke groaned.

"Oh God. So, no data exchanges at the Gables, no intel from your dad, Spencer, no upload to the Levanter system. We have twenty-four hours before the big IPO. What the hell are we going to do? We've failed."

"Don't forget two agents who were shot protecting us in Alaska", Rex reminded them.

Nate remained resolute. "Look, we still have a chance. The dummy files are on the server. So is the virus. With Sofia in custody, we have a major problem—nobody to execute and run the virus the morning of the IPO and the mass data release. But in my view, that's still our David and Goliath moment. We solve that and we can bring down Levanter, tie the Christo-Evangelists into one of the biggest scandals of our generation a week before the presidential election…unleashing that kind of tsunami will stop a lot more in its tracks."

Luke was impressed with his dads optimism. It didn't seem particularly well founded. But, he figured, they'd come this far. They were going to have to try.

What else could they do?

Rex spoke up enthusiastically. "He's right. I've run a few test case algorithms. Levanter is tied so tight to the Christo-Evangelicals that a blow to Levanter is a huge blow to them, too.

So if we manage to somehow mess up their big data launch it could genuinely cripple them for a while, slay them pretty hard in the court of public opinion."

Getting into his stride, leant forward, trying to encourage the others. "This kind of huge bad press and the threat of multiple arrests and investigations is likely to hurt them in the polls—and even if it doesn't, it might well stop the Authoritarian Bill in its tracks. Even that, alone, would be a win. But we have another issue."

His eyes darted to Nate, who nodded to him to continue speaking.

"I think we need to get hold of the Book of Life for any of this to work. We need to scan and upload the confessions. It's the kind of clear evidence—entertaining, sacrilegious, sensational, criminal—everything that every news network on the planet will be all over. That's the only way to stop the Christo-Evangelists from storming to a win in the next election. It still doesn't help any of us from—well—from being prosecuted or jailed or whatever they're planning on doing to us. We need to hold on to the hope that we're going to succeed with the virus plan. But… but we have to keep going guys. We can't give up."

The electric SUV pulled up soundlessly a mile from the church. They made the short walk unseen, mostly off road, to Santa Irene in contemplative silence, were wildly thankful to arrive in the fading light of day to the small church, the cross on its spire gently glinting in the fading light. Father Smith greeted them relievedly, taking them down to the chambers below ground where he had installed modest but comfortable beds and a cozy living space.

There was a bank of small computers by the side of the room. Rex threw his bag down and logged on, keen to get to work. Adrenaline began to surge through him. They had less than a day.

Time to get to work.

It took just hours for the small group, now fugitives in their beloved hometown, to develop a last-ditch plan to upload the virus. Rex had managed to reconfigure an old Eastern University student account into a current Levanter employee ID, a hangover from the early days of the Levanter campus takeover designed to expedite HR processes, then enter the system undetected. A message popped up detailing how the system would be down for a mandatory update between 4.52am and 5am the following morning. The morning of the IPO.

Rex figured that it was probably a necessary system check to allow Levanter to check all was in order for the big data release that would take place later that same day.

They'd need to run the virus, somehow, in the final minutes of that window. They still had a small chance, but the window of opportunity was tiny. They had to take that chance. There were no other options left.

The mood was somber.

"Jeez. So, a few minutes at the end of a mandatory Eastern student intranet update. That's what all this has come down to?"

Rex nodded his head. "And one of us needs to head directly into the middle of the Levanter campus to try to make it happen. We have to go to the mainframe, plug in the data chip directly. It's the only way it'll work fast enough to make it in time for the end of the Intranet update."

Spencer stood up. "I'll do it."

Everyone looked over at him sharply as he spoke up. "God knows where my dad is. If I sit around, I'll fall apart. I need focus. I need somewhere for this anger to go. I'll go insane if I just sit here".

Luke looked up. "Thanks Spencer, but we need to do this together. As a team."

He walked over to an old map of Saffira mounted in a wooden frame on the wall behind him. "We head out across the mountain path here- look-taking us past Soul Drift. We can't ski down it—it's way too dangerous- but if we hike down here.... then around down the valley and through the forest paths here, we can double back and hit the rear of Levanter HQ where the servers are stored."

The others nodded. The route was a well-chosen one, offering the fastest unseen route to the building.

Annalise frowned. "So we won't get into the system by trying to email or remotely execute this thing. We need to physically implant a data chip with the virus execute command direct into the system?"

Rex nodded. "Yeah, at least that part is super simple. We literally plug a USB into the server with an executable file. It'll auto-execute immediately, exactly how I designed it. No programming, no laptop, no messing around. Someone just has to physically get into the Levanter server hall to do it, plug it into the central server." He raised a small USB stick in his hand so everyone could see it. "I've got it here."

The others crowded around to take a look. It was a small USB, with a sticker that read '1. Insert into main server to autorun. 2. Leave building. 3. Don't get caught.'.

Rex snickered. Spencer arched his eyebrow. This might be the closest to a joke Rex had come since he knew him but still, he appreciated Rex's ingenuity. Rex had created a program so sublime and effective that any of them in possession of the USB would know exactly what to do—simply plug in and leave, as fast as humanly possible. There was not room for human error, and he had full confidence in Rex's programming abilities.

Rex looked up. "Spencer, I appreciate you volunteering but I know way more intuitively about computer systems than the rest of you. If there's some fast complex choice to make, if for some reason this doesn't work, if we need a Plan B, then I'm the right person to be in that server hall."

The others nodded. He was right. But there was a problem with that plan. Rex was the least physically strong and hardly an elegant mover. Luke worried that he'd be spotted too quickly once he'd gotten on to campus, too weak to fight back if he had to. But they were going to have to take their chances.

Rex was thoughtful. "OK, so we'll need to get past security who patrol the campus, because this whole plan rests on no-one knowing we've been there."

Luke still couldn't believe they were back in Saffira. Right now, it felt like anything but home.

"Wait. Before you head out."

Father Smith appeared at the door. "Alexander Van Rees is alive. He's going to be charged tomorrow with the murder of Senator Bill Buckley. Buckley shot himself in the face. Our intel informed us it was a Valley of Death gone wrong, up at the old Republican Club House, but they'll try to pin it on your dad."

Spencer almost choked. He was simultaneously happy his

dad was alive but stunned at the news. He'd always thought of his dad as untouchable. He was frightened now, frightened for his dad, desperate for revenge. He felt helpless.

Rex walked over to Spencer and rested a reassuring hand on his shoulder. "Spencer, the best chance we have for us—and your dad—is to crystallize the anger that we feel for these bastards. Crystallize it into clear, intelligent, logical thought, and use our intellect to exact the best possible revenge. Agreed?"

Spencer was looking down hard at the floor, his jaw set so hard Rex could hear his teeth grinding together.

"Agreed."

His fists balled hard. He looked up. "Sofia, my dad, Gill Mathers, all in jail? And Luke and Nate if they're discovered? Us, too?"

Father Smith had been watching everything. He walked over and sat down with the group, addressing them softly.

"Look. The stakes here couldn't be higher. For you all. For the future of American democracy. For…God knows what happens after we all leave this Earth. What Levanter is messing with…."

He looked directly at the group. "You're all so smart. You've found a way to pull the wheels off the train with this virus upload. A small group of you standing here, ready to square up against the two largest, most powerful organizations in the country with this simple, small, elegant plan. It's the stuff of every moral story, every religious tale, every fable in history. Have faith. Have faith in yourselves. You can still do this."

His words were strangely powerful.

The room was quiet now.

"And one more thing. You'll need all the courage you can get."

The friends looked at each other then back to Father Smith who had reached into a bag and had now set something on the table in front of them.

He spoke again. "There's something else." He reached into a small wooden box on the table in front of them.

"In here I have something from Professor Grayling. Something I can't tell you about unless you're successful, that he passed on to the church here for safekeeping minutes before he died. What I have here…"—he lifted out a small package—"could change everything. We need to protect it. When you get back here after you've successfully completed your mission—I'm going to share this with you. I can guarantee that you're fighting for something more than what's on this Earth. Without going into detail here—because we don't have time—know that God's on your side. When you come back, I'll show you why. *What we now know.*"

Luke and Nate looked at each other. Grayling had been a close friend of Nate's, and Father Smiths words…he was right. There was more to this, something so much bigger than all of them.

They needed to fight for it.

Nate felt something shift in him. A resolve. A confidence.

They all did.

"Okay. Let's go".

43

Earlier that morning, the Levanter pre-launch event had taken place. It had been a predictably, yet still breathtakingly glittering affair, designed to turn an already-energized market into a baying horde of animals desperate to get their hands on Levanter stock the moment the IPO hit.

The crowd roared as the music started pumping and spotlights glided across the arena. CEO of hottest scitech firm on the planet, Trent Calder strode onto stage, lifting his arms wide to take in the rapturous applause that filled the building. He was a visionary. A sage. A man who could, it seemed, break the science-faith barrier.

Whatever that meant.

By this point, nobody really cared what it meant. All they knew was that share prices were rising, the stock markets were on fire, investors and sales execs at the firm were now paid in six figure salaries—and Trent Calder had caused it all to happen. The new God of the scitech world had risen.

Huge screens threw up a 40-foot-tall vision of the man himself to the millions watching at home and to the lucky few hundred in the state-of-the-art Levanter arena. Trent bowed theatrically to various big-name Levanter investors who had assembled on stage, leading an applause directed at them, before pumping his fist to get the crowd going. Rousing techno with soaring chords and piano breaks piped into the arena now, heavy beats raising the energy levels of the crowd. Everyone was having fun, riding the wave of energy, success, money. Basking in the charisma of one of the most charismatic CEO's on the planet.

Trent knew already, surveying the crowd, that most of the people calling his name from the audience were famous actors, pop stars and influencers. And, of course, politicians. This day, he knew, was set to go down in legend. It was the day of the Levanter IPO, the most astonishingly anticipated event in scitech for a generation. And it would be an unmitigated success.

Trent stood out front, grinning indulgently, surveying the crowd as they had fun, enjoyed the music, unknowingly enjoyed the opium piping into through the air vents and became more and more satiated by the effects of his beautifully effective brainwave tech. Finally, he signaled the audience to be settle down. To be silent.

They complied.

For Trent, these days, everyone complied.

Speaking into a tiny face mic, he began a monologue that he'd dreamed of delivering for so many long, hard years. He'd killed for this, literally, and now, thank God, the waiting was over.

He bowed his head, closed his eyes, and held his hands in a prayer position, the tips of his fingers touching his lips. The tension in the room was palpable. The room was almost completely silent.

Stunning images of space began to appear on the huge

screens behind him as Holst's *The Planets* began to play. The music was quiet at first, building to a louder crescendo over time, gently rousing the crowd again. Filling their heads with wonderment.

The Levanter neuropolitical brainwave tech was pumping at full blast already, an unseen, powerful weapon with no neurological side-effects and no means of being detected. Complementary drinks in the hands of every single person in the room were laced with sodium pentothal and a little SSRI's—drugs usually handed out to people suffering from depression. Now his guests were popping them like candy, getting high.

These people would be speaking a hell of a lot of truth to power later.

Trent raised his head slowly, his gaze sweeping across the audience, who were now sitting in complete darkness. A blanket of stars suddenly appeared above their heads as the music continued to rise in volume. *Mars—The Bringer of War* crashed through the speakers, now, the perfect, dramatic accompaniment to the beautiful scene of heaven and skies extending in all directions above their heads.

The crowd gasped in awe as their plush cinema-style seats automatically reclined. Trent allowed them to enjoy the show. He'd built the planetarium room exactly for this moment. It had cost him $2 million. Worth every cent.

A pre-recorded, deep, faceless voice began to talk, narrating them through the earth-shaking, barrier-breaking achievements of Levanter.

"In only two years, Levanter has risen to the forefront of scitech, transforming the way we live, harnessing the true power of science, disrupting the wellness industry, vastly improving end-of-life care for those that we love and—for the first time in history—uniting science and faith. This, ladies and gentlemen, is evolution."

The vision above them transformed into a beautiful Darwinian exposition, seamlessly accompanying the audience—many of whom were watching from their living rooms—to the next incredible step in the Levanter sci-tech journey.

"And this is when we introduce you to the newest Levanter innovation, ladies & gentlemen. What you have all been waiting for. The true marriage of science and faith. Our newest product, the Rapture."

The pulsing drumbeats of Holst's symphony gave the monologue a military feel, as if they were marching forward together now, transfixed on an as yet unknown end goal, to which they had already pledged their allegiance. The heart beats of some of the crowd were already beginning to sync with the rhythm of the music. Some of the crowd had begun, unconsciously, to sway.

The bodiless voice continued. "Innovation that has enabled humanity, for the first time, to bridge the journey between us and the afterlife. Between science and faith."

The lights came up, suddenly, as seats began to automatically lift so that audience members could once again focus their vision on the stage. Blinking and disoriented, attendees were overpowered by the sudden shift of pace.

The music cut out. Trent bristled. Who the hell messed that up?

No matter. He could tell that they were all still transfixed. The show would really begin now.

He swallowed hard. He'd reached the point of no return.

Brave new world Trent, he told himself. *Get ready for a brave new world.*

A group of serious-looking medics in white coats strode purposely out on to the stage. All actors, of course. He chuckled to himself. A perfectly choreographed, slick, elegant video began playing on the huge video screens behind them, as a particularly handsome, silver haired doctor-actor began to speak, his blue eyes sparkling.

The handsome actor-doctor walked the crowd through the history of the Levanter innovations. His sparkling blue eyes, deep tan and gleaming white teeth leant him an easy charisma. The crowd ate it up. The video had been tested with multiple focus groups, and marketing had perfected a quintessential blend of science & fiction to create a fun, inspiring, against-the-odds narrative that really connected. The narrator had been the cherry on top, pulling in his audience with an easy charm, holding them rapt.

The voice of his producer patched through into his tiny earpiece. 874 million people were currently watching the show from over 100 countries.

Trent pursed his lips. *Not as many as the Olympic Games, of course.* It'd do for now.

In his perfect world, of course, everybody would be forced to watch.

The doctor-actor continued to speak, outlining the life-changing innovations his company had achieved. His white coat added gravitas, while his speakeasy style and model features continued to charm.

"Our aim, originally, was to prolong post-death simulations

for up to three hours, which we have, for the first time in history, achieved. This has allowed us to make huge gains in developing treatments for oxygen-starved brain tissue, for end-of-life care, and for quality of life for coma patients, amongst many other things." He smiled as the crowd applauded.

"But that's not all. That's not the big story. Sit back, and enjoy history being made."

A second video started to play on the huge 40ft screens, doctors in white coats waxing lyrical about the incredible data they'd seen emerging from the sleep centers. A rousing soundtrack built suspense, as another reassuringly deep-voiced but unseen narrator delivered an engaging, scientific overview of the Rapture. The deep, baritone of his voice felt reassuring to viewers—official, somehow—as he walked the audience through the technical aspects of how truth serum-powered interviews & extensive case history research had allowed Levanter to develop an almost-perfectly accurate morality algorithm. This morality algorithm had played a vital role, pre-procedure, to predict which one of two powerful physiological responses the patient would experience during their death-simulations. And a sheer tsunami of data had clarified, over and over, a 98.7% accuracy rate of prediction.

Michelangelo-esque visions of beauty, angelic visions and perfect physical forms now crowded the screens, with Leonardo da Vinci's *The Creation of Adam* resting on the screen as a final, rapturous vision. The words of the narrator were building into a crescendo, first drawing a perfect line between what the crowd were coming to understand might be a journey to Heaven itself.

And they were right. Images of little children happily smiling up at doctors in Levanter centers, then lying back cuddling their favorite teddy bears filled the screen were followed with dream sequences overlaid by medical data that clearly drew an inference between an angelic, heavenly rapture-like experience, & a powerful crashing of oxytocin and powerful theta waves at a certain post-death point that no one but Levanter had ever been able to access.

Weren't all young children perfect in their morality? Were they not already little cherubs?

The crowd held their breath as the movie swooped down, then, into shadowy darkness, a vision of Dante's Inferno molesting their senses.

Which, the narrator was asking, *would you experience*? If you were ready to visit the Valley of Death?

Data and foul imagery swirled. It was designed to place the fear of God, powered by an acknowledgement of rational scientific data, into the hearts and minds of everyone in the auditorium. Again, data, statistics, inferences, doctors in lab coats, images of people whose foul deeds had consigned them to Hell, whose physiological responses were not those of oxytocin and wonderfully dreamy theta waves but instead of an overactivity of the amygdala region of the brain so utterly violent that nerve endings viewed through fMRI scans literally began to fray. In a brain that should have no activity, simulated as it was in their studies to act as a dead brain would—it was as if the ultimate PTSD soaked, freewheeling night terror was playing out in perpetuity.

The movie ended.

A frightening silence filled the room.

It had been a sobering moment. The movie had played cleverly on the fears of every single man and woman in that room.

Then, with perfect timing, Trent walked back on stage.

"But what, ladies & gentlemen, what you say, if we told you that our Lord has placed the ability to *reverse your destination*? If you watched our little movie and shrunk into your seat a little, wondering where your destination might be?"

He looked out into a sea of faces. He was right. Some of them really were shrinking into their seats.

How many sinners do we have in this auditorium?

He shivered with a frisson of excitement. He'd already learned from the senators exactly how many times a man could sin, and exactly what they'd do to be free from it. The power he felt pulsing in his hands and through his body was palpable.

Another rousing movie followed, this time detailing the reversals, brave, ground-breaking Christo-Evangelical politicians, household names, who had selflessly volunteered to put themselves forward for trials. Regretful prisoners and homeless folk who had done wrong and had been so grateful for the chance to help Levanter change history and to change their fate. The Valley of Deaths and Walk of Life—the Reversals—played out on screen against cleverly inserted vox pops provided by doctors and nurses, all explaining how the science worked. A story of life and death, science & faith, Heaven and Hell, and the ultimate redemption played out on screen. It was breath taking.

When the show had finished, the event paused for a short break, a Christian rock band entertaining the crowds and lightening the mood. A huge array of mouth-watering canapes, fruit, sweet punch, and desserts, all gently laced (unknown to attendees) with just a touch of ecstasy, fortified the guests who chatted excitedly. Beautiful hostesses and impeccably turned-out waiters handed out delectable treats and exclusive gift bags filled with Levanter smart watches, tiny tablets, Levanter branded candies, crystal jewelry for the ladies, and Levanter Rolex edits for the men. The bright lights of camera crews from the *Hollywood Edit, PSC News, American Entertainment TV* were dotted around the room like searchlights in fog, while the heady, flushed faces of influencers and movie stars waxing lyrical about the event were streamed live into the front rooms of millions upon millions of viewers.

By the time the audience once again took their seats, and the camera crews had been summarily ushered back outside into the auditorium foyer, the crowd was positive, excited. Ready to hear the next incredible instalment of the world's greatest show.

Trent smiled indulgently. A Cirque de Soleil heaven-and-hell performance, specially commissioned for that night only, wowed the crowds. The show had taken seven months and the best choreographers, acrobats, and dancers on the planet to pull off. It delivered exactly on his vision. The final few seconds saw a priest figure, who had been on the stage throughout the dance, rise to prominence, taking a central position as a troupe of dancers and performers pulsated, danced, moved, around him, lifting him up high in the air above their heads, straining, worshipping, falling around him. In the final second, as pyrotechnics filled the stage and the dancers lifted the hooded figure in the air, the huge video screens behind them came to life, and explosion of light filled the air. The hood of the heavy, dark gown fell back and on to the floor, revealing a man in white, smiling. A man who every single person in that auditorium already knew.

The crowd went wild.

Trent grinned as his voice rose above the music.

"Ladies and gentlemen, I give you Pastor Duarte Santé, the spiritual guider of our company, and your new Faith-Leader of the United States of America."

Bringing the Pastor to the front in a collegial manner, his arm around his shoulder, Trent Calder explained the etymology of the relationship between Pastor Duarte Santé and Levanter, a shared, bountiful vision of how a faith-science barrier could—and needed to be—broken permanently. That is why, he explained, they had come together.

"Pastor Duarte Santé helped us develop the final step. We helped to *make his vision real.* To deliver Redemption. We believe, ladies & gentlemen, that science is simply a way for the Lord to allow us to work out the steps, for ourselves, to reverse our final fate. And we've done that. We hold that power in our hands. To Reverse. Either way."

The last two words were chilling. But the crowd were too hyped up, too stunned, too entranced to care.

Their God was standing in front of them. They had all (albeit unknowingly) been taking a lot of drugs. They were high on religion, faith, Levanter, Duarte Santé.

The lights dimmed to nothing, huge spotlights tracking dramatically down to the floor and disappearing as the huge screens began to play another film. This time, they saw a charming, handsome older man with piercing dark eyes, tanned skin, and thick grey hair. The unnamed man spoke directly to the camera. He had done bad things he said—real dark things—in his youth. He had given up on living a good life, thought he was going to Hell. Isn't that what the Good Book said? That he'd go to Hell?

The Christo-Evangelist Movement had told him, one day though, when he had stumbled into one of their centers, that the Levanter Institute could offer him a way out. And he'd taken it, gripped it with both hands, held it, had faith in it. And that faith had paid off.

The Valley of Death, it had been called, a scientific process designed to ascertain his post-death response, with truth drugs and some science that calculated and predicted if he'd go to Heaven or Hell when they put him to sleep. And he had walked the darkest path through Hell, awoken screaming, just like their predictions. Then the Walk of Life had come. His name had been in the Book of Life and Redemption had been his. He'd been put to sleep again, come out hearing angels, just like they predicted. They knew. They'd changed the chemical reactions in his body at the right time, and the crowd watching, he said, could go see the scientists and the labs as special VIPs, if they liked, to really get to know the science behind how it all worked. But he hadn't asked, he'd said. He just *knew.* He just knew that Heaven was now his destination.

Trent looked out across the sea of activity and felt pure elation, the testosterone pumping so hard around his body that he felt as if his chest might explode. Selling Redemption to a baying, receptive, desperate crowd. Forget confessionals on a Sunday, thought Trent. Nobody will need Church now. His chest swelled again. This was pure power.

I've done it.

44

Across town, Laura LaValle was in her dressing room. A huge bouquet of lilies adorned the dressing table, champagne already sitting chilled in a perfect little glass flute by her right hand. Her glam squad had arrived early. Today was a big day. They were already busy transforming her early-morning rollers-and-cold cream appearance into one of the hottest faces on national syndicated TV.

Laura had already picked out a beautiful bright red skirt suit for her Toro24 exclusive. She'd spent weeks mulling over different choices. It was important that she looked perfect for tonight. Anticipation within the network was high, with rumors already buzzing round the production rooms that the ad revenue and projected audience for this edition of *By the Fire* was on track to smash all national records. Maybe she'd win an Emmy. Hell, she deserved one.

Today was going to be huge.

A production staffer ran over, checking the time of Duarte Santé's appearance.

"Oh no, darling, he has too much to attend to," she purred. "The IPO is so close now. We'll be running a split screen".

The staffer looked momentarily shell-shocked until Laura ran him through the catalogue of stellar Christo-Evangelical Movement heavyweights that would turn up instead, alongside an incredible Evangelical rock band she had handpicked herself, and a guarantee of never-before-seen exclusives by her beloved Pastor. And a promise of a 1-hour tete-a-tete *By the Fire* special event after the IPO, or course.

The color returned to the staffers cheeks. He ran off relieved that he'd have enough good news from Laura to satiate his boss and wouldn't get chewed out for a Duarte Santé no show. They always shot the messenger.

Laura picked up the manila envelope in front of her and slid out the glossy photos, one by one. Since the first set of photos had been anonymously sent to her, she had hired a PI, mostly because she'd come to hope that those disgusting images of her beloved boning some pretty gnarly hookers was nothing more than a simple, clumsy smear campaign by some political opponent or other.

The PI had found more of the same. Much more.

Laura's phone rang, momentarily disrupting her train of thought. It was him.

Duarte spoke softly. "Baby, I've missed you".

He sounds high, thought Laura.

She switched to video call. *Bloodshot eyes already. And it's only lunchtime. Jeez.*

How had she not seen it before? Or had she just not wanted to see it?

Laura purred lovingly into the phone, the ultimately actress. He'd explained that he had spiritual business that weekend that he just couldn't miss, that he couldn't be at the *By The Fire* segment or come to their beloved, much anticipated weekend at the lake. She responded that of course darling, he had such important business now. He was a Faith Leader after all. She would support him however he needed her too in his important work. She asked when they could re-schedule their weekend by the lake.

"After the IPO baby. I'm so sorry. I'll still dial in. I promise. It's just that I have so many pre-launch meetings, tonight."

Sure you do.

"Okay baby. I tell you what, I've told the production crew here to put together a simply wonderful montage about you and we'll run that. So no pressure about a split-screen today, okay honey? You have enough pressure with your spiritual responsibilities."

Duarte was relieved. He told Laura LaValle that she was a wonderful lady, and that he'd call her just as soon as he could. That some souls just needed to be saved, so urgently, that he just couldn't let them wait. Laura smiled. "I love you baby."

The phone clicked and Laura stared at the handset, anger, and adrenaline powering through her veins.

A couple of hours later, Duarte booked into a local motel under the name Frank Baker, hustling a small group of dancers from the local strip joint into the room with him. He was seriously relieved that he'd been let off for even one night of playing the part of Messiah on national TV. It had become so bloody tiresome.

This was his last night before the role would become a permanent gig, a perpetual weight around his shoulders. But it would be worth it, he reflected. All of the effort and sacrifice would be worth it for the power and wealth that he would enjoy. He'd be untouchable. No government or police would arrest him. He'd even use as many Reverses as he needed if he fucked up here on Earth. He had the ultimate ticket to Heaven, here and in the Afterlife. Nobody could touch him.

But tonight? Tonight was for letting loose.

Besides, he was still shaken up. He'd walked the Valley of Death with Chase and Trent the night before. It had been horrific, but it had been their shared gift to themselves. They'd all agreed, post-IPO, to hook each other up with the Walk of Life and had dispensed, weeks ago, with the idea that the Reverse had been a joke. Now they believed their own rhetoric. It wasn't just for fools. They'd seen the data. It really worked.

He dialed his dealer and then asked the girls if they'd like to invite a couple more friends. A few bottles of tequila and whisky and a couple of six packs of beer had turned up from somewhere. They cranked up the old stereo. Let the fun begin.

45

Rex and the others in Team Alpha gazed over at the light show emanating from the Levanter auditorium. From their vantage point high up in the Saffira mountains, they could hear the muffled thump of musical beats, the distant roar of a crowd. The event had been going on for hours and now a gala dinner post-event bash had kicked off.

It was dark. The group had little more than five hours to make it across a pre-planned circuitous, hazardous route to the back of the Levanter IT suites on campus. Their route allowed them to make the journey with a little time to spare but they'd need to rely on good conditions throughout and making no mistakes with orientation. A hard ask in the dead of night.

They were currently crouched in an inlet on the side of a hill, just off-track from the small road that led to Santa Irene, back packs ready. They hoped to God they'd make it. Right now, hope was all they had. And if they failed…if they failed it was over. Levanter and the Christo-Evangelists would be too powerful to stop. The ripple effect of Richard Matthews' pardon, the Authoritarian Bill being passed, the insurrection planned immediately after…even the possibility that the Reverse could work…it was too horrific to imagine.

Rex felt a rush of adrenaline every time he realized that he'd have only *eight minutes* to execute the virus upload undetected when he reached the Levanter server complex.

Eight minutes.

He swallowed hard.

Nate signaled to them to begin their descent.

The first hour was tough but relatively non-eventful. Nate was an expert at tracking, able to intuitively pick up the presence of hazards and reflexively know which route to take. It was cold and dark, the group constantly afraid of falling, or losing their footing, but nobody complained. Luke glanced behind him constantly. He felt as if they were being watched. Yet every time he looked back, he couldn't see anybody.

Spencer felt as if he were on high alert. He was frightened for his dad, the anxiety fueling relentless dark thoughts that were now crowding and jostling for space in his mind, making it impossible to focus.

That loss of focus was his first mistake.

They had been attempting to traverse a narrow rocky line when Spencer lost in thought, lost his footing, too, reflexively grabbing Rex who had just crossed the small, rocky pass a few feet out front. They both fell a few feet, hitting rocks that jutted out of the mountainous face, landing on a small, rocky ridge. Momentarily stunned, Rex immediately tried to get his bearings, working out that the ridge holding them was about seven foot wide. He peered below, hearing water.

Jesus.

Feeling for a stone, he threw it over the side of the ridge. It was a long time before they heard it land. Panic gripped both of them.

"Jesus Rex, I'm so sorry". Rex looked at Spencer. His shoulder looked busted and he winced as he tried to stand. His ankle burned like fire. There was no way he'd be able to stand. Luke scrambled to help but Nate held him back.

Rex tried to calm his friend. "Don't worry buddy. It was an accident. Reaching out for a secure object is actually an evolutionary reflex that is almost impossible to control under high-stress conditions."

Spencer rubbed his head which was now throbbing, feeling thankful—not for the first time—for Rex's perpetually analytical, non-emotional approach. Anybody else would probably have wanted to punch him in the face.

Nate, higher up on the pass, looked down at Spencer and Rex. "Luke, we can't get down there to save them. No way. That ridge is below a flat face and it's unlikely to hold much more weight. We'll have to leave them, get down to the campus and upload the virus as fast as we can then get back here to rescue them somehow."

Luke felt adrenaline rise in his chest, a sick feeling of fear. Everything was going wrong already. "Dad, they won't last much longer than the night out here. Hypothermia's too big a risk and I don't know how much longer that ridge will hold, anyway. I'm going to have to call local mountain rescue, see what I can do."

Nate felt adrenaline sour his stomach, icy tendrils of panic rising within him. If anyone was listening in to the emergency frequency, it could be fatal.

"Luke, hold off." He placed his hand over Luke's and gently pushed down the radio receiver. Luke understood.

Nate's mind was working overtime. He didn't want to leave them anymore than Luke did. Annalise appeared from the darkness, offering a possible solution. "What if I stay here? Wait until you're at the campus before I call. That'll give you a chance to upload the virus and it'll give me a chance to make sure these guys aren't about to fall. Then when I get the okay from you guys, and I know you're on your way back we call mountain rescue. Then I guess we'll just have to wing it."

Luke agreed. It was the best plan they had.

Luke lay flat, quickly communicating the plan to Rex and Spencer, with Nate quickly constructing a makeshift basic pulley with tree branches and a sweater that they used to gently haul up Rex's backpack. They needed it. It contained the laptop and chip that they needed. Then the now-reduced Team Alpha headed off swiftly toward the Levanter campus.

Where it all started, thought Luke suddenly. As the crow flies, he'd journeyed almost nowhere, throughout this whole, crazy experience. And it wasn't over yet.

Spencer and Rex were cold. They listened silently as they heard Nate, Annalise and Luke's voices disappear into the distance. Sitting shivering, Spencer suddenly jerked his head up, whispering urgently.

"Oh Jesus. Lights. We're being hunted."

Within seconds, they heard voices above them, saw multiple searchlights sweeping across the forest. They backed as close to the back wall of the tiny ridge as they could, staying silent, breathing hard. They heard radios crackling, shouting, snatched parts of conversation.

For a few frightening seconds, the men above stopped. They were so close Rex and Spencer could hear the sound of their breath. Then they moved on, disappearing as soon as they came.

Rex strained to listen. "They're moving on the same path as Nate and Luke. They knew we came here. How the hell did they know?"

"Wait." Spencer was thinking. "Out in Alaska, you had your laptop, right?" Rex nodded. "Right."

"Could Agent Jackson have planted a tracking device in it?" Rex scowled. "Maybe. He was alone with our stuff a lot. Yeah. That's possible." He looked upward. "So that means there might be a tracking device in the laptop on Luke's bag, right now."

"Yeah. Maybe. In fact…yeah. It'd make perfect sense."

Rex and Spencer slumped against the rock, defeated. There was literally nothing they could do, now.

Nothing.

It was over.

Spencer shivered. A well-built guy, he was pretty good in the cold, but the freezing wind had started to cut through him. He glanced over at Rex, concerned. Rex was already pale, his teeth chattering. He was a skinny guy, thought Spencer, concerned. If the Levanter goons didn't get him, hypothermia probably would.

"There's one positive to this," mused Rex. "If they know where we were headed, they'd just be lying in wait for us at the Levanter server complex already. They wouldn't bother running around the mountain in the dead of night, trying to track us down."

Spencer felt a tiny glimmer of hope for the first time in hours. Just a glimmer. Right now, he'd take anything he could get.

Passing the mouth of Soul Drift, Nate crouched down, seeing lights emerge from the forest behind them. "Luke! Get down!" A cracking sound was followed by a bullet racing past their heads. Then another bullet exploded against the rock next to them. Then lights, on the left, then the right.

"We're surrounded. What the hell do we do?"

Nate wasn't going to give up. Not ever.

"We'll have to take Soul Drift, climb down as fast as we can. With Rex and Spencer, we'd have had no hope, but we both know these mountains, Luke. We can do this. We've snow hiked this couloir before. Not in the dark being chased by maniacs with guns, granted…"

Luke looked up at the storm clouds gathering overhead as pellets of hard rain began to sting his face. "Don't forget rain."

"Okay, dark, maniacs with guns and rain…let's use it all. As cover. You know the terrain almost as well as I do, better than these lunatics. There are areas around here where they won't be able to follow us—and if they do, it's likely they'll fall pretty fast, lose their footing, end up on the rocks below. Let the mountains take care of them. We can make up a hell of a lot of time this way, if we take the riskier route."

Luke nodded grimly. "Let's go."

They shared a brief glance, stoic in their commitment to doing the best they could, to lay it all, finally on the line.

They had no other choice.

Scrambling down the mouth of the Soul Drift couloir, Nate and Luke worked in the dark, moving silently and expertly, facing moments of sheer terror as Luke missed a hand grip a couple of times and Nate slid uncontrollably for a few seconds near a lower ridge where the rocky terrain had shifted in the last few weeks. The adrenaline surged through both men. Both were operating on fear and adrenaline, testosterone pumping through their bodies, scared of a bullet tearing through their skin at any time.

The rawness of their heavy breaths slowed them down and after a while they both needed a break. The brief pause alerted them to the fact that the lights, radios, and shouts had strangely vanished. Perhaps they'd shaken them off. Now they saw nothing but darkness.

Luke's thighs were burning, his fingers and forearms cramping as cold hard rain now lashed his face, stinging his eyes. He was pretty sure he was covered in cuts, bruises and friction burns from the exertion of pushing his body into the rock face over and over, his torso having slid down painfully over a million tiny, jagged rocks when he couldn't find a foothold in time. Raggedly breathing the cold air was hurting his lungs. It must be below freezing by now.

His heart fell. Such little time to get to the Levanter server complex. Their window of opportunity was slipping through their fingers. Spencer and Rex could have fallen by now or become hypothermic.

He was scared for all of them.

It was an easier route after that, at least for the next hour, ending at the base of a longer, snowier ridge, with the sparkling lights of the Levanter complex rearing up to greet them as they tramped over a small peak. Nate reached into his coat, pulling out binoculars. The server complex was unmanned. No security. He felt confidence rise.

And that's when it happened.

When the last little sliver of hope died.

A flash of white, a masked skier body slamming Nate with disorienting force, then he was gone, as fast as he'd appeared.

"No…no…God no." Nate was checking his ski jacket, the floor, desperately searching to feel something that was no longer there. He held his head in his hands, staggering back, desperately casting his eyes around again, then focusing on Luke.

What was wrong?

Then he realized, too. The backpack was gone, replaced with another beaten up old bag that he didn't recognize.

Luke looked at him, bewildered, but he didn't have time to process it as the lights and men with guns reared up behind them, then on all sides, body slamming Luke. For a split-second, Nate couldn't work out why Luke's look of bewilderment had transformed so suddenly into fear.

Then he felt the blow, touched his temple.

It felt warm. Sticky. Bringing his fingers to his face, he looked in bemusement at the red liquid dripping down his fingers.

Blood.

He looked over at Luke, confused. The last thing he saw before passing out was one man holding his son back by his arms while another punched him in the stomach.

46

When Nate eventually opened his eyes, the light was the first thing he saw. A bright, burning white light. For a second, he thought it might be Heaven.

It wasn't.

He tried to move but moving hurt his head. Trying to stand, he realized quickly that he was tied to a chair. Blinking a few times, he looked around and saw Luke, half conscious, tied to the chair next to his.

Trent Calder walked in with Chase Matthews. They stood smugly watching Nate and Luke, for a long time.

He waited for Luke to wake, groggy, hurting. Luke spat out a tooth.

"Nate Templeton. We meet again."

"Chase. Jesus. You psychopath."

Chase laughed. "I'm not Jesus."

Trent and Chase both snickered. Nate tried to shift in his seat to alleviate the pain in his back and head. The room was swimming.

"You took a rock to the head Nate. We'll wheel you up to medical after the IPO. After you watch us become billionaires. After you watch us become the most powerful men in America."

Chase and Trent high fived.

"We found the chip in your bag. You *idiots.* What a poorly thought out, weak plan. We were all laughing at you."

Luke had woken now, groggily looking up at Trent, who stared back at him with obvious disgust. "And here we have the golden boy, serial killer, arsonist. You'll rot in jail for the rest of your life."

They laughed.

Trent kicked Nate's chair. "Maybe we should've run the experiments on Nate all those years ago, not Gill."

More laughter.

Trent leered over them. "Just before the election, we figured it'd be fun to run a Rapture on you both. Run a reverse. Send you both to Hell."

Nate and Luke exchanged an angry, scared look. Nate continued to fight to get out of the bonds that held him down. It was fruitless but it wasn't in his DNA to give up. "I don't believe that rubbish. But stay away from the kid. Do anything you want to me, just leave him."

Nates tone belied fear, uncertainty. He'd never been able to work out exactly why the data that Dr. Silva had siphoned out to them had been so consistently, powerfully full of correlations and statistical significance. Even with the best minds of the FBI working with him, they'd had to concede that this was more than science could explain. Far more.

Trent saw the look of pure fear in Nate's eyes and relished it. Adrenaline and pleasure surged within him.

Even Nate believes.

High on success, feeling dominant, Trent powered up his

radio. "Guys, bring in the gurneys. We've got two great volunteers here for a Reverse."

Seconds later, a nurse entered the room, silently injected both men in the right arm with something. They didn't know what.

The room went dark.

The last thing that Luke felt was hope, before his eyes rolled back into his head, and he let sleep claim him.

At least he'd never given up.

47

If either man had been awake, they'd have seen Trent and Chase turn around in surprise, seconds later, as a team of Levanter assistants and executives tumbled through double doors into the room. The room was suddenly swarming with people, like blood filling an artery. Others burst through the doors soon after, filling the room with the sounds of yet more shouting, a relentless buzzing and vibrating of mobile phones, orders barked over and over into handsets overwhelming Trent and Chase.

They had no idea what was happening.

"Turn on the TV screens. Turn them on!"

Somebody was shouting. They didn't recognize the voice.

Nobody cared about the limp bodies of the Nate and Luke shunted on gurneys to the side of the room.

Another assistant ran in, wordlessly switching on the bank of TV monitors as the crowd stood back. Trent and Chase had thrown Luke and Nate into the Levanter Master Production Suite because they were so excited—so desperate—to dominate and destroy the two men psychologically, to strip them of any hope they had left—by forcing them to watch the IPO rollout in front of the largest TV monitors in the complex. The moment when they'd step into the headiest, and most irreversible positions of power that they could ever have dreamt of. Then, when they'd found the other Team Alpha insects, they'd force them into a Reverse and make Luke and Nate watch, before Luke and Nate would suffer the same fate themselves.

It had been poetic. A sublime plan.

The monitors flickered on, and the room was hit by a wall of noise, five news shows simultaneously broadcasting, their anchors reporting the news of the century. *Toro24. NewsAmerica, USTV, LevanterTV* and *CPN* were already warming up to the main event—the Levanter data drop—which would be followed minutes later by the IPO itself. Business commentators were recording a historic high in pre-trades, with footage of the Levanter event the night before a glittering, historic outstanding success.

Trent and Chase glanced at each other. This insane, activity, then, was just a pumped-up team who labored like worker ants to form the most loyal workforce on the planet. It had worried them for a moment. Worried them that something might have gone wrong.

"Turn to Toro 24."

The room had gotten a little quieter now and one of the production assistants complied. Phones pinged, with murmurs of incredible social media feed activity, viral videos, trending memes, influencer endorsements constantly fed into data analysis programs. But something felt strange.

The production team were looking up at Trent and Chase now, more regularly, sharing knowing, concerned glances.

Toro24 flickered on to the main screen. They turned up the volume. They'd tuned in just in time to see the *By the Fire* special kick off.

Laura LaValle looked more excited than they'd ever seen her. She looked super cute in a tight red tailored dress, her hair cascading down her back in thick curls, red lipstick and long red nails setting off an amazing tan. Trent wondered if he could steal her away from Duarte for a night or two. He hadn't noticed quite how hot she was before.

It was almost painful at that exact moment, mused Trent, to have to mute the other shows, given the incredible praise that was being poured on them from—well—pretty much everybody. He made a mental note to watch every single one of them back later, to relish them. To relish every single word of praise.

By The Fire opened with its usual brilliant crowd pleasers—jokes with the show band, footage from the glittering Levanter event the evening before, a funny little skit or two, and a quick, upbeat recap of crowd pleaser Pastor Santé and some of the incredible charitable work he'd been involved in over the last couple of years. Then she sat back in her comfortable fireside seat, addressing the nation as if confiding in her closest friend. The cameras panned in.

"Y'all think every network in America has the same scoop? The incredible Levanter data drop? Well, ladies and gentlemen, think again! We have something far more exciting. Something far more…intimate".

Trent and Chase looked quizzically at each other. She hadn't discussed this with them.

Maybe it was a surprise.

48

Laura LaValle smiled sweetly as she dialed in to Pastor Duarte Santé, the new Faith Leader of the United States of America. Heir to the Presidential throne, many now suggested. It had been political heresy to utter such a thing a few months ago. Not anymore. Now the Christo-Evangelists felt free to speak.

The Toro24 split screen advertised a special connection to Pastor Santé's personal line. They waited with bated breath for the Pastor to pick up.

The crowd was breathless, excited. Pastor Duarte Santé was always such a big hit.

Days earlier, Laura had switched her saved name to that of Duarte's dealer in Duarte's' personal and work mobile phones, on his WhatsApp and on his smartwatch. She knew he'd pick up when she called, not caring what the hell he looked or sounded like. He was a junkie with a dealer that he trusted on perpetual speed dial and he sure as hell wasn't expecting a call from her. She knew he'd been accidentally avoiding all calls from his dealer—now listed as Laura LaValle in his phone—so would be desperate for a hook up. The girls he'd been partying with over the last 24 hours in that stinking motel had bought in their own supply so she knew he'd be high, but it would be junky stuff—far inferior to the medical-grade quality he'd gotten used to—and their supply would be running out round about now. He wouldn't be able to pick up that 'phone quick enough.

A Toro24 male anchor spoke. It was enough to fool Duarte who dropped the phone twice, images of half-naked hookers and a dirty room filling the screen as he stared into it, bleary-eyed.

"Just calling you up man, see what you need. Turn on your video. Just need to check something."

Duarte complied. The second he did, Laura's tech guys had placed a remote video lock on Duarte's phone. He wouldn't be able to end the video feed on his own anymore. Not until she okayed it from her end.

Duarte was staring bloodshot into the screen.

Eyes glassy, off his face, he was laughing, grabbing the ass of a half-naked girl close to him. Another girl was snorting what looked like coke from a nightstand. She threw her head back, sniffing, then grinned as she dipped a finger into the powder and inserted into Duarte's' mouth, rubbing it over his teeth. He grinned back.

Constantly distracted by the girls dancing behind him, not really knowing who the hell he was talking to or what was going on, it took Duarte a full minute to peer closely enough into the screen to realize it was Laura and a silent, horrified *By The Fire* audience staring back, open-mouthed, at him.

He dropped the phone, bleary-eyed, then picked it up again, wondering if he was imagining things. It took him a few more seconds of peering into the screen to realize exactly what was going on.

"Oh *shit*."

One of the girls in the room perked up as she looked around and came to gawp into the phone screen alongside him.

"Hey, are we on TV?"

49

Over half an hour into the action, Nate and Luke had come round from the sedatives, lying on gurneys, in an empty room. Nate's head was still pounding but it wasn't anything like as bad as before.

Suddenly. an assistant ran in to the room, her eyes searching for someone, before leaving fast, barely throwing them a glance. Another executive entered and Nate asked him to loosen the restraints that were holding him down on the gurney.

Worth a try.

Distracted, confused, and clearly focused on something else, Nate was surprised when his request was swiftly granted before the man disappeared again as fast as he had appeared. A cacophony of noise and shouting was coming from the hallway.

What the hell was happening?

Luke looked around groggily, his eyes fixing on the monitors. The video screens were still playing multiple news reports, but it took Nate and Luke a few moments to realize the significant of what was being shown.

"Luke, can we turn that up?"

Swinging their legs over the gurneys, Luke grabbed the

remote and turned the sound up. Nate and Luke couldn't believe what they were watching.

Minutes after Pastor Duarte Santé had been screened across the nation in a Triple 8, snorting coke with hookers, the heavily-anticipated Levanter data drop had created what was now the craziest story the nation—perhaps the world—had ever seen.

The data was junk. The science didn't work. Every single business commentator, scientist, journo, academic & researcher had jumped to exactly the same conclusion the second they'd run the data through their own software.

It was crap. Worthless.

Nate and Luke were stunned. *Had Spencer and Rex somehow managed to get to the server complex after all?*

The news report continued, exposing deanonymized medical data made clear that Levanter had been running neuropolitical trials under a sham organization called the Wellness Initiative. An Initiative that had been forcing children and adults to undergo countless death simulations to test their theories.

They'd been playing God. Indulging insane visions. Breaking countless laws.

Sensationally, the names of countless Christo-Evangelical senators were all over it. Not the President, thank God. In fact, he seemed to have been genuinely removed from it all, a staunch resister of a growing extreme religious sect within the Party who had, coincidentally, been the authors and most aggressive proponents of the forthcoming Authoritarian Bill, which had quickly been shelved in place of an avalanche of criminal investigations.

The Levanter IPO tanked. It became known, in the months and years that followed, as one of the most extreme political and corporate scandals in modern history.

In the weeks that followed, nobody could believe what they were hearing. Detail after sordid detail emerged, while signed confessions from Pastor Duarte Santé's once revered and now widely mocked Book of Life became the icing on the cake, stuffed with signed confessionals from leading Christo-Evangelical senators of sin after sin after sin. Dirty, disgusting stuff, so honestly spoken.

A lot of them would be facing jail time for a very long time to come.

As details emerged, one of the most widely reported stories remained the fact that an anonymous informant had contacted the office of the President shortly before the Levanter IPO. The informant had alerted the President to the presence of the confessionals in the Book of Life, with a verified-genuine copy of every single page of the Book itself faxed over, personally, to his office. Those confessionals had swiftly killed the Authoritarian Act and forced every Senator to renege on their loyalty to it. Every politician involved ratted out everything they knew on Trent Calder, Chase Matthews, and the Rapture.

Nobody ever did find out who sent those faxes. And Nate and Luke learned swiftly that Spencer and Rex had not made it to the server complex at all. It was a question constantly discussed within Team Alpha's ranks.

Who took down Levanter?

The fall out lasted weeks. In the days that followed, Trent Calder, Chase Matthews, and Duarte Santé were arrested on a range of charges that included wire fraud, embezzlement, manslaughter, fraud, money laundering and medical negligence. Each faced over fifty years in jail.

Richard Matthews watched from a jail cell, smashing up the room as all last vestiges of hope flooded from his body. It took three prison guards to restrain him long enough for him to finally calm down and gather his belongings in time for the transfer back to a high-security facility. There would be no more day release.

No more release at all.

50

After falling onto the ledge, Rex and Spencer had ended up in Silvertown General within the hour, escaping with little more than a badly sprained ankle, a dislocated shoulder and a variety of bruises and small cuts between them. They still didn't understand how a kind—and still anonymous—stranger could have stumbled across them, helpfully alerted emergency rescue to their exact location, yet somehow simultaneously missed the pack of insane, psychopathic hitman that had also been prowling the mountain face at the same time.

But they were grateful.

Minutes after arriving at the hospital they'd been endlessly relieved to run into Alexander Van Rees, with Dr. Manisha Patel and Martha Brewster both sitting by his side.

Spencer's father explained that Martha Brewster had absconded from The Gables immediately after learning of Chase Matthews' plan to run experiments on them and had headed to the only friendly face she knew—Dr. Manisha Patel. She had breathlessly explained everything she knew to Dr. Patel—that Spencer, Luke, Rex, and Annalise were still alive—and, to her great relief, and surprise, had been relieved. Manisha had set her up on a ward with a false name. As usual, she said, nobody ever really took much notice of a little old lady and she'd hidden out there happily until today.

Now she was safe. But she didn't want to go back to the Gables.

Then, when Alexander had arrived, strapped to the gurney, he hadn't recognized her. Not immediately. But Manisha had. She'd thought fast, elbowed her way into being his primary physician for the Rapture, manipulated his results, made sure his data showed a violent reaction, not the blissful version that he had, in fact, experienced.

She'd done that to protect him from a reverse. And when he'd opened his eyes, they'd made eye contact, for a split second, and she had mouthed '*Spencer's ok. Play along*', before looking away. He understood. And he had started screaming like an animal.

"What really happened dad, when you went under? For the Rapture? What was it like?" Spencer was holding his hand, squeezing it. He was so happy to see him again, to see him safe.

Manisha explained that Levanter had pumped Alex full of a cocktail of drugs, their experimentations having, by that point, gotten way out of control. It wasn't so much science as a crazy undergrad-level style experimentation with whatever they could find from a bathroom cabinet. At least, that's what it had looked like to her. When he had disappeared into unconsciousness, they'd mixed truth serum with massive amounts of SSRI's, ketamine, GHB and ayahuasca. His vitals had been a mess and Manisha had needed to stabilize him and keep him under observation a while, just to be safe.

But he had experienced

something and shared it with her. It had been so powerful. Had moved him. Changed him.

"I saw Albi and Oli. They were there, waiting for me, smiling at me. They said I needed to go back to you."

Manisha glanced at them. Alex had witnessed little more than the normal post-death visions, a result of the flooding of the brain with dopamine and other hormones. But hearing those words, Spencer's heart looked like it was about to break with happiness. She glanced at Alex, who was radiating with relief, and happiness. She didn't need to pass comment. Not now. It was their right to cherish those beliefs and it wasn't her place to dismiss them.

Alexander looked over at Martha. "Hey, so I've been hearing one hell of a story from this lovely old lady who I might have persuaded already to come and work with me. Do any of you remember that incident with the Social Con CEO? Live on national TV? Well, you're not going to believe this. Tell 'em, Martha."

Martha broke into a grin.

Sod the old peoples' home. This was more like it.

51

"It's so great to see you, Sofia."

Luke grinned as he hugged his friend outside Max's Bar. They'd become real compatriots now, old soldiers who had been through battle and come out the other side victorious.

They both gazed around, relieved to see some familiarity and normalcy retuning to Saffira. It was starting to look like the old days again. The Levanter campus was in the final stages of being demolished, with extensive plans to replant the greenery that had been concreted over already in full swing. Environmental planners buzzed around, while diggers hummed and cranked. It was noisy, but for once, they relished the noise. Soon Saffira would be back.

Open the swing doors of the diner, the feeling of being back at home was a truly welcoming one. Eighties classic movie posters on the wall, Springsteen playing from the jukebox, the smell of burgers and onions and hot dogs cooking on the grill.

Rex limped over on his swollen ankle, with Spencer rolling up to the group with his shoulder in a sling and a black eye. His dad followed close behind, chatting to Martha Brewster, who still hadn't disclosed her real name, and never would.

Nate had just come off a call with Annalise and Jack who were still in Alaska. Nobody had been surprised when Jack had proposed.

They were all laughing, spirits high.

Luke and Nate were at the bar, chatting to Max. They all burst into laughter when they saw the small group of friends walk in. "Look at the state of you! You're like the cast of The Outsiders." Max was laughing even harder now, coming around the bar to embrace them all. He knew what they'd all been through and was just happy to have them all back in one piece.

Max still couldn't believe that Nate Templeton was sitting here at his bar.

And they'd gotten the old Luke back, too.

Nate saw the look in his eyes and exchanged a glance. It had been a miracle, to have a moment like this. After what could have happened.

"Hey, you all going to the reopening of Eastern?"

"Uh-huh."

That morning, they'd all seen the Levanter logo being torn down from the main entrance as they walked over to Max's Bar. The ceremony was tomorrow morning, 9am. A bust of Professor Grayling was being revealed at the same time.

As Alex sat down, Max threw a towel over his shoulder and half-jogged over. "No, not there. Guys, come on. Over here".

The group followed him over to a small booth in the far corner of the bar. Professor Grayling's old booth.

Max stood happily, looking up. "There's a reserved sign here permanently. Reserved for you guys only. Drinks are always on the house".

He folded his arms and looked up proudly. They followed his gaze. Max had hung up a huge, framed movie poster of *St. Elmo's Fire*. "That's your coming home gift from me. After what I heard you kids had to put up with in Russia…Rex told me about the storm and seeing St. Elmo's right before it…well, I thought this would be kinda cool."

Nate slung his arm around Max. "Thanks, man." They all stared up at the original *St. Elmo's Fire* movie poster. Ally Sheedy, Rob Lowe, Demi Moore and their friends stared right back at them.

"Burgers, fries and beer all round. Am I right?" Max was already grinning, walking backward towards the kitchen. Everyone nodded happily and sat down.

They talked for hours, about what had happened. As it turned out, Sofia had been released within a day, her jumped-up charges rapidly dropped. Even better Gill now had an almost slam-dunk chance of his being released on time served at his upcoming appeal. Gill had pulled off a spectacular con, luring Duarte Santé, Chase Matthews and Trent Calder to his cell under the auspices of a poorly thought-out blackmail plot. And he'd done that because he'd worked out that a prison security check for a jail visit would be the only possible way to separate Duarte Santé from the Book of Life. The prison guards had helped him with their brilliant faux fawning over the Pastor, acting well worthy, he felt, of an Oscar.

The head warden, who, over the years, had become a great friend to Gill, had offered the Levanter execs extra time for their visit, cameras off. Trent had thought he was in their pocket and used it to rough Gill up. The Head Warden had used every second to photocopy the Book of Life then return it before Duarte was any the wiser. Then he'd called an old buddy in the Government who'd managed to patch him through to a friend in the President's office. And he and Gill had stood shoulder to shoulder and faxed every single page to him, that very evening.

They still couldn't work out how the hell the virus and dummy data swap had taken place, though. They'd assumed, initially, that Sofia had somehow pulled it off. Or that Jack and Miles Langley had somehow recovered from being shot (which they had) and found a way to upload the virus (they hadn't).

They still didn't know who had done it.

Chase Matthews, Trent Calder, and Duarte Santé were now all in jail.

The next evening, Father Smith had come up to the cabin and sat with Nate and Luke, enjoying a beer out on the deck as the sun set in the valleys far beyond. He's admitted that the message that Grayling had left for them, that he'd promised to share with them right before their epic mountain trek on the night of the Levanter IPO, had not existed—that he believed, in that moment, that Professor Grayling would have wanted them instead to have the gift of hope, which had been more powerful than anything. And he had been right. They'd left the church ready to slay the dragon. Ready for their David and Goliath moment. And they'd won.

Still, Nate and Father Smith had exchanged an almost imperceptible glance, a shared acknowledgement that there *had* been more, something way too powerful to fall into the hands of men. Something that had resided deep in the Levanter server data that they had now permanently destroyed.

The one resounding mystery was that still, nobody could work out how the hell the virus upload had been executed, or how mountain rescue had located Spencer and Rex so swiftly.

Or where Dr. Silva had disappeared to.

Right at that moment, watching the sun disappear behind the mountains, leaving a fading orange glow across the rim of the expansive, grey mountains, their need to know faded a little. And as the day faded into the deep, hypnotic inky black of the night, their need to pursue answers was replaced instead with an easy, thankful contentment, the feeling that, once again, and against all possible odds, Saffira had been restored to the way that it always should have been.

Nobody would ever find Professor Graylings' data chip that he had dropped into the deep, still waters of the lake, moments before he'd been hit in the neck by a soundless bullet, two years ago to the day. His body would never be found, nor would the life-changing research on that chip, that made clear from his experiments that sleep, itself, was the only upload that really mattered. Sleep—a gateway into another world, within which the average man spends 26 entire years of his life.

Morality, Grayling had discovered long ago, wasn't constructed on a gurney with injections, nor measured with algorithms—although he'd led Levanter to believe that was the case to hide the real truth. Instead, twenty years of data had confirmed what he had long suspected—that sleep was not only a rejuvenative, physiological act, but a nightly opportunity to travel between worlds, and that when man took his final breath, his visits to that world would simply transition from a temporary, to a permanent, one. It would be a world that he already knew well—one that had accommodated him so well for 26 years already—and one within which he would enjoy a happy existence, based on the positive, caring life he had lived.

Thus, when Grayling's time had come, he had happily embraced this new phase of living, a place in a new world that he had only before known in the twilight hours of sleep. He worried, thought, about exactly what might be waiting for Trent, Duarte, and Chase when their time also came. They'd spent most of their 26 years, after all, unwittingly building a world that would become dark. So very dark, but only for them. And it was the exact thought of just how deep that darkness could become that never failed to chill him. A thought, in fact, that had always chilled him to the bone.

52

Thousands of miles away, Dr. Silva woke up to the gentle clanking sounds of sail boats rocking gently in the marina nearby, the long, white cotton curtains of his hotel room gently fluttering in the breeze as the bright Bajan sun streamed into the room.

Slowly sitting up, he pushed back his thick, silver mop of hair, blinking and adjusting to the light. Stepping out on to the balcony, he took in the beautiful view, then closed his eyes as the warm Caribbean wind caressed his skin.

Paradise.

He'd emptied his safe and chartered a flight out of the country the second a friend of his in local law enforcement had told him about the Book of Life leak. He'd known the end would come sometime—that someday, the Levanter circus would spin out of control. He'd kept back a couple of false passports ever since Trent and Chase had approached him, thrown $10 million into his bank account. The ethics violations alone that he'd been a part of would finish him, land him in jail for decades, so he'd had a contingency plan from day one. That $10 million was impounded now, but the Russians had been siphoning money into another offshore account for months. He was still a wealthy man.

He smiled. That was the problem with Trent and Chase. They thought they were the smart guys, but here he was in the Bajan sun, a free man, while they rotted in jail.

An hour later. After enjoying a couple of espressos on his balcony, dressed in a freshly pressed linen suit and sunglasses, Dr. Silva took a stroll down to the local bank.

Punching in the numbers he stared at the screen.

$0.

He tried again.

$0.

The FBI must've tracked down all of the Levanter accounts, including his. Or the Russians had stiffed him.

Damn.

Either way, he had nothing.

Staring at the screen for a few seconds, it only took him a moment to compose himself. He turned around and headed back to the bay, choosing a table at a small upscale café by the marina. Ordering an espresso, he sat and waited patiently, relaxed, reading a newspaper, as the sun tracked lazily across the sky. For a while, thoughts floated into his mind that amused him, thoughts of dressing up as a maintenance guy to steal Lara Chambers' intel and send it up to Team Alpha at the cabin. It was a little piece of theatre designed to protect him if anyone viewed CCTV footage, though he probably could have just walked into her office—or anybody else's—and demanded what he liked.

In truth, it had been around that time that the planned arson and the planned killings of Team Alpha had all gotten too out of control for him—and he could see how this would all, ultimately, end. He'd begun to plan his escape at that moment, and, in an unusual act of empathy, had helped out Luke and Team Alpha by dropping Lara's papers up to the cabin in the dead of night. Team Alpha were smart—he knew that—and they might just work out what was happening, somehow, before it was all too late. And Luke, well, he felt sorry for the kid. Silva valued his freedom and leaving the papers were a tip of his hat to Luke, to maybe help him safeguard his own freedom and break free of Levanter's brainwashing, before it was too late.

A server walked past, bringing another espresso. Dr. Silva smiled, his thoughts returning to the marina and its occupants.

Around two hours later, he noticed a middle-aged lady stumbling off a yacht, a white circle of skin where a wedding band must, until very recently, have been worn.

He flashed a smile and reached down to retrieve a scarf that she had dropped accidentally behind her.

"Madam, is this yours?"

Her heart leapt. A handsome stranger.

Her sister had told her there'd be nice, handsome men out there.

Not like Jeff. That *bastard.*

She joined him for coffee. Minutes turned into hours. Hours turned into days. They would marry on her yacht, three months later.

And just like that, Silva had begun a new chapter, marrying one of the wealthiest divorcees in the western hemisphere. He took her last name. He would never practice medicine, or disembark on American soil, again.

53

Team Alpha would settle back into a happy rhythm at Eastern University in the coming months and years, working out of their old Eastern lab. Nate was given an honorary position, taking over Professor Graylings' old office building, building & strengthening friendships that would endure for a lifetime. Saffira settled back into the tiny Alpine village that it had always meant to be, and, over time, the Levanter circus became almost completely forgotten, a discarded remnant of a former time.

That night before the Easter University reopening was a night of friendship, of triumph, of hope against all the odds.

It was almost 1am when Team Alpha had stumbled out into the cold night air, hugging Max once again, laughing, arms slung around each other, heading to their respective homes, safe, happy, and well rested, for the first time in a long time.

When the last guest had left, Max wiped down the bar. It was the simple things, he thought. Knowing that everything was back the way it should be. He couldn't wait to head home and just know that he could wake up in the morning and everything would, finally, be okay.

Heading down to the storeroom to grab a few beer crates, he

hauled out a barrel. Tomorrow would be busy with the Eastern reopening. Rolling it out, he accidentally knocked over a couple of glasses.

"Damn."

Propping the beer crates against a side wall, he felt around the back of the storeroom cupboard for a dustpan and brush, pushing aside the white ski suit that had already gotten a little cobwebbed. He found them underneath an old rucksack left crumpled on its side, under a bench. He kicked the rucksack into a back corner of the storeroom. Closing the door and switching off the light, he made a mental note to sponge down his ski suit one of these days.

He'd probably need it again.

Anyway, he'd found what he was looking for. Sweeping up the glass, he got back to the business of lugging the beer crates upstairs.

Before locking up, Max walked over to the large poster of *St. Elmo's Fire*. He remembered back to the evening before Luke had attempted Soul Drift. The poor kid had been so drunk, depressed, sitting at the bar, sharing his sorrows. There was no way in hell Max was letting him go up there alone. So he'd skied up the next morning, watched from a distance.

He'd already worried about Luke becoming a target—been with Nate when the FBI sting had suddenly turned up, forcing Nate into witness protection and shattering life as they had all known it. He'd promised Nate, shouted to him as he'd been bundled into the helicopter and taken away, that he'd do what he could to protect his boy.

When Max had skied up to the mouth of Soul Drift two

years ago to keep an eye on Luke, he'd bought the Levanter banner as an afterthought, grabbed it out of a marketing kit that Levanter had tried to push on him the day before. Maybe, just maybe, if Trent Calder thought that Luke wanted to be an asset, not an enemy, to Levanter, then he'd be much safer. At least for a while. It had worked, he reflected later, a little too well.

He remembered how he'd skied down and checked Luke had been okay the second he'd passed out, pushing part of the torn banner in his hands after making sure emergency rescue was on its way. As part of the Saffira mountain rescue team, he'd known those mountains better than anyone—apart from Nate, maybe. And as part of the local mountain rescue team, he'd relied, for years, on the use of short-wave radio to communicate, which is why he'd also been able to listen in the night Levanter had sent a hit squad out to hunt down Luke and Team Alpha. Hunting down his friends, he'd been close behind, had listened in on Trent Calder's' constant demands to use any force necessary to stop Luke from uploading a virus to the Levanter servers. He'd thought fast, realized he couldn't take on the might of Levanter's hit squad himself, and decided to instead swoop in, stealing the rucksack from Nate and Luke & replacing his old battered up bag in its' place. He'd managed it with literally seconds to spare.

It had worked, thank God.

Then he'd skied straight down to the Levanter server complex, literally walked in. Everyone had been diverted to the Levanter amphitheater that night for the big IPO launch. It had been surprisingly easy to slip inside. It had been awesomely simple to upload the virus, too. Someone had literally written a basic 'autorun then leave the building' instruction on the USB with a couple of other funny comments, so he'd done exactly that, as fast as he could.

He didn't understand at the time the significance of exactly what he'd done, only that it would likely be something that might be a huge pain in the ass for Levanter. And he was good with that.

Twenty minutes later, he had already been back behind the bar, with no one even noticing that he had gone.

Max switched off the lights, opening the door. He felt freezing cold air hit his face. Gazing up at the wide, expansive sky, with dark clouds rolling away from him in every direction, he marveled at the beauty of his hometown. Clouds tumbled down the sides of the valley, the dark water of Lake Saffira reflecting the blanket of stars above like a million tiny diamonds below.

He took a last look at his bar before switching off the lights, smiling, taking it all in.

He'd need to head home and get a good nights' sleep. The unveiling of Professor Grayling's statue and the re-opening of Eastern was scheduled for the following morning. Max's Bar would be heaving all day with students, researchers, professors, and most of the locals. He couldn't wait.

For the first time in two years, Saffira would be back exactly the way it had been before the Levanter circus rolled into town.

Taking a final look around, he smiled contentedly, closing the door, before heading happily into the brisk cold of the night.

Tomorrow was going to be a good day.

THE END

Printed in Great Britain
by Amazon

23295614R00280